武學

【第三辑】

WUXUE

武术史与武术文献学

马廉祯　主编

SPM 南方出版传媒　广东人民出版社

·广州·

图书在版编目（CIP）数据

武学：武术史与武术文献学 / 马廉祯主编. —广州：广东人民出版社，2019.6（2023.1重印）
ISBN 978-7-218-13621-9

Ⅰ. ①武… Ⅱ. ①马… Ⅲ. ①武术—体育运动史—中国②武术—文献学—中国 Ⅳ. ①G852.092 ②G257.33

中国版本图书馆 CIP 数据核字（2019）第 114156 号

WU XUE：WUSHUSHI YU WUSHU WENXIANXUE
武学：武术史与武术文献学
马廉祯　主编

出 版 人：肖风华

责任编辑：黄良起
装帧设计：奔流文化
责任技编：吴彦斌　周星奎

出版发行：广东人民出版社
地　　址：广州市大沙头四马路10号（邮政编码：510199）
电　　话：（020）85716809（总编室）
传　　真：（020）83289585
网　　址：http://www.gdpph.com
印　　刷：北京一鑫印务有限责任公司
开　　本：787毫米 × 1092毫米　1/16
印　　张：22.25
字　　数：445千
版　　次：2019年6月第1版
印　　次：2023年1月第2次印刷
定　　价：75.00元

顾　　问：释永信

学术指导：马明达　卢元镇

主　　编：马廉祯

副 主 编：赵式庆

编 委 会：

马廉祯　赵式庆（中国香港）　赵殿红

刘康毅（中国台湾）　郑书民　潘　冬

卓文杰　黄嘉俊　蔡子谦　邓正刚

郭奕骎　黄元明（意大利）　张天昱

参编单位：中国嵩山少林寺

甘肃省马氏通备武学学会

香港中华国术总会

华南师范大学体育科学学院

广州健公书院

前　言

本书共收载文章16篇，大致可分为三个组别：

第一组，作为辑刊学术指导的马明达先生，在本辑刊出四篇力作，这是本辑最具分量的一组文章，可以说是《武学》这艘远航之舟的“压舱石”。四篇文章都属于武术史和武术文献研究的范畴，文章体现了马明达先生一贯坚持的多学科交叉融会的研究方法，充分彰显了这位武学前辈视野宏阔、探索邃远的学术功力。

《司马迁〈史记〉与剑》一文洋洋三万余言，以剖析史学伟人司马迁的“剑情结”为切入点，对《史记》所蕴藏的秦汉与先秦时代关于剑的所有信息，探颐索隐，条分缕析，既对司马迁的“剑道观”做了深入研究，又通过巨细无遗的信息网罗与分解辨析，全景式地展示了秦汉和先秦剑文化的整体状貌与风尚。其中许多细节，许多不为学人所经意的字词，例如带剑、鲁石公、敦剑、削厉和洒削等，经作者一一发掘出来，并加以阐释，立显曲径通幽，趣意盎然。相信文章会使学界对古代剑文化的丰富内涵有更多的认知，对剑在中国古代武艺演进长河中的突出地位有更多的了解。此外，在关于司马迁与《史记》的研究上，这篇文章也称得上独树一帜，别具匠心，为学者们提供了一个新的视角。

《论武学与武术文献学》是马先生为2015年齐鲁书社出版的《中国古代武艺珍本丛编》所写的序言，是作者对“武学”和“武术文献学”概念的一次系统论述。正如许多读者所了解的，马先生是继唐豪（1896—1959年）先生之后，在武术文献整理工作和理论研究上，用力最勤成果最多的学者，同时也是“武术文献学”这一概念最主要的提出者。马先生一直强调，没有文献学的支撑，不以历史文献为根基，就不可能建立起真正具有底蕴和规模的武术学科体系。没有文献根基也正是当代所谓“竞技武术”不断走上虚花颓靡之路，理论与技艺双向浅薄化的重要原因之一。而重新建构武学体系，最需要做的，或者首先应该做的事情，就是武术文献的搜集、鉴别与整理，也就是参照古典文献学的成熟经验，建立起自成门类的武术文献学。马先生在这方面不但有理论的阐释，而且还有《吴殳著述考》等这样的扛鼎之作。《吴殳著述考》是以文献考据深入人物研究的大作，这篇在史学界得到佳评的名作并不被武术学人所了解，故特予刊载，以飨读者。

《水浒传》是侠义章回小说之祖，是以描写武勇人物和打斗场景为核心的古典名著。出于对武术史的特殊敏感，《水浒传》一直是马先生的案头必备之书。早在20世纪80年代初，马先生就发表过《读水浒札记》若干条，后来还先后发表过《朴刀与“朴刀局段”考》《试论鲁智深形象的形成》《武松的三打》《金枪手徐宁》等文。实际上马先生早已撰成《〈水浒传〉武艺丛札》书稿，尚未付梓，只有若干篇曾在《武学》英文版（赵式庆译）发表过。以后每辑都将选登一篇或几篇，借以帮助读者拓展武术史的视域。本辑选登的《一条杆棒等身齐》，是马先生《〈水浒传〉武艺丛札》中的一篇，是以《水浒传》情节为例证，对宋元之际杆棒武艺勃然兴起的历史背景进行探讨。

第二组共四篇文章，其中两文是对少林“禅弓”、少林寺二祖稠禅师进行研究，另外两文是中国传统射箭的专题之作。

禅弓有深远的历史渊源，也有来自民间射艺和东邻弓道的启发与借鉴。它是少林寺传统武艺寻根之路上的创新项目，是以射悟禅的具体体现。在永信大和尚倡导下，禅弓一经推出便马上引起各方关注，特别是通过在第一次少林无遮大会（2017年8月）的庄严亮相，短时间内风从云生，步入佳境，使人们对禅修有了更生动的身心体验。禅弓不但丰富了历史久远而应时变化的少林武艺，更重要的是开创了中国式射箭的一种新模式。少林寺永信大和尚的《禅弓与禅修》一文，是对禅弓理念的系统解说。《北朝少林武源与开创“禅武合一”的少林二祖稠禅师》一文，是河南安阳师范学院马爱民教授多年研究的心得，在少林寺历史的讨论中，马教授的观点一直都引人注目，这篇文章具有一定的综合性质。

锋晖、马廉祯二位教授，都是对中国传统射箭研究多年的青年专家，同时也是传统射箭运动的积极推动者，是勤学好练、猿臂善射的优秀射手。

《漫谈多元一体的中国传统射箭文化》一文，对中国古代射箭文化“多元一体”的若干特征，做了宏观论证与分析，征引颇富，鞭辟入里，是关于中华射学历史结构的综括；而《满洲射书〈射的〉考证与研究》一文，则对目前所知清代唯一一部满族人撰写的射箭著作《射的》，做了文献学和民族学的研究，特别是对作者常钧生平和《射的》内容的考证，都有前人之所未言者。

第三组文章篇数多，涉及的内容也相对多，但相对集中在对近代武术史的研究。其中《祛魅：对义和团武术现象的重新审视》一文，是对“义和拳”这一清朝灭亡前夕的历史现象的解读，作者抓住了义和拳的“祛魅”特质，深入讨论，使读者对晚清民间武术受神秘主义影响的事实有了进一步的认识，事实上直到今天仍然有其现实意义。其他各篇主要是对民国时期国术成就和人物的研探评介之作。《中国短兵运动述论》一文，着眼于对民国国术项目短兵的历史渊源探索，尽管短兵历史久远，但作为一项正式的比赛项目，却是被中央国术馆首先推出，是属于国术体系中最具创新色彩的竞赛项目之一。因此，短兵至今还在顽强地发展着，有着越来越多的爱好者，说明真正的创新必须以传统为依据，不然就是无本之木、无源之水。《民国两次国考的对比分析及其对现代武术发展的影响》一文属于对国术整体性价值的考察，视角宏阔，多有见地。而关于陈铁生、马裕甫、杨法武、张登魁等人的研究文章，研究对象都是民国武术人物，只陈铁生一人属于精武会系统，马、杨、张三人都是国术馆体系所诞生的杰出国术家。马、杨二位在世事变幻中已近于泯没无闻了，作者在史料挖掘上下了不少工夫，可以说既有功于二位武术先贤，也为方兴未艾的国术复兴事业增添了助力。

特别值得注意的是，马裕甫、杨法武、张登魁三位，都是民国时期山东籍回族国术家，三人都具有一专多能的综合技能，既能演练拳械套式，熟练掌握多种国术竞赛项目，又都以摔跤享誉海内。特别是张登魁先生，是多次全国摔跤冠军。相对于马、杨二位来，张登魁先生不但长时间服务于中央国术馆所属的国立国术体育专科学校（简称“国体”），为培养国术人才大有贡献，新中国成立后在广州体院执教，他曾是新中国命运多舛的中国式摔跤的领军人物之一，也经历了当代摔跤运动起起落落、一波三折的艰难历程。

选择这三位国术家做专题研究，作者显然有着两个方面的考量，第一，他们都是回族，而回回民族在民国国术事业的发展中的确人才辈出，大家云集，有着十分突出的贡献。这显然是一个值得注意并加以多角度研究的问题，其中的原因迄今犹未得到合理的解释；第二，他们都是山东人，这应该与山东国术发展的总体状态相对突出密切关联，山东是国术大省，根基厚，人才盛，传授正，特别是在韩复榘治鲁八年中，山东无疑成为国术发展的模范省，除了民风民俗、尚武传统等因素，韩复榘的重视、倡导和一系列奖进政策，也起到了一定作用，这是毋庸置疑的事实。

最后一篇翻译作品《晚期帝制中国佩刀设计、装饰中的内亚细亚及近东元素》，作者是美国知名兵器收藏家、复原家菲利普· M. W. 汤姆（Philip M. W. Tom），汤姆对亚洲刀剑有深入的研究，曾先后发表过若干中国古兵器方面的权威性论文。我们借此表明《武学》今后会把视域扩展到国际领域，尽可能吸收和译介一些好的国外研究成果，以加强学术交流，繁荣中华武学田园。

倡导学术讨论和争鸣，繁荣武学园地，需要更多的人关注并踊跃加入，这是我们所真诚期盼的。更多的人以严谨的学术规范加入武术研究和学苑建设中来，不但有利于营建巍峨的武学之塔，更重要的是有利于培养人才，使武术真正做到摆脱江湖，摒弃虚妄，有自己庄严的学坛，不再被学界视同山寨。真诚希望海内外读者不吝赐稿，使《武学》从无米之忧中解脱出来，逐步进入稿源充足，佳作如云，编者可以从容任事的状态。事实上表面上热热闹闹、花团锦簇的中国武术，其深层的学术研究一直都十分萧索，十分凄清，正如古人所谓“朝为张天之炎热，夕为冰冷之委灰”。这种情况一定要改变，不然正在被许多人泛化使用的“武学”二字，又将变成一个大泡沫，有悖于首倡者的初衷，岂不哀哉！

以更为广阔的领域为基础，深入开展武术文献的发掘和整理研究，是《武学》的主旨之一，我们欢迎这方面的研究成果，同时也将尽我们之力，陆续刊布一些重要的稀见武术资料，以供武术爱好者研读。

最后，郑重说明一下，2018年是著名武术家、通备武学体系的主要建构者和弘扬光大者马凤图先生诞辰130周年（1888年出生）与去世45周年（1973

年归真）。我和父亲马明达先生，还有《武学》的全体同仁，暨广大的通备武学爱好者，谨以虔敬之心纪念这位卓越的武学先贤。我们决心继承他“融通兼备”的武学精神和锲而不舍的治学之道，弘扬正气，为中华武学的复兴努力奋进！

马廉祯

戊戌之夏于广州火炉山健公书院

目录

CONTENTS

司马迁《史记》与剑

马明达

一、从司马迁的剑道观谈起

司马迁是文史兼长的学者，他以刑余之躯，忍辱负重，完成了旷代巨著《史记》，留给世界一部“无韵之离骚”，成为中华民族继孔子之后最伟大的精神导师之一。一般的印象，司马迁是儒雅文弱的文人，与剑没有什么关系。其实不然。司马迁对剑用心很细，用情很深，用一句时下的流行语：他的内心有着非同寻常的“剑情结”。

图1　司马迁画像

司马迁并没有留给我们任何关于剑的专门文字，也没有记载说司马迁曾经学过击剑，犹如他同时代的东方朔、司马相如、田叔等人一样。但是在《史记》的许多篇章段落之中，在太史公经意或不经意间，流露出了他对剑的熟悉与尊崇、对具有“侠义”精神的剑技家们的情感，以及对剑文化的关注和对“剑道”理念的倡导和阐解。特别引人瞩目的是，在《史记》卷一三〇《太史公自序》中，在对整个《史记》的一系列“论次其文”的精要论说中，他写下一段文字：

非信廉仁勇，不能传兵论剑，与道同符，内可以治身，外可以应变，君子比德焉。作《孙子吴起列传第五》。[1]

这是司马迁借《孙子吴起列传》的立题为话由，对剑所作的最令人爱不能忘的一段论说。全文虽不过三十几个字，但提纲挈领，意蕴深远，立论以“传兵论剑”为总揽，但落脚点却是讲剑，讲“论剑”这门特殊的学问。或者说太史公借题发挥，“寓论断于序事”，对他心目中的剑，特别是剑的社会功用和文化价值，作了透彻的表述。故我将这段话视为司马迁的“剑道观”。2000年3月，拙著《说剑丛稿》由兰州大学出版社出版，我特地请责编在扉页印上这段话，借以表达我对司马迁剑道观的理解与崇敬。后来我又曾多次在文章中引述这段话，反复吟诵，念念不忘，无非是想与古典武学的爱好者们一起分享这段精彩的古典剑论，也借以向武术界推介司马迁所倡导的剑道精神。

我的理解，这段话大致上可分为三个层次：

第一层，讲“传兵论剑”者必须具备信、廉、仁、勇四种品德，不具备则不能从事于此。这当然是很高的标准，可以称之为古代的“武学四德”。在司马迁看来，“传兵论剑”是“与道同符”的大学问，不是一般的技艺，不只是“术”，而且是“道”，是高格调的节操与境界追求，故而对从事者必须有很高的道德要求，凡庸浅学之辈没有资格游涉其间。而这四个字的选用也是大有讲究的，“信”字当头，“勇”字托底，中间是“廉”和“仁”。为什么是这样的结构，而非儒家通常所讲的礼、义、廉、耻，这值得深入思考，允我另作讨论。

第二层，讲剑的功用，即“内可以治身，外可以应变”。“外可以应变”是讲剑的卫身效能，即《释名》所谓“所以防检非常也”。比较好理解，勿劳琐言。值得注意的是“内可以治身”一句。“治身”一词出现得并不很早，多见于汉以后学者对《易经》和《礼记》的疏解，往往与“治心”相并举，“治心”言内，“治身”言外。战国之末，《吕氏春秋》正式提出“治身”概念，并且与“治国”相联结，提出“夫治身与治国，一理之

---

① ［汉］司马迁：《史记》卷一三〇《太史公自序》，中华书局2016年版，第4019—4020页。

术也”之说。[①]年辈略早于司马迁的西汉名儒董仲舒（公元前179年—前104年），在其《春秋繁露》卷七《通国身第二十二》中，对《吕氏》的说法又做了深入的阐论：

气之清者为精，人之清者为贤。治身者以积精为宝，治国者以积贤为道。身以心为本，国以君为主。精积于其本，则血气相承受；贤积于其主，则上下相制使。血气相承受，则形体无所苦；上下相制使，则百官各得其所。形体无所苦，然后身可得而安也；百官各得其所，然后国可得而守也。夫欲致精者，必虚静其形；欲致贤者，必卑谦其身。形静志虚者，精气之所趣也；谦尊自卑者，仁贤之所事也。故治身者务执虚静以致精，治国者务尽卑谦以致贤。能致精则合明而寿，能致贤则德泽洽而国太平。[②]

司马迁的“治身”说很可能参照了董仲舒的理论。所以，董氏所谓“治身者以积精为宝”，以及“精积于其本，则血气相承受”、“治身者务执虚静以致精”等，都可以用来作为“内可以治身”的诠解。它既指物质身体的强化（形体无所苦），也指精神身体的提升（虚静其形）。应该说这个“治身”理念是中国人比较早地建立在以身体为载体上的体育观，在中国体育思想史上有其重要意义。

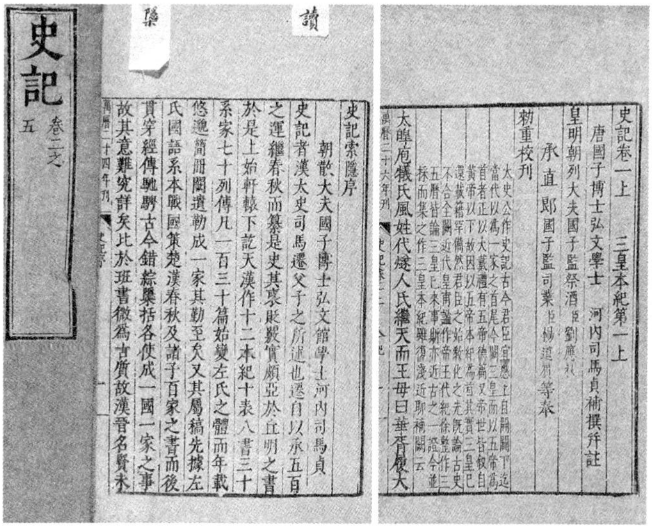

图2　《史记》

① ［战国］吕不韦著、陈奇猷校释：《吕氏春秋新校释》卷一七《审分》，上海古籍出版社2002年版，第1039页。

② ［清］苏舆义证：《春秋繁露义证》卷七，中华书局1992年版，第182—183页。

第三层，“君子比德焉”，乃是最具有继承与创新意义的理念。中华民族有着非常久远的崇玉传统，很早就有了君子以玉比德的说法，其中影响最大的是《礼记》卷六一《聘义》记孔子和子贡之间关于玉的一段问答：

子贡问于孔子曰：“敢问君子贵玉而贱珉者何也？为玉之寡而珉之多与?”孔子曰：

> 非为珉之多故贱之也，玉之寡故贵之也。夫昔者君子比德于玉焉，温润而泽，仁也。缜密以栗，知也。廉而不刿，义也。垂之如坠，礼也。叩之，其声清越以长，其终诎然，乐也。瑕不掩瑜，瑜不掩瑕，忠也。孚尹旁达，信也。气如白虹，天也。精神见于山川，地也。圭、璋特达，德也。天下莫不贵者，道也。诗云：“言念君子，温如其玉。”故君子贵之也。[①]

此段亦见于《孔子家语》卷八《问玉》第三十六、《荀子》卷二〇《法行篇》第三十等。“珉”本作“碈”，注家谓“似玉之石”，《说文》曰：“珉，石之次玉者。”正是根据孔子对玉的这段总结性评价，后人归纳出了“玉有六美”之说，称“古之君子必佩玉”，于是“君子比德于玉焉”的说法不断涌现，尽人皆知。除了以玉比德之外，孔子还有“夫水者君子比德焉”一说，亦见于《荀子》《大戴礼记》《说苑》等，古人时有称引。后来还有人提出过“君子比德于竹”之说。总之，古人以为君子可以拿来“比德”的器物，有玉、水、竹三项。而提出以剑比德的，唯独司马迁一家，司马迁以前未之见，司马迁之后也未见有人继续引用和发挥，所以我以为这是司马迁独到而富有创意的见解，是他的“剑道观”的核心。

当然，司马迁的比德说应该是有所参照的，很可能就是传说中的周武王的《剑铭》，此见于西汉戴德的《大戴礼记》卷六《武王践阼》第五十九曰：

> 剑之铭曰：带之以为服，动必行德；行德则兴，倍德则崩。

“倍德”即“背德”。宋儒真德秀对之做过一番阐解，他在《大学衍义》卷三〇《诚意正心之要》二中说：

---

① ［清］孙希旦撰、沈啸寰等点校：《礼记集解》，中华书局1989年版，第1466页。

剑之为服，以示威武，然德实威本，威乃德辅。惟德是行，无思不服。一於用威，只取颠覆。[①]

《大戴礼记》的记载是不可信的，所谓的“武王剑铭”很可能是战国末至西汉初儒家的托古之作。“德实威本，威乃德辅”有着鲜明的儒学印记，应是剑兴盛时代的产物。但我们从中看到了司马迁的“比德”说与“动必行德”之间脉络相连的关系，说明司马迁的剑道观并非孤立生成，他的创新是建立在继承和借鉴基础上的。

《汉书·艺文志·兵书略》有《剑道》三十八篇，[②]但此书早就不传，我们在先秦诸子与汉魏典籍中没有发现引录的痕迹，在隋唐类书中也没有保存下片言支语，说明它亡佚得很早，很可能在东汉末年的战乱中泯灭了。毫无疑问，《剑道》的失传乃是中国古典武学的重大损失，其篇幅之多，足以说明内容之丰富，必是综汇多家、积久而成的总结性著作。战国之末，秦国重臣吕不韦在其《吕氏春秋》中也曾设有《剑伎篇》，应该也是重要的剑论著作，可惜唐以后也脱佚不存了。我们在惋叹之余，只能寄希望于近年来不断出土的地下简帛，盼望这些先秦剑道典籍有重见天日的一天，哪怕只是些断简残缣，也足以令人额手称庆！

《剑道》和《吕氏春秋·剑伎篇》的产生，以及《相宝剑刀》和《越绝书·宝剑记》等著作的产生，都说明了剑论学说在汉以前和汉代曾经的兴盛。令人费解的是《剑道》亡佚了，“剑道”学说在中国也渐渐成了广陵绝响，汉魏之际，只在曹丕的《典论》中偶有一角之露，从此再也没有见到这方面的任何论说，没有出现过新的论著。不但以“击刺之术”为核心的剑论体系逐渐消殒不见，就连“剑道”这个词也渐渐杳无踪影了。而且它的主体也不断趋向虚化，趋向游艺，甚而至于趋向神秘玄怪，居然走上一条与神鬼结伴而行的迷茫玄虚之路。“剑道”一步步被“剑术”所取代，最终竟然演化成为近代以来花哨武术中的短穗剑、长穗剑之类，漫妙轻柔，翩翩起舞，

① 黄怀信等编：《大戴礼记汇校集注》卷六《武王践阼第五十九》，三秦出版社2005年版，第665页。

② ［汉］班固撰、［唐］颜师古注：《汉书》卷三十《艺文志》，中华书局1975年版，第1761页。

一如坚冰融化为水，水又气化为云雾缭绕的虚像。这是值得深入思考的文化衰变现象，的确应该多问几个为什么，进而深究其中的历史缘由，更需要引出教训，走出庸浅，万不能仅仅停留在一声叹息上！

虽然唐宋两代仍然偶尔还会有擅长击剑的人显露头角，但寒星点点，为数无几，而且没有真实的史实可考，更无著述传世，只有一些零散的记载而已。明代名将俞大猷（1503—1579年，字志辅，号虚江，福建泉州人）是文武兼擅的武学巨擘，是那个时代极少数坚守着“荆楚长剑”传承的儒将，从李良钦习荆楚长剑，良钦许以“天下无敌”。他坚持以击剑为重要的练兵手段，并著有《剑经》一书，但内容并非全讲“论剑”，只是借用“剑经”以炫示崇古和表述个人的武艺心得。核心是讲棍法，以棍作为“四书”，求取“四书既明，六经之理亦明矣”的练兵实效。[①]足见俞大猷熟稔历史，对早已成为荒远陈迹的剑的黄金时代，依旧心存向往，本心无非是借古言今，发思古之幽情。一直到了晚明，旷代奇人茅元仪（1594—1640年）在兵学巨编《武备志》中，刊布了“好事者得之朝鲜”的《朝鲜势法》，[②]使我们有幸见到一份如沧海遗珠般珍稀的古代剑谱，令我们得以窥见真实可信的古代双手剑法。近世以来，“剑道”的名称和竞技技术从东瀛传来中国，好之者接踵摩肩，大家颇有似曾相识的感慨。然而只能遵从现实，默然将“剑道”一词视为舶来词汇，对之无可奈何，就像一系列世界流行的现代体育项目，我们经常因拥有它的“发明权”而怡然自得，比如足球，实际上内心五味杂陈，真有一言难尽之憾！

今天古典剑道已经不传，相关的理论和技法系统已无从全面了解。但值得庆幸的是，司马迁在《史记》里记载了剑的鼎盛时代的种种迹象和特点，保存了丰富的剑道信息，核心是保存下了他“与道同符，君子比德”的“剑道观”。司马迁视域宏阔，目光深邃，亦庄亦谐，巨细兼收，把从春秋战国到秦汉时代绵延发展了数百年之久的剑文化，近乎全景式地收揽到《史记》中，如珍稀的古董般陈列在中华武学的殿堂上。这让后代的我们还能静静地

① ［明］俞大猷撰、廖渊泉等点校：《正气堂全集·馀集》卷五《剑经并序》，福建人民出版社2007年版，第754页。

② ［明］茅元仪辑：《武备志》卷八六，华世出版社1984年版，第3205页。

浏览其详，仔细品读，领略曾经的剑光宝气，剑侠们“倏然纵横，持短入长”的高超技艺，以及荆轲身被八创之后，面对暴君，“倚柱而笑，箕踞以骂”的英雄气概！出于对剑的深厚感情，也出于超逸高绝的学术造诣和人生品节，司马迁记载了许多别的史家所不可能载诸史册的东西，有的似乎稍涉细琐，但今天看来无一不有其珍贵价值。如果加以网罗条贯、排比整理，我们就能大致上窥见汉以前曾经高度发展的中华剑道文明的概况，了解司马迁心目中的剑道精神，以及从东周到秦汉数百年间一些令人神往的剑道人物和他们曾经视为圣洁的剑道境界。

通过电子检索版二十四史所提供的便利，我们对前四史中“剑”字的出现做了一番摸排，结果令人惊讶。一部《史记》，“剑”字竟出现了396次之多，与之相比，《汉书》91次，《后汉书》85次（除去羌人首领无弋爰剑出现的9次），《三国志》仅43次。后三史的总量只及《史记》的一半稍多。这个情况我早就有所发觉，只是没有做过认真探索，长时间停留在一般认识上。客观地讲，《史记》所记载的历史，相当一部分是在剑的鼎盛时代，“剑”字出现得多乃是历史真实的反映，似不足为怪。但深入其中就会发现，这绝不是唯一的原因，除此之外还有司马迁个人对剑的偏好和独到的认识。在我看来，这是更为重要的原因。毫无疑问，比之于班固、陈寿、范晔以及后来历朝正史的编撰家们，司马迁对剑有着显而易见的个人情感和理解，只是这一点没有被研究者们注意到而已。

司马迁高才博学，广闻多识，早在西汉，就有人以为他的学问以“杂”“奇”为特色，杨雄（字子云，公元前53年—公元18年）在其《法言·问神》中就曾有过这样的评价。杨雄说：

> 或曰：“淮南、太史公者，其多知与？曷其杂也！”曰：“杂乎杂！人病以多知为杂，唯圣人为不杂。”[①]

“淮南”是指汉文帝之子淮南王刘安，他“为人好书，鼓琴”，与“宾客方术之士”一起著《淮南子》二十余万言。此书虽然遵循道家自然无为思想主旨，但也表现出“博极古今”的特点，同属于“曷其杂也”一类。杨雄的后

① 汪宝荣撰、陈仲夫点校：《法言义疏》卷八，中华书局1987年版，第163页。

两句具有结论性质："人病以多知为杂，唯圣人为不杂！"《法言·君子》又言：

> 仲尼多爱，爱义也；子长多爱，爱奇也。①

把"爱奇"两个字用之于司马迁（子长），以相对于孔子的"爱义"，我以为是比较恰当的。对剑和侠客，以及各色剑技人物的另眼相待，对剑文化巨细入微的观察，可以说都属于"爱奇"的范畴，正是太史公与大多数儒者不同的地方。

《汉书》的作者班固，在其为《司马迁传》写的赞语中，专门写了一大段表彰中又含有批评的文字。他一面承认司马迁涉猎广博、贯穿经传的学术根基和格局，另一方面又批评他"谬于圣人"，特别是"序游侠则退处士而进奸雄"。这是一段非常有名的评语，我清晰地记得，当年先师金宝祥教授讲课时，就曾经以他浓郁的浙江口音背诵过这一段，还有《汉书·武帝纪》后面"汉承百王之弊，高祖拨乱反正"一段赞语，抑扬顿挫，音如鸣鹤，至今犹在耳边！我今引录此节如下：

> 至于采经摭传，分散数家之事，甚多疏略，或有抵牾。亦其所涉猎者广博，贯穿经传，驰骋古今，上下数千载间，斯已勤矣。又其是非颇缪于圣人，论大道则先黄老而后六经，序游侠则退处士而进奸雄，述货殖则崇势利而羞贱贫，此其所蔽也。②

班固的评语不是没有道理的。然则，班固生于儒学早已定于一尊的东汉，在唯儒独尊的意识形态中培养起来的他，不能理解司马迁多元并收的价值观与纵横百家的学术取向，不能认同"是非颇缪于圣人"，立传旁及游侠、刺客等非"正统"人物的史学观，这不奇怪。实际上，这正是司马迁孤标高格、不同凡响的史家本色，是太史公最令人感佩而敬重的地方。如果一切都以圣人——实际上是最高统治者——的是非为是非，随声附和，因循蹈袭，乃至于腼颜颂德，曲学阿世，那又怎么能称得起"良史之才"呢？怎能以"太史公"而独步千秋呢？

---

① 汪宝荣撰、陈仲夫点校：《法言义疏》卷一八，中华书局1987年版，第507页。

② ［汉］班固撰、［唐］颜师古注：《汉书》卷六二《司马迁传》，中华书局1975年版，第2737—2738页。

身遭腐刑的司马迁，含垢忍耻，顽强存世，愤而撰史，借以坚守孔子所树植的“春秋大义”，显然他的内心世界是坚毅而强大的。从本质上讲，他也是一位具有豪侠志节的大勇之士，这不是一般史家所具备的，所以他的著作被狡狯的政客诬为“谤书”，恨不得一火焚之。也正因为如此，他才能为李陵仗义执言，才能在《报任安书》中对专制独裁下的昏暗政治直抒胸臆，一泻千里，令后世奉为经典！有学者赞之为：“发挥之又发挥，唯恐倾吐不尽，读之使人慷慨激烈，唏嘘欲绝，真是有大力量大文字。”我以为这种“大力量大文字”，与他对剑的崇敬是一致的，甚至可以说是互为表里，交相辉映！所以司马迁才能对“谈兵论剑”做出“与道同符”的高尚定位，成为古往今来对剑道精神最经典的解说。自司马迁之后，我国历史上还没有第二个人对剑讲过如此蕴藉精深而引人入胜的话语。是故，说司马迁是我国历史上唯一一位精确解读过“剑道精神”的人，此言或不为过也。

我将《史记》中关于剑的零散材料搜集起来，摘其要者，略加缀联、分类和考证，借以观察中国剑文化鼎盛时代的特征和精蕴，寻求中华剑道文化的渊源所在，也试图揭示司马迁被世人忽略了的另一面，解读太史公的“剑情结”和他的剑道观。所论不当处，祈请读者有所教正。

二、司马氏在赵国世代以善剑闻

司马氏宗族与剑有过非同一般的关系，这很可能是司马迁本人对剑怀有深情的原因之一。

《史记·太史公自序》在表述司马氏的先世时，曾特别提到，司马氏的祖上在周惠王、襄王之间，“去周适晋”，然后分散到卫、赵、秦等国，其中：

> 在赵者，以传剑论显，蒯聩其后也。①

裴骃《集解》引服虔曰：“世善传剑也。”司马贞《索引》引服虔曰：“代善剑也。”这就是说，司马迁的祖先在赵国的一支，世代擅长剑技，曾以传授剑技而闻名当世，代表人物是司马蒯聩。

---

① ［汉］司马迁：《史记》卷一三〇《太史公自序》，中华书局2016年版，第3990页。

司马蒯聩的生平事迹并不清楚，据唐张守节《史记正义》引如淳曰："《刺客传》之蒯聩也。"但细检《史记·刺客列传》，找不到蒯聩的名字。显然，如淳所说的《刺客传》不是司马迁《史记》的《刺客列传》，而是另有所指。可惜这部可能为司马迁提供过资料的《刺客传》早就不传了，在隋唐类书里也没有发现点滴遗存，说明早在唐前就已不传。不过司马蒯聩的确是一位著名的剑技家，这在汉魏文献中还可以找到印证材料。西汉淮南王刘安在《淮南子·主术训》中就曾经提到他：

> 故握剑锋，以离（虽）北宫子、司马蒯蒉不（可）使应敌；操其觚，招其末，则庸人能以制胜。[1]

据高诱注，"觚"就是剑柄，亦称"剑拊"，"招"即"举也"。这是说如果手握剑锋以应敌，虽北宫子、司马蒯蒉这样的剑技高手"亦不可使应敌"。此处以司马蒯聩与北宫子相并举，二人都是著名的剑技家，但二人的身份是什么？东汉高诱在注文中说：

> 北宫子，齐人。孟子所谓北宫黝也。司马蒯蒉，其先程伯休父，宣王命以为司马，因为司马氏，蒯蒉其后也。周衰，适他国。蒯蒉在赵，以善击剑闻。应，犹击也。[2]

高注相当清楚：北宫子是齐国人，即孟子所说的北宫黝，他的事迹已不可考。孟子只是说他善于"养勇"，是一位"视刺万乘之君若刺褐夫"的勇士。"褐夫"是指"衣褐色的匹夫"。此见《孟子·公孙丑章句上》。[3]显然，北宫黝是刺客一类人物，或即今天所谓"职业杀手"，勇不畏死自是这类人的特征。所以宋代学者卫湜将他与《史记·刺客列传》里的专诸放在一起：

> 白刃凶器，天下之人所同畏疑，不可冒死而蹈之。然贲、育、专诸、北宫黝之伦，虽千万众在前，犹不少慑。是白刃虽凶，在勇

① 刘文典撰、冯逸等点校：《淮南鸿烈集解》卷九，中华书局1989年版，第304页。
② 刘文典撰、冯逸等点校：《淮南鸿烈集解》卷九，中华书局1989年版，第304页。
③ ［清］焦循撰、沈文倬点校：《孟子正义》卷三，中华书局1987年版，第189页。

者处之，以身蹈之可也。①

至于司马蒯聩（蒉），高诱的注文基本上引自《太史公自序》，只说是："蒯聩在赵，以善击剑闻。"值得注意的是高诱说蒯聩"善击剑闻"，而非"善舞剑"或是"善剑"，也与司马迁所说"以传剑论显"略有不同。这一点很重要，可视为高诱对太史公之说的补充。剑很早就可以用来"舞"，作为一种愉情悦众的表演技艺，著名的如"子路拔剑而舞""项庄舞剑"之类。但击剑家或能舞剑，而舞剑家未必擅长击刺。实际有的舞家早就逶迤进入"百戏"行列，后来发展成为以剑为器具的各种舞伎杂要等。高诱特为注明是"善击剑"，应是用心之笔，丰富了"以传剑论显"的内涵，说明蒯聩是剑术剑道兼而通之的人。北齐刘昼在其《刘子·思顺章》里，有与此大致相同的一段记述，对《淮南子》略有引申，对我们理解淮南王刘安的说法亦不无帮助，故引录如下：

> 司马蒯聩，天下之攻击剑者也。令提剑锋而掉剑鮞，必刎其指，而不能以陷腐木，而况金甲乎？若提其鮞而掉其锋，则虽凡夫，可以陆斩犀象，水截蛟龙矣。顺理而行，若执剑鮞；逆情而动，如执剑锋。②

"攻击剑者也"，"攻"是"工"的借用字，法国藏敦煌石室本《刘子》就作"工"，本意是说"长于击剑"者。③

前揭《史记正义》引如淳说，蒯聩就是《刺客传》之蒯聩。《淮南子》又将蒯聩与"刺万乘之君如刺褐夫"的北宫黝相提并论，这使我们有理由认为司马蒯聩也是一位有名的刺客，只是事迹失载，他刺了谁，为什么行刺，都已无从考知。司马迁在《史记》立《刺客列传》，入传者只五人，他在列传后面专门讲了一段话：

> 自曹沫至荆轲五人，此其义或成，或不成，然其立意较然，不

---

① ［宋］卫湜：《礼记集说》卷一二六，景印文渊阁《四库全书》本第120册，台湾商务印书馆股份有限公司2008年版，第85页。

② ［北齐］刘昼著、傅亚庶校释：《刘子校释》卷二，中华书局1998年版，第100页。

③ ［北齐］刘昼著、傅亚庶校释：《刘子校释》卷二《思顺章九》注［19］，中华书局1998年版，第103页。

欺其志，名垂后世，岂妄也哉。[①]

显然，“立意较然，不欺其志”，故能“名垂后世”，也就是被世道人心所认可，这是司马迁为刺客立传的入选标准。北宫黝、司马蒯聩或是事迹不详，或事迹都不大符合这个标准，故太史公不为立传，尽管他们的剑技很可能比之荆轲等人更高明更专业。

“四战之国也，其民习兵”——这是战国后期燕国昌国君对已经遭遇长平惨败的赵国的评价，劝燕王不可轻率攻赵，燕王不信，果然大败。[②]赵人尚勇善战，也是战国时代北方各国中击剑最流行的国家，“其民习兵”就应包括传习击剑在内。不然，司马氏何以能“以传剑论显”，何以能产生司马蒯聩这样的击剑名人？这是合乎逻辑的推断。

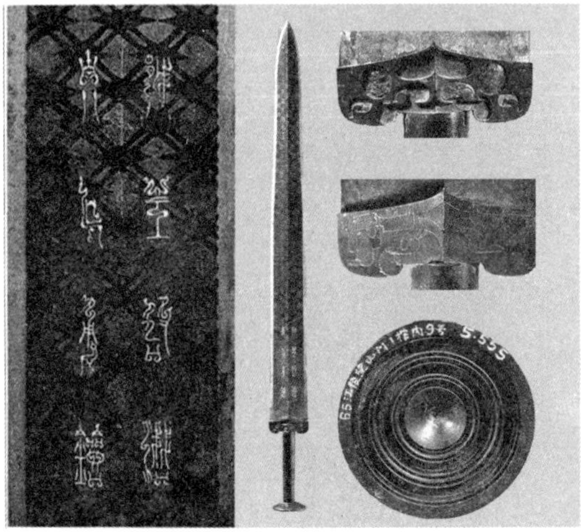

图3　越王勾践剑图解

春秋时代，青铜剑首先崛起于吴、越，不但制作精良，名贵天下，而且在技艺上也产生了重要理论，有了托名“越女”剑论等。击剑之风到越王勾践时可能达到极盛，故战国以后民间一直有“越王好勇而士多轻死”的说法，注家认为这里的越王即指勾践。[③]后来，吴、越次第灭亡，剑文化汇集到了楚国，大致在楚国完成了从青铜剑到钢铁剑的进化，完成了剑体的成倍增长，引发了击剑技术的变革，形成短剑长剑各臻其妙的局面。“荆楚长剑”和“荆楚奇材剑客”便是剑的多元融合的重要成就，也成为楚文化体系中最耀眼的亮点之一。故“带长铗之陆离兮”的行吟诗人屈原，乃是荆楚文化的伟大象征，千古而下，犹令人神驰意往，景行仰止！楚

① ［汉］司马迁《史记》卷八六《刺客列传》，中华书局2016年版，第3079页。

② ［汉］司马迁《史记》卷四三《赵世家》，中华书局2016年版，第2201页。

③ ［北齐］魏收《魏书》卷六二《李彪传》，中华书局1974年版，第1383页。

式长剑不但在楚国备受尊崇，影响也远及西秦、齐鲁和岭南，传至秦汉又延续至汉魏。

相对于南方，北方剑的渊源比较复杂，头绪纷纭难理。从文献资料看，属于三晋的赵国是一个重要的发展区域。刘文典《三余札记》卷一《淮南子校补》“其兵戈”条，引唐代学者颜师古《匡谬正俗》有云：

> 黄帝《素问》及《淮南子》等诸书，说五方之兵：东方其兵矛，南方其兵弩，中央其兵剑，西方其兵戈，北方其兵铩。[①]

“五方之兵”的说法听上去似乎牵强，其实是有些道理的。而此处的“中央”即指包括赵、魏、韩在内的三晋区域，即中原大地。三晋以北是北狄，后来是匈奴，再往后是鲜卑等，都是以骑射见长的游牧民族，好用长刃矛，史称“长铩”，中原称之为“铍”，不但利于刺和击，还利于投掷。在武艺上，中原的汉人与北地方的匈奴各有优势，相比而言，匈奴长于骑战，汉人则长于步战，长于短兵相接，即汉景帝名臣晁错所谓：“下马地斗，剑戟相接，去就相薄，则匈奴之足弗能给也，此中国之长技也。”[②]所以“中央其兵剑”，是西周虎贲之士“武训”传统的遗存和发展，并非向壁虚造之谈。

赵氏原本是晋国的世卿家族，经过了长达数百年之久的惨淡经营，历经盛衰起落，终于独立立国，成为战国七雄之一。一度国势强盛，俨然是虎狼之邦秦国的劲敌。赵国有尚武的传统，民风强劲，义不受辱，号称“立名义”“高气势”“慷慨悲歌”，产生过赵屠、廉颇、李牧这样的名将。[③]首先，赵氏的祖先蜚廉及其子恶来，相传都是多力善走的勇士，以“材力”和“知政”受到殷纣王宠信，赵人崇尚武勇可能传承了这两位远祖的遗风。历史上关于他们的传说很多，司马迁也有赵秦共祖之说。[④]

其次，赵人有以比试武艺来选贤与能的传统。《国语·晋语九》载，赵

---

① 刘文典撰、管锡华点校：《三余札记》，黄山书社1990年版，第20页。

② ［汉］班固撰、［唐］颜师古注：《汉书》卷四九《晁错传》，中华书局1975年版，第2281页。

③ 孙继民、郝良真：《先秦两汉赵文化研究》，方志出版社2003年版，第20页。

④ 《史记》卷四三《赵世家》：“赵氏之先，与秦共祖。至中衍，为帝大戊御。其后世蜚廉有子二人，而命其一子曰恶来，事纣，为周所杀，其后为秦。恶来弟曰季胜，其后为赵。”见［汉］司马迁《史记》卷四三《赵世家》，中华书局2016年版，第2147页。

简子的戎右叫少室周，他听说牛谈很有力量，提出“与之戏”，结果是：

弗胜，致右焉。简子许之，使少室周为宰，曰：“知贤而让，可以训矣。”①

韦昭的注释说：“戏，角力也。”杨宽先生认为这里的“角力”就是手搏，即徒手搏斗，我以为此说有理。②可见赵国也流行徒手搏击，所以《史记》裴骃《集解》引苏林的注解就直接用“传手搏论而释之”解释“以传剑论显”一句。以手搏的胜负来决定职位的高下，本质上还是尚武风气使然。

再次，赵地与北狄山水相接，后来又与鲜虞族建立的中山国交错接壤，冲突多，交往亦多，且多有联姻关系，使赵人血液中融入胡族成分，这是研究赵国历史的学界共识。因此赵人的华夷之见比较淡薄，不仅不鄙薄胡人，反而性相近而习相远也，逐步染上胡人刚劲强悍的民风，这是促成赵武灵王“胡服骑射”的重要原因之一。

赵人喜尚击剑的风气，可以从《庄子·说剑篇》中得到具体的认识。《说剑篇》也为我们提供了珍贵的先秦击剑资料，特别是赵国的击剑资料。

《说剑篇》是寓言性质的文字，历来被列为《庄子》的“杂篇”，是后人的假托之作，属于“纵横家言，与庄学无关”。③或曰：“此文与《战国策》之文绝似，其为后出无疑。”④但作为以剑为题材的古代寓言故事，它为我们提供了不少剑的历史信息，一些在别的史籍中所看不到的东西。这有助我们了解战国时代赵国——实际不止赵国——的剑文化。至于它是否属于“庄学”，与庄子本人是否真有关系等，不是我们所要讨论的问题。

首先，《说剑篇》以赵武灵王之子惠文王赵何为故事的依托，开篇即说：

赵文王喜剑，剑士夹门而客三千余人，日夜相击于前，死伤者岁百余人。⑤

---

① 徐元诰集解、王树民等点校：《国语集解》卷一五，中华书局2002年版，第451页。

② 杨宽：《战国史》，上海人民出版社1980年版，第520—521页。

③ 止庵：《樗下读庄》，东方出版社1999年版，第337页。

④ 钟泰：《庄子发微》，上海古籍出版社2002年版，第714页。

⑤ ［清］郭庆藩撰、王孝鱼点校：《庄子集释》卷十上《说剑篇》，中华书局2012年版，第1016页。以下《说剑篇》引文均出于此，不另注。

这自然是出于虚构。然而在战国七雄里，作者为什么偏偏挑选赵国作为背景呢？这一定有所斟酌，非随意安排，它折射出赵国剑风昌盛真实可信。赵文王的好剑和“剑士夹门”，就很有《韩非子》所谓“群侠以私剑养”[1]那种味道，在赵国也确有其例。赵国的平原君赵胜有门客数千，其中必定有“私剑”一类人物。赵胜曾在门客中挑选了“有勇力文武备具者二十人”，率众赴楚国求援，但楚王犹豫不决。赵胜的门客毛遂“按剑而前”，威胁楚王说：“今十步之内王不得恃楚国之众也，王之命悬于遂手！”终于以铤而走险的精神促成赵、楚两国的合纵协议。[2]“毛遂自荐”的故事为大家所熟悉，但毛遂的举止很像是一位文武兼长又敢于面对险情的剑客，没有点真本领，何敢如此？这是被大家忽略了的，一般都把毛遂看成一个舌辩之士，没有人把他看成是一位“剑客”。

简略而言，《说剑篇》为我们提供了以下几个看点：

第一，当时的职业剑士不但有专门的“剑服”，而且还有专门的装扮和言语风格，即所谓“蓬头突鬓，垂冠曼胡之缨，短后之衣，瞋目而语难”。对这个样式，注家有不同的解释，我们不必细作考究，我以为与击剑技术施展直接有关的是两点。其一，“垂冠曼胡之缨”，即头上的冠是用比较粗的绳索（缨）系起来的。二人激烈的击刺中，缨易断裂，会影响到勇力发挥，只有用比较粗的缨才牢固，而这种粗绳没有什么纹理，这就是“曼胡之缨”。有学者认为“曼胡”就是模糊，所言也有一定道理。其二，“短后之衣”，是为了方便进退起伏而设计的服饰，很可能是专门的剑服。另外，故事以赵惠文王为背景，惠文王是武灵王之子，是“胡服骑射”政策的践行者，这种短后的服装也有可能就是胡服之一种，短后则便于骑马，这是显而易见的。

第二，“瞋目而语难”，古今解说甚多，莫衷一是。我以为这是古代职业剑士群体约定俗成的一种表情和表达方式。“语难”就是“言不流利”，是为了显示实力和庄严感而有意为之的，是一种职业风格，应该是古老的传

---

① 陈奇猷校注：《韩非子集释》卷一九《五蠹》，中华书局1962年版，第1057页。

② ［汉］司马迁：《史记》卷七六《平原君虞卿列传》，中华书局2016年版，第2876—2877页。

统。我们在今天的拳击台上和其他搏击运动中，仍然能看到运动员瞋目对视以表达勇气和必胜信心的表情，这是这一类激烈残酷的运动项目所特有的专业风格，有时很夸张，但确有强化自己和震慑对家的作用。旧说“竟以难事相夸说”“说相击也”之类，都是文人想象之词，不足据信。

第三，“十步一人，千里不留行”。同样有许多不同解说，主要是由于注家的着眼点不同，有认为这是指剑而言，“极言其剑之利也”；另有人认为是指人而言，言剑术的高明。我以为后说为是。这里是讲剑技的高超绝伦，没有人可以阻挡，挡则必亡！“千里”只是夸张而已，极言“倏忽纵横”的能力。

第四，“示之以虚，开之以利；后之以发，先之以至。”这是《说剑篇》通篇之中最具“剑论”意味的四句。其实这几句与“越女论剑”的“内实精神，外示安仪，见之似好妇，夺之似惧虎”约略相近，而总体的蕴藉不及“越女论剑”深刻而生动，更具先秦剑论的真实感。有关解说是，“示之以虚”是欲人不能测也，“开之以利”，欲人不及防也，由此才能引出“后之以发，先之以至”的境界，[①]这是合乎技击之道的正解。我以为这四句可能直接采自战国某家剑论著作，不是寓言作者自己的创作。这使我联想到司马蒯聩的“剑论”，可惜没有任何佐证资料，只能是臆测而已。

第五，“夫子所御杖，长短何如？”此句有的版本直接作“夫子所御剑”。这是赵王问庄子的话，“杖”是剑的代称，也有可能是剑士们击剑时所用的一种木质的代用剑，以减少伤害，犹如后世的曹丕与邓展以甘蔗代剑一样。赵王问庄子，你所用的是长剑还是短剑？春秋战国到汉代，剑有长、短两大类，形制不同，技术也有不同。对此，我曾在《短剑与长剑》一文中有所论证，也引用过《说剑篇》的这条材料。我说：“庄子以剑士身份去游说喜好击剑而不惜剑士生命的赵文王，赵文王问庄子曰：‘夫子所御剑，长短何如？’此处‘剑’字或作‘杖’，‘杖’是兵器的代称。可见，长剑短剑各有千秋，剑士执长执短各有所宜。”[②]《说剑篇》里的这一问，显示了作者对剑的熟悉程度，表现出了一个行家应有的素养，也给我们判断《说剑

---

① 钟泰：《庄子发微》，上海古籍出版社2002年版，第718页。

② 马明达：《说剑丛稿》，中华书局2007年版，第24页。

篇》的成文时间提供了有益的材料。

《史记》还提供了一些有助了解赵地崇尚侠义剑士的零星材料。

图4 《荊軻刺秦王》，武梁祠石刻拓本，後漢

《刺客列传》里的豫让，屡刺赵襄子失败，最后被俘，他竟请求剑击赵襄子的衣服，称："以致报仇之意，则虽死不恨。"赵襄子"大义之"，于是让人拿着自己的衣服，"豫让拔剑，三跃而击之"，然后"伏剑自杀"。司马迁特为写道："死之日，赵国志士闻之，皆为涕泣。"[①]这是一段令人难以置信的故事，豫让的偏执，赵襄子的大度与礼遇，"赵国志士闻之皆为涕泣"，无不显露赵地崇尚侠义的社会风气。

荆轲是《刺客列传》里的重头人物，喜好击剑的他游踪曾抵赵的都城邯郸，与鲁句践争道，这是有名的故事。这位鲁句践是战国著名剑客，很可能也是赵人。此人我们后面还要论及。

再有，荆轲入秦之前，燕太子丹为保证刺秦成功，特为购求"天下之利匕首"，以百金"得赵人徐夫人匕首"，又"使工以药焠之"。徐夫人应是赵国的铸兵能手，姓徐名夫人。

还有，《史记》卷一〇四《田叔传》载，汉初的名臣田叔，是赵地陉城人，"叔喜剑，学黄老术于乐巨公所"。田叔是一位非常具有豪侠气象的人物，后来受到汉高祖重用。

这些细节，让我们有理由怀疑《庄子·说剑篇》的作者是赵人，至少是一位熟悉赵地侠义风尚的人。《说剑篇》以及其他零散的资料，为司马氏能够在赵国"以传剑论显"增加了辅证，一是证明赵国崇尚击剑，是个能够以剑论显名的国家；二是说明司马氏家族的剑技不同凡响，能够在剑风凛冽的赵国显名，当然不是容易做到的事，与无佛处称尊者不可同日语。窃以为赵

① ［汉］司马迁：《史记》卷八六《刺客列传》，中华书局2016年版，第3060页。

国的司马氏很可能是一个职业剑技家族，曾经代表赵国剑技的最高水平，是故才能产生司马蒯聩这样“天下之攻击剑者”。

总之，司马氏上代的这些历史，包括司马蒯聩神秘的个人经历，对司马迁有过深刻的濡染作用，对他在《史记》中开辟《刺客列传》《游侠列传》，以及对剑的格外用情都应该是有影响的。

三、剑的出现和秦汉的“带剑”制度

剑在我国究竟出现于什么时代，它的产生有没有外来因素，或者说根本上就是由域外传来的兵器？这些问题的提出已经很久远了，但至今还没有确定的答案，还在探索研讨之中。大家一直企盼着有更多的考古资料帮助解决这一久悬未决的疑案。可喜的是考古工作者不断提供了新的材料，比之于几十年前，今天的认识还是有了一定的推进，虽然根本问题还未获解决。

继顾颉刚、林寿晋诸先生后，李学勤先生等，都曾对中国青铜剑的渊源有过文献学和考古学的探索。后来不断有西周早期青铜剑的发现，多数是一种很短的类似于匕首的短兵，有的还可以装上木柄。学者们认为，考古学资料证明我国古代最早也最重要的三大青铜艺术系统中，除中原系统外，北方青铜文化系统和南方青铜文化（特指云贵高原和岭南地区），都具有跨境文化的特色。特别是属于北方系统的鄂尔多斯的青铜短剑，有着明显的“西伯利亚乃至于黑海之滨青铜艺术相似的特点，具有浓郁的草原气息”。后来，北方风格的青铜器以短剑、军斧、刀削等为代表，逐步融入中原乃至西南，大致经历了从商代到东周的漫长历史时期。而至今为止，真正意义上的剑还是东周时代从吴越崛起的，然后才有了楚国的铁质长剑，有了秦国的铜柄铁质剑等。[①]

① 参见：（1）顾颉刚：《吴国兵器》，《浪口村随笔》，辽宁教育出版社1998年版，第110页。（2）林寿晋：《论周代铜剑的渊源》，《文物》1963年第11期。（3）李学勤：《青铜剑的渊源》，《缀古集》，上海古籍出版社1998年版，第109页。（4）陈伟武：《简帛兵学文献探论》，中山大学出版社1999年版，第99页。（5）韩巍：《黄土与青铜：先秦的物质文明》第二章《灿烂的青铜文化》，北京大学出版社2009年版，第31、34、35页等。

司马迁《史记》记载，剑的正式出现是在西周之初，是周武王克殷后亲手割下殷纣王首级的兵器，一定程度上可视为西周立国政治、军事和文化的象征。尽管至今这一点还未得到考古学的证实，也缺乏文献学的支持，但太史公言之凿凿，不应该是向壁虚造之谈。

此外，在东周众多的诸侯国里，司马迁唯独记载了秦国“带剑”制度的确立。秦亡后，在楚汉之争的关键性节点上，司马迁总是有意识地突出了剑的存在及其作用。入汉以后，他又着意记载了“带剑”制度的延续存在。这其实是“汉承秦制”的重要构成部分，只是被学者们忽略了而已。所有这些，都是在强调剑的军事功用之外，有意识地突出其政治含蕴，彰显其文化上的象征意义。因此，我个人以为《汉书·艺文志》出现以《剑道》命名的著作，也出现与剑相关的其他专著，表明历时已久的“剑道”已经完成了它的体系建构，这既包含它从制作、佩饰、礼仪、鉴赏到击刺技术的流别传衍等一系列内容，也包含有它的学理和精神层面的内容，即属于形而上的“道”的内容。

《史记》第一次写到剑，是在周武王姬发灭殷建周的重大时刻。

《史记·周本纪》载，周武王在牧野之战击溃殷纣王的军队，他率领群臣占领殷都，进入纣王的宫殿：

> 遂入，至纣死所。武王自射之，三发而后下车，以轻剑击之，以黄钺斩纣头，悬大白之旗。已而至纣之嬖妾二女，二女皆经自杀。武王又射三发，击以剑，斩以玄钺，悬其头小白之旗。武王已乃出复军。其明日……散宜生、太颠、闳夭皆执剑以卫武王。①

唐张守节《史记正义》说：“《周书》作‘轻吕击之’。轻吕，剑名也。”司马迁则改之为“轻剑”，或直接写作“击以剑”，散宜生、太颠等重臣“执剑以卫武王”等。剑击纣王及其两位宠妃的尸体，一般认为是古老族群复仇行为的遗存，而大臣们“皆执剑”护卫武王，分明是用剑来显示新兴王朝的礼仪和威严。不难看出，在司马迁眼里，在周革殷命的重大历史节点上，剑扮演着重要角色，是新兴的胜利者和王者的象征。比之于其他兵器

① ［汉］司马迁：《史记》卷四《周本纪》，中华书局2016年版，第161—162页。

来，剑的确更显冷峻而庄严，更具有肃杀感和先进性。

司马迁在整个《史记·殷本纪》中没有写到过剑，我们在现存的殷商资料中没有找到剑的记载，甲骨文中没有发现“剑”字。显然，司马迁认为商代无剑，剑是西周初期才有的，是周人的创制，或是周人特有的兵器。周人正是依靠着手执短剑和盾牌的“虎贲”，作为冲锋陷阵的精锐，才战胜了数量上占优势的殷朝军队，一战而灭殷兴周。正因为虎贲是最早的职业剑技高手，所以克殷之后，周武王对他们做了特殊的安置，他们成为天子宫门的卫士，传递圣旨的信使，又是武艺——主要是剑技——的传授者。关于这些，我在拙作《“虎贲之士说剑”解》曾有所申论，供读者参考。①

我怀疑，作为“西土之人”的周人从西域直接或间接地引进了剑，与盾牌相配伍，装备起一支由善于奔袭突击的战士组成的称为“虎贲”军队，后来成为牧野克殷之战的主力。西周初的剑，应该是欧亚大陆文明交流的产物。“轻吕”是剑的初名，“剑”的读音是从“轻吕”转过来的。后来匈奴称之为“径路”，是保存了它的初音，与“轻吕”同音稍异而已。如上所言，司马迁没有沿用《逸周书·克殷解》的“击之以轻吕”，而是改为“以轻剑击之”；又把《克殷解》的“泰颠、闳夭皆执轻吕以奏王”，直接改为“散宜生、太颠、闳夭皆执剑以卫武王”。②由“轻吕”改为“轻剑”，或者径改为“剑”，这一字之改，司马迁应该是有依据的，改动有其深意，是为了表明剑的出现。司马迁以剑作为新兴周王朝的武力象征，并且延伸成为周的文化标志之一，正是以此为起点，展开了《史记》对剑的丰富记载。

进入东周，历史走向从春秋到战国的纷争历程，这是中国历史上最纷乱也最精彩的时代，没有皇权专制，诸侯分治，思想活跃，人才辈出。社会崇尚武勇，许多士大夫文武兼擅。以孔子为代表的儒家大力提倡“用文事者必有武备”，孔门弟子不乏文武兼通之才。这段历史很大程度上也可以看成与西戎有深层关系的秦国崛起史。秦由一个被视为“夷”邦的“邑于西陲”的边鄙之国，一步步走向强盛，终于完成一统天下的伟业。但不久即被主要由楚人发动的全国起义所推翻，接着便是短暂的楚汉之争和刘姓大汉王朝的建

① 马明达：《“虎贲之士说剑”解》，《说剑丛稿》，中华书局2007年版，第4—5页。

② 黄怀信：《逸周书校补注译》，三秦出版社2006年版，第167—168页。

立。在这一大段戏剧般演进的每一个重要节点上，司马迁都没有忽略剑的存在和它特殊的历史意义。特别是《史记》记载了秦国“带剑”制度的建立，又不惮其详地记述了反秦战争和楚汉相争中，剑的作用及其政治象征意义。

关于秦国的“带剑”制度，首见于《史记》卷五《秦本纪》：

（秦）简公六年，令吏初带剑。[①]

秦简公名悼子，在位时当战国前期，约公元前414年—公元前400年。此事又见于《史记》卷一五《六国年表第三》：

初令吏带剑。[②]

除此而外，《史记》卷六《秦始皇本纪》之末在贾谊《过秦论》的后面，附有出自《秦纪》的“秦之先君立年及葬处”一段文字。其中关于秦简公的一节是：

简公从晋来。享国十五年。葬僖公西。生惠公。其七年，百姓初带剑。[③]

简公在位十五年，载入史册的政事只此两事，可见这是值得存史的大事。《秦本纪》、《六国年表》和《秦纪》的说法略有不同：一是说六年“令吏初带剑”或“初令吏带剑”；一说七年“百姓初带剑”。这个细微的差别，早就就被古代学者注意到。宋代名儒吕祖谦《大事记解题》卷一“秦初令吏带剑”条的解释是：

解题曰：佩玉，三代也；佩剑，秦也。秦与三代之分无他，观其所佩而已矣。《秦记》七年又书“百姓初带剑”。[④]

明代学者董说《七国考》卷八“带剑条”云：

史记（秦本纪）：“秦简公六年，令吏初带剑。”《正义》曰：“春秋官吏各得带剑。”剑有二：一佩剑，所谓衣冠带剑是也；一兵剑，持以相格杀者也。《秦别纪》作“简公七年，百姓初

① ［汉］司马迁：《史记》卷五《秦本纪》，中华书局2016年版，第253页。

② ［汉］司马迁：《史记》卷一五《六国年表》，中华书局2016年版，第858页。

③ ［汉］司马迁：《史记》卷六《秦始皇本纪》，中华书局2016年版，第361页。

④ ［宋］吕祖谦：《大事记解题》卷一，景印文渊阁《四库全书》本第324册，台湾商务印书馆股份有限公司2008年版，第146页。

带剑。”[1]

由于缺乏印证资料，上面两家的解释都不能令人满意。吕说似有道理，以佩玉、佩剑作为周秦分界，这很重要，但吕氏没能提供相应的史料证据，而且他忽略了“玉剑并存”的史实。所以吕说只能存疑待考。董说则只是一般性的解说而已。

我以为简公六年和七年两说，其实是有连续性的一件事，即秦国自简公六年（前409年）起，各级官吏都要佩剑——不是允许，而是要求。当然官吏上朝议事仍然不能带兵器，就连执行警卫的“诸郎中”也只能站在殿下，没有命令不得上殿。[2]第二年，又允许百姓佩剑。这表明秦简公在提倡佩剑，目的应该是在全国普及用剑，借以强化民风，推广剑技，提高战力。允许百姓带剑，就难免在击剑活动中发生伤害，而秦国法律森严，禁止百姓“私斗”，“为私斗者，各以轻重被刑大小”。[3]对此必有相关的法令管束，不然岂不乱象丛生。史书没有这方面的记载，但著名的湖北云梦睡虎地秦简《秦律十八种》之《法律答问》中，有一条律文提供了重要的信息：

> 铍、戟、矛有室者，拔以斗，未有伤殴（也），论比剑。[4]

“论比剑”三个字非常值得琢磨。

这是说，如果有人把配备有刃鞘的长兵器，如铍、戟、矛，从鞘里拔出来相斗，但没有造成伤害，“论比剑”，即依照“比剑”的律条论处。据此，秦律一定有关于“比剑”的条令，反证了秦国允许民间进行符合规定的或是有规则的“比剑”，而这样的“比剑”不属于“私斗”，不被禁止。再结合秦国提倡百姓带剑的国策，使我们怀疑秦国很可能有国家允许的比剑活动，甚至是在一定法律约束下的公共赛事，有相应的奖励制度，以此来强民强国，催生更多的“锐士”。《荀子·议兵篇》有“齐之技击不可以遇魏氏之武卒，魏氏之武卒不可以遇秦之锐士”之说，这是大家非常熟悉的一段评

---

① ［明］董说原著、缪文远订补：《七国考订补》卷八《带剑》条，上海古籍出版社1987年版，第484页。

② ［汉］司马迁：《史记》卷八六《刺客列传》，中华书局2016年版，第3075页。

③ ［汉］司马迁：《史记》卷六八《商君列传》，中华书局2016年版，第2710页。

④ 睡虎地秦墓竹简整理小组编：《睡虎地秦墓竹简》，文物出版社1978年版，第187页。

论，但对“锐士”二字向无具体的解说。《荀子》讲，秦国“……使民也酷烈，劫之以势，隐之以阸，忸之以庆赏，鳅之以刑罚，使天下之民所以要利于上者，非斗无由也。”[1]这个“斗”字，一向只被理解为勇于杀敌以求功赏，有了“比剑”二字，使我们对“非斗无由也”有了更宽广的认识，对“锐士”也有了更加深刻的理解。尽管我们对秦的“比剑”和相关法令仍然一无所知，但“比剑”的存在应无疑义，这在秦史研究上不能不说是一个小小的突破。

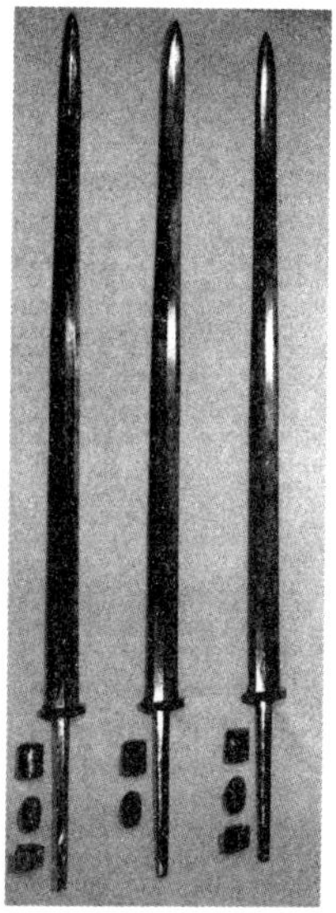

图5　秦始皇兵马俑坑出土秦剑大图

秦的勃然崛起和它建构的文化体系中，确有一些非常有特性的东西，带剑制度和比剑活动，始皇陵兵马俑出土的三柄青铜长剑，就是其中的代表之一。另外兵马俑坑还出土了三柄弯刀，“为考古史上首次发现。其形状如弯月，齐头无锋，两面有刃，是一种推、钩两用的兵器”。[2]也是非常特别的兵器。有学者将它与吴越所谓“金钩”“吴钩”相比附，似乎失之望文生义。我以为方头弯形刀，高大雄峻兵马俑，以及《史记》所记载的“金人十二，重各千石，置廷宫中”[3]等等，有的是出土文物，有的是文献记载，都属于大秦王朝特性文化的范畴，其中有着许多值得深度思考和解读的历史隐义，还需要我们继续钩深致远，研探其中的奥秘。

综上，“带剑”是秦国的一项重大国策，在战国七雄中秦是否是第一个或是唯一一个这样做的国家，还有别的国家这样做吗？尽管有古代学者提出过“用剑之盛，莫盛于战国。而以为朝仪，则又始于秦”的观点，[4]但还需要有更坚实的史证，目前尚难结论。而司马迁的记载表明这件事很重要，至少

①　［清］王先谦撰、沈啸寰点校：《荀子集解》卷十《议兵篇》，中华书局1988年版，第273页。

②　袁仲一：《秦始皇陵兵马俑》，《秦俑博物馆论文选》，西北大学出版社1989年版，第119页。

③　［汉］司马迁：《史记》卷六《秦始皇本纪》，中华书局2016年版，第307页。

④　［元］方回：《续古今考》卷二《拔剑斩蛇》之《附广剑考》，景印文渊阁《四库全书》本第853册，台湾商务印书馆股份有限公司2008年版，第139页。

他本人是非常重视的。多年前，我在《短剑与长剑》一文中曾经就此讲过一段话：

> 《史记》对同一件事的重复记载，表明司马迁对这一历史事件的郑重程度，说明对秦国来讲，这是一件意义深远的事情。史学界对此记载一向都比较重视，许多学者都发表过富有意义的观点。但多数学者都是在剑的政治象征意义上思考问题，忽略了剑作为武器的军事价值和提倡带剑的军事目的。我以为秦简公接连令吏带剑，令百姓带剑，着眼点就在剑本身。一个“初”字，说明在此之前秦人没有佩剑习惯，或是秦的法律不允许带剑。一个“令”字，又说明这是以政令方式强力推广剑的佩带，是在努力引进吴、越和楚国的先进兵器和战斗技艺。对秦国来讲，这是一项非常重要的改革措施，其意义不亚于后来赵武灵王的“胡服骑射”，所以太史公才三次加以载述。[①]

一心追求强国之梦的秦国，对劲敌楚国剑的制作和应用一向非常关注。可以举两个例证来看。

其一，《史记》卷七九《范雎蔡泽列传》载：

> 昭王临朝叹息，应侯进曰：“臣闻‘主忧臣辱，主辱臣死’。今大王中朝而忧，臣敢请其罪。”昭王曰：“吾闻楚之铁剑利而倡优拙。夫铁剑利则士勇，倡优拙则思虑远。夫以远思虑而御勇士，吾恐楚之图秦也。”[②]

这是一段有名的对话，亦见于西汉刘向《说苑》卷一五《指武》，二者在文字上稍有不同，《说苑》的记述较《史记》更为简洁：

> 秦昭王中朝而叹曰：“夫楚剑利，倡优拙。夫剑利，则士多慓悍；倡优拙，则思虑远也。吾恐楚之谋秦也。”[③]

---

① 马明达：《说剑丛稿》，中华书局2007年版，第23页。

② ［汉］司马迁：《史记》卷七九《范雎蔡泽列传》，中华书局2016年版，第2932—2933页。

③ ［汉］刘向撰、向宗鲁校证：《说苑校证》卷一五《指武》，中华书局1987年版，第365页。

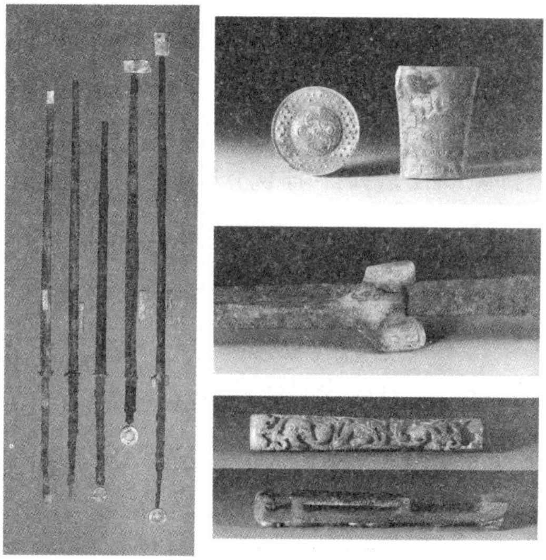

图6　广州西汉南越王墓出土的长剑

不管是青铜短剑和长剑，或是铁制长剑，楚国都曾经拥有一定优势，秦简公要求官吏佩剑，进而允许百姓佩剑，多半是受了楚国的影响和刺激，是在动员国人向楚国学习。秦昭王的忧虑，进一步证明秦国对楚剑的严重关切，毕竟“铁剑”是当时最先进的兵器，它意味着步兵兵种的进一步强化，意味着剑盾武艺的重大发展。一直富有学习精神的秦国不会只停留在忧虑上，必定会学习和引进。

其二，秦国向吴越和楚国学习制剑技术由来已久了。早在春秋末期，有一位叫薛烛的“相剑家”曾经活跃在吴越和楚国，越王允常请他鉴定过铸剑名家欧冶子造的五柄宝剑，他也以“相剑”闻名当世，与另一位相剑家风胡子齐名，古人称二人为“并古之善相剑者”。薛烛的来历不大清楚，《吴越春秋》称他为“秦客薛烛”。[①]以“秦客”而远走吴越，居然以相剑成名于吴越，这说明秦人很早就在关注吴越宝剑的制作技术，深入探索宝剑质量的奥妙，本质上就是掌握制作的诀窍。薛烛的身份很值得玩味，他可能是民间人士，也不排除他是一位负有国家使命的神秘人物。

总之，“令吏初带剑”“初令吏带剑”和“百姓初带剑”这样的举措，《史记》中未见于别国，一是可能漏载；二是确实只有秦国、楚国少数国家这样做过。不管怎样，“带剑”制度的实施，使我们对秦国的武备政策有了进一步的认识。

秦始皇时，“佩剑”还是秦王“加冕”典礼中的一项重要内容。《史记》卷六《秦始皇本纪》载始皇九年（公元前238年）：

① 各本不一，有的本子无“秦客薛烛善相剑”几个字，此据《太平御览》卷八〇三引。转自周生春《〈吴越春秋〉辑校汇考》，上海古籍出版社1997年版，第215页。

四月，上宿雍。己酉，王冠，带剑。[1]

《史记集解》引徐广说，此年秦始皇22岁；《正义》则认为此年秦始皇21岁。“王冠”，即实行正式以成人身份执政的“加冕礼”。“带剑”就是举行佩剑礼，具体细节不得而知，想必是给秦王佩带上一柄与国王身份相称的宝剑。十一年后，秦始皇二十年（公元前227年），燕太子丹派荆轲入秦行刺，秦王亲自以所佩长剑八创荆轲，使之殒命，所用的应该就是这柄剑。不排除始皇九年的“王冠、带剑”就是佩带了一柄楚式长剑的可能，楚人名为“长铗”，后被普遍称之为“长剑”。

秦王加冠带剑之礼，是与“令吏初带剑”同时实行的制度，还是更早些呢？暂无所知。希望借助考古发现，对此能有深入的认识。

秦国提倡官民带剑并允许“比剑”活动，国人和军队的击剑水平必然会得到提高。虽然史书对此并无记载，但我们可以从一条信息中有所蠡测。《史记》卷一一七《司马相如列传》称，司马相如“少时好读书，学击剑”。唐司马贞《索隐》曰：

《吕氏春秋·剑伎》云：“持短入长，倏忽纵横之术也。”[2]

《吕氏春秋》是秦始皇的丞相吕不韦的著作，是重要的先秦典籍。此书早在东汉时就出现脱佚，现存最早的刻本是元朝至正六年（1346年）嘉兴路儒学本，佚失的内容应该更多。司马贞《索隐》所引的“剑伎”应该是《吕氏春秋》的一个篇目的名称，大约唐时犹存，至元代以前已经脱佚。《剑伎篇》应该是一篇专门的论剑文字，从篇目的设置，以及“持短入长，倏忽纵横之术也”十一个字的精确表述，反映出战国末期秦国对击剑的高度重视和剑技水平的发达。[3]

艰难创业的大秦王朝，靠暴虐的专制体制维系庞大的帝国，严刑酷法，草菅人命；焚书坑儒，泯灭文化。天下人不能读书，不能拥有兵器，劳役

① ［汉］司马迁：《史记》卷六《秦始皇本纪》，中华书局2016年版，第293页。

② ［汉］司马迁：《史记》卷一一七《司马相如列传》，中华书局2016年版，第3637页。

③ ［战国］吕不韦著、陈奇猷校释：《吕氏春秋新校释》附录《佚文》《新校释所据旧刻本》，上海古籍出版社2002年版，第1820、1828页。

繁重，动辄得咎，百姓苦不堪言。秦二世的昏暴加快了秦的覆亡，楚地爆发了陈胜、吴广起义，引动全国的反秦风暴，秦王朝迅速崩溃。继陈、吴之后，先后起义的楚人刘邦、项羽也都与剑有密切的关系，被司马迁一一记载下来。

刘邦留给历史“斩蛇起义”的神奇经历。《史记》卷八《高祖本纪》载，高祖起事初，夜行泽中，命一人行前探路：

> 行前者还报曰：“前有大蛇当径，愿还。”高祖醉，曰：“壮士行，何畏！”乃前，拔剑击斩蛇。蛇遂分为两，径开。①

《汉书》此段照抄《史记》，但班固将“拔剑击斩蛇”改为“拔剑斩蛇”，删去“击”字。这很不高明，少了一个“击”字，便完全没有了高祖与大蛇奋勇搏杀的惊险，战而杀之变成了简单的一“斩”了之。相比于太史公来，班固对剑的了解和兴趣明显不足，他不在意这一字之差。由这个故事衍生出了赤帝子斩白帝子的著名神话，成为刘汉取代嬴秦的先兆，连《史记》也录入《高祖本纪》，后来有了更多玄怪的神话。斩蛇是否可信，无关紧要，而刘邦本人念念不忘“提三尺剑”四个字。过了若干年，当高祖十二年（公元前195年），刘邦在平定英布叛汉的战争中，“为流矢所中”，病情很快转危的他，还念念不忘“三尺剑”：

> 行道病。病甚，吕后迎良医。医入见，高祖问医。医曰：“病可治。”于是高祖嫚骂之曰：“吾以布衣提三尺剑取天下，此非天命乎？命乃在天，虽扁鹊何益！”遂不使治病，赐金五十斤罢之。②

不久，高祖驾崩，“提三尺剑取天下”竟成了他临终前对自己帝王事业的总结。自此，“三尺剑”成为一个特定的词汇，经常被古人所引用，而“由一剑之任，五载而成帝业”，也成为后世对刘邦这位“布衣天子”的普遍评价。后来的汉王朝继位者还曾在未央宫修建专祠，供奉这柄具有重要象征意义的剑。有趣的是，明朝的建立者朱元璋，有着与刘邦类似而更加寒苦的身世，也属于“光棍打天下”的成功者之一。他称帝后在祭祀历朝帝王时，曾经对着刘邦的画像笑着说：

---

① ［汉］司马迁：《史记》卷八《高祖本纪》，中华书局2016年版，第442页。

② ［汉］司马迁：《史记》卷八《高祖本纪》，中华书局2016年版，第491页。

刘君，今日庙中诸君，当时皆有所凭藉以得天下。惟我与汝，不假尺土一民，提三尺剑位至天子，尤为难事，可多饮三杯。①

于是，这个“最高指示”便成为制度，此后明王朝供奉的历代帝王的塑像前，都只献一爵酒，“惟汉高祖以三爵献”。

好事的后代人注意到刘邦为什么提“三尺剑”，而不是更为强大尊贵的七尺剑呢?《史记索引》引晋崔豹《古今注》的解释是：

当高祖为亭长，理应提三尺剑耳；及贵，当别得七尺宝剑。②

亦见秦代官吏佩剑是有一定级别的，长剑贵重，不是任何人都可以佩带的。这使我们再一次联想到秦始皇那柄只有“负剑”才能拔得出来的长剑。裴骃《史记集解》引《盐铁论》说：“秦王操于不意，列断贲、育者，介七尺之利也。”③照此，秦始皇佩带的就是“七尺宝剑”，依照通常的换算标准，七尺约当现在的1.6米左右，这真是长到不可思议，所以一旦出鞘就能迅速击杀荆轲。而刘邦起义时只是个卑微的亭长，三尺剑符合他的身份，以后尊贵了，“当别得七尺宝剑”。说不定他佩带的正是秦始皇佩带的那柄长剑，因为他比项羽先进入咸阳秦宫。

楚汉之争中的项羽，是一位勇而寡谋的英雄人物。《史记》卷七《项羽本纪》乃是司马迁的精心之作，也是《史记》个人传记中“剑”字出现得最多的一篇，通篇堪称剑光闪闪，杀机四伏。④

项羽暂短的一生与剑的关系至为密切。

《项羽本纪》一开始就讲到项羽“少时学书不成，去；学剑，又不成”的一段经历，留下“剑一人敌，不足学”的名言，说明作为将门之后的他学过剑，只是并不专心。接着讲项梁起兵反秦，项羽显示出他勇决的性格“遂拔剑斩守头”，“所击杀数十百人，一府中皆慑伏”。鸿门宴是全传的最亮点，几乎是一次剑的大演示。从项庄舞剑，项伯亦拔剑起舞；樊哙带着剑和

① ［清］秦蕙田：《五礼通考》卷一一六《吉礼·祀先代帝王》，景印文渊阁《四库全书》本第137册，台湾商务印书馆股份有限公司2008年版，第787页。

② ［汉］司马迁：《史记》卷八《高祖本纪》，中华书局2016年版，第443页。

③ ［汉］司马迁：《史记》卷八六《刺客列传》，中华书局2016年版，第3076页。

④ ［汉］司马迁：《史记》卷七《项羽本纪》，中华书局2016年版，第379—433页。下节相关引文均出自此。

图7　兰陵老人掷剑图

铁盾拥入军门，项羽“按剑而跽”，樊哙覆其盾于地，加彘肩于上，拔剑切而啗之。后来，刘邦独骑与樊哙、夏侯婴、靳强、纪信“四人持剑盾步走，从郦山下，道芷阳间行”，总算脱离危局。此传中两次将剑与盾的搭配关系交代得清清楚楚，相信这是源远流长的军事技艺，也是司马迁的点睛之笔，一般史家见不及此，不会写得如此具体。最后，是亚父范增“受玉斗，置之地，拔剑撞而破之”。整篇文字充分展示了剑在秦汉之际政治场景里的煊赫地位，它是当时权势与勇力最重要的象征。

刘邦入关后，萧何奉命简化了秦国严酷峻密的法律，即所谓“与民约法三章”，使民稍得宽缓。得天下后又推行轻徭薄赋等舒民政策，而其他方面的变动并不大，即古人所谓“汉承秦制”。我们注意到，官吏和百姓带剑的制度没有废除，一直延续到整个汉朝。在经历了惠、文、景帝三朝以黄老“无为而治”为主导的“休养生息”之后，到汉武帝时，国家仍能保持尚勇强劲的民风，“私剑”“游侠”之流各地都有，这恐怕与允许百姓带剑和开展比剑活动有直接关系。汉画像石上时有所见的“比剑”场面，就是汉代社会现象的再现，我想大家都是非常熟悉的。

我们先举几个“带剑”的例子来看。

刘邦称帝前，“好读书，家贫落魄”的高阳郦食其求见刘邦，刘邦以为儒生无用，拒不接见。“郦生瞋目案剑叱使者曰：‘走！复入言沛公，吾高阳酒徒也，非儒人也。’”[①]可见作为一个普通儒生的郦食其可以带着剑求见刘邦，这应该是秦朝允许百姓带剑的遗风。

另一个著名例子，便是“长大好带刀剑”的韩信，在家乡淮阴曾受恶少

---

① ［汉］司马迁：《史记》卷九七《郦生陆贾列传》，中华书局2016年版，第3275页。

“胯下之侮”的故事。还有，项籍起兵反秦，韩信“杖剑从之”，开始了他的军事与政治生涯。[1]

刘邦称帝后，在叔孙通还没有为刘邦设计出一套严格的朝堂礼仪之前，在战争中“斩将搴旗”立有功劳的武臣们，上朝时个个带着剑，甚而“群臣饮酒争功，醉或妄呼，拔剑击柱”，刘邦极其厌恶。以叔孙通为代表的儒臣们便摇摇晃晃走出前台，为皇朝制定了一系列的礼规。[2]有鉴于萧何臣劳之大，“乃令萧何第一，赐带剑履上殿”。[3]可见“群臣侍殿上者不得持尺寸之兵”的秦法被恢复遵行，萧何“带剑履上殿”是特例，是作为对“第一功臣”的无上尊崇，其他人上朝议事佩剑的权力没有了。

但对庙堂以外各级官衙的要求似乎要宽松很多，显然还在实行秦代官吏带剑的制度。《史记》卷九六《张丞相列传》附《魏相传》云：

> 魏丞相相者，济阴人也。以文吏至丞相。其人好武，皆令诸吏带剑，带剑前奏事。或有不带剑者，当入奏事，至乃借剑而敢入奏事。[4]

《汉书》卷七一《隽不疑传》也有相应的记载：

> 武帝末，郡国盗贼群起，暴胜之为直指挥使……胜之素闻不疑贤，至勃海，遣吏请与相见。不疑冠进贤冠，带櫑具剑，佩环玦，褒衣博带，盛服至门上谒。门下欲使解剑，不疑曰：“剑者君子武备，所以卫身，不可解。请退。”吏白胜之，胜之开閤延请，望见不疑容貌尊严，衣冠甚伟，胜之蹝履起迎。[5]

所谓“櫑具剑”，据《汉书》应邵注：“櫑具，木摽首之剑，櫑落壮大也。”晋灼的注解更为详细：

> 古长剑首以玉作井鹿卢形，上刻木作山形，如莲花初生未敷

---

① ［汉］司马迁：《史记》卷九二《淮阴侯列传》，中华书局2016年版，第3166页。

② ［汉］司马迁：《史记》卷九九《刘敬叔孙通列传》，中华书局2016年版，第3296—3297页。

③ ［汉］司马迁：《史记》卷五三《萧相国世家》，中华书局2016年版，第2449页。

④ ［汉］司马迁：《史记》卷九六《张丞相列传》，中华书局2016年版，第3255页。

⑤ ［汉］班固撰、［唐］颜师古注：《汉书》卷七一《隽疏于薛平彭传》，中华书局1975年版，第3035页。

时。今大剑木首，其状似此。[①]

应邵是东汉人，晋灼是晋人，二人去汉未远，注解应该可信，晋说也得到了唐代学者颜师古的认同。除了官吏，汉代的百姓也仍然允许佩剑。司马迁在《史记》卷一二九《货殖列传》中说：

游闲公子，饰冠剑，连车骑，亦为富贵容也。[②]

这是说“游闲公子”们佩戴着经过装饰的宝剑，连车过市，借以炫耀自己的富贵身份。《汉书》卷八九《循吏传》载，汉宣帝时，龚遂（字少卿）出任渤海太守，“民有带持刀剑者，使卖剑买牛，卖刀买犊”。[③]这是传颂千古的“循吏”典故，亦见汉代并不禁止百姓身带刀剑，秦制被承接下来。

官吏带剑的制度，自秦简公六年（前409年）开始实行，经过了整个汉朝，历时600余年，直至司马氏的东晋终于被木剑所替代，先后出现过“象剑”“斑剑”等替代品，“带剑”终究颓变成一种礼仪性的佩饰，不再具有兵器意义。这是封建皇权专制体制不断强化的必然，一定程度上也反映了剑的辉煌时代的悄然结束和剑文化的转向。渐渐地剑走上虚拟之路，留下的只是一些流风余韵，诗文追忆，乃至于玄虚无稽的志怪传奇之类而已。史书对这一具有深刻历史意义的变化有所记载，但语焉不详，故并未引起大家的关注。目前所见的记载，先是唐修《晋书》卷二五《舆服志》有一番简要记述：

汉制，自天子至百官，无不佩剑，其后唯朝带剑。晋世始代之以木，贵者犹用玉首，贱者亦用蜯、金银、玳瑁为雕饰。[④]

此处只说是“晋世始代之以木”，并没有指出具体的时间。同样修成于唐代的《隋书》卷一二《礼仪志七》也有一段记述，内容较《晋书》稍详，可以一读：

剑，案汉自天子至于百官，无不佩刀。蔡谟议云：“大臣优

① ［汉］班固撰、［唐］颜师古注：《汉书》卷七一《隽疏于薛平彭传》，中华书局1975年版，第3036页。

② ［汉］司马迁：《史记》卷一二九《货殖列传》，中华书局2016年版，第3969页。

③ ［汉］班固撰、［唐］颜师古注：《汉书》卷八九《循吏传》，中华书局1975年版，第3640页。

④ ［唐］房玄龄等撰：《晋书》卷二五《舆服志》，中华书局1974年版，第771页。

礼，皆剑履上殿。非侍臣，解之。”盖防刃也。近代以木，未详所起。东齐著令，谓为象剑，言象于剑。周武帝时，百官燕会，并带刀升座。至开皇初，因袭旧式，朝服登殿，亦不解焉。十二年，因蔡征上事，始制凡朝会应登殿坐者，剑履俱脱。其不坐者，敕召奏事及须升殿，亦就席解剑，乃登。纳言、黄门、内史令、侍郎、舍人，既夹侍之官，则不脱。其剑皆真刃，非假。既合旧典，弘制依定。又准晋咸康元年定令故事，自天子已下，皆衣冠带剑。今天子则玉具火珠镖首，余皆玉镖首。唯侍臣带剑上殿，自王公已下，非殊礼引升殿，皆就席解而后升。六品以下，无佩绶者，皆不带。[①]

第一句说汉代天子百官“无不佩刀”，应是“无不佩剑”，或是“无不佩剑刀”。蔡谟是东晋名臣，本传见《晋书》卷七七。看来对大臣“剑履上殿”的制度是他最先提出异议的，目的就是“盖防刃也”，即为皇帝的安全着想。南朝的宋、齐、梁、陈都遵照东晋的新制度行事，称木剑为“象剑”或“斑剑”。而北朝胡人强劲之风较盛，北周武帝时“百官燕会，并带刀升座”。隋朝一统天下之初，制度和文化上均保留了许多北朝特色，大臣朝服登殿并不解剑。开皇十二年（592年），由陈入隋的大臣蔡征（字希祥，本传见《陈书》卷二九。）上言改变制度，凡参加朝会的大臣一律“剑履俱脱”，不入朝班的臣工，如奉召登殿奏事，必须先“就席解剑”，然后才能登殿。而在朝堂供职的官员，如纳言、黄门、内史令等，一律佩剑，而且都是真剑，并非象剑、斑剑之类。“今天子”以下是说唐初的情况，具体应指唐太宗贞观年间，自王公以下，一般升殿陛见，都得“就席解而后升”。六品以下官员“无佩绶”者一般都不再带剑。

尽管如此，大臣佩剑毕竟是一项古老而庄严的礼仪，出于安全而完全废止，不免显得皇朝拘禁而小气。于是隋朝一方面实行上朝奏事“就席解剑”的制度，另一方面对大臣们平时的佩剑大大提升制作的工艺规格，比之前朝更显富丽堂皇。《隋书》卷一一《礼仪六》载：

一品，玉具剑，佩山玄玉。二品，金装剑，佩水苍玉。三品及

① ［唐］魏征等撰：《隋书》卷一二《礼仪志七》，中华书局1973年版，第274—275页。

开国子男、五等散品名号侯虽四、五品，并银装剑，佩水苍玉。侍中已下，通直郎已上，陪位则像剑。带真剑者，入宗庙及升殿，若在仗内，皆解剑。[①]

总之，官员佩剑的制度，自东晋开始被正式提出异议，并出现变动，曾经有过以木剑为代替的过渡形式，直至隋朝开皇十二年终遭废止。一二品高官配有玉具剑、金装剑之类，只是豪华的佩饰，是身份的象征，凡是真剑，入宗庙和上殿都得解下来。低级别的官员只能佩“像剑”，就是一把木剑而已。

史书没有记载对百姓带剑的禁约时间和办法，我推测大致也在隋开皇时代。《隋书》卷一《高祖纪》开皇三年（583年）春正月载：“禁大刀长矟。”[②]这是中国古代最早的禁兵令之一，文字甚简，不知道是否包括一般的刀剑在内。国家虽然没有明确禁止百姓佩剑，但老百姓总是会跟着官员走，一是不再任性佩剑；二是所佩剑也会主要以“雕饰”来炫耀身家，而非对剑和剑技的显示与崇敬。剑实际走向虚化。

有趣的是，正是西晋以后长时间的社会动荡与民族分裂，中国自春秋战国到秦汉间高度发展的兵刃制作工艺也随着大量工匠的迁徙传入日本，推动了彼此间刀剑制作工艺盛衰消长的剧变。终于，经过唐朝，自北宋始，日本剑刀转而向大陆进贡并出口，逐渐成为中国人倍加珍惜的无上利器。[③]

四、司马迁笔下的剑技人物

《史记》记述了许多喜好和擅长击剑的人物，但没有出现“剑客”和“剑士”一类词语。“剑客”一词首见于班固《汉书》卷五四《李广传附李陵传》的“奇材剑客”；[④]又见于卷六五《东方朔传》的“郡国狗马蹴鞠剑客

① ［唐］魏征等撰：《隋书》卷一一《礼仪志六》，中华书局1973年版，第242页。

② ［唐］魏征等撰：《隋书》卷一《帝纪第一高祖》，中华书局1973年版，第18页。

③ 参见拙作《历史上中、日、朝剑刀武艺交流考》，《说剑丛稿》，中华书局2007年版，第196页。

④ 《汉书》卷五四《李广苏建传》附《李陵传》：“陵召见武台，叩头自请曰：‘臣所将屯边者，皆荆楚勇士奇材剑客也，力扼虎，射命中……’”见［汉］班固撰、［唐］颜师古注：《汉书》，中华书局1975年版，第2451页。

辐凑”。[1]后来《后汉书》又有了“吴王好剑客，百姓多创瘢”的民谚，足见春秋时代吴越的崇剑之风直到东汉时还被人们传颂着。[2]这里的“剑客”指那些喜好击剑和精通剑技的人，或者专以剑技为职业的人。颇疑西汉之初就有了“剑客”一词，但未被司马迁所采用。“剑士”首见于《庄子·说剑篇》，秦汉间未见有人用过，很可能是赵地用词，传布不广。唐以后“剑士”时有所见，大抵指精通剑术的职业剑技家，包括社会地位低下的杀手之流。

面对形形色色的剑技人物，司马迁难以设定一个统一的名号，他似乎只能借助“侠”字的宽泛含义，将大部分剑技人物收纳其中，又以其事功和特点，分属之《刺客》《游侠》两传。此外，还在一些纪传中零星记述了一些剑技家，努力为非侠类的剑技家存留姓名，以显示剑技家群落的社会存在及复杂的成分构成。大致来讲，“侠”之优者，总是会辅以高明的剑技，但并不是每一个“侠”都擅长剑技，而剑技高明者又未必一定是“侠”。另外，每个人的社会作用和影响也不尽相同，有些人可能剑技高超，但并无重要事功可言，如司马蒯聩以及《荆轲传》提到的盖聂、鲁勾践等；有些人事功赫赫，但剑技并不高明，荆轲便是显例。这应该是司马迁没有采用“剑客”一词的主要原因。班固也用得很少，且含义明确，同后来小说家所谓“剑客”，即以高超的剑技践行侠义之事的人是有区分的。毕竟唐以后小说家所谓“剑客”，是将剑和侠融为一体，绝大部分是文学形象，是子虚乌有先生，如著名的“风尘三侠”之类。而司马迁写的都是史实人物，容不得任意夸大，更不能凭空虚造。

如果把司马迁在《刺客》《游侠》二传中，以及其他传纪中涉及的剑技人物都罗列出来，我们发现这个群体曾经相当之大，用司马迁的话说：“为侠者极众，敖而无足数者。”[3]由此可以推定从春秋战国到秦汉两朝的数百

① 《汉书》卷六五《东方朔传》：“于是董君贵宠，天下莫不闻。郡国狗马蹴鞠剑客辐凑董氏。”见［汉］班固撰、［唐］颜师古注：《汉书》，中华书局1975年版，第2855页。

② ［南朝宋］范晔撰、［唐］李贤等注：《后汉书》卷二四《马援列传》附《马廖传》，中华书局1965年版，第853页。

③ ［汉］司马迁：《史记》卷一二四《游侠列传》，中华书局2016年版，第3873页。

年之间，在“侠”的群体中确实出现过类似后世小说里的“剑客”“剑侠”那样的人。古人说战国时“剑客以短长之术游说诸侯”，并非空穴之风。但从来剑技人物都是品流丛脞，成色复杂，他们的共同点是擅长击剑，受过不同程度或是不同流派的剑技训练，有的长于短剑，有的长于长剑，或是长于“以剑遥击”的特殊技能等。但以剑技为职业者，则多数是出身低层的所谓“布衣之侠”“匹夫之侠”和“闾巷之侠”等，其中相当一部分是为权贵豪强效命的“私剑”，是些只讲利害而不辨是非的职业杀手。他们的行为虽然往往被所谓“义”“忠”和“勇于赴死”“为死不顾世”之类所遮掩，但毕竟褒贬不一，定位不高。其中确属于行侠仗义的也有，但并不多见，如晋之鉏麑、魏之朱亥、燕之荆轲等，珍稀一如星凤，故能传名后世，成为诗人吟咏的对象，也成了后世小说家们创造剑侠的参照。

战国延至西汉前期，皇权专制尚未强化到毒烟罩天、峻密如网的程度，春秋战国的遗风犹存，杀戮时常出于私门。是故，“游侠”“私剑”还有生存的土壤，无疑增加了政治生态的险恶，甚而给社会造成危害。但古代尚义崇剑之风也得以不绝如缕，古人“已诺必诚，不爱其躯，赴士之阸困”[①]的侠风得以延续。这种朴实而高古的传统精神，深深受到司马迁的爱重，他认为：“要以功见言信，侠客之义又曷可少哉！”也就是说这些人在“功见言信”上，比之身居高位的达官显贵更显严正，更具有人格底线的坚守性，所以社会需要保存这“侠客之义”。同时，这些人往往身处卑微，以草根细民而显名于世，这又谈何容易！是故，司马迁乐意为他们立传，一定意义上是为那些不能“效功于当世”的社会底层精英争名分，求公平。他毫不掩饰自己在“侠”问题上与众不同的价值观，也借以坦诚抒发自己“好奇”的本性和文化共鸣。他在《游侠列传》之首写下几大段文字，话讲得非常透彻，其中有云：

> 今游侠，其行虽不轨于正义，然其言必信，其行必果，已诺必诚，不爱其躯，赴士之阸困，既已存亡死生矣，而不矜其能，羞伐其德，盖亦有足多者焉。

① ［汉］司马迁：《史记》卷一二四《游侠列传》，中华书局2016年版，第3865页。

……

古布衣之侠，靡得而闻已。近世延陵、孟尝、春申、平原、信陵之徒，皆因王者亲属，藉于有土卿相之富厚，招天下贤者，显名诸侯，不可谓不贤者矣。比如顺风而呼，声非加疾，其势激也。至如闾巷之侠，修行砥名，声施于天下，莫不称贤，是为难耳。然儒、墨皆排摈不载。自秦以前，匹夫之侠，湮灭不见，余甚恨之。以余所闻，汉兴有朱家、田仲、王公、剧孟、郭解之徒，虽时扞当世之文罔，然其私义廉洁退让，有足称者。名不虚立，士不虚附。至如朋党宗强比周，设财役贫，豪暴侵凌孤弱，恣欲自快，游侠亦丑之。余悲世俗不察其意，而猥以朱家、郭解等令与暴豪之徒同类而共笑之也。①

这的确是一段值得仔细品读的文字，它深刻地表达了司马迁的价值观和宽广的社会视野。

他认为“侠”是一群坚守“言必信，行必果，诺必诚”的人，往往能做到扶危济困而不爱其躯，不矜其能，不伐其德。总之这是一群饶有古代君子之风的人。他认为古之“布衣之侠”，秦以前的“匹夫之侠”，都已经湮没无闻了，这令他引为恨事。晚出的延陵、孟尝、春申、平原、信陵之徒，尽管颇有侠义之名，但他们是“王者亲属，藉于有土卿相之富厚，招天下之贤者”，以此显名于当时，不可以说不贤，但毕竟属于“顺风而呼，声非加疾，其势激也”的优势状态，不是真正栖身巷陌的布衣英雄。而他最关注的是汉兴以来的“闾巷之侠”，这些人虽然身份低下，但“修行砥名，声施于天下，莫不称贤”，这是何等高难的境界！他们受到儒墨的排摈，又为法网所禁约，但个人坚持“廉洁退让”，“名不虚立，士不虚附”，更重要的是拒绝“朋党宗强比周，设财役贫，豪暴侵凌孤弱”的土豪习气。而世人“不察其意”，往往将这些人视同“暴豪之徒”，这又令司马迁为之悲哀！显然，他认为这是世道的偏颇与不公。

曾经在秦国谋求仕进而最终死于非命的韩非子（约公元前280—公元前

① ［汉］司马迁：《史记》卷一二四《游侠列传》，中华书局2016年版，第3865—3868页。

233年），是战国后期法家的代表人物，他对“侠”的认识就与司马迁截然不同。韩非子极力主张国家应禁止民间的侠客剑士之流，他认定“侠”与“武”必相联结，往往以武犯禁，而“法术之士”们总会受到“私剑”的伤害，乃至于死于“私剑”。他所谓“法术之士”，就是那些一心一意为皇权专制效命的官奴，本质上是独裁者的忠实爪牙。《韩非子》卷四《孤愤》曰：

法术之士……其可以罪过诬者，以公法而诛之；其不可被以罪过者，以私剑而穷之。是明法术而逆主上者，不僇于吏诛，必死于私剑矣。①

《韩非子》卷一九《五蠹》又直接指责人君对“侠”的优容，本质上是与维护皇权的“法治之道”相违背的，主张对此加以革除。他说：

儒以文乱法，侠以武犯禁，而人主兼礼之，此所以乱也。夫离法者罪，而诸先王以文学取；犯禁者诛，而群侠以私剑养。故法之所非，君之所取；吏之所诛，上之所养也。②

然而，早就提倡百姓“带剑”的秦国，对韩非子的“法治”有所选择，在“侠”的问题上并不以韩非子之言是从。崇尚剑技和允许民间“比剑”是秦的先公先王的既定国策，是行之有效的强国之道，秦王岂能改弦易辙！而战国时代严酷诡谲的政治生态也使侠们有用武之地。与韩非子同为荀子学生的李斯，作为秦始皇的主要谋臣，“郡县制”和“焚书坑儒”的主要策划者，就非但没有依从韩非子的主张，相反，他不但亲自置韩非子于死地，还公然使用“私剑”在诸侯间实施刺杀活动。《史记》卷八七《李斯列传》载：

秦王乃拜斯为长史，听其计，阴遣谋士赍持金玉以游说诸侯。诸侯名士可下以财者，厚遗结之；不肯者，利剑刺之。离其君臣之计，秦王乃使其良将随其后。③

司马迁真可谓笔锋如刃，对李斯之流歹毒无耻的政治本质揭露得非常透

① 陈奇猷校注：《韩非子集释》卷四《孤愤》，中华书局1962年版，第207页。

② 陈奇猷校注：《韩非子集释》卷一九《五蠹》，中华书局1962年版，第1057页。

③ ［汉］司马迁：《史记》卷八七《李斯列传》，中华书局2016年版，第3085页。

彻。因为有人肯鼎食宠养，剑士们有饭吃，便会委身门下，身份一如犬鹰。战国四公子都有数以千计的门客，其中不乏此类人物，没有留下姓名的“鸡鸣狗盗”之徒很多。这种以“私剑”除去政敌的勾当，蔓延不绝，一直到西汉景帝时依然肆其猖獗。著名的例子，窦太后的小儿子、汉景帝的弟弟梁孝王刘武，因为平定吴楚之乱有功，封为大国，有权有钱，骄横霸道。他怨恨大臣袁盎及其他议臣对他的攻击，“乃与羊胜、公孙诡之属阴使人刺杀袁盎及其他议臣十余人”。[①]这次涉及十几位朝臣被刺的活动，最终因刺杀袁盎留下线索被朝廷侦破。《史记》卷五八《梁孝王世家》附褚先生的补充讲到破案的一些细节，读来如同侦探小说：

> 而梁王闻其义出于袁盎诸大臣所，怨望，使人来杀袁盎。袁盎顾之曰：“我所谓袁将军者也，公得毋误乎？”刺者曰：“是矣！”刺之，置其剑，剑著身。视其剑，新治。问长安中削厉工，工曰：“梁郎某子来治此剑。”以此知而发觉之，发使者捕逐之。[②]

司马贞《索隐》：“谓梁国之郎，是孝王官属。某子，史失其姓名也。”留剑于袁盎身上的刺客是梁国属官，必定是寄身属僚的私剑之流。留剑于尸显然是为了警戒和示威，亦见其因为有所仗恃而胆大妄为。为了刺杀必成，刺客让长安的“削厉工”对剑进行了加工，也因此留下破案的线索。荀悦《汉纪》上《孝景皇帝纪》卷九载，梁王“阴使人刺杀盎、其余人”在汉景帝六年（公元前151年）；[③]司马光《资治通鉴》卷一六载此事发生于汉景帝中元二年（公元前148年）。[④]据王国维《太史公行年考》，司马迁生于汉景帝中元五年（公元前145年）。[⑤]事件的发生距离司马迁出生只有三五年而已。司马迁之父司马谈亲历其事，相信司马迁对如此骇人听闻的刺杀事件一定有深刻了解。

《史记·刺客列传》里的五位传主，没有被司马迁定位为“侠”，而实

① ［汉］司马迁：《史记》卷五八《梁孝王世家》，中华书局2016年版，第2535页。

② ［汉］司马迁：《史记》卷五八《梁孝王世家》，中华书局2016年版，第2542页。

③ ［汉］荀悦撰、张烈点校：《汉纪》，中华书局2002年版，第141页。

④ ［宋］司马光编著、［元］胡三省音注：《资治通鉴》卷一六，中华书局1956年版，第536页。

⑤ 王国维：《王国维文集》第四卷，中国文史出版社1997年版，第311页。

际多数都有“侠”的特色。他们大多是受命于政客而舍命行刺的刺客，这可能是司马迁不以他们为侠而归之“刺客”的原因之一，毕竟他们与属于“游侠”的郭解等人在立身处世上有所不同。五个人里，居于首位的曹沫是鲁国的将领，他劫持齐桓公的行为很难说是刺客的举劫，故古人多有异议，我们且勿纠缠。以下吴国的专诸、晋国的豫让、韩国的聂政，三人俱可属之“私剑”人物，是受人恩礼舍命求报的勇悍人物。最后一位是荆轲，是《刺客传》的巅峰人物，也是司马迁用墨最多用情最深的历史人物，的确称得上是立名千秋的大刺客。在我看来，如以个人剑技而论，五人之中聂政最突出；以事功影响之大，自当以荆轲为最。

聂政应该是第一流的击剑高手，比之专诸、豫让辈，真是不可同日语。

聂政原本就是一位“勇敢士”，因“杀人避仇”隐于齐国以狗屠为业，成为身居茅茨的草根人物。韩国的重臣严仲子闻其勇名，千里寻访，有意以厚礼相交。曾以百金为聂政母亲祝寿，目的就是要用他高超的武艺除掉政敌侠累。聂政感念严仲子贵为卿相竟能“不远千里，枉车骑而交臣”，一直等到母亲去世后，主动找严仲子请命。经过一番谋划，为免牵连严氏，决定不带助手，只身入韩刺杀侠累。本传云：

> 杖剑至韩，韩相侠累方坐府上，持兵戟而卫侍者甚众。聂政直入，上阶刺杀侠累，左右大乱。聂政大呼，所击杀者数十人，因自皮面决眼，自屠出肠，遂以死。[①]

单就武艺而言，聂政无疑是司马迁笔下击剑水平最高的一位，真有“十步一人，千里不留行”的豪侠之气！太史公强调他独自持剑入府，在有众多卫士护卫的情况下，径直“上阶刺杀侠累”。得手后，以个人对群体，以短兵应长兵，完全处于劣势的他，奋勇斩杀，“所击杀者数十人”，又能从容自毁面容，剖腹出肠而亡。“数十人”自是夸大之词，而这个血腥场面的确反衬出聂政的孤胆勇决，显露出他剑法的奇崛超凡，真是一位艺高胆大的闾巷奇侠！可惜这样技勇超绝的人物不能为国家所用，最后竟为了报答一位贵族的曲意拉拢，不辨是非，奉献生命，其情可哀！聂政与他的姐姐聂荣构成

---

① ［汉］司马迁：《史记》卷八六《刺客列传》，中华书局2016年版，第3063—3064页。

了平民侠客中的双璧，是战国侠勇人物中的精粹，堪称千古无双！相信司马迁必定是以非常惋敬而沉痛的心情写完了这篇令人掩卷感泣的《聂政传》。

《荆轲传》是司马迁用情最深也最令人震撼的千古名篇。

司马迁写荆轲刺秦，始终贯穿着一条线，那就是荆轲是一位大智大勇的英雄，而不是以“私剑”为人效命的职业剑客。荆轲“提一匕首入不测之强秦”，凭的是胆识和英雄气概，不是因为他有超人的技勇。荆轲的失败，很大程度上就是因为他虽然能击剑，但并不是一位真正高明的剑技家。

《荆轲传》一起笔就写道：“荆卿好读书击剑。”书剑并举，这在古代载籍中是第一次，以后才有了项羽学剑学书等典故。这是一个创始，两千年来中国文人悠深绵长的书剑情怀发端于此。我以为这是司马迁对荆轲的文化定位，也是司马迁本人的精神境界。荆轲虽然勇敢赴难，“然其为人沈深好书”，本质上是一个文人，文人喜剑同职业剑士终究不同。为了明确这个定位，司马迁特意引出与荆轲有过接触的两位剑技家以作为比对，这就是《荆轲传》里的神秘人物盖聂与鲁勾践。从剑文化的视角着眼，我以为《荆轲传》的看点主要是两个，一是荆轲成功地贴近了秦始皇，距离成功只一步之遥，结果却功败垂成；其二便是司马迁在传中插入的两个人：盖聂与鲁勾践。

以匕首行刺，贴近对方是关键，一旦失去机会，就只能投掷攻击，即古人所谓“以剑遥击”。匕首浸过毒，掷中有生命之虞。然而，荆轲丢掉了近身行刺的机会，又不擅长“遥击”，掷而不中，只能坐以待毙。《荆轲传》极为细致地撰写了荆轲实施刺杀的全过程，值得我们细读：

> 秦王谓轲曰：“取舞阳所持地图。”轲既取图奏之秦王，发图，图穷而匕首见。因左手把秦王之袖，而右手持匕首揕之。未至身，秦王惊，自引而起，袖绝。拔剑，剑长，操其室。时惶急，剑坚，故不可立拔。荆轲逐秦王，秦王环柱而走。群臣皆愕，卒起不意，尽失其度。而秦法，群臣侍殿上者不得持尺寸之兵；诸郎中执兵皆陈殿下，非有诏召不得上。方急时，不及召下兵，以故荆轲乃逐秦王。而卒惶急，无以击轲，而以手共搏之。是时侍医夏无且以其所奉药囊提荆轲也。秦王方环柱走，卒惶急，不知所为，左右乃

曰："王负剑！"负剑，遂拔以击荆轲，断其左股。荆轲废，乃引其匕首以擿秦王，不中，中铜柱。秦王复击轲，轲被八创。轲自知事不就，倚柱而笑，箕踞以骂曰："事所以不成者，以欲生劫之，必得约契以报太子也。"于是左右既前杀轲，秦王不怡者良久。[①]

双方最终对决的差距，在于荆轲手中是一柄短小的匕首，而秦王则是长剑在握！秦王终于抽剑成功，挥剑击断荆轲的左腿，"荆轲废"，只能以匕首投掷秦王，然而遥击不中，顷刻成了坐以待毙的受死者。秦王再度发动攻击，荆轲被创八次而亡。不难想见，荆轲不是职业杀手，完全不同于聂政，劫持秦王的奇思妙想使他失去了一举得手的机会；而仓促应敌的秦王也的确处于激愤慌乱之中，不然完全可以活捉已经坐废的荆轲，荆轲的下场会更惨！事件发生后，秦国零陵令给秦始皇上书说：

荆轲挟匕首，卒刺陛下，陛下以神武，扶揄长剑以自救。[②]

"扶揄"二字迄无正解。西晋文学家左思（太冲）《吴都赋》有"扈带鲛函，扶揄属镂"句，注家以为"扈带鲛函"是指铠甲，[③]"扶揄属镂"是剑名。[④]"属镂"是剑名没有问题，"扶揄"找不到别证，只能存疑。有别本"扶揄"作"拔投"，也找不到校勘学上的证据。西汉的《盐铁论·论勇第五十一》也曾经专门讲到荆轲数年之谋败于一旦，就在于他手中只是一柄匕首，而秦王是七尺长剑：

大夫曰："荆轲怀数年之谋而事不就者，尺八匕首不足恃也。秦王惮于不意，列断贲、育者，介七尺之利也。"[⑤]

说到底，荆轲有谋有勇而击刺乏术，技术准备明显不足，假定他是以剑遥击的高手，后果便大不相同。司马迁通过盖聂与鲁勾践两个人表达了这一看法，也借以委婉地抒发了自己的憾叹。

盖聂和鲁勾践的出现，相信是司马迁的有心安排，也正是司马迁在《战

---

① ［汉］司马迁：《史记》卷八六《刺客列传》，中华书局2016年版，第3075页。

② ［梁］萧统：《文选》卷五《左太冲吴都赋》，上海古籍出版社1986年版，第220页。

③ ［梁］萧统：《文选》卷五《左太冲吴都赋》，上海古籍出版社1986年版，第220页。

④ ［清］张玉书撰：《佩文韵府》卷七之九"揄"字，景印文渊阁《四库全书》本第1012册，台湾商务印书馆股份有限公司2008年版，第397—398页。

⑤ 王利器：《盐铁论校注》卷九，中华书局1992年版，第536页。

国策》以外“别记异闻”的地方。先看盖聂，《荆轲传》载：

荆轲尝游过榆次，与盖聂论剑，盖聂怒而目之。荆轲出，人或言复召荆轲。盖聂曰：“昔者吾与论剑有不称者，吾目之；试往，是宜去，不敢留。”使使往之主人，荆轲则已驾而去榆次矣。使者还报，盖聂曰：“固去也，吾曩者目摄之！”①

盖聂无事迹可考，名字除《史记》外别无所见。推想，此人必是当时赵国一位有名的剑技家，对荆轲的强势和睥睨，显露出他很可能是一位赫赫有名的职业剑士。榆次，即今山西榆次，战国时属赵。“怒而目之”“吾目之”“目摄之”，司马迁一连三次强调一个“目”字，正是为了突出剑士的神情特征，是司马迁的神来之笔。前引《庄子·说剑篇》，当时的剑士皆“瞋目而语难”。《说文》：“瞋，张目也。”目之或目摄之，就是瞪着眼以威慑的目光逼视对家。司马迁这段文字，显然是通过与一个剑技家的比对，反衬荆轲在职业剑士面前的畏缩。因为他虽然可以“论剑”，但终究非此道中之高手，他本不属于“上斩颈领，下决肝肺”的那种职业剑士，也不是专诸、聂政之流亚。

鲁勾践同样无事迹可考。《荆轲传》一开始就写道：

荆轲游于邯郸，鲁勾践与荆轲博，争道，鲁勾践怒而叱之，荆轲嘿而逃去，遂不复会。②

这是伏笔。“博”指六博戏，“道”指六博戏的棋路。这里并没有说明鲁勾践剑技家的身份，当全传结束时，司马迁又添了一笔：

鲁勾践已闻荆轲之刺秦王，私曰：“嗟乎，惜哉其不讲于刺剑之术也！甚矣吾不知人也！曩者吾叱之，彼乃以我为非人也！”③

太史公写鲁勾践同样是为了反衬荆轲并不是真正的剑技家，不然他不至于“嘿而逃去”。两段文字的终结点是“惜哉其不讲于刺剑之术也”一句，太史公有意借鲁勾践之口来点明这一点，发出浩叹！鲁勾践必定是当时一位有名的剑技家，不然司马迁不会两次提到他，引用他的批评是因为他的批评

---

① ［汉］司马迁：《史记》卷八六《刺客列传》，中华书局2016年版，第3067页。

② ［汉］司马迁：《史记》卷八六《刺客列传》，中华书局2016年版，第3067页。

③ ［汉］司马迁：《史记》卷八六《刺客列传》，中华书局2016年版，第3078页。

具有权威性。“昔者吾叱之，彼乃以我为非人也”一句颇有深义，既包含了对荆轲的敬重，也有正义之士的愧疚。荆轲本不是动辄“拔剑而起”的职业剑士，“嘿而逃去”生动地表现出他谨慎的本性，这更增加了人们对他孤胆入秦的敬重。东晋诗人陶渊明在他的名作《荆轲诗》的结尾写下四句：

惜哉剑术疏，奇功遂不成。其人虽已没，千载有余情！[①]

显然，这是沿着鲁勾践的批评发出的叹息，足见鲁勾践的惋叹产生了历史影响，以至留传千载，不断为诗人所吟讴！

我颇疑鲁勾践即刘向《说苑·指武》所记载的鲁石公，两人同姓，同是剑技家，只是名字不同，而很可能是同一个人的不同名号。刘向曰：

鲁石公剑，迫则能应，感则能动，昒穆无穷，变无形像，复柔委从，如影与响，如尨之守户，如轮之逐马，响之应声，影之像形也。阊不及鞈，呼不及吸，足举不及集，相离若蝉翼，尚在肱北眉睫之微，曾不可以大息小，以小况大，用兵之道，其犹然乎！此善当敌者也，未及夫折冲于未形之前者，揖让乎庙堂之上，而施惠乎百万之民。故居则无变动，战则不血刃，其汤武之兵与！[②]

这的确是一段高明的剑论，是秦汉典籍中少见的剑论文字。

值得注意的是，首先，以剑论与兵法相并论，这与司马迁“传兵论剑”之说是一致的，理论上可能有其渊源。其次，起首的“迫则能应，感则能动，昒穆无穷，变无形像，复柔委从，如影与响”等句，亦见于《淮南子·原道训》而略有不同：“迫则能应，感则能动，物穆无穷，变无形像。优游委纵，如响之与景。”[③]其中的“迫则能应，感则能动”两句，亦见于《庄子·刻意篇》，只是作：“感而后应，迫而后动。”[④]清儒王念孙等认为《庄子》“感而后应，迫而后动”是正确的，《淮南子》《说苑》“二字

---

① ［晋］陶渊明著、龚斌校笺：《陶渊明集校笺》卷四《咏荆轲》，上海古籍出版社2011年版，第350页。

② ［汉］刘向撰、向宗鲁校证：《说苑校证》卷一五《指武》，中华书局1987年版，第374—375页。

③ 刘文典撰、冯逸等点校：《淮南鸿烈集解》卷一，中华书局1989年版，第32页。

④ ［清］郭庆藩撰、王孝鱼点校：《庄子集释》卷六上《刻意篇》，中华书局2012年版，第539页。

互误”。[①]说明这些剑论家的理论，很可能很早就与黄、老之学或老、庄之学发生了联系，借用老、庄思想的某些内容以解析剑道。这一点很重要。前引《史记》卷一〇四《田叔传》载，“叔喜剑，学黄老术于乐巨公所”，也是一个重要旁证，对我们理解魏晋以后剑道何以与道教越走越近，并由“剑道”易名为“剑术”是有一定帮助的。

鲁石公、鲁勾践这样的名字都有一定的神秘性。司马迁不加介绍便径直将鲁勾践写入《荆轲传》中，以他的话作为对荆轲人格和“刺剑之术”的深化认识，前已论及，可能因为鲁勾践名气很大，无需介绍。唐司马贞《史记索引》说：“鲁，姓；勾践，名也。与越王同，或有意义。”“或有意义”的猜测是有道理的，很可能“鲁勾践”并非真实名字，鲁石公才是他的名字，用“勾践”为名，里面应有深义。而“鲁石公”这个名字又不能不让人联想到传说中授《太公兵法》给张良的“黄石公”。[②]总之，鲁勾践到底是什么人，是否即鲁石公？这是难解之谜，我们只能期盼有新材料的发现。

盖聂、鲁勾践都是荆轲在赵国碰到的，这值得注意。这也印证了赵国剑技的发达，同时也让人联想到赵国“以传剑论显”的司马蒯聩家族。盖聂、鲁勾践二人是否均出自司马氏的传授呢？不排除这是司马迁写进这两个人的原因。

《游侠传》人物的传纪都比较简略，而且以汉兴以后的人物为主，突出其侠义行为，而侠义行为中并不突出剑的作用。写朱家时，只提到“父事”朱家的楚人田仲“喜剑”，全传只此一例。郭解是《游侠传》的重点人物，平生“自喜为侠”，杀人甚多，但并没有讲他喜剑或善剑。由此可见，司马迁讲的重点是在《刺客传》，刺客必定和剑要发生关系。游侠主要是讲特殊的行事风格和以布衣而享有崇高的社会威望，“虽为侠而逡逡有退让君子之风”，不然就是“盗跖居民间者耳，曷足道哉”！

除了以上《刺客传》所载剑技人物外，《史记》还写到另外三位以剑技成名的人物，即雷被、齐人张仲、曲成侯。

---

① ［清］王念孙：《读书杂志·淮南内篇第一》“迫感”条，江苏古籍出版社1985年版，第770—771页。

② ［汉］司马迁：《史记》卷五五《留侯世家》，中华书局2016年版，第2473页。

雷被，见《史记》卷一一八《淮南衡山列传》：

元朔五年，太子学用剑，自以为人莫及。闻郎中雷被巧，乃召与戏。被一再辞让，误中太子。太子怒，被恐。此时有欲从军者辄诣京师，被即愿奋击匈奴。太子迁数恶被于王，王使郎中令斥免，欲以禁後。被遂亡至长安，上书自明。诏下其事廷尉、河南。河南治，逮淮南太子。王、王后计欲无遣太子，遂发兵反，计犹豫，十余日未定。会有诏，即讯太子。①

“太子”是指淮南王刘安之子刘迁。雷被的名字又见司马贞《索引》引《淮南要略》曰：

安养士数千，高才者八人，苏非、李尚、左吴、陈由、伍被、毛周、雷被、晋昌，号曰“八公”也。②

刘文典认为这节文字其实是《淮南子》的逸文，但并无确证。③这段历史亦见于班固《汉书》卷四四《淮南衡山济北王传》，内容沿袭《史记》，差别甚微。元朔是汉武帝年号，五年是公元前124年。淮南王刘安是汉高祖的孙子，《史记》称刘安“为人好读书鼓琴，不喜弋猎狗马驰骋，亦欲以行阴德拊循百姓，流誉天下”。他网罗了上千人在门下，并组织门客完成《淮南子》（本名《鸿烈》）二十一篇。门客中的“高才”是所谓“八公”，雷被也名列其中，可见雷被是文武兼长之才。亦见刘安在“读书好琴”之外，也喜欢击剑，至少不排斥击剑和擅长此道的人。而他的儿子刘迁则不但喜欢击剑，而且“自以为人莫及”，结果不是雷被的对手。雷被“初一让，至二让，后遂不让，故云一再让而误中”。④由此引发矛盾，演成一场灾祸。

太子刘迁与雷被的击剑被称为“戏”，应该并不是以真剑击刺，而是以器具代剑比试。秦汉间的“比剑”究竟是如何进行的？没有见到具体记载，我们只能推测。以常理论，一般的击剑活动，或是一定规则下的比剑，都应

① ［汉］司马迁：《史记》卷一一八《淮南衡山列传》，中华书局2016年版，第3748页。

② ［汉］司马迁：《史记》卷一一八《淮南衡山列传》，中华书局2016年版，第3747页。

③ 刘文典撰、冯逸等点校：《淮南鸿烈集解》之附录二《淮南子逸文》，中华书局1989年版，第758页。

④ ［汉］司马迁：《史记》卷一一八《淮南衡山列传》，中华书局2016年版，第3749页。

该是以“杖”代剑进行的，除非是职业剑士带有赌博性质的比试，才会用生命为代价进行，不然伤害连连，国家不会不加禁约。《庄子·说剑篇》中将正式的比试称之为“设戏”，《疏》云：“待设剑戏，然后邀延也。”[①]“剑戏”即将开始之前，赵王与庄子的对话很值得玩味：

王曰：今日试使士敦剑。

庄子曰：望之久矣。

王曰：夫子所御杖，长短何如？

（庄子）曰：臣之所奉皆可。[②]

对话很专业。“敦剑”，《疏》：“敦，断也。试陈剑士，使考较敦断以定胜劣。”第二句“夫子所御杖，长短何如？”以“杖”称剑，可有两解，一是代词，本义指剑；二是“杖”是剑的代用器，不是真剑，而是木制或其他材质的剑，以防伤害。实际即使是木剑，激烈的击刺仍不免会有伤害。所以东汉末年，曹丕与奋威将军邓展的比剑是用甘蔗代剑进行的，这相对更安全些。[③]由此联想到太子刘迁与雷被的比剑，不大可能是用真剑进行的，所谓“误中太子”只是击中了太子，最多是重击了太子，并未造成创伤。司马迁用“误中”而未用“误伤”，是有斟酌的。然骄横的太子便不依不饶。如是真剑，造成外伤，麻烦会更大。作为“高才”的雷被，怎能愚蠢到用真剑同太子比试呢？岂非自取其死！雷被事件是汉朝承继秦朝，仍然存在比剑活动的最佳例证，也是这条史事重要的价值所在，也可以视作许多汉画像砖石击剑画面的文字说明。

张仲和曲成侯两人，见《史记》卷一二七《日者列传》附褚先生曰：

齐张仲、曲成侯以善击刺学用剑，立名天下。……能以伎能立名者甚多，皆有高世绝人之风，何可胜言。[④]

---

① ［清］郭庆藩撰、王孝鱼点校：《庄子集释》卷十上《说剑篇》，中华书局2012年版，第1019页。

② ［清］郭庆藩撰、王孝鱼点校：《庄子集释》卷十上《说剑篇》，中华书局2012年版，第1019—1020页。

③ ［晋］陈寿撰、［南朝宋］裴松之注：《三国志·魏书》卷二《文帝纪》，中华书局1982年版，第90页。

④ ［汉］司马迁：《史记》卷一二七《日者列传》，中华书局2016年版，第3914页。

齐张仲事迹无可征考。

曲成侯，或作曲城侯，名蟲逢。《史记·高祖功臣侯者年表》载，秦末，“以曲城户将卒三十七人初从起砀，至霸上，为执珪，为二队将，属悼武王，入汉，定三秦，以都尉破项羽军陈下，功侯，四千户。为将军，击燕、代，拔之。”后改封圉侯等。[1]《史记》卷一一八《淮南衡山列传》载，汉景帝三年，吴楚七国反，淮南王相将兵守城以拒吴楚，“汉亦使曲城侯将兵救淮南，淮南以故得完”。[2]《集解》引徐广曰：“曲城侯姓蟲名捷，其父名逢，高祖功臣。”司马贞《索隐》称汉初以功封侯者十八人，萧何第一，蟲逢[3]为第十八。蟲逢以军功起家，其子蟲捷亦能用兵，父子二人都以用剑“立名天下”亦在情理中。可惜他们的史事太少，只略知蟲逢是追随刘邦芒砀起义的老臣，儿子逢捷也是能带兵打仗的将军，二人剑技究竟如何，传授关系等，皆无所知。

五、几则零散的剑信息

《史记》中，司马迁还保存了一些与剑有关的信息。在司马迁的时代里，这些伴随着剑的兴盛而孳衍出来的内容，包括一些名称术语之类，一如竹头木屑，本不重要。然而在两千多年后的今天，当剑的时代早已被迷漫无际的历史烟云所阻绝，我们只能从浩瀚的文献中约略窥探它曾经的风采。关于它的真实状况，从制作、保养、买卖、装饰、佩带到击刺技艺的传授、竞技制度、军阵配置等等，都知道得非常之少了，竹头木屑也就成了沧海遗珍。现代人关于剑的知识，多半是从后世小说家那里得来的，大抵真假相掺，假多真少，乃至于今天的小说家凭想象信口而言，大多荒诞不经，不着边际。遗憾的是总会被某些人所轻信，还有人照猫画虎，大话连连，煞有介

① ［汉］司马迁：《史记》卷一八《高祖功臣侯者年表》，中华书局2016年版，第1083—1084页。

② ［汉］司马迁：《史记》卷一一八《淮南衡山列传》，中华书局2016年版，第3746页。

③ 另，《高祖功臣侯者年表》有作“蟲达”。见［汉］司马迁《史记》卷一八《高祖功臣侯者年表》，中华书局2016年版，第1083页。

事。所以，司马迁所提供的这些一鳞半爪的东西，其实是很有学术价值的，其中一些是我们以往所不知道的。因其珍稀，我将其中几则挑拣出来，略加敷陈，以备古代武学的爱好者参考。

（一）剑值

剑值即剑的市场价格，“值”亦作“直”。古代的宝剑往往价格高昂，秦汉间，可以达到百金之数，这在《史记》里有反映。

王仲荦先生在遗著《金泥玉屑》的《汉代物价考》，专门设“刀剑弩机价”一节，其中引《史记》一条，即《刺客列传》的“太子（丹）得赵人徐夫人匕首，取之百金”。[①]实际《史记》涉及刀剑价格最有影响的是《郦生陆贾列传》中关于陆贾的一段记载：

陆生常安车驷马，从歌舞鼓琴瑟侍者十人，宝剑直百金，谓其子曰：“与汝约：过汝，汝给吾人马酒食，极欲，十日而更。所死家，得宝剑车骑侍从者。一岁中往来过他客，率不过再三过，数见不鲜，无久慁公为也。”[②]

这是描写陆贾的机智与诙谐，而“宝剑直百金”应该是真实的。

汉代作为货币的黄金，以斤为计量单位，一斤金又称一金，百金则是百斤黄金。足见真正的上品宝剑价格非常昂贵，绝不是一般人所能拥有的。[③]以自春秋战国到秦汉，大量制作的剑必定品质丛脞，参差不齐，珍品只是一小部分，价格也应该有很大差别。而所谓“宝剑”，一是指出自名工巧匠之手的高精产品，如“赵人徐夫人匕首”，徐夫人应是制作者的名字。还有些则可能是古董，中国人好古，至今常常尊珍稀的古物为“国宝”。因此，古董剑也往往比当代具有实用价值的利剑更受人爱重。《淮南子·修务训》曾说：

今剑或绝侧羸文，啮缺卷铤，而称以顷襄之剑，则贵人争带之。[④]

---

① 王仲荦：《金泥玉屑丛考》，中华书局1998年版，第34页。

② ［汉］司马迁：《史记》卷九七《郦生陆贾列传》，中华书局2016年版，第3270页。

③ 徐扬杰：《汉简中所见物价考释》，《中华文史论丛》1981年第3辑，上海古籍出版社1981年版，第168页。

④ 刘文典撰、冯逸等点校：《淮南鸿烈集解》卷一九，中华书局1989年版，第655页。

高诱注谓："绝无侧，羸无文，啮齿卷鉅，钝弊无刃，托之为楚顷襄王所服剑，故贵人慕而争带之。"可见古代的相剑家，首先要能鉴别古今，识辨真伪。古今一理，既然古剑更值钱，就必定会有假冒的赝品应运而生。我推测，陆贾是以"口辩"为长的文臣，他的宝剑多半是一柄古董剑，甚至是假古董。

汉代军中刀剑的价格，在居延汉简中可以找到例证：

> 《居延汉简释文》卷三第16页：剑一，直六百五十。
>
> 同上书同卷第73页：剑一，直七百。①

这是汉代居延边塞一柄普通剑的价格，大致在650至700枚五铢钱上下。汉代一斤黄金约当一万铜钱，这在汉代史籍中多有记载，学界无异议。由此可见一柄值百金的剑与一柄普通剑的价格相差非常悬殊。如以居延汉简所记载的其他物品价格为参照，可以看出一柄普通剑的价比：

> 粟米一石，钱150；粱米一石，钱200；
>
> 羊一头，钱150至500余；牛一头，1200至3000余。②

照此，一柄剑约相当于三四头羊或半只牛的价钱。居延的刀也有价格很高的，《居延汉简甲编》1374简："刺马刀一，直七千。"这比之一般的刀剑价要高得多，"刺马刀"是怎样一种刀？暂无所知。徐扬杰先生曾认为这是一柄不同凡响的"宝刀"：

> 以一刀之价竟贵达七千，可知其为宝刀，绝非普通的刀价。《汉书》卷九十《杨仆传》说："欲请蜀刀，问君价几何？对曰：率数百。"这是汉武帝"敕责"杨仆的诏书中的话，意思是说：您管武库，我问您蜀刀的价钱，您竟只能答个大概，玩忽职守，错误严重。但蜀刀也是很名贵的器物，因此价数百钱，大体上是不错

① 转引自徐扬杰：《汉简中所见物价考释》，《中华文史论丛》1981年第3辑，上海古籍出版社1981年版，第186页。又见陈直《居延汉简研究》之《居延汉简综论·二七居延的物价》"兵器类"，天津古籍出版社1986年版，第97页。

② 转引自徐扬杰：《汉简中所见物价考释》，《中华文史论丛》1981年第3辑，上海古籍出版社1981年版，第173、178、179页。又见陈直《居延汉简研究》之《居延汉简综论·二七居延的物价》，天津古籍出版社1986年版，第95页。

的。至于柴刀、菜刀和匠人用的刀，当然还要贱得多。[①]

春秋战国时代，宝剑的价格似乎更高于汉代，只是因为当时黄金的比价不清楚，我们无从判断具体的价差，但价钱远高于汉代似无疑义。《战国策》卷二《西周·九》载：

> 司寇布为周最谓周君曰："……函冶氏为齐太公买良剑，公不知善，归其剑而责之金，越人请买之千金，折而不卖。将死而属其子曰：'必无独知。'……"[②]

汉高诱《注》云："函，姓；冶，官名也，因以为氏。知铸冶，晓铁理，能相剑。太公不知其剑善，故归之而责其买剑金。"齐太公不识货，责怪函冶氏买贵了，要他退还买剑的钱。越国人则情愿以千金购买，但函冶氏不肯出手，临死叮嘱儿子："无以语人，独知其利。"

《吕氏春秋》卷一〇《异宝》载：

> 伍员亡，荆急求之……因如吴。过于荆，至江上，欲涉，见一丈人，刺小船，方将渔，从而请焉。丈人度之。绝江，问其名族，则不肯告，解其剑以予丈人，曰："此千金之剑也，愿献之丈人。"丈人不肯受，曰："荆国之法，得伍员者，爵执圭，禄万担，金千镒。昔者子胥过，吾犹不取，今我何以子之千金剑为乎？"[③]

这是所谓"伍员逃国"经历中的一段有名插曲。伍子胥是具有贵族身份的高官，又是名将，佩剑价值千金，与其身份相配，可见得楚剑的珍贵可能居于六国之冠。由此得知，我们今天考古挖掘所得的吴越名剑，如夫差剑、勾践剑等，的确是"国宝"，即使是在当时也是价值连城的国宝。还有因盗墓者所得而流入市场的先秦和秦汉各式宝剑，往往售价昂贵，其实它的市值并没有达到它原本的价位。

---

① 徐扬杰：《汉简中所见物价考释》，《中华文史论丛》1981年第3辑，上海古籍出版社1981年版，第186页。

② 诸祖耿：《战国策集注汇考》，江苏古籍出版社1985年版，第87—89页。

③ ［战国］吕不韦著、陈奇猷校释：《吕氏春秋新校释》卷一〇，上海古籍出版社2002年版，第558页。

（二）削厉和洒削

“削厉”一词，唯见于前引《史记》卷五八《梁孝王世家》附褚先生的一段话里。汉景帝时，梁王刘武命刺客刺杀大臣袁盎等，刺客得手后，将剑留在袁盎身体里，这使朝廷有了破案的重要线索：

> 视其剑，新治。问长安中削厉工，工曰：“梁郎某子来治此剑。”以此知而发觉之，发使者捕逐之。[①]

由此可知，汉代有专门研磨修整刀剑的作坊，工匠称“削厉工”。“厉”就是“磨”，汉韩婴《韩诗外传》卷三第十五章曰：“剑虽利，不厉不断；材虽美，不学不高。”[②]“削”字多义，古之刀剑之匣称削，或读为“笑”，后写作“鞘”；简牍时代的削刀可直称为“削”；以硬金属器物刮削刀剑也称“削”，即“锜”字的代称。《说文》段注引《诗传》：“凿属曰锜。”至今犹称“锜刀磨剪”。

冷兵器时代，兵器的保养修整是军旅大事，是保障战斗力的重要措施。所以自先秦以至唐宋元明，军中都有这方面的专职人员，只是称呼各不相同。早在西周初，军队作战之前就明令强调：“备乃弓矢，锻乃戈矛，砺乃锋刃，无敢不善！”[③]军队还配有专门从事磨砺兵器的“巧手”，磨砺工作被称为“砥砺”。《六韬》卷四《虎韬·军用第三十一》曰：

> 甲士万人，强弩六千，戟、楯二千，矛、楯二千，修治攻具、砥砺兵器巧手三百人，此举兵军用之大数也。[④]

《六韬》是托名西周太公吕望的政治军事学著作，大致成书于战国时代。当时凡甲士万人，配备修治工具和整修兵器主要是磨砺兵刃的“巧手”三百人，这应是当时军事实践中形成的规制。《墨子·备城门》也有相近的记述：

---

① ［汉］司马迁：《史记》卷五八《梁孝王世家》，中华书局2016年版，第2542页。

② ［汉］韩婴撰、许维遹校释：《韩诗外传集释》卷三，中华书局1980年版，第98页。

③ ［清］皮锡瑞撰、盛冬铃等点校：《今文尚书考证》卷二八《费誓》，中华书局1989年版，第469页。

④ 《武经七书注译》，解放军出版社1986年版，第367页。

楼若令耳，皆令有力者主敌，善射者主发，佐皆厉矢。①

“厉矢”，岑仲勉注：“厉，利也。”是说守城的战士应有具体分工，力量大的“主敌”，善射者主射，其他辅佐人员磨砺箭镞和其他兵器。“厉矢”又可引申为磨砺箭镞和兵器的磨石。见于同书《杂守第七十一》：“蔺石、厉矢、诸材器用皆谨部，各有积分数。”②此处的“厉矢”应该是“砺石”的借用词，是说这些辅助材料都要登记有数。战国时，“厉矢”也称为“磨研”，见《吕氏春秋》卷九《精通篇》：

用刀十九年，刃若新磨研，顺其理，诚乎牛也。③

“磨”，字形不一，注家各有其说。汉高诱《注》以为是“砥也”，应该是正确的。“研”字有学者认为应该是“硎”字，即“磨刀石”。刘文典《淮南鸿烈集解》卷一一《齐俗训》：“庖丁用刀十九年，而刀如新剖硎。”汉高诱《注》：“新剖，始制也。硎，磨刀石。”两说相同。④总括而言，“厉矢”就是用磨石（或称砥石）研磨兵刃，以使之更加锐利。但研磨并不是轻而易举的事，需要一定的技术，特别是精工制作的珍贵剑刀，绝不是随便什么人都能研磨的，一定得是高手，且有一套严格的研磨工序。所以军中对这类拥有专业技能的人向来都另眼相待，不同于一般士兵，可以视为古代的技术兵种。唐李筌《太白阴经》卷二《选士篇》云：

有制造五兵攻守利器，奇变谲诡者，以上赏得而厚之，名曰技巧之士。⑤

不难想象，李筌所谓“以上赏得而厚之”的“技巧之士”，必定包括研磨刀剑的职业工匠。

“削厉”以外，汉代还有“洒削”一词，也与砥砺刀剑有关。见《史记》卷一二九《货殖列传》：

① 岑仲勉：《墨子城守各篇简注》，中华书局1987年版，第27页。

② 岑仲勉：《墨子城守各篇简注》，中华书局1987年版，第154页。

③ ［战国］吕不韦著、陈奇猷校释：《吕氏春秋新校释》卷九，上海古籍出版社2002年版，第514页。

④ 刘文典撰、冯逸等点校：《淮南鸿烈集解》卷一一，中华书局1989年版，第364页。

⑤ ［唐］李筌：《太白阴经》卷二，《中国兵书集成》第二册，解放军出版社1988年版据《守山阁丛书》本影印，第470页。

洒削，薄技也，而郅氏鼎食。[①]

是说郅氏依靠“洒削”这样并不高难的手艺，得到丰厚的报酬，可以列鼎而食。裴骃《集解》引徐广曰：“洒或作‘细’。”骃案：《汉书音义》曰“治刀剑名”。司马贞《索隐》曰：“削刀者名。洒削，谓摩刀以水洒之。又《方言》云‘剑削，关东谓之削’，音肖。削，一依字读也。”《汉书》卷九一《货殖传》转引此节而略有改动：

质氏以洒削而鼎食。[②]

班固改“郅氏”为“质氏”，应该是有依据的。至于何谓“洒削”？《汉书》的注家解说不一，服虔曰：“治刀剑者也。”如淳曰：“作刀剑削者。”如淳所谓“削”即“鞘”，古人也称为“刀剑室”，“作刀剑削”即为刀剑配鞘。唐颜师古曰：“二说皆非也。洒，濯也。削谓刀剑室也。谓人有刀剑，削故恶者，主为洒刷之，去其垢秽，更饰令新也。”按如淳和颜师古的解说，“洒削”不是修治刀剑本身，而是修整刀剑的鞘子，“去其垢秽，更饰令新”。裴骃、服虔的“治刀剑”说，与如淳、颜师古的“作刀剑削”修饰刀剑鞘之说，哪一说更可信呢？

唐宋以降，不少学者对这一问题提出自己的见解，却始终没有统一的认识。唐杜佑《通典》卷十一《食货十一》：“洒削薄伎也，而郅氏鼎食。”注：“理刀剑名。”[③]“理刀剑”与“治刀剑”义相近，是个比较宽泛的概念，包括磨砺，也包括整修和配置刀剑鞘等。我以为这是比较合理的解释。明人张志淳在其《南园漫录》卷四“洒削”条指出：古注以“洒削”为“治刀剑名”，但“洒字有淬厉之义，而非只以水洒之也”。[④]也有一定的合理性。总之，一柄锻造成功的刀剑，必须要经过一番精心磨砺，才能达到最佳状态，这是不可或缺的一道工序，而剑的拥有者也会以某些特别的方法经

① ［汉］司马迁：《史记》卷一二九《货殖列传》，中华书局2016年版，第3981—3982页。

② ［汉］班固撰、［唐］颜师古注：《汉书》卷九一《货殖传》，中华书局1975年版，第3694页。

③ ［唐］杜佑：《通典》卷一一《食货十一·平准》，中华书局1984年版，第65页。

④ ［明］张志淳撰、李东平等校注：《南园漫录校注》，云南民族出版社1999年版，第164页。

常加以养护，以保持锐利并不发生锈蚀。砥指砺石，必须正直平整，故《诗经·蓼莪》有“周道如砥，其直如矢”的比喻。砥砺相合，成为一个生动的词汇，在先秦古籍中例子很多。先秦佚籍《尸子·劝学》有曰：

夫学譬之犹砺也。昆吾之金，而铢父之锡，使干越之工铸之以为剑，而弗加砥砺，则以刺不入，以击不断。磨之以砻砺，加之以黄砥，则其刺也无前，其击也无下。自是观之，砺之与弗砺，其相去远矣。今人皆知砺其剑，而弗知砺其身，夫学，身之砥砺也。[①]

何谓“砻砺”，何谓“黄砥”？我们不得其解。我们的祖先创造了许多物质奇迹，春秋战国到秦汉之间吴越和楚地的宝剑，就是最具代表的成就之一，让全世界都叹为观止！可是自秦皇以后，在不断强化的皇权专制制度下，精神上被逐步奴化了的祖先们不得不把政治环境下的生存摆在第一位，在“进退出处，皆得其宜”的全身之道上费尽心机，情愿一生都在“学而优则仕”道路上艰辛蹭蹬，却越来越瞧不起“巫医百工”等一切与国计民生密切相关的技艺，对其传承、载述和科学原理的探索都兴趣索然。所以曾经辉煌一时的刀剑制作工艺，从锻铸到磨砺的所有细节，基本上都失传了，或仅凭口耳相沿，越传越少，直至一知半解，语焉不详。晚近以来假托伪冒者时有所见，但能获利便是成功，遑论真伪！

关于古代刀剑的磨砺方法，要感谢宋末元初的“隐君子”福建陈元靓，他在《事林广记》卷五《艺圃须知》中，保存下了一则罕见的资料：

磨剑 磨剑不得用水及粗石，磨当以麻油就光腻石，慢慢磨去锈，却用打铁炉边打落铁片子三两，入木炭一两，水银一钱重，同为末掺剑上，以布片蘸油，奈久磨擦，其光如镜，帛子拭净，以酥涂之，挂壁间，永不锈。[②]

元以后这方面的资料更加稀少了。清顺治间，坚守遗民志节的史学家谈迁（1593—1657年，字仲木，浙江海宁人）曾有北京之游，借机考察满洲人

---

① ［清］汪继培辑校：《尸子》，《续修四库全书》第1121册影印清嘉庆十七年（1812年）刻本，上海古籍出版社1996年版，第276页。

② ［元］陈元靓：《事林广记》卷五，《和刻本类书集成第1辑》，上海古籍出版社1990年版，第299页。

治理下的北方社情，著成《北游录》一书。他在其中的《纪闻》上卷中，记载了清朝初年北京武库的一些情况，其中谈到兵器的磨砺与除锈：

军器——京师西内戊字库，贮一切军器，如兜盔刀剑之类。凡锈者，有铮磨匠治之，其法先涂香，令润透，后以两柄钢努銛之，其锈尽脱，复磨以砺石，光明耀目。①

兵器的磨整，专司其业者称“铮磨匠”，明代文献中未见这一名称，但这与《大清会典则例》等清修官书的记载是一致的，这个词很可能是清人从关外带进来的。清代官家的兵器制作工匠分工很细，有铁匠、腰刀匠、刀鞘匠、箭匠、锉匠、铮磨匠等名目。铮磨匠的修整方法与宋元间似有不同，除锈之前所涂用的“香”应该也是专门调配的油制品，可惜谈迁言而未详，清代文献中又没有找到相关的配方，只能存疑待考。

（三）赠剑与赐剑

剑从来都是皇家赐赏臣下及各阶层人士相互馈赠的重要礼品，这在古籍中时有所见。剑是兵器，又往往是精工制作的工艺品。无论剑体还是附加的饰物，都含有丰富的文化因素，这就使得它的赐赏与赠与时常具有特殊意义，有时是王权或礼义的象征，有时甚至是悲剧的终结者。司马迁在《史记》里记载了一些以剑赐赏和赠与的史事，以吴越为主，虽不多，但颇有深义，可以看到剑在它的鼎盛时代远不只是“击刺之术”的利器。

吴越是春秋时代宝剑的兴起之国，民人好剑勇斗，风气长久不衰。《汉书》称：“吴、粤之君皆好勇，故其民至今好用剑，轻死易发。”②春秋战国时，两国在剑的赐赠上，有一定的典型意义。

《史记》里最令人感动的赠剑故事，首推卷三一《吴太伯世家》里吴国贵族季札（延陵季子）出使北方诸国时，挂剑于徐国国君冢树一事。《史记》载：

季札之初使，北过徐君。徐君好季札剑，口弗敢言。季札心知之，为使上国，未献。还至徐，徐君已死，于是乃解其宝剑，系之

① ［清］谈迁撰、汪北平点校：《北游录·纪闻上》，中华书局1997年版，第343页。

② ［汉］班固撰、［唐］颜师古注：《汉书》卷二八下《地理志下》，中华书局1975年版，第1667页。

徐君冢树而去。从者曰："徐君已死，尚谁予乎？"季子曰："不然。始吾心已许之，岂以死倍吾心哉！"①

这是大家熟悉的典故。唐张守节《正義》引唐《括地志》云："徐君庙在泗州徐城县西南一里，即延陵季子挂剑之徐君也。"这里至今还是徐氏宗亲的圣地。徐是古老的诸侯国，国君是夏禹治水的主要助手伯益的后代，曾经相当强大，号为东夷大邦。其中心在今徐州地区，九州之一的徐州因其而得名；后期主要在淮泗地区，与吴国接壤。春秋之末，约公元前512年，被吴王夫差吞灭。季札是备受孔子敬重的贤者，他出使北方鲁、郑、卫诸国，首先经过已经衰落了的徐国，徐君很欣赏季札的佩剑，"口弗敢言"。此时正当吴国趋于强盛，剑的制作也臻于极精，所以徐君暗自艳羡，亦见吴越宝剑的尊贵和在北方诸侯心目中的地位。而季札挂剑冢树的举动，的确不是常人所能做得到的，司马迁以此来颂扬季札个人的高尚品格，同时也是在表彰吴越文明，一定程度上折射出剑所代表的高贵气质。

《史记》卷六七《仲尼弟子列传》载，孔子的高足弟子子贡（端木赐）曾经游历正在发生重大历史转折的吴越两国。此时，吴王夫差杀伍子胥而重用佞臣伯嚭，用兵于齐国，与中原诸侯争夺霸权。越王勾践乘机养精蓄锐，耐心地等待灭吴机会。子贡的到访受到越王的欢迎，《史记》载，"越王大说，许诺。送子贡金百镒，剑一，良矛二。"但，一心在南方宣传孔子学说的子贡，似乎不屑于越王的这些宝物，他竟不受而去。②

吴越都有赐大臣以剑命其自杀的事件。

吴王夫差失去对老臣伍子胥的信任和忍耐，居然在太宰伯嚭教唆下，"使人赐子胥属镂剑以自杀"，③干了他一生中最愚蠢的一件事。"属镂"是一柄有知名度的宝剑，可能因为伍子胥名高位重，故赐以宝剑自裁，也算是政治上的特殊待遇吧。

越王勾践侥幸灭吴之后，立即实行"兔死狗烹"的政策，对立有重大功

---

① ［汉］司马迁：《史记》卷三一《吴太伯世家》，中华书局2016年版，第1763页。

② ［汉］司马迁：《史记》卷六七《仲尼弟子列传》，中华书局2016年版，第2673页。

③ ［汉］司马迁：《史记》卷四一《越王勾践世家》，中华书局2016年版，第2104页。

劳的大臣文种下了毒手。《史记》卷四一《越王勾践世家》载：

> 人或谗种且作乱，越王乃赐种剑曰："子教寡人伐吴七术，寡人用其三而败吴，其四在子，子为我从先王试之。"种遂自杀。[①]

赐剑命大臣自杀的事，未见于别的国家，或许还有，还需要在浩瀚文献中搜寻。但被秦国所继承是事实。著名的例子就是秦二世在始皇帝突然死后秘不发丧，与赵高、李斯之流秘相谋划，以始皇帝名义赐书给屯兵北疆的长子扶苏、大将蒙恬等，赐剑扶苏自裁。《史记》卷八七《李斯列传》记载了这份可能出于李斯之手的伪始皇遗诏，其中有言：

> 扶苏为人子不孝，其赐剑以自裁。将军恬与扶苏居外，不匡正，宜知其谋，为人臣不忠，其赐死，以兵属裨将王离。[②]

扶苏是赐剑自裁，大将蒙恬等还享受不到这份待遇，足见方式略同于吴越，很可能就是效法夫差。

有着深厚荆楚文化根源的西汉王朝，给诸侯王和臣下赏赐宝剑成为常礼，而赐剑自裁的事件似乎没有发生过，可能也属于对秦朝暴政的"拨乱反正"之一。毕竟见于记载的赐剑自裁者伍子胥、文种和秦始皇长子扶苏三人，都是蒙冤而死的正面人物，举国上下无人不晓其阴谋。可见西汉建国之初，刘邦和萧、曹等在制度的修正和重构上是用心很细的。

汉朝赏赐宝剑给诸侯王和朝臣的事，《史记》所载亦不多，如将《史》《汉》所载综合考察，可以大致了解其概。

《史记》所见的第一件就是前引给功臣萧何"赐带剑履上殿"的殊荣，但这是否意味着萧何的佩剑也是刘邦赐予的呢？太史公讲得不清晰，不好妄断。

《汉书》卷七《昭帝纪》载：

> （元凤）五年春正月，广陵王来朝，益国万一千户，赐钱二千万，黄金二百斤，剑二，安车一，乘马二驷。[③]

---

① ［汉］司马迁：《史记》卷四一《越王勾践世家》，中华书局2016年版，第2107页。

② ［汉］司马迁：《史记》卷八七《李斯列传》，中华书局2016年版，第3096页。

③ ［汉］班固撰、［唐］颜师古注：《汉书》卷七《昭帝纪》，中华书局1975年版，第231页。

又，《汉书》卷六三《武五子传·广陵厉王胥》载：

（胥）元凤中入朝，复益万户，赐钱二千万，黄金二千斤，安车驷马宝剑。[1]

传载，汉武帝之子广陵王刘胥，“壮大，好倡乐逸游，力扛鼎，空手搏熊彘猛兽”。是个非常强壮勇猛的人，昭帝赐予安车宝剑是有针对性的，可惜此人的结局却颇为悲惨。

《汉书》所见赐剑给诸侯王者只此两例，臣子赐剑未之见。而实际情况应该是相当频繁的，《史记》卷一〇三《万石张叔列传·卫绾》载：

建陵侯卫绾者，代大陵人也。……上（景帝）赐之剑。绾曰：“先帝赐臣剑，凡六剑，不敢奉诏。”上曰：“剑，人之所施易，独至今乎？”绾曰：“具在。”上使取六剑，剑尚盛，未尝服也。[2]

“人之所施易”，《集解》引如淳曰：“施读曰移。言剑者人之所好，故多数移易贸换之也。”这是说，剑是当时很容易买卖生财的器物，尤其是皇家赐给的宝剑，必定出自少府的精工锻造，非同寻常！卫绾能细心珍藏，从不佩带，也没有变卖，真是难能可贵。史称其人“醇谨无他”，是文帝留给景帝可以倚重的大臣，曾叮嘱景帝“绾长者，善遇之”。后以平定吴楚功，拜相封建陵侯，成为“文景之治”的名臣之一。汉文帝先后赐给卫绾六柄剑，景帝又要赏剑给他，足见汉初给亲任大臣赐剑是相当多的，也证明“剑者人之所好”的真实情形。卫绾可能是汉初大臣中获得皇上赐剑最多的一位，故司马迁特予记载。

（四）自刎与伏剑

剑是杀人的利器，但有时也用来自杀。《史记》写用剑自杀主要是两种方式，一是自刎，即以剑割颈而亡；二是伏剑而死。

楚汉相争以项羽兵败乌江后自杀为结局。但司马迁在《项羽本纪》中只说项羽“乃自刎而死”，并没有写项羽用剑自刎。我们注意到《史记》写

① ［汉］班固撰、［唐］颜师古注：《汉书》卷六三《武五子传》，中华书局1975年版，第2760页。

② ［汉］司马迁：《史记》卷一〇三《万石张叔列传》，中华书局2016年版，第3351页。

“自刎”只有三次，项羽是第一次，第二次是《荆轲传》里的田光，第三次是卷一一九《循吏列传》里的石奢。三次都没有写用何兵器自刎。按一般的理解，“自刎”必定是用剑割颈而死，所以不必再作交代。故后代演义出了“项羽拔剑自刎而死”的说法，各种形式的文艺作品大多如此处理，甚至演义出“霸王别姬”中虞姬舞剑然后抽剑自刎的情节，增加了英雄美人的悲情色彩。实际上《史记》写用剑自杀多半是“伏剑而死”，比“自刎”要多，似乎春秋战国到秦汉时代，“伏剑”是一种风尚，是更有尊严的自杀方式。举例来看：

《史记》卷三九《晋世家》载，春秋初期，晋国大臣里克掌权，国生内乱。晋惠公继位后赐里克死：

> 里克对曰：“不有所废，君何以兴？欲诛之，其无辞乎？乃言为此！臣闻命矣。”遂伏剑而死。①

这就是“欲加之罪，何患无辞”典故的出处。这段史事出自《左传》僖公十年（公元前650年，周襄王二年）夏四月，也写作“伏剑而死”。②这是“伏剑”二字在现存史籍中的第一次出现。具体讲，“伏剑”是怎样的自杀方式呢？唐孔颖达《左传正义》曰：

> 谓仰剑刃，身伏其上而取死也。③

杨伯峻先生在《春秋左传注》中提出不同的解释。他说：

> （伏剑）即负剑。《史记·刺客列传》“王负剑”，《墨子·节葬下篇》“譬犹负剑而求其寿也”。凡抽剑自杀皆可曰负剑。又转作伏剑。说参洪颐煊《经义丛抄》。④

清儒洪颐煊《经义丛抄》我未之见，不知其详。至于《墨子·节葬下篇》之“譬犹负剑而求其寿也”一句，原文作“譬犹使人负剑，而求其寿也”。孙诒让《墨子閒诂》注谓：“负、伏通。《左传襄三年》‘魏绛将伏

---

① ［汉］司马迁：《史记》卷三九《晋世家》，中华书局2016年版，第1994页。

② 杨伯峻：《春秋左传注》，中华书局1981年版，第333—334页。

③ 《阮刻春秋左传注疏》卷二九《襄公三年》：“魏绛至，授仆人书，将伏剑。”见［晋］杜预注、［唐］孔颖达疏、［清］阮元校刻：《阮刻春秋左传注疏》，浙江大学出版社2015年版，第1984—1985页。

④ 杨伯峻：《春秋左传注》，中华书局1981年版，第929页。

剑’。孔疏云：‘谓仰剑刃，身伏其上，而取死也。’”[①]显然，负、伏有时通用是实，但孙诒让和杨伯峻先生把《墨子》的“使人负剑”解释为“使人伏剑”则不一定准确。墨子是说让一个人背着剑去寻求长寿之道，这是荒唐的，因为负剑者通常是剑士、剑客之流，早死的概率比一般人高得多，而不是伏在剑上求长寿，这很荒唐，毫无幽默感而言。所以，孔颖达的解释是正确的，他生活在“伏剑而死”还时有发生的唐代，用不着考证就很清楚伏剑的本义。而以伏剑为“负剑”之转，认为“凡抽剑自杀皆可曰负剑”，恐有不妥。

晋文公时，狱官李离过失杀人，文公以为“非子之罪也”，打算赦免他。李离则认为应当依法从事，“遂不受令，伏剑而死”。[②]

春秋时代，吴越多勇而善剑的义烈之士，传奇人物要离是其代表，要离最终选择了“自断手足，伏剑而死”。[③]还有一位伏剑而死的王者，即大名鼎鼎的吴王夫差。《史记》卷四一《越王勾践世家》载，约公元前473年，越王勾践灭吴国，夫差在极度愧疚中选择了自杀。《史记正义》引《越绝书》曰：

> 吴王曰：“闻命矣！以三寸帛幎吾两目。使死者有知，吾惭见伍子胥、公孙圣；以为无知，吾耻生者。”越王则解绶以幎其目，遂伏剑而死。[④]

楚汉相争中，汉臣王陵的母亲也伏剑而死，女性伏剑是非常罕见的事情。白寿彝先生认为司马迁“还记载了妇女当中比较出色的人物，如聂政的姐姐，王陵的母亲，虽没有为她们专门写传记，但写得很突出”。[⑤]王陵是刘邦的故友，曾以数千人从刘邦起事。《史记》卷五六《陈丞相世家》附《王陵传》载：

> 项羽取陵母置军中，陵使至，则东乡坐陵母，欲以招陵。陵母

① ［清］孙诒让：《墨子閒诂》卷六《节葬下第二十五》，中华书局1986年版，第161页。

② ［汉］司马迁：《史记》卷一一九《循吏列传》，中华书局2016年版，第3771页。

③ 周生春撰：《〈吴越春秋〉辑校汇考》之《阖闾内传第四》，上海古籍出版社1997年版，第51页。

④ ［汉］司马迁：《史记》卷四一《越王勾践世家》，中华书局2016年版，第2106页。

⑤ 白寿彝：《〈史记〉新论》，求实出版社1981年版，第74页。

> 既私送使者，泣曰：“为老妾语陵，谨事汉王。汉王，长者也，无以老妾故，持二心。妾以死送使者。”遂伏剑而死。[①]

项羽短智，不但“大怒”，还烹了已死的陵母。于是，“陵卒从汉王定天下”。

作为一种古老的自杀方式，“伏剑而死”或“伏剑自刎”在汉代还延续着。汉以后随着剑作为兵器的功用逐步衰微，“伏剑而死”也很少见了，大致宋以后基本上绝迹于史籍。我们对“伏剑而死”的细节尚无了解，我推想，这是否与短剑的长期存在有关系？它很有可能与短剑的存在相始终，毕竟长度达一米以上的长剑不大容易“伏”。《史记》写聂政将死时，“因自皮面决眼，自屠出肠”，本质上很像是“剖腹自杀”，也可能是当时“伏剑”的一种形式。此事固然异常惨烈甚至是非常野蛮的，但毕竟确确实实存在并产生过一定的社会影响，是值得我们寻思的一种历史文化现象。

六、结语

《史记》是一部通史性质的巨著，以“究天人之际，通古今之变，成一家之言”为立言主旨的太史公，目光敏锐，胸襟宏阔，在政治、经济之外，还收载了大量的文化现象和许多细琐的社会事务，即太史公所谓“网罗天下放失旧闻，考之行事，稽其成败兴坏之理”。[②]从而“为我们提供了战国到秦汉时期一幅广阔的社会画卷”。[③]这其中就包括了我国汉代以前的剑文化。剑文化汉以后虽然依然不绝如缕地存在着，但全盛是在汉代以前，是在春秋到两汉的数百年间，汉以后则日渐式微，直至走向缥缈虚玄之途。庆幸的是《史记》为我们提供了剑的全盛时代的许多细节，如果没有《史记》的载述，我们对我国历史上的剑与剑道文化的了解将是残缺而肤浅的。

---

① ［汉］司马迁：《史记》卷五六《陈丞相世家》，中华书局2016年版，第2502页。

② ［汉］司马迁：《报任少卿书》，见［汉］班固撰、［唐］颜师古注《汉书》卷六二《司马迁传》，中华书局1975年版，第2735页。

③ ［美］陆威仪著、王兴亮译：《早期中华帝国：秦与汉》，中信出版社2016年版，第219页。

毫无疑问，剑和“剑道”曾经是我国古代武学的核心内容，对整个武学体系的结构生成和延续发展都产生了重要作用。这个核心的形成，有着跨地域多学派凝聚融合的基本趋向，也有着流派上的差别，特别是南北的分野和交融。它的学理中吸纳有道家、儒家、墨家和兵家等各种思想因素，后来也包括了司马迁《史记》的载述与阐释的因素。我深信，《史记》对先秦剑道精神，特别是秦汉剑道精神的深刻表述，对西汉以后剑道的持续延续产生了深刻影响。魏晋以降，剑道文献散佚殆尽，以“比剑”为核心的技术传承日益虚化。在这种大势之下，《史记》几乎成为唯一保存了许多先秦和秦汉剑文化与剑道精神的经典典籍，成为后世搜寻古代剑客踪迹和击剑掌故唯一的渊薮。

在司马迁心目中，剑是一种兵器，却又是一个特殊的文化载体，围绕着剑，产生了一群特立独行的人，演化出许多引人入胜的气象。特别是在剑的全盛时代，它的文化意蕴和张力，大大超出了兵器的单一属性，升华成为一个高峻宏大的精神容器。所以，在各式各样的兵器中，司马迁唯独给剑赋予了“与道同符”和“君子比德”的崇高评价，这是非常耐人玩味的文化意趣。正由于此，才奠定了剑在中国文化史特别是武术史上的显赫地位，在它的军事功用早已衰落了的千载之后，仍然保持着典雅、高贵、神秘的表征意义，受到人们的敬重。这一切显然与司马迁的总结与评介是有关联的，只是过去没有人注意到这一点。在我看来，后来被士大夫群体所津津乐道的“书剑并重”“剑胆琴心”之类，其实都是以司马迁的《史记》为起点孳衍出来的。

君子以玉比德，是取其“温润而泽，仁也”等一系列美好的象征意义，孔子条分缕析，讲得非常清晰。而司马迁以剑比德的着眼点是什么呢？他没有讲出来，留给后世一个颇费思量的话题。多数人的联想，以剑比德无非取其光明正直、高冷峻峭的外观特征和器用品质，加上制作之精和应变之巧，都绝非轻而易举就能掌握的高难技能，精通其道者从来都少之又少，这又增加了它珍稀而高贵的贵族般气质。佩剑与佩玉确实有所不同，佩剑者未必一定要精通剑法，但终究是要有一点敢于“亮剑”的心理素质和勇气的，所以剑不是什么人都能佩带和敢于佩带的，《史记》记载的佩剑者几乎没有一个是凡庸之辈。围绕剑的这些特质，古人写过很多铭文和诗歌，而我以为最为司马迁倾情的应该还是《大戴礼记》里托名周武王的那个《剑铭》，即所谓："动必行德，行德则兴，倍德则崩。"说到底剑是兵刃，主要功能在于"防检非常"和"击刺之效"，所以"行德"是最重要的价值追求，"背德"则是倒行逆施，害人害己。剑经常扮演着权力的象征，对握有生杀之权的天子和权势人物而言，更加需要强调"动必行德"，滥用兵刃杀害无辜是伤天害理的恶事，所以古人一再强调"夫兵者凶器也"，反对轻举妄动，更反对穷兵黩武，这正是司马迁"君子比德"的寄义所在，由此而推延到兵法，推延到整个"谈兵论剑"。

总之，武学是一门渊源深长而又长时间遭遇冷落和曲解的学问，中华武学的重新建构必须从追根溯源做起，然后循其脉络，贯通条理，才能正确把握它的发展规律，在对传统精蕴的不断深化了解中，找到恰当的创新点。正如古人在谈到对《易》理的正确认识时所说的："六十四卦各有微旨奥义，错综条贯其中，非循其脉络，得其会通，乌能窥易之蕴耶！"①对司马迁《史记》中剑道文化的探索与解读，本质上就是一个寻求古典武学演进历程的工作，是类同于"窥之蕴也"的工作。当然这是颇有难度的事情，以我浅陋的学力，所做必多疏失，如果能有一点引玉之效，亦足以称平生之愿矣。

参考文献

［1］［战国］吕不韦著、陈奇猷校释：《吕氏春秋新校释》，上海古籍出版社2002年版。

［2］［汉］刘向撰、向宗鲁校证：《说苑校证》，中华书局1987年版。

［3］［汉］司马迁：《史记》，中华书局2016年版。

［4］［汉］班固撰、［唐］颜师古注：《汉书》，中华书局1975年版。

［5］［汉］韩婴撰、许维遹校释：《韩诗外传集释》，中华书局1980年版。

［6］［汉］荀悦撰、张烈点校：《汉纪》，中华书局2002年版。

［7］［晋］杜预注、［唐］孔颖达疏、［清］阮元校刻：《阮刻春秋左传注疏》，浙江大学出版社2015年版。

① ［清］乔莱：《易俟》卷二，景印文渊阁《四库全书》本第42册，台湾商务印书馆股份有限公司2008年版，第39页。

［8］［晋］陈寿撰、［南朝宋］裴松之注：《三国志》，中华书局1982年版。

［9］［晋］陶渊明著、龚斌校笺：《陶渊明集校笺》，上海古籍出版社2011年版。

［10］［南朝宋］范晔撰、［唐］李贤等注：《后汉书》，中华书局1965年版。

［11］［梁］萧统：《文选》，上海古籍出版社1986年版。

［12］［北齐］魏收：《魏书》，中华书局1974年版。

［13］［北齐］刘昼著、傅亚庶校释：《刘子校释》，中华书局1998年版。

［14］［唐］房玄龄等撰：《晋书》，中华书局1974年版。

［15］［唐］魏征等撰：《隋书》，中华书局1973年版。

［16］［唐］杜佑：《通典》，中华书局1984年版。

［17］［唐］李筌：《太白阴经》，《中国兵书集成》第二册，解放军出版社1988年版据《守山阁丛书》本影印。

［18］［宋］司马光编著、［元］胡三省音注：《资治通鉴》，中华书局1956年版。

［19］［宋］吕祖谦：《大事记解题》，景印文渊阁《四库全书》本第324册，台湾商务印书馆股份有限公司2008年版。

［20］［宋］卫湜：《礼记集说》，景印文渊阁《四库全书》本第120册，台湾商务印书馆股份有限公司2008年版。

［21］［元］陈元靓：《事林广记》，《和刻本类书集成第1辑》，上海古籍出版社1990年版。

［22］［元］方回：《续古今考》，景印文渊阁《四库全书》本第853册，台湾商务印书馆股份有限公司2008年版。

［23］［明］张志淳撰、李东平等校注：《南园漫录校注》，云南民族出版社1999年版。

［24］［明］俞大猷撰、廖渊泉等点校：《正气堂全集》，福建人民出版社2007年版。

［25］［明］茅元仪辑：《武备志》，华世出版社1984年版。

［26］［明］董说原著、缪文远订补：《七国考订补》，上海古籍出版社1987年版。

［27］［清］谈迁撰、汪北平点校：《北游录》，中华书局1997年版。

［28］［清］乔莱：《易俟》，景印文渊阁《四库全书》本第42册，台湾商务印书馆股份有限公司2008年版。

［29］［清］张玉书撰：《佩文韵府》，景印文渊阁《四库全书》本第1012册，台湾商务印书馆股份有限公司2008年版。

［30］［清］秦蕙田：《五礼通考》，景印文渊阁《四库全书》本第137册，台湾商务印书馆股份有限公司2008年版。

［31］［清］孙希旦撰、沈啸寰等点校：《礼记集解》，中华书局1989年版。

［32］［清］焦循撰、沈文倬点校：《孟子正义》，中华书局1987年版。

［33］［清］王念孙：《读书杂志》，江苏古籍出版社1985年版。

［34］［清］汪继培辑校：《尸子》，《续修四库全书》第1121册影印清嘉庆十七年（1812）刻本，上海古籍出版社1996年版。

［35］［清］郭庆藩撰、王孝鱼点校：《庄子集释》，中华书局2012年版。

［36］［清］孙诒让：《墨子閒诂》，中华书局1986年版。

［37］［清］皮锡瑞撰、盛冬铃等点校：《今文尚书考证》，中华书局1989年版。

［38］［清］王先谦撰、沈啸寰点校：《荀子集解》，中华书局1988年版。

［39］［清］苏舆义证：《春秋繁露义证》卷七，中华书局1992年版。

［40］王国维：《王国维文集》，中国文史出版社1997年版。

［41］刘文典撰、冯逸等点校：《淮南鸿烈集解》，中华书局1989年版。

［42］刘文典撰、管锡华点校：《三余札记》，黄山书社1990年版。

［43］陈奇猷校注：《韩非子集释》，中华书局1962年版。

［44］睡虎地秦墓竹简整理小组编：《睡虎地秦墓竹简》，文物出版社1978年版。

［45］杨宽：《战国史》，上海人民出版社1980年版。

［46］杨伯峻：《春秋左传注》，中华书局1981年版。

［47］白寿彝：《〈史记〉新论》，求实出版社1981年版。

［48］徐扬杰：《汉简中所见物价考释》，《中华文史论丛》1981年第3辑，上海古籍出版社1981年版。

［49］诸祖耿：《战国策集注汇考》，江苏古籍出版社1985年版。

［50］陈直：《居延汉简研究》，天津古籍出版社1986年版。

［51］《武经七书注译》，解放军出版社1986年版。

［52］汪宝荣撰、陈仲夫点校：《法言义疏》，中华书局1987年版。

［53］岑仲勉：《墨子城守各篇简注》，中华书局1987年版。

［54］袁仲一等编：《秦始皇陵兵马俑》，《秦俑博物馆论文选》，西北大学出版社1989年版。

［55］王利器：《盐铁论校注》，中华书局1992年版。

[56] 周生春：《〈吴越春秋〉辑校汇考》，上海古籍出版社1997年版。
[57] 王仲荦：《金泥玉屑丛考》，中华书局1998年版。
[58] 顾颉刚：《吴国兵器》，《浪口村随笔》，辽宁教育出版社1998年版。
[59] 李学勤：《青铜剑的渊源》，《缀古集》，上海古籍出版社1998年版。
[60] 陈伟武：《简帛兵学文献探论》，中山大学出版社1999年版。
[61] 止庵：《樗下读庄》，东方出版社1999年版。
[62] 徐元诰集解、王树民等点校：《国语集解》，中华书局2002年版。
[63] 钟泰：《庄子发微》，上海古籍出版社2002年版。
[64] 孙继民、郝良真：《先秦两汉赵文化研究》，方志出版社2003年版。
[65] 黄怀信等编：《大戴礼记汇校集注》，三秦出版社2005年版。
[66] 黄怀信：《逸周书校补注译》，三秦出版社2006年版。
[67] 马明达：《说剑丛稿》，中华书局2007年版。
[68] 韩巍：《黄土与青铜：先秦的物质文明》，北京大学出版社2009年版。
[69] [美]陆威仪：《早期中华帝国：秦与汉》，中信出版社2016年版。
[70] 林寿晋：《论周代铜剑的渊源》，《文物》1963年第11期。

论武学与武术文献学

——《中国古代武艺珍本丛编》代序

马明达

一、引论

《中国古代武艺珍本丛编》（上下辑）即将刊印行世。这是一项筹备已久的古代武艺图书汇编工作，是一项关乎“武学”建设的基础性工程。在各方友人的慷慨支持和热心关注之下，历时数年，迭经汰选，总算初具规模，可以和广大读者见面了。作为这项工作的主持者，欣慰之余，也想谈谈个人的一些想法，主要是想围绕“武学”与武术文献学的建设问题谈几点浅见，望各方博雅有所教正。

作为中国传统文化重要组成部分的武术，近代以来曾经有过相当繁盛的局面，大致从20世纪初直至80年代，出现过几次高潮，只是由于社会背景不同，高潮的表现形式也有所不同。然而武术当下的状况却不能不令人忧心，特别自两次大张旗鼓的“申奥”活动失利之后，社会对武术的关注度持续下降。在跆拳道、泰拳、空手道等外来项目的冲击下，武术的生存空间不断萎缩，除了太极拳还拥有一定数量的爱好者之外，其他拳种多数都显露出不同程度的颓势。在举国体制的中国体育大格局中，专业武术运动队还能被一些省市所保留，原因无非是它还拥有全运会项目的资格，有几块金牌的价值，不然景况会更加落寞，更加尴尬。

造成武术如此局面的原因比较复杂，举其要者，首先要说与管理体制的改革长期滞后有关，一句话，现行管理体制早就不能适应武术所面临的新形势、新问题了。多年来，管理部门只把武术当做一个体育项目来经营，并不在意武术作为传统文化所蕴含的文化价值和人文精神，不在意社会大众对武术的需求已经发生了很大变化。人们对花拳绣腿的那一套技术体系与理论早已兴味索然，乃至于产生厌恶，而管理部门却故步依然，无所作为，于是也就必然地在换汤不换药中左顾右盼、进退维谷。曾经以入奥为奋斗目标的竞技武术，有过一番虚热，然而终归目标落空，然后一切照旧，迄今看不到具有改革创新精神的举措。没有宏阔高远的战略规划，只是一如既往地举办各种赛事，封赠大小“专家”，继续推销早已严重贬值了的“段位制”。对之，海内外许多武术人士并不认同，甚至于不屑一顾。

另一个原因是从管理体制中衍生出来的，即长期以来管理部门不重视对武术的学术研究，不能深入开展武术的人文与社会学科的综合研究和建设，没有建构起高水平的科研梯队，没有形成凝聚各方研究力量的武学园地，甚至连一本像样子的学术刊物都没有。当下，原有的几种通俗刊物有的停刊了，有的勉强维持着，发行量不断减少，内容和质量每况愈下。正因如此，理论上趋向肤浅混乱，没有树立起正确的武术观和对武术学术的权威性评判，既做不到对大众武术认知的正确引领，也不能为高层管理者提供启迪思维、扩大视域的营养源。改革开放以来社会武术活动的环境宽松了，市场化趋向不断升温，这是好事，至少官方垄断的狭隘局面一定程度上被打破了，但纷乱无序的现象也日益严重，小说家和影视编导们以“武侠”“剑客”为主题臆造出来的“真传”“绝招”“秘籍”之类不断喷涌而出，制造了五光十色的武艺泡沫，严重影响了武术自身的价值系统；紧随其后，“大师”“掌门人”“神拳”也纷纷抛头露面，招摇过市，武术的生态环境遭受重度污染，文化层位不断下移。总之，作为传统文化遗产的武术，可以说价值失落，尊严荡然，几乎沦落成为武侠小说和影视作品的附庸，成了门派林立、斑驳杂芜的江湖世界，其景象比之民国时期有过之而无不及。

武术学术研究——我将之概括为“武学”——的滞后，除了长时间不被重视外，一个客观原因是研究确有一定难度，而难度之一是资料匮乏，特别是古典文献资料如凤毛麟角，而且又存在严重的真伪混杂现象。长期以来，武术资料的搜集鉴别和编纂整理工作做得很少，使得对武术历史问题的探赜溯源、去伪存真成为学术瓶颈，直接影响到研究工作的纵深发展。迄今除了少林寺和山西科技出版社做了一定的搜集汇编工作外，武术界很少有人探索武术古籍在海内外的流布与收藏情况，散落在各地图书馆和民间收藏的稿本抄本也基本上尘封高阁，不能充分发挥作用。可以说武术文献的传存基本上处于荒漠状态，号为国粹的中华武术尚未建立起自己的文献系统，没有形成作为武学基础的武术文献学。以至于培养专业武术人才的高等院校，在本科和硕博士学位的培养中，从来没有开设过文献学课程。文献根基薄弱，又缺乏必要的史料学和学术规范的严格训练，使得一些专业研究者同样显得史料解读能力低下，在史料的採撷应用上辗转稗贩，不求甚解，以致错误连连。让人不能不喟然长叹的是，一些由当代武术权威人士主持或参与编撰的讲义、教材和官颁的“必读教材”之类，同样错误成堆，甚而闹出一些匪夷所思的笑话，令武术蒙羞于天下！

20世纪80年代，在国家财政的大力支持下，曾有过一场声势浩大的全国性的“武术挖掘整理”工作，重心是挖掘散藏民间的珍稀拳谱和各种抄本，各省体委成立了“挖整办”，积极鼓励民间拳家捐献出来，授予奖金奖状。据说当时各地都有重要发现，仅上交到武术管理中心的就有四百多种。应当时主持武术工作的徐才同志之嘱，我曾以一月之功对中心的藏本逐一过目，感觉虽不能说都是珍稀文本，但确有一些重要东西，对武术研究颇有价值。然而挖整一阵风似地过去了，至今已经三十多年了，各省的挖整办早已不复存在，上交和没有上交而分藏各地的挖整成果都到哪儿去了？成了一桩无人知道底细的谜。坦诚讲，没有古典文献和历史资料作为立论根据的武术运动，不仅不能传承中华武学所蕴含的丰富学理、技艺渊源和人文精神，而且只能在非学术的道路上愈行愈远，直至迷失方向，迷失自我。一方面“竞技武术”所坚持的花哨技艺导致官办武术不断滑向“武舞”，另一方面是各式各样的奇谈怪论大行其道，成了某些民间拳家振振有词的理据。早在民国时期就已遭到学者质疑和订正的“武当道士张三丰”和“内家拳”之类，现在却更加热闹，甚至比当年还要红火，太极拳似乎理所当然地成了张三丰创造的“内家拳”。与此相近的例证还有很多，真是不胜其举。虽然武术界严守学术本位的还是大有人在，也有不少持论严谨的著述问世，可惜这些人和著作并不被主管部门所重视。在官办武术体制下，出于真心的批评者还可能遭遇排斥，遭遇冷遇，而钦选的“专家”中不少是缺乏独立精神的权势依附者，是学识肤浅和人文修养不足的技术工作者。改革开放三十多年了，经历了对一切偏激的反传统思潮的深刻反思，经历了全民族的理性回归和文化重建，这种情况在我国所有的传统文化中都已经得到不同程度的纠正，唯独武术还继续被“竞技武术”的技术与理论所牢牢捆绑，为神秘主义的迷雾所遮漫，还继续演义着飞檐走壁、刀枪不入的神话，在义和团式的亢奋中享受着打败“康泰尔”带来的愉悦，这真是一个令人百思不得其解的现象。

当前，传统文化的现实价值正在日益突现出来，并汇合成为巨大的社会动力，为促进中国的现代化转型发挥着积极作用。如何弘扬武术所承载的民族精神，加深和扩大对武术文化价值的认识和开发，使这份流传千古的文化资源转化为促进民族奋进的正能量，如何为提升国家软实力，为民族复兴大业发挥积极效应，是应该深刻思考并为之积极探索的时候了。

基于对武术现状的沉重思考和对武学重建的学术责任感，在武术界内外许多热心友人的支持下，我很早就着手搜集武术古籍，特别是存世不多、流传不广的明清武术刻本和各种抄本，以目前所经见者，经过精心挑选，汇编成为这部《中国古代武艺珍本丛编》。之所以冠以“珍本”二字，一是因为其中确有一些稀见文本，对研究武术发展史，特别是古典武艺向现代武术的转化历程，具有重要学术价值；二是这些抄本多为私人藏品，有一部分则是海外的公私藏本，研究者确有阅读之难。我和我的编辑班子，在少林寺和齐鲁书社的大力支持下，决心将这批珍稀典籍公诸社会，真诚希望能为更多的研究者提供便利，借以为武术文献学的建立铺桥筑路，以期对武术学术水平的提升稍有推助之效。当然，这只是一个开始，希望这项工作能继续做下去，更希望能群策群力构建起中华武术的文献体系，进而建构严正细密而富有学术意义的“武学”体系，使蒙尘已久的中华武术逐渐得以幽光再现。

此外，还需要特别说明的一点是，我以古稀之年汲汲从事于这项工作，也是为了继承和弘扬已故武术家唐豪（1897—1959年）先生的平生遗愿，同时以我个人的绵薄之诚纪念这位心志高远而苦心孤诣的武学前辈。唐豪是中华武术和民族体育文献学的奠基人，是武术史学科的开拓者，今年适逢他去世五十五周年，谨以《丛编》聊表个人皈敬承继之愿，亦古人所谓“心香一瓣，奉之冥冥”者。

二、从武艺到武术

武术是我国古代传存至今的身体文化遗产，是中国本土体育的核心内容之一。它既蕴含着中华民族传统的人文精神和文明特质，又长时间承载着儒、释、道等多元融会的社会教化功能，特别是对强健体魄、尚武精神和品德修为的倡导和坚守，可谓绵延千载，厥功甚伟。因此，武术在中国人心目中一直占有一定的地位，自古以来被世道人心、九流百家所重视。有深厚武学修养的清初学者颜元（1635—1704年）曾大声疾呼：“文武缺一岂道乎！”①就是对武术价值最简洁明快的肯定，也是对孔子儒学体系最剀切入理的阐解。

就其源头而言，武术的萌生无疑是非常古老的，后来又经历了漫长的发展历程，其路漫漫，变数频频，一直到了近代，才终于走上结构和学理的根本性转化之路，进入了现代武术的发展阶段。这一漫长的转化之路可以概括为“从武艺到武术”的继承与创新之路。

早在新石器时代，人类在狩猎活动和各种性质与规模的社会冲突以及祭祀娱乐等活动中，经过长时间的经验积累和不断提炼升华，终于凝结成为武术文化体的三个主要元素，即技击功能、健体效益和演练情趣。以三大元素为基点，逐步建构起了中华武术的内涵及其复杂多变的表现形式，同时也逐步承载起许多其他社会功能，特别是人文教化功能。在以后的历史进程中，在不断发生的演进变化中，三大元素有分有合，或显或晦，特别是对不同的社会群体及形形色色的个体练习者而言，价值取向上往往会各有偏向，呈现出鲜明的个性差异。这是十分正常的现象，任何传承久远的传统文化概莫如此，诗文、书画、音乐、戏曲等也都存在这种情况。但作为一个文化整体，我认为武术的三大元素三位一体，如胶连漆合，从来都没有发生结构性的分

① [清]李塨纂、王源订：《颜习斋先生年谱》卷上，《颜元集》，中华书局1987年版，第721页。

离。正因如此，三大元素的高度协调和浑然一体，便一直是中华武术最重要的凝聚力和最高的价值追求，也是今天“武学”之所以成立的文化根基。其中任何一种元素的偏向发展，最终都会游离到武术文化的本体以外，走向非武术化之路。所以，保持三大元素的协调一致，是近代以来古典武艺向现代武术转化中所遇到的最关键也最难掌控的问题。可惜的是也正是在这一点上，道路坎坷，步履艰难，直至今天还不能说已经取得了真正意义上的成功。

古人借用战国时代齐国的兵学术语，曾把军旅的勇力斩杀技术统称之为“技击”，[①]此外又有“手战之道”“材武”“兵技巧”和“技击之学”等多个名称，但后来用得最久也最为大家所熟悉的是“武艺”。应该说这是一个非常恰当的名称，故而沿袭久远，一直到今天还时常被人们挂在嘴边。

“艺”有“学问”“技能”等多种寓意，周代礼、乐、射、御、书、数六门学科也称“六艺”；多才多能也称“艺”，其中应包括肢体技能。古人又有“艺者道之所寓”的阐解，所以“艺”与“道”近乎同义。[②]至于“武”和“艺”两个字缀联成词，似主要源自孔子，出于孔子对“艺”字的多义应用和诠释。特别是孔子对擅长武艺的弟子冉求“求也艺”的著名奖评。对此，古人有不同理解，有人认为这是“言（冉）求多才能也”。也有人认为“冉求之学未必于六艺皆通，圣人特取其所长而称之耳。故曰赐也达、由也果、求也艺。……六艺之学全材实难”[③]。我认为冉求（冉有）是孔门高足弟子中最为通晓兵事而擅长武艺者之一。《左传·哀公十一年》齐鲁艾陵之战中，冉求以武城人三百为鲁军左师，最终吴鲁联军战胜强大的齐军。原因

---

① 《荀子集解》卷十《议兵篇第十五》：“齐人隆技击。”《集解》：“技，材力也。齐人以勇力击斩敌者，号为技击。孟康曰：兵家之技巧。技巧者，习手足，便器械，积机关，以立攻守之胜。”见［清］王先谦撰、沈啸寰等点校：《荀子集解》，中华书局1988年版，第271页。

② ［清］乾隆敕撰：《钦定周官义疏》卷十三，景印文渊阁《四库全书》本第98册，台湾商务印书馆股份有限公司2008年版。

③ ［元］何异孙：《十一经问对》卷一“问孔子弟子身通六艺者七十二人何独称求也艺”条，景印文渊阁《四库全书》本第184册，台湾商务印书馆股份有限公司2008年版，第353页。

之一是“冉有用矛于齐师，故能入其军”。[①]“用矛”二字有着明显的武艺含蕴，这正是对“求也艺”的恰当注解。此外孔子还有“依于德游于艺”等语，有人认为这里的“艺”即指武艺而言，如明儒王志长（字平仲，昆山人）说：

> 士游于艺，未有不习射御者。夫子亦曰“我战则克”。自文武殊途，服儒衣冠以武事为耻，而介胄之夫不知义。[②]

这些都说明“武艺”一词的源头出自孔子，至少与孔子有重要关联。汉魏以降，“武艺”逐渐被人们广泛使用，一直被延续到清末才退出历史舞台，渐渐被“武术”所取代，而这一取代的过程中，还出现了“拳”字的过渡作用。

“武术”一词，虽然古代有用过的例证，但只是孤证，广泛使用似乎相当晚了。迄今我们在晚清文献中并未找到它的确切出处，暂时只能从民国初年北洋军人马良所倡导的“新武术”一词上反证“武术”一词在民国前就已存在。但“武术”取代“武艺”并被社会普遍使用，应该是在民国初年。在我看来，“武术”取代“武艺”，正是古典武艺转化为现代武术的重要标志。

“武艺”走向“武术”是一个逐步完成的漫长过程。实际这一转捩早在明末清初就已见端倪，至清代中后期渐渐演化成为潮流，开始出现义理与技艺互为表里、融会发展的拳派，当时多称为“门”。“门”的称谓与明代拳种或拳派明显不同，有些“门”的名称具有了儒、释、道的哲理特点，如形意、太极、八卦、通备等；有些则依托民间神秘信仰如白莲教、天地会以及历史悠久、影响深远的少林寺等。传统武艺正是在以“拳”为中心的门派潮流中，一步步走向现代武术。

明末清初，以“拳”命名的武术门派在南北各地均有所见，乃至于流传海外。门派规模不一，渊源杂乱，在后来的竞争发展中发生消长起落，有的兴旺起来了，甚而走出区域，渐渐风行天下，形意拳、太极拳、洪拳等是其

① 杨伯峻：《春秋左传注》，中华书局1981年版，第1661页。

② ［明］王志长：《周礼注疏删翼》卷十六，景印文渊阁《四库全书》本第97册，台湾商务印书馆股份有限公司2008年版，第570页。

代表。有的始终只局促于某个地区，甚至渐渐销声匿迹了，或是泯灭在历史的长河中，或是汇入其他拳派中去了。“拳派化”是古代武艺走向现代武术的重要途径，是值得深入研究的文化现象，我认为可以从以下四个方面认识其特点：

第一，主要从清代开始，“拳”字的概念升华了，涵盖面扩大，“打拳”“练拳”“耍拳”等成了宋元明以来一直流行的“玩枪舞棒”“刺枪使棒”的代名词，传承久远的“枪棒武艺”终于被“耍拳舞棒”或“学习拳棒”所取代。“学习拳棒”曾屡屡出现在康、雍等朝的官方文件中，表明官方对这个流行词语的认同。晚清曾经试图以传统武艺打败洋枪洋炮的义和团运动，史称“庚子拳乱”或“拳变”，其源头可以追溯到康、乾年间的民间拳棒活动，与嘉、道年间的梅花拳有直接关系，梅花拳则由河南、山东的“义和拳”演变而来。[①]“义和拳”由单一拳种走向混合拳种，除去其中的政治因素，也清晰地显现了“拳”的概念的延展变化。

第二，传统武艺自古以兵器为主体，源于“手搏”的拳法地位不高，基本上属于业余民间的次军事技艺，比之兵刃击刺技艺，伤害较小的拳法具有更多的游艺性质，是“初学入艺之门也”。是故明清武艺图籍以《耕余剩技》《手臂录》为代表，都只谈兵器而不谈拳法，唯独戚继光《纪效新书》有《拳经捷要篇》一卷，引人瞩目，影响深远。但戚氏本人晚年重新编订《纪效新书》时，竟将《拳经》删除，显然也是因为拳法是“无预于大战之技”，只有活动手足、惯勤肢体的价值而已。后来火器崛起，冷兵器日趋衰落，拳法却勃然大兴，兵器不得不逐步让位给拳法而屈居次要地位，二者的主从关系发生转换。同时兵器的群体结构也发生变化，许多早就被历史淘汰了的古兵，以及各式各样的民间杂兵纷纷以“十八般武艺”的名义登场亮相。实际上，其中多数已不再具备兵器特质，只是一种夸示古老与展现新奇的表演性的“武术器械”。新兴的拳派多用“拳”字概括了属于本门派的器械，比如名叫“太极拳”，其中就包含了枪、剑技艺，只有单独演练时才叫太极剑、太极枪。一般来说，拳术的门派特征会明显一些，器械则共性更

---

① 戴玄之：《义和团研究》，北京大学出版社2010年版，第7—9页。

多，特别是枪、刀、剑、棍四门器械，门派特征并不很明显，有些“特征”只是矫揉造作而已，并无实际意义。我考察过分属不同门派的枪法，基本上都出自明清的六合枪法，可谓同源异流、大同小异。

第三，拳法的技术核心也发生了变化。戚继光《拳经》讲拳法的几个要点中最强调的是“拳打不知”，即“迅雷不及掩耳”的疾速效应。先父也经常提醒我：“疾上又加疾，打了还嫌迟！”毫无疑问“快”是技术核心，“快打慢、长打短”是中外一切搏击技艺普遍意义上的法则。然而，后来的多种拳派虽然也讲这些法则，讲速度、力量和灵巧的综合发挥，但往往更侧重于“劲道”的掌握和表达，甚至强调以慢制快、以柔制刚的特殊效应，把非普遍的理论提升为普遍原则，本质上是突出门派特点，是突出特殊的“拳理”。“劲道”的要点是对某种特殊力量运行规律的努力追求和成功表达，这种追求和表达让练家意趣盎然，在曲径通幽和无止境的探索中感受“练”的快意和“打”的臆想，对练习者确有很大吸引力。特别对那些早就与强弩劲弓、金戈铁马相去遥远而又念念不忘“书剑精神”“琴剑情怀”的士大夫而言，这种含蓄高雅的运动方式很合口味，是故断断探讨，乐此不疲。总之，“劲道”不以胜败输赢为最高标准，而是以享受演练情趣为主旨，即使是精心设计的对抗性运动，本质上仍然是一种可以点到为止、心领神会的“技击游戏”。各种体质体能的练习者都可以量力而行，或刚或柔，或紧或慢，在拟似较量中品尝“打”的乐趣，又可以以“内家拳”高自标置，似乎比“其法主于搏人”的“外家拳”更显高明。尽管许多练家并不愿意公开承认这一点，总是把特殊的击技功效说得神乎其神，而本质上与真实的搏击毕竟不是一码事，终究不可同日而语。

第四，“拳”的兴起，拉动了“套子武艺”的发展，使套路成为最广泛最受欢迎的武术传习模式，从而大大增加了武术的受众面，武术的健身愉情价值突显出来，套路的结构和风格也趋向多元。套路的出现应该很早，除了训练、传授等原因外，我相信一开始就有“舞”的因素，有自娱娱人的情趣追求。但在临战实效是武艺核心价值的古代，“套子武艺”有其显而易见的局限性，生存空间有限，却能绵延不断，一直存在下来，就因为它有一定的生存空间，有生存并发展的社会需要。早在宋代，街巷闹市就有武艺表演活动，如“使棒”“使拳”之类，所表演的应该就是“只好看，上阵无用”的“套子武艺”。军旅中也会有，只是上不了主位，只能依附存在，直至明代中后期，仍然经常遭到排斥和禁约。古代的“套子武艺”虽经常遭受虚花之讥，我相信仍然比较质朴，不会完全丧失实用的本色，这从明代拳法资料中可以看见。当冷兵器快步走向衰微，传统的军旅武艺锋芒不再，“拳”登上武坛主位之后，“套子武艺”便正大光明地活跃起来。不但一切武艺都主要用套路形式来表达，最重要的是拳术套路有了理念上的突破，在新兴武学义理的引领下，套路有了许多创新模式。虽然依旧把技击功效摆在第一位，实际上“劲道”成为不同拳派最重要的旨趣所在，这就表明古典武艺已经终结，古老的中华武艺正式进入了“武术”时代。

需要再强调一下，主要在清代，武术家们从不同的社会本位与武学义理出发，推动“武艺”向“武术”转化，也就是将以技击功效作为核心的古典武艺推向以“游艺”价值——即体育娱情价值——为核心的现代武术。我曾经将这一过程称之为古代武艺的“体育化进程”，这不是没有道理，但更恰当的说法还应该是“武术化进程”。如同我国社会的现代化转型之路漫长曲折一样，武术化进程本质是这门古老文化现代化转型进程，同样也漫长而曲折，一直到今天还不能说已经成功完成，因为还有许多根本性问题没有解决，理论上也是歧义甚多。所以还需要在继承与创新之路上继续探索前进。

三、国术与竞技武术

概括而言，近代以来，从武艺中脱胎而出的中国武术大致经历了三个发展时期，即民国的“国术”时期，新中国的“竞技武术”时期，以及改革开放以来的当代，我称之为“后竞技武术时期”。当前，随着我国改革开放的不断深化，正如许多传统文化出现了回归传统或传统再建一样，武术也进入追寻失落了的传统和创新发展的新起点上，发展步履加快了，在国际同类体育文化的对比与参照之下，对武术未来发展趋向和模式的探索，对过往经验与教训的思考，都明显活跃起来，特别是民间力量的介入度大幅提高。只是问题还相当多，首先官方的垄断体制本质上是改革开放前计划经济体制的派生物，虽然已有所松动，但并没有根本改变；其次，官办的“竞技武术”已经相当落寞，但毕竟经过了几十年的垄断经营，仍然拥有很大市场，又有相伴而生的技术梯队和追随者，在当代武坛上仍高居中心位置。是故，改革仍有难度，来自思维定式和机制惯性的阻力还相当大。

当前，“中国梦”正引领着我们进入民族复兴的伟大潮流中，人们期盼着对中华身体文化和体育文化的重新认识和体制再建，核心是对武术的创新发展。古人讲“温故知新”，“知新”有“为学欲新”的含义，也就是要在创新中求取进步。因此对“国术”与“竞技武术”做必要的回顾与评价，对武术的创新发展具有重要的意义。

先来简要回顾“国术”的兴衰历程。

清末民初，在蒙受“庚子拳乱”的秽名玷污之后，武术逐步从灰霾的遮盖中走出来，有了新的气象，有了对新的发展模式的追寻与试验。最先破土而出的是民国七年（1918年）北洋军人马良推出的“中华新武术”，其内容由摔角、拳脚、剑术、棍术四“科”构成。其中有些内容早在民国以前就曾在北洋新军的训练中试行过，有些则是进入民国后马良与一批武术家共同研发的成果，同时也明显受到外来因素的影响。“新武术”的出世曾经风生水起，光芒四射，很快就被北洋政府教育部选定为全国中学的推行教材，开武术进入学校之先河。主要基于对义和拳的反感，社会上对新武术争议甚多，指议之声不绝于耳，其中包括新文化运动旗手鲁迅的尖锐批评。但新武术使得武术这一灰头土脸的国故有了些许新意，也终于在中国传统文化的现代化转型大潮中有了一席之地，为后来国术的应运而生做了一定的前期准备。这是新武术不容否认的贡献。新武术最重要的一点，是它沿袭传统的武艺结构，将摔角与武术的拳械套路捆绑在一起，使武术实际上成为中国本土体育——当时称“土体育”——的延续和创新。这一结构为后来的国术所承接，只是国术在内容上有了较大的拓展。

1927年3月，一向热爱武术的西北军将领张之江，以及蔡元培、孔祥熙、于右任等人发起成立以“国术”命名的本土体育管理与研究机构，经国民政府批准，于1928年正式成立了“中央国术馆”。同年10月，在南京举行了第一次“国考”，即全国规模的国术运动会。此后逐步向全国推广，构成从中央到省、市、县三级的国术馆体系。国术与国术馆体系的核心是两点，一是在学理上顺应了当时方兴未艾的“国学”或“国故学”建设，将中国本土体育纳入国学大体系，参照奥运体制，建立起与西洋体育相对应的中国本土体育系统。所以国术不但包括摔角和武术的拳械套路演练，还包括了射箭、弹弓、毽子、举重（测力）等传统项目。因此，当代官颁武术教材中长期以国术等同于武术，无疑是非常错误的。二是积极推动本土体育项目的竞技体制创建，这是难度很大的事情，特别是武术系统，没有成熟的模式可资借鉴，套路演练与拳械的对抗性竞赛应该如何协调开展，是国术建设的难中之难。所以当时的竞赛模式明显具有试验性质，即在套路演练以外，增设了散手、击剑（后改称“短兵”）、长兵等比赛项目。这一试验并没取得完全的成功，但试验本身的创新勇气和所取得的经验无疑是很有价值的。在1935年第六届全运会上，国术被确定为全国运动会的正式项目，这显然是一个重要成就。只是限于当时的条件和各个项目自身水平参差不齐，国术只选取了拳术、器械、摔跤、射箭、弹丸、踢毽、测力六个单项。其中的拳术、器械，分为“单人”和“对手”两种，实际是个人拳械套路的单练和双人对练，仍属于套路表演，而非散手、短兵、长兵等对抗性项目。可见从1928年到1935年，历时七年之久，武术的对抗比赛形式仍然没能确定下来，亦见长时间虚拟化了的套子武艺转向对抗性的竞技比赛，并不是一件容易办到的事情。

中央国术馆在其短暂而狭窄的生存时空里，经费拮据，人才不足，缺乏高水平的理论创新人才，没有能够完成国术的学科体系建设，没有编写出可用于大面积推广的多层级教材。虽然建立了自中央到县级的各级国术馆系统，但体制松散，行政乏力，又缺乏足够数量的人才支撑，许多地方只能听由自行发展，自行设置项目，运筹和规模都主要依靠地方长官的重视度。于是，全国的发展状态落差很大，甚至各搞一套，没能形成真正统一有序的全国赛制。基于人才匮乏是最主要的制约因素，作为最高指导机构的中央国术馆，不得不把有限的力量主要投入所创办的国立国术体育专科学校上，放在国术人才的培养上。可以说直至新中国成立前，中央国术馆最重要的成就应该是培养出了一批具有“土洋兼长”“一专多能”特点的国术人才，其中不乏出类拔萃的精英。新中国成立后，其中的一小部分追随蒋氏去了台湾，代表人物如李元智、常东升、韩庆堂、傅淑芸等；大部分则留在大陆，有些人坚守专业工作，在新中国的武术教育与社会实践中发挥了重要作用，如张登魁、张文广、温敬铭、何福生、刘玉华、康邵远等。只是这些人不能不受困于“竞技武术”的体制，顺应时势，削足适履，国术学养并未能得到充分发挥。

1937年抗战爆发，国难当头，中央国术馆陷于极度困窘的境地，但在张之江领导下，师生在大后方艰难生存，精神感人。一些地方国术馆的人员，如山东国术馆副馆长窦来庚等，勇赴国难，壮烈殉国。相比于沦陷区那些追随汪伪政权的武术名人如褚民谊、马良、吴图南之流，个人品节判若泾渭。今天，我们回顾张之江将军勤勉谦恭和孜孜不倦的求索精神，唐豪勇于开拓进取的一系列学术成就，至今依然光耀如烛，让我们不能不有高山仰止、肃然生望慕之慨！历史是公正的，历史会永远记住他们的努力，国术馆及其成就也一定会得到客观公正的评价。

新中国建立之初，国术仍然受到国家的重视。1953年11月在天津举行的民族形式体育表演及竞赛大会，规模宏大，项目众多，而且充分体现了新中国多民族团结和睦的博大气象。许多民国时期的国术名人都踊跃参加了这次运动会，包括张之江、徐致一、王子平、佟忠义等，大家热切期盼以国术馆的经验与教训为基础，建构起更加具有民族特色的新中国本土体育体制。曾积极参与创建了青海、甘肃两省国术馆的先父马凤图（字健翊，1888—1973年），以“国术名家”的身份出任甘肃民族形式体育运动选拔大会“选拔委员会”（类同后来的组委会）的副主任委员，兼领表演竞技项目的裁判长，具体主持了参加天津大会的省级选拔工作。我家兄弟四人分别参加了省、区和全国的比赛，二哥马贤达最显荣光，他代表华北区夺得全国短兵冠军，此前他勇夺天津市的散手冠军，显示了马氏通备武学的实力。张之江先生在见到贤达时情不自禁地说了声：“老子英雄儿好汉！”又谆谆告诫贤达：“跟你爸爸讲，该出来了，不要老窝在西北。”这反映了那时国术前辈们的欢欣心情，他们深感民国时代并没有完成的国术建设一定会在新中国成功完成，中国人一定会在拥有奥运体育的同时，也拥有自成体系的本土体育，并将它推向世界，真正做到“洋为中用”“古为今用”。

然而，一切如同昙花一现。

天津大会后，民间武术势头很好，以兰州为例，我家宽敞的院落成了本市最活跃的练拳场所，每逢周末，总有许多武术爱好者赶来练习，有我的师兄们，也有慕名而来的外地客人。父亲乐于亲自指导，一会是拳，一会是枪，大家练得非常起劲，气氛轻松欢快，尽管当时的物质生活并不宽裕，但精神上是欢快的。然而这样的日子未能长久，随着一个又一个严酷的政治运动，一切都发生了变化。自1955年起，全国武术被迫转入“收缩和整顿”状态，各地的民间拳社之类被一扫而光，许多民间拳师和武术名家遭到打击，“国术”逐步成为禁忌。1957年，一篇题目为《武术工作中的两条路线》的文章赫然出世，将武术的学术讨论彻底引向政治斗争。[①]紧随其后，由某些武术工作者借用所谓“查、华、炮、红”为基本风格的新编“长拳”体系被隆重推出，以等级运动员制度为依托，挟“国家规定”为旗号的所谓“竞技武术”阔步走上武坛中心。其核心，一是以套路表演为唯一的“竞赛”模式，排斥一切对抗性的比赛，理论上则公开倡言“武舞”的合理性，批判莫须有的“唯技击论”；二是套路演练必须以“规定套路”和规定动作范围内的“自选套路”为主体，其他的只能在“观摩交流”中向隅而存，登不了“国家比赛”的大雅之堂；三是规定套路和自选套路又必须以号称源于“查、华、炮、红”的长拳为主要风格，其他少数几个拳种也被纳入“规定”范围作为陪衬，如太极拳、南拳等，聊以显示“百花齐放”。通过行政力量的强制推行，靠全国比赛的拉动，多数省份建立了武术专业队，又建立了业余体校和专业体校的武术班，直至编写统编教材，统一高等武术教学，使“竞技武术”在不长的时间里一统天下。不但全国武术都不得不沿着新式长拳的方向发展，表面上是比功架，比劲力，本质上主要是比跌、仆、滚、翻的花样翻新，更重要的是有教育体制的紧密配合，后继有人，形成所谓“学院派”。一段时间里，全国武术比赛实际就是为几百个省级专业运动员举办的，与广大的民间武术爱好者并无关系。多年后，一些优秀运动员水到渠成地走上艺坛，成为武打明星而风光无限，而很少有人成为真正意义上的武术

---

① 伍绍祖主编：《中华人民共和国体育史（综合卷）》第三章第一节《“左”倾思想对体育事业的干扰》，中国书籍出版社1999年版，第92页。

家。大势如此，主要以农村为生存空间的传统武术彻底被边缘化，甚而遭受蛮横打压，导致传承断裂，很多流传有绪的古典武艺悄然失传了。

显而易见，“竞技武术”长时间的偏向发展和一花独放，背离了武术的传统文化特质，背离了中华民族千百年来追寻和秉持的身体理念，也有负于党和国家对武术一如既往的重视和期许。这种专断局面的形成，除了确实受了政治大气候的影响外，不能排除某些主管者个人的消极作用，某些武学肤浅而又襟怀狭隘的人长时间居于武术管理和理论权威的位置上，一意孤行，听不得不同意见，以致中华武术总体上的分裂和衰变。直言之，“竞技武术”徒有武术之名，实际上越来越成为舞蹈加体操的混合体，是以“高、难、新、美”为目标的新式武舞，或是以“弓马歇虚仆，旋子加跟头”为主要风格的中国式体育舞蹈。与之相配套的理论同样浅薄浮露，没有厚重的文献根基和历史学依据，谈不上深刻的理论思维，东拉西扯，牵强附会，大失古意。及至“文革”十年中，“竞技武术”被蒙上“样板拳”的红色外套，在“语录拳”“忠字拳”以及“板凳破步枪”之类的“对打”中，将政治阿附和胡编滥造演义到了极致！就是到了“文革”已成强弩之末的1974年，还有人抛出《彻底批判武术界的孔孟之道》等垃圾文章，坚持极“左”立场，力图置传统武术于绝地。

马克思说过，人们创造历史“并不是在他们自己选定的条件下创造，而是在直接碰到的、既定的、从过去承继下来的条件下创造”。[①]“竞技武术”所推出的长拳，恰恰就是无视“既定的、从过去承继下来的条件下创造”，而是以毫无传统渊源的一些肤浅说辞为理据，以某些流行武术为模式“创造”出来的。因为有官颁的显赫地位，竟一跃而引领天下，成了穿着红马褂的“钦定”武术。这是长时间反传统的文化谬误带给武术的误导和伤害，使武术尊严扫地，使中华民族的尚武精神变成了装腔作势、哗众取宠的花哨噱头。我清晰地记得1972年冬季，久违了的武术恢复了，在山东济南“全国武术表演大会”的研讨会上，一位北京体育学院教师提出武术发展应考虑练与打“两条腿走路”的建议，这居然引得某武术官员火冒三丈，他站起来声色

① ［德］马克思：《路易·波拿巴的雾月十八日》，《马克思恩格斯选集》第二卷，人民出版社1966年版，第6页。

俱厉地说："这是国术馆的观点，张之江的观点，国民党的观点！"当时气氛紧张，我们很为这位教师担心。岁月不居，时过境迁，近年我曾与这位对散打的崛起有重要贡献的老师谈起当年场景，觉得一切恍如隔世，而今只剩下了"可笑"二字。练打并行是千百年来中国武艺的传统，被戚继光总结为"既得艺必试敌"的武学原则，张之江等人只是想参照西洋竞技体育的模式把"必试敌"规范化、制度化而已，这怎么就成了国民党的观点，国民党管得如此之宽吗？正是这位经常把戚继光挂在嘴边的官员，不但是竞技武术的主要推动者，而且始终对中央国术馆深恶痛绝，言必批"唯技击论"，这固然出于政治上的偏执，但也有特殊的个人因素，这倒是值得深入研究一下的。显然，这种态度并不符合历史唯物主义，也与中国人不以菲薄先贤来自炫高明的人文精神相去甚远。

批评竞技武术的一花独放以及技术和学理上的种种弊端，不等于全盘否定它。我曾经说过竞技武术的大面积推行，在青少年武术爱好者的基础训练上积累了不少经验，这些至今仍有一定参考和应用价值。所以当年组织编定的一系列"规定套路"中，包括最高层级的"甲组套路"，大部分已经烟消云散，而其中的某些初级套路，如初级拳、青年拳、五步拳之类还都依稀存在，仍不失为简便易行的启蒙教材。至于当年经过精心选材、严酷训练和频繁比赛所产生的一系列高难动作，还有一批批优秀运动员，他们是竞技武术的具体成就和荣耀，浸透了教练员、运动员的辛劳和心血，仍然在记忆犹新中值得我们敬重。遗憾的是正如古人所言："花拳入门，错了一生！"许多跌、仆、滚、翻的高手，以高难动作闻名一时的运动员，一旦年龄稍长，跳不起来也翻不动了，武术生命便随之结束，侥幸不留下伤痛就算不错，能另辟蹊径通过影视演艺卓然成名者又有多少呢？我参加了1959年3月在北京举行的"全国青少年武术运动会"，这是竞技武术的首次大展示。国家体委武术处处长、一手推出竞技武术的毛伯浩亲自担任总裁判长，参赛运动员190余人，其中很多后来都成为竞技武术的技术骨干。不觉间数十年过去了，现在回过头看看，这批人中还有几位继续坚守在武术阵地上呢？还有几位还在为武术的兴衰存亡不懈努力着呢？我曾经说过，竞技武术有特殊的身材和素质要求，不是随便什么人都能练的，像我这样一米八以上身高的人就极不适应。所以1959年3月以后，我马上知趣地转向击剑运动，参加了第一届全运会的男子花剑比赛，居然还打进了决赛圈。如果还留在武术队，要么被淘汰，要么伤痕累累，一败涂地。竞技武术又有特定的年龄要求，不是一个人可以相伴终生的运动。总之，它是专门为身材矮小、灵敏快捷的特定人才量身定制的小众武术，不可能推广普及，不具有大众受益的社会功效。所以尽管始终得到官方精心呵护，却无可避免地走上衰落之路。

改革开放以来，武术的发展状态有了明显改进，长时间遭到禁锢的散手（现在叫“散打”）得以恢复，运动水平迅速提高，见证过民国散手的武术老人都承认，现在的散手水平比民国时高得多。短兵也曾做过试验，只是投入力量不足而终于只能在民间微弱生存。长期居于灰色地带的民间武术勃然兴起，民间拳社和拜师收徒的传统传播方式恢复了，各种拳种纷纷如雨后春笋般重返武坛，官办“长拳”一统天下的局面不攻自破。至20世纪80年代中期，武术出现了近代以来前所未有的高涨势头，在党和国家领导人超乎寻常的重视下，习武群体急剧扩大，武术读物风起云涌。广州的《武林》杂志发行量曾达百万之多，即使如此，在边远地区仍然一册难求。正是在这样的形势之下，迎来了轰轰烈烈的传统武术“挖掘整理运动”，民间拳家奔走相告，乐不可支，纷纷捐献自己珍藏的各种抄本和拳谱。这项工作有助于武术科研水平的提高，有助于对深藏民间的武术遗产的宏观认知，曾经让我们兴奋不已，真切地感受到武术的春天。

但必须得指出，当时的主管部门里多是竞技武术的推行者和受益者，虽然曾经有具备一定新思维的领导人主持其事，但习惯势力顽固存在，不学无术日久成风，致使整个武术界并没有对“左”的危害做深刻反思和检讨，没有经历拨乱反正的思想清理。理论上仍然因循守旧，原地踏步，因此也就没有能够真正从“左”的泥沼中脱身而出，也没能脚踏实地走出浅薄化的误区。社会实践中没有就如何建构完整的武学体系进行学术研探，没有解决练打分离这一根本性的问题。从而导致练套者不打，打者不练套，名字都叫“武术”，实则南辕北辙，各行其道，完全谈不到三大元素的协调发展，看不到古老武艺的文化根脉。从制造了传统武术与竞技武术的分裂之后，又再一次制造了套路与散手各成领域的现象，实际上是百年来中国武术的第二次分裂。还有民间拳派无限孳衍，使门派拳种大量增殖，奇怪的是这正是主管部门喜闻乐见的，主管部门始终以拳多为盛，似乎门派拳种越多就越显得中华武术博大精深。就连太极拳这样理论和技术都相对严整的拳派，如今也有了许多新的流派，有些名号诡异，听了莫测高深，使太极拳遭遇了碎片化的伤害。器械套路则完全丢掉了古典武艺的器械品质，手中的兵器实际沦落为表演“满片花草”的道具。经常看着运动员手拿一根细细的“棍”，在舞台上蹦蹦跳跳，噼啪乱摔，如同在给地毯打土，真让人有不忍目睹之感，难道这就是中华武术？这就是曾经名扬海内的少林棍法？不能不为之叹息：竞技武术积弊很深，绝不是短时间能够消除的。

如上所论，我以为在国学思潮影响下诞生的国术是值得重视的，我曾有专文坦陈己见，希望从中国民族传统体育的宏大结构出发重新审视国术，汲取经验教训，推陈出新，复兴民族体育。[①]迄今我仍然坚持这样的观点，认为国术的试验有创意有贡献，是值得借鉴的，否定国术而另起炉灶，是极“左”政策造成的大量错误中的一种，对之体育界缺乏深刻的反思和纠正。同时，竞技武术的经验和教训也值得重视，值得将其中合理的部分提炼出来加以传承。相对于国术，竞技武术在时代条件优越得多的大背景下，具体策划者却灭裂从事，既缺乏纵向与横向的参照比对，又夹杂着个人偏见，以至于从出台到推广，从理论到技术，都存在严重不足乃至谬误。根本问题在于轻学重术，片面追求花巧新奇的表演效果，以基本上没有量化标准的套路表演作为竞赛形式，其实是对体操的照猫画虎，规则的难以执行和竞赛中的不公正都无法避免，将武术引向虚花浅薄之路，可谓教训深重，应该勇于承认，勇于改弦更张。主管部门因循不改，不是改革开放的大时代应该有的心态，天下凡真心热爱武术的人，对之无不洞若观火，深怀期盼，不能不为主事者在护短心理下的无所作为感到痛惜，感到无奈。

四、武学体系的创新建设

今天，我们把武术的复兴寄托在“武学”体系的继承与创新建构上，可

① 马明达：《应该重新审视“国术”》，《体育文史》1999年第5期。

以说武学的创建是当代武术人的梦，是中国梦的重要组成部分。

如同任何一门源远流长的传统学问一样，武术在其历史进程中也逐步形成自己的学科与学理体系，发展成为一门具有独特属性的学问。只是这门学问没有受到应有的重视，学科建设跟不上，后来竟萎缩成一门技术，甚至只是一个体育项目而已。先父马凤图经常对门人子弟强调一个观点：“武术是一门学问，切不可只看成一门技艺。”对此，我曾在拙作中有所援述。年轻时我并不理解先父的说法，觉得练拳就是讲练讲打，讲拳脚讲器械，要点是功力与劲道，何来“学问”之说？后来才慢慢体会到其中的道理，一是了解了武术有自己的高远境界，绝不仅仅是掌握一套过人的拳脚功夫而已；二是体会到了武学前辈面对日益浮华浅薄、玄虚怪诞的“舞术”与“巫术”，不得不寻索和重建理论殿堂，拓展武学苑囿，用以防止在现代浪潮中可能遭遇的灭顶之灾，防止长期浸淫可能引发的体系变异。这种保护传统价值的良苦用心令人感佩至深！然而，现实情况的确是武术遭遇了前所未有的冲击，潮水奔涌，弄潮者如鱼得水，随波逐流者亦如过江之鲫，而真谛的坚守者却寥寥无几，一如“孤舟自横，寒江独钓”，是名符其实的孤独者。我渐渐明白了“学问”二字的深蕴，清楚了先父赋予它的理论使命。一句话，“学问说”就是为针对竞技武术的理论体系而发的，有着明确的抗争目标。

先父讲武术是一门“独特的学问”，主要说它是一门肢体运动和理论思维紧密结合的学问，是所谓“动静相兼，文武贯通”之学。他一生坚守颜李学派的反理学思想，坚持认为孔子的学问是由文武两方面交互融合而成的，文武相辅相成，缺一不可，于是乎才能上升为“道”。所以古代的武学名家往往是武技与学理都能止于至善的高明之士，不局限于“拳勇股肱之力秀出于众”，更不是仅凭“唇枪舌剑”奢谈攻守进退的“嘴把势”。武艺家不但要有一定的学养、品位和智慧，而且要经历严峻深刻的身心磨砺，饱尝“苦其心志，劳其筋骨”的锤炼。所以“练”和“打”是必不可少的修养，是习武之人追求武道精神的不二法门。显然，这不是所有的人都能经受得了的，也不是所有的人都具备这样的体魄。所以，自古以来游戏其中、浅尝辄止者多如云烟，而能真正升堂睹奥并有所造诣的却寥落如晨星点点。犹如晚近以来文人画泛滥，能信手涂抹几笔梅、兰、竹、菊者多不胜数，而真正达到吴昌硕、任伯年、齐白石、黄宾虹、张大千、潘天寿、李可染、傅抱石水平的画家，海内外指不数屈而已。戚继光强调习武者必须“各家拳法兼而习之”，还要“既得艺，必试敌”，勉而久试，反复验证，才能达到运用自如、游刃有余。可见武学讲究博综淹贯之妙，与其他学问并无二致。古往今来真正高水平的武艺名家莫不如此，否则就只能是某一家派的专家而已，或者只是以某种技艺享名的“拳家”“把势”，如明代所谓李半天之腿、张伯敬之打、千跌张之跌之类。虽然真正达到这样的高度绝非容易办得到的，但作为一门具有独立体系和品味的学问，目标的设定必定要高远宏阔，缺失了制高点，就很难成为一门体量雄浑而层级分明的学问，这是浅近易解的道理。也正因为如此，古往今来的武学大家并不多，比之熟谙经史、诗文秀出的文人学士更难造就，更为稀缺。也由于此，才使得这类人很容易被蒙上玄异色彩，往往被描写成行藏不露、生平隐曲的神秘人物。明朝中后期到清初之间，是武术名家辈出的历史时期，仅以目前所知者言，除了唐顺之、俞大猷、戚继光这样声名显赫的人物外，其他出于少林和民间者如三奇周友、匾囤悟须、释广按、张松溪、程宗猷、石敬岩、王余佑、冯行贞、陈元赟、王来咸、吴修龄、冯行贞、周昆来、甘凤池、张鸣鹗、姬隆凤、释玄机、李云标、武禹襄等，莫不具有这样的特点，只是程度上会有所不同而已。

那么武学究竟应该是一门怎样的学问呢？古代有围绕着武艺的丰富学问，却没有明确的武学概念，或者说“学”被包纳在“艺”之中，“武艺”也可以引申为“武学”，然而不够明晰，不够显豁。宋代和宋以后曾有过武学的设置，但那是封建王朝专门培养武备人才的学校，并不指与武艺相关的学问。[①]我以为今天的武学有两个要点：一是承继古代的武艺之学以及与之相关联的近亲学问，将它们融合为一体，构成一门独立而又多元整合的学问；二是在近代武术先贤立意的基础上，进一步明确和建构当代武术的学科体系。因此，武学既是对传统的继承，又有当代条件下的创新，从本质上讲，是一门应对武术现状和民族文化复兴的新兴学问。

古今武学确有传承渊源上的关系，但又明显不同。首先，价值取向发生

① 马明达：《“武学”浅论》，《武学探真》，台湾逸文出版公司2003年版，第5页。

了根本变化；其次是随着价值取向之变，内容和表现形式也有了很大变化。故古今武学虽然一脉相承，却不能等量齐观，一定要注意到二者之间是有区别的。我们现在所说的武学主要是指当代传存的“武术之学”，其中有古典因素，甚至会有一些珍稀的古代武艺遗存，但更多的还是后来孳衍出来的新东西，是古典武艺的模仿品，甚至会有假冒伪劣滥入其中。

自古以来武学就具有多学科交叉整合的特点，它牵涉到许多今天的体育学所不能包纳的专业和知识，因此给武学划定学科界限不是一件容易的事，许多方面还需要仔细研判和推敲。以我之浅见，以为当代武学大致应由技艺、义理、文献、器具、文艺、医药六个部分构成，我将它称之为“武学六部”。这六个部分都可以独立存在，个人爱好者有选项的自由，可以偏项或兼项发展。任何学问都是一样，最难是达到古人常说的博通，故六部兼通实属不易，是一个名副其实的高难境域。但武学所追求的应该就是六个部分的密切结合，互为补益，以达博通淹贯之境，而不是一技之长，不是戚继光所批评的“此不过偏于一隅”的某种特长，不然就不成其为“学”了。

还须指出，武学的六个部分不是平行并列的，而是立体构成，犹如金字塔形状。塔基是技艺、文献，中层是器具、文艺、医药，顶端则是义理，是武学的学理与思想，是对形而上的追求和修为，即古人所说的“道”的追求。任何学问都会有它的内核与外延，有传播中逐步出现的高低雅俗的分野，武学亦然。自古以来，绝大多数习武者终生只为提高技艺“打熬筋骨”，一如皓首穷经、乐不知返的老书生，长年累月伏案攻读，自然多少会有些成绩，但终不免得粗遗精、顾此失彼之弊，武艺同理，也很难达到戚继光所说的“上下周全，无有不胜”的状态。热爱武术并愿意将它作为涵养身心的功夫的人，就应该向更高的层位攀登，在刻苦练功的同时，还要研读武学典籍和相关图谱，特别是要读先贤的经典之作，使练与读相辅相成，相得益彰。此外还要用心品鉴刀剑器物，熟悉武学掌故，丰富人文知识，规整言行举止，在宽广的武学之道上潜心求知，从容体味，终生享受武学带来的身心愉悦。

因此，有必要对武学的六个部分分别做些解说。

技艺，泛指武艺和武术的一切拳械技术，也包括从武艺延伸出来的各种功法和具有其他属性的肢体运动，还包括原本应该自成畛域的导引、养生与体操卫生之术等。技艺是武学的“动”的内容，也是武学最主要的存在形式。技艺的范围甚广，结构庞杂，晚近以来更是泡沫化严重，不免真伪混杂，难以分辨。大多数武术爱好者主要以技艺为追求目标，在技艺的掌握与水平提高上用功最多，心力最专，却又最容易因为分辨不清而走上弯路。我国历史悠久，民族众多，幅员辽阔，区域文化差别很大，加上久远频繁的中外交流所带来的诸多因素，又因武艺自身很早就有了军旅武艺与民间武艺的区分，近代转型之路漫长曲折，众多的原因决定了古今武艺体系庞杂多变，良莠丛脞，而晚近以来的许多传播者又往往喜欢假托古老，故弄玄虚。所以习武者在选学技艺时要有必要的武学知识，要择师而从，择门而入，所谓“良禽择木而栖”，不然就很容易误入歧途，甚而蒙受欺骗。总之，敬告一切武术爱好者，切不只埋头技艺而忽略了学理的探究，不去扩大知识领域，这样技艺的提升也会受到制约。没有学理指导的技艺，往往只停留在经验层面，很难上升到更高的层次。所以师承、传习、谱诀缺一不可，而三者兼备才是求艺求学之道。明末武学名家程宗猷（冲斗）在《少林棍法阐宗·问答篇》中曾经说道：

> 读棍论，阅图形，诵歌诀，即可称绝技乎？余曰：“图诀虽详，其中变通活泼之妙，非口传心受何以曲尽？故非师不通圣，得诀回来好看书，此之谓也。”①

这是一段非常有名的话，“非师”两句也作“自古非师不通圣，得艺回来再看书”，据说原本出自戚继光，但我迄未找到具体出处。好在两说只有细微差别，义旨是相同的。说到底练和学，学和用，都必须是贯通的，不然就不顺畅，不能左右逢源，达不到“理象会通、体用俱备”。学艺必有师承，师是“通圣”的必由之径，得到师传，再认真读书，自然会有妙解。武艺是一门特殊学问，练和读一定相伴而行，程宗猷这段话对我们是有帮助的。

文献，文献有广义和狭义两类，前者指与武艺相关的一切图书典籍，包括一切非纸质的文字和图画资料；后者是指与所学武艺有直接关系的文字和

① ［明］程宗猷：《少林棍法阐宗》，中西书局1932年版，第127页。

图谱资料。与技艺同为武学根基之学的文献，是本文的重点话题，允我后面专节论述。

义理，指与武艺相关的一切理论阐释、研讨和创新之说，也包括武艺家所倡导的人文精神和品德修持，即古人所倡导的“武道”。古人谈武学义理的言辞出现得相当早，范围也很广，虽然保存下来的资料并不多，但仍然有许多重要东西留下来，值得我们学习研读。如“越女论剑”“庄子说剑”等，都不可以只当成寓言来读，忽略了其中真实深刻的武学理论。至于后来的论述和口碑资料之类，数量甚多，但越往后内容也越趋向于丛脞少绪，一定要审慎选择，越是碰到“秘传”“秘诀”“秘谱”之类，越要审慎对待，提防晚近以来大量假冒伪劣的东西混迹其中。武艺理论上的差异，同样与我国民族多、地域广、各地文化差异大有关系，至少南北武艺体系的差别就很大，义理亦多有不同。此外，古代思想资源丰富，后来形成儒、释、道三大系统，还有其他许多思想流派，以及属于子部的兵家、医家和阴阳家、杂家等学说，都与武学有关联，对武学义理多有影响。古典武艺的理论体系的确非常复杂，厘清其源流，辨别优劣真伪，迄今还是一项繁难而很少有人涉足的领域，基本上处在荒原状态。可喜的是近年来这一状况总算有所改善，不少具有跨学科修养的研究者将目光转向这里，这使得武学领域终于有了好的气象。

器具，指一切与武艺相关的兵杖器物等，其中最重要的是兵器制作，是兵器的形制、材质、制作和研磨保养等一系列专学，也包括与实战和演练相关的各种辅助器具，比如军用甲胄、非军事的防护和训练器物等。“工欲善其事，必先利其器”，这是浅近而深刻的道理，对于武艺这样与生命家国直接相连的技能而言，“器”的重要性更显突出。唐代著名兵家李筌曾说：“器械不精，不可言兵；五兵不利，不可举事。”[①]所以古典武艺家把兵器摆在近乎神圣的位置上，快马轻刀，披坚执锐，人器相合，相得益彰，是古典武艺家莫可例外的追求。早在先秦时代，剑作为武学标志，不仅击剑之术成为专学，有《剑论》《剑道》的产生，剑的制作和品鉴也成为专学，有职

① ［唐］李筌：《太白阴经》卷四《器械篇第四十一》，景印文渊阁《四库全书》本第726册，台湾商务印书馆股份有限公司2008年版，第195页。

业的“相剑家”活跃当世，有《相宝剑刀》这样的专著问世。多区域的交流融合终于形成风行朝野的剑文化系统，开了我国古典武艺之学的先河。自此除了剑术的多元发展之外，作为兵器的剑也蔚为专学，以至剑的锻造、形制、品鉴、装饰、佩服、授受、研磨、保藏、馈赠、吟咏等等，无不形成规制，大有讲究，从而非常典型地将技艺与器具融为一体，为武学体制创奠了根基，由此展延到一切兵器上。我们不必一定要细检史籍，就是从出土文物看，从古典文学作品看，从岳飞、戚继光这样的武学大家对兵器的珍重上，就能够充分了解到兵刃与武艺之间的关系是何等的重要。所以，器具是武学十分重要而恰恰又被“竞技武术”最为漠视的部分。先父曾以“刀如纸片薄，枪似风摆柳”两句讥讽当代竞技武术的颓唐，这不止是调侃，更多的还是内心的纠结，是无可奈何花落去的叹息。值得庆幸的是，近些年民间古兵制作工艺飞速发展，特别是浙江龙泉的仿古兵器，有了重大突破，研制水平超越民国，直逼明清，乃至于汉唐精品。从而促使一部分武术人士向质地精良、高古典雅的兵器回归，并且由此拉动了兵器学的兴起，丰富了当代武学内容，对武学重建有令人鼓舞的贡献。

文艺，传统是用“辞章”一词，指所有的文学创作，现在用“文艺”二字似乎更为恰当，即指一切与武艺有关的文学艺术活动。武艺与文艺很早就发生了联系，这从《诗经》里一系列吟诵武艺的诗歌中能有所领略，如《小雅·小旻之什·巧言》的“无拳无勇，职为乱阶”就经常被引来作为“拳”“勇”二字同时出现的例证。[①]《汉书·艺文志·诗赋略》载，我国最早以琴剑为主题的文学作品叫《杂鼓琴剑戏赋十三篇》，作者佚名。[②]《艺文志·诗赋略》之“杂赋”十二家后来都失传了，故后人不大清楚“杂赋”的含义，我们也无从了解《杂鼓琴剑戏赋》的描写内容。但可以肯定，十三篇《杂鼓琴剑戏赋》是后来琴剑并举的起点。自汉魏以降，历朝历代以武艺作为题材的诗文和图画屡有所见，形成一个创作传统，并对武艺自身的记述与传播产生了一定影响。仅据目前所见，宋以后“拳谱”就多采用诗歌体裁，

① 周振甫：《诗经译注》，中华书局2002年版，第319页。

② ［汉］班固撰、［唐］颜师古注：《汉书》卷三十《艺文志第十》，中华书局1975年版，第1753页。

既方便诵记，又有一定的文学意趣，实际上成为一种独特的“拳谱”文体，可惜从来没有人注意到这种主要流行在民间的文体。唐以后变文、传奇、小说兴起，武侠成为重要的描写对象，从传说中的“风尘三侠”开始，武侠小说逐步成为市民文学艺术的重要内容，到了宋元间，由话本汇集而成的章回小说《水浒传》横空出世，影响极其深远，流风余韵一直延续到明清，不但自成体系，而且侠义打斗情节渗入到几乎所有的小说里，最终酿成民国和当代“新武侠小说”的崛起，云诡波谲，引人入胜，曾经形成巨大的波澜，到了人人捧读的程度。武侠小说取材于武艺而加上艺术的渲染夸张，反过来又对民间武艺产生推波助澜的影响。这一情况早在明代就有了，终究成为民间武术的重要现象，至今还在继续演义着。晚近以来武打影视作品的涌现，特别是李小龙、成龙、李连杰、赵长军等武术人物参与演出，提升了武打动作的技术含量和视听效果，拓宽了这类作品的受众面。特别是功夫巨星李小龙，是一位富有创新精神的武学精英，他以一人之力向全世界展现了中华武功的魅力，与当时大陆上虚花萎顿的武风形成鲜明对照，堪称百年来最杰出的武术人物。后来，一部《少林寺》影响之大，不仅体现在少林寺本身，即对整个中国武术而言也产生了难以估量的作用，这样讲似不为过。总之，一百多年来，武侠小说和武打影视对武术的走向影响很大，今后还会持续保持其影响力，这是值得关注和研究的问题，是古老武学遇到的新课题。武艺与文艺之间关系特殊，从而使得文艺元素在武学领域成为耀眼的“显学”。有某知名学者说，金庸的小说是“中华武学的巅峰”，初听我并不以为然，后来仔细想想，在武学实际上支离破碎而元气尽失的当代，此言也不是没有道理的，至少金庸的文史修养使他笔下武林人物显露出侠客应有的人文精神和气质风采，这样的修养在当代中国武林恐怕难有其匹。所以，尽管金庸对古典武学名著并无了解，至少从他的小说中一点也看不出他有这方面的造诣，但掉过头来看一看，在“大师”如云、“掌门人”纷至沓来的中国当代武术界，又有几个比金庸读的书更多呢？

最后是医药，武艺与医药有着与生俱来的关系，原因很简单，既然有击刺格斗，就必定会有伤害；有攻守能力的训练，就必然会产生运动创伤与之相应的防护与调治手段。于是，武艺与医药如影随形，必然相伴而生。自古以来就绵延不绝，直到现代医学已经非常发达的今天，传统的医治养护手段仍然有其功效和市场，依然为武术界信从。从《汉书·艺文志》得知，汉以前就有了各种属于武艺技术的著作，同时也有了“金疮”类的医籍。隋唐时代，兵书中就有了各种治疗疮伤科的药方，如唐代李筌的兵学名著《太白阴经》卷七有《治人药方篇》等。少林寺早在金元时代就创办了药局，诗人元好问曾撰《少林药局记》记其事，至今成为少林寺的文化传统之一。[①]与武艺相关的医药，不但见之兵书、医书和百家杂著，也见于明清的拳谱类武艺图籍，特别是民间传抄的拳谱，许多都附有颇具神秘特色的医药方，或用之治疗，或是练功的辅助药方，一些奇特功力的练心方法总会配以多种用法的药物。有趣的是，古往今来，许多武术家都是医武兼长，有的以医为业，例子甚多。明代鄞县人高武，“负奇好读书……兵法骑射，无不闲习”。他是武艺名家，武举出身，著有《射学指南》存世，还著有《针灸节要》《痘疹正宗》等医书。[②]清初名医徐大椿字灵胎（1693—1771年），吴江人，平生医武兼擅，著有《难经经释》《兰台轨范》等多种医书，著有《道德经注》《阴符经注》存世，世传徐氏武艺高超，在晚清武侠小说中被描写成一位与反清人士秘密往来的侠医。《医林改错》（1830年刊行）的著者、晚清著名医学家王清任（字勋臣），武庠生出身，曾任千总武职，是我国解剖学和实验医学的积极推动者。晚近以来，世事多变，武术家以行医特别是以正骨推拿为业者所在皆有，几乎是一种风气。民国武术名家王子平后来在上海以正骨科享名，佟忠义也是如此，国术馆学员出身的郑怀贤，新中国成立后在成都体院创办了著名的体育医学院，以治疗骨科和运动创伤闻名海内外。先父马凤图幼年师从盐山黄林彪修炼武艺，兼学医学，晚年蛰居陇上，以医为业，曾任甘肃省卫生工作者协会副主任委员、中医学会主席。在先父引领下，我曾以中医学徒资格学习中医，读了不少医书，后来虽未行医，但对中医略有所知，也写过一些医史文章。

我对武学结构的界定大抵如上。需要再一次强调，这只是探索，是认真

---

① ［金］元好问：《元好问全集》下册卷三十五，山西人民出版社1990年版，第3页。

② ［日］丹波元胤：《中国医籍考》卷二十二引《鄞县志》，人民卫生出版社1983年版，第268页。

思考后的一家之言，未必很完善。坦诚希望在各方博雅的关注下，不断得到补益和纠正，目标只有一个，那就是中华武学的浴火重生！

武术是传统文化，自古就有体育属性，现代将它归之体育亦不无道理。但不应该局限于“社会主义体育事业”的框框里，单靠“举国体制”的计划经济模式，就只能围绕着金牌打转转，很难充分发挥其整体价值，特别是它的人文教化功能，它所蕴含的中华尚武精神和道德崇尚。长期以来，进不进奥运和进不进得了奥运困扰着大家，在我看来这与武术自身关系并不很大，主要是关乎日益没落的“竞技武术”的生存，关乎与竞技武术捆绑在一起的主管部门的功业政绩。正如有些武术界人士所说的，进得了奥运固然可以一扫中国至今尚无奥运项目的缺憾，但武术被彻底奥运化了，也将意味着进一步走向程式化，进一步追随竞技武术的流弊，为花拳绣腿事业跳跃奔跑，这显非武术之福。另一方面，作为非奥运项目，在体制内一如螟蛉之子，得不到体制的真正重视，对此官办武术的从业者无不心知肚明，形成对外趾高气扬，对内矮人三分的特殊心态和身段。我的想法是，与其寄人篱下局促求存，反不如破茧而出，走自己的发展之路！武术早就应该脱离“洋体育”体制，理直气壮地走进本土体育的天地，独自发展，自成体系，也许这才是最好的选择。

我们的本土体育——官方称“民族传统体育”——的大结构虽然已破碎不堪，可谓满目疮痍，但还可以收拾金瓯，重新建构体系，找回失落了的尊严，找回曾经的气象。最近中国射箭协会正式成立了传统弓委员会，力图组织和规整民间自发的中国式射箭活动，这开了一个很好的头，也是一个示范。当今国家强盛，民心振奋，正是民族体育文化崛起的大好时机。我们努力倡导和建构武学体系，本质上就是愿意为民族体育文化的复兴做破冰起航、鼓勇而进的前导，历史意义不言而喻。我相信中华武学的复兴是必然的，“谓予不信，有如皦日”！

五、武艺文献是武学的基础

作为文献大邦的中国，有着浩如烟海的古代文献，几乎一切传统文化都有自己的文献依据，以此作为本门学问的基础。古代武艺同样如此。古代武艺文献乃是研究和建构武学的根基，因此首先建立武术的文献学学科，乃是建立武学体系的基础工程，也是一项亟须积极推动的工作。

武艺文献——广义上包括绝大部分民族体育古籍，是我国古代文献典籍中一个特殊的领域，是具有很高学术与现实价值的文化遗产。长期以来，这部分古籍一直没有得到应有的重视，没有被纳入国家古籍整理工作的视野，成了体育界和文史学界很少有人问津的文献死角。近年来，情况有一定好转，不断有古代武术古籍整理出版的信息传来，令人欣悦；也听到一些古典武术古籍被纳入国家古籍整理的规划中，更让人受到鼓舞。最近又听说深藏武术管理中心的数百种挖整成果也将整理出版，这更是一个好消息，为此我们已经等待了三十多年。

武艺文献可谓源远流长。早在汉以前，我国就出现了专门的武艺图书。东汉班固《汉书·艺文志》的《兵书略》，将各种兵书分成四类，其中第四类叫“兵技巧”，凡著录图书十三家，一百九十九篇。《艺文志·兵书略》说：

> 技巧者，习手足，便器械，积机关，以立攻守之胜者也。①

这是一个立义高明的定义。其中，“习手足”指徒手搏斗的武艺，有《手搏》六篇、《蹴鞠》二十五篇等；“便器械”是指长短兵器的实用技术，有《剑道》三十八篇等；“积机关”指弓弩等远射兵器的制作与技术，在“兵技巧”各家中这类书所占比例最大，是弓弩在古代武艺中占据首要地位的真实反映。“兵技巧”类图书应是汉以前我国武术技艺和学理的集粹，对当时和后代都产生了深远影响。到今天，东邻日本称刀剑技艺为“剑道”，显然就与《剑道》一书和我国古代剑技的东传有关。除了兵书略，与武艺有关的书还被《艺文志》收录在其他目类中，如前面提到的收在《诗赋略》的《杂鼓琴剑戏赋》十三篇，以及收在《方技略》的《相宝剑刀》二十卷等。如果以我所设定的武学概念进行审视，汉以前与武艺相关联的图书竟有十五家，二百多篇（卷）之多，亦见汉以前这门学问的繁盛。

① ［汉］班固撰、［唐］颜师古注：《汉书》卷三十《艺文志第十》，中华书局1975年版，第1762页。

众所周知，《汉书·艺文志》是在西汉刘歆《七略》基础上产生的，是我国古代文献目录学的奠基之作，在我国学术史上，乃至世界学术史上，都具有深远意义。“兵技巧”类目的设立，既可看到古人对武艺图书的重视，也可以看出至少在汉代，同许多其他传统学科一样，以武艺为主体的我国古代体育已经拥有了自己的文献系统和目录学，这意味着它已经向我国古典文献学的分支领域发展。这是一个了不起的学术成就，虽然当时在学科上隶属于兵家，从历史渊源看，有其合理性，我们仍将它视为中国本土体育史值得大书特书的成就。

汉以前的武艺图书绝大多数在隋唐以前就失传了，因为已经不见于《隋书·经籍志》和两唐书《艺文志》，甚至很少有零碎的佚文传存下来。魏晋人的武术著作，如梁简文帝（萧纲，503—551年）关于马上枪法的专著《马槊谱》之类，后来也失传了，只有一篇序言保存在唐代类书中，真可谓吉光片羽。总体上讲，汉魏以前的武术图书基本上没有传下来，我们只能通过史籍中的片言只语窥见一鳞半爪。

隋唐以后，见于公私书目的武艺图书有越来越少的趋势，目录学类目也发生了变化，这是武术史上值得注意的问题。在目录学史上，自《汉志》以后，武术图书的归属出现了歧义，有坚持归之“子部兵家类”者，而后来则多有归之“子部艺术类”，甚至归之于“杂艺术类”或“杂技类”者。对这一情况，清乾隆年间编纂《四库全书》时，馆臣仍坚持属于“子部杂家类”，而不是沿袭《汉书·艺文志》归入“兵家类”。《四库全书总日》卷一百二十三有云：

> 按古人质朴，少涉杂事，其著为书者，至射法、剑道、手搏、蹴踘止矣。至隋志而欹器图犹附小说，象经、奕势犹附兵家，不能自为门目也。宋以后，则一切赏心娱目之具，无不勒有成编，图籍于是始众。今于专明一事者，皆别入谱录，其杂陈众品者，并类聚

于此门。盖既为古所未有之书，不得不立古所未有之例矣。①

实际上“古人质朴，少涉杂事”是馆臣模糊其词的说法，射法、剑道关乎戎事，属“国之大事”，岂能视作“杂事”？关键在专制体制下文化观念发生了变化，“兵技巧”被国家垄断，民间武艺被边缘化，甚而不断走向虚花，致使没有多少具有真实价值的著作问世，此类书不但越来越少，而且被读书人所歧视，只能滑落到子部杂家的“杂品”类，不亦悲哉！

汉承先秦遗风余烈，依旧保持忠勇尚武的世风，不但兵家类图书众多，而且民气强劲，故而剑技、手搏等都有传承，有著作存世。虽然曾经遭遇秦火，造成严重的文化断裂，但汉代仍能搜集到多种此类图书，实际上不过是坑灰之余，原本应该更多。举例说，司马迁说他的上世在赵国者“以传剑论显”，但后来却没有片言只语传世；《吕氏春秋》原有《剑伎篇》，后来的传本中并无此篇，亦见已经亡佚。②所以《汉书·艺文志》独具眼光，用图书目录真实地反映了先秦和秦汉文化的特质。隋唐以后此类图书明显减少，这同后代专制王朝越来越严峻的禁兵律令和禁断民间私传武艺有直接关系。这一情况似以宋朝开始更加趋向严峻。宋朝禁兵之令颁而又颁，以至于对民间社会活动中神灵们所执掌的仪仗兵杖都有严格规定。先是只能用竹木制作的代用品，后来连这也不行，只能用“腊纸等裹贴为刃者”，这就是“银样腊枪头”的来历。③所以，《宋史·艺文志》的“兵书类”图书多达三百多种，然细审书目，属于“兵技巧”者似乎一无所见。其次，唐以后军旅武艺自有一套训练传授的制度，有职业教头世代传承，不必或是不允许载诸文字。民间习武活动虽未完全绝迹，但读书人不屑于著书立说，一般武人又无此能

① ［清］纪昀编：《四库全书总目》，景印文渊阁《四库全书》本，台湾商务印书馆股份有限公司2008年版。此段文字亦见《四库全书简明目录》卷十三，景印文渊阁《四库全书》本，台湾商务印书馆股份有限公司2008年版，第223页。与中华书局《四库全书总目》卷一百二十三的“右杂家类杂编之属”则有较大区别，原因何在？兹不考论。见［清］纪昀编：《四库全书总目》，中华书局1983年版，第1064页。

② 马明达：《短剑与长剑》，《说剑丛稿（增订本）》，中华书局2007年版，第24页。

③ 马明达：《朴刀与“朴刀局段”考》，《文史》1999年第3辑，中华书局1999年版，第237页。

力。拳打脚踢的“争交”在宋代曾十分流行，官方屡有禁约，但禁而不止，甚至还有地方长官默许的大规模赛事。这是我国古代武术竞技活动中相当辉煌的一页，然而却没有存留下任何技术性著作。我想，这仍然是文人不屑而“好汉”们不能的结果。

宋代图书目录的编纂者们，已经将有限的武艺图书归之“杂艺术类”，他们居然将与国家武备密切关联的射箭图书，同书画、棋牌以及牛马经之类混为一类，无论如何，透露出了对武事的鄙夷心态，是宋人重文轻武价值观的显露。《宋史·艺文志》是元人编纂的，但这种分类并非元人的创造，而是从宋人那里沿袭来的，因为宋人的目录学著作如《崇文总目》《直斋书录题解》《郡斋读书志》等，都是如此编法，元人不过亦步亦趋而已。

宋元以后，理学大兴，“一动不如一静”之说弥漫天下，与之相应的拳勇之技和冷兵器的实战价值慢慢衰落下来。而重文轻武的意识却深深根植于文人头脑中，并且不断理论化，渗透到封建教化中，被大多数文人奉为教条，渐渐地成为一种全社会的文化倾向。我曾说过，重文轻武恐怕是中国封建社会后期文化悖谬现象中贻害最深的，直到今天还不能说已经得到根本改变。武术类图书不被学人所重视，刊刻者少，收藏者少，留心著录者更少。在民间，它不得不主要以抄本形式传存，抄来抄去，自然越抄越少，越抄越乱，实际坠入恶性循环。所以，迄今宋元以前的武术古籍，只有少量的射书幸存下来，其他的兵械武艺图书基本上无所孑遗，只有一本传为五代或北宋的《角力记》幸存下来，真如凤毛麟角。今天我们能见到的武艺古籍，绝大部分是明清两代的，而且刻本不多，主要是清代或传为清代的抄本。

值得注意的是，经历了明清之际惨痛的鼎革之变，一些知识分子有了对理学的反思，也有了对武艺的重新认识，一时间南北都出现了喜好武艺的读书人群体，程宗猷、黄百家、王余佑、傅眉、吴殳、颜元、陆桴亭等是其代表人物。还有些人虽不习武，但愿意与武艺家交往，开始留意武艺图书。若要举例，似以明清之交的文坛盟主钱谦益（牧斋）和他的侄子钱曾（遵王）为代表。钱谦益交结了包括石电（敬岩）在内的多位民间武艺高手，崇祯八年（1635年）石电在安徽战殁于流寇，钱氏撰《哀词》以志纪念。[①]钱氏学识渊博，文化视野比之一般学人要宽广得多。他的藏书见于《绛云楼书目》，这部并不能完全反映钱氏藏书的目录中，我们看到属于“兵家”的《少林棍法阐宗》《射法》《武备志》等，属于“杂艺”的《捶丸集》《剑经》《丸经》《蹴鞠谱》《江淹铜剑赞》《投壶仪节》等；属于“道藏”的《铸剑秘诀》等。可见钱谦益已关注到武艺图书。[②]受钱谦益影响，钱曾也喜欢藏书，版本目录学方面的成绩更显突出。他的多种藏书目录被后世汇编为《虞山钱遵王藏书目录汇编》，又有《读书敏求记》一书，被学者尊为“古代目录学经典之作”。晚清长洲学者章钰汇集各家之校，完成《读书敏求记校证》一书。从《目录汇编》所收录的书目看，钱曾确有高明处，首先，他将武艺类图书归之“兵家”，而不是宋代以来的“杂艺”，其中既包括戚继光《纪效新书》十四卷、《射书》四卷这样名副其实的兵书；也有《少林棍法》三卷、《白打要诀》六卷、《拳法长拳三十二势》一卷等三种民间武艺图书。将之也归类于兵书，明显是向《汉书·艺文志》回归，是目录学上的正本清源之举。[③]第二，他所收录的《少林棍法》《白打要诀》《拳法长拳三十二势》三种，在《读书敏求记》中写了一些《跋语》，虽文字不多，但可以说开创了对武艺图书做目录学考证的先河，对后世有一定影响，如唐豪的《武艺图籍考》就明显受此影响。钱跋《少林棍法》三卷有云：

> 茅元仪采之刻入《武备志》中，此从稿本缮写者。或谓“图诀”俱是枪法，程冲斗云：“千打不如一劄。”故少林三分棍法，七分枪法。兼枪带棍，此得于棍法之深者也。[④]

这条简短的跋语对程宗猷《少林棍法阐宗》的版本源流有重要的参考价值，亦见钱曾眼光敏锐，能抓住少林棍法的要点，这恐怕与他平素留心武艺

① ［清］钱谦益：《牧斋初学集》卷七十八，上海古籍出版社1985年版，第1683页。

② ［清］钱谦益：《绛云楼书目》卷二，商务印书馆1935年丛书集成初编本，第43、53、54、55等页。

③ ［清］钱曾撰、瞿凤起编：《虞山钱遵王藏书目录汇编》，上海古籍出版社2005年版，第150页。

④ ［清］钱曾著，管庭芬、章钰校证：《读书敏求记校证》卷三，上海古籍出版社2007年版，第268页。

有关。另有对《白打要谱》的一段跋语，也是稀见的武艺图书资料，同样有版本学和武术史的价值。兹引之如下：

> 今盛传宋太祖长拳三十二势，温家七十二行拳，三十六合锁，二十四弃探马，八闪番，十二短，以至绵张之短打，各擅所长，表表著名于世，颍川汪伯言集诸家之应变，备成要诀，与少林棍、杨氏枪并艺称独绝矣。①

据此，《白打要谱》作者是“颍川汪伯言”，这是重要信息，汪伯言是武术史上一位值得深究的人物。也可看到钱曾对戚继光《拳经》相当熟悉，他所收藏的《拳法长拳三十二势》一卷，应该就是《拳经》的单刻本或抄本。这种单刻本确有传存，如日本藏《武艺要法》实际就是《拳经》的单刻本，这对研究《拳经》的源流无疑非常重要。值得一提的是，章钰的按语中说：

> 《竹崦菴传抄书目》有《拳法集要》一卷，不著撰人，不知与此书异同若何。②

这同样是一条有价值的信息。“竹崦菴”亦作“竹崦盦”，清康熙间杭州藏书家赵魏的斋号，赵又号晋斋，擅书法，善考据，藏书亦富，有《竹崦菴传抄书目》一卷，但只有抄校本存世，流传不广。③《拳法集要》是否存世，暂无所考。这说明清代初年，私人藏书家已将武艺图书，特别是拳谱一类图书纳入到藏书范围内。从藏书史来看，这是一个变化，尽管这一变化并不显著，但对长时间遭受冷遇的武艺图书而言，毕竟是一个值得注意的情况，说明武艺的社会属性开始发生变化，自身出现了趋向近代武术的潜移默化。

更大的变化是发生在晚清到民国时期。随着武术走热，人们开始关注和收藏明清武术图书，因为有利可图，重新影印行世者不一而足。武术研究

① ［清］钱曾著，管庭芬、章钰校证：《读书敏求记校证》卷三，上海古籍出版社2007年版，第268页。

② ［清］钱曾著，管庭芬、章钰校证：《读书敏求记校证》卷三，上海古籍出版社2007年版，第268页。

③ 吴晗：《江浙藏书家史略》，中华书局1981年版，第97页。来新夏：《清代目录提要》，齐鲁书社1997年版，第97页。

者的出现，也使一些长期隐匿民间的稿本抄本被发掘出来，与太极拳有关的诸如《六合拳谱》《陈氏拳械谱》《长拳图谱》等，以及《苌氏武技书》等都是这样出现的。但总体上数量不大，流通也很不广，这从民国书贾孙殿起的《贩书偶记》和《续编》的子部“兵家”和“杂艺”类书目中可以有所了解。

据我多年来的粗略摸索，我以为真正有价值的武艺图书，首先是那些出自明清军旅和民间武艺名家之手，又有著录资料可供考镜源流的图书，只是这些图书数量不多，刊本稀缺，又星散于海内外，或长期尘封架上，鲜为人知。以至近年来由国家组织力量编纂的《中国古籍善本书目》《中国古籍总目》等重大书目中，都多有缺略。其次，是散藏在私人手里的抄本和稀见刻本，其中大多是清代文本，少量是民国传抄的清代拳谱之类。这部分的著录情况就更严重缺失了。所以武术古籍的确是我国古代图书中一个相当清冷的领域。

现存武术古籍大致有四类情况。

第一类是武术专著，如明俞大猷《剑经》、赵光裕《棍法》、程宗猷《耕余剩技》、无名氏《拳棍体式》、明遗民王余佑《十三刀法》、清吴殳《手臂录》、张孔彰《拳法备要》等。

第二类不是专著，而是以篇章形式附见于某些兵书和其他著作中者，如明代唐顺之《武编》、戚继光《纪效新书》、茅元仪《武备志》、程子颐《武备要略》、郑芝龙《经国雄略》、清黄百家《学箕稿》等书中，都收有武艺内容。这一类情况较前类复杂，涉及的书多，每种书的武术篇幅量也多少不一，有的虽然只是一些零零星星的东西，但其重要性却不在一般专著之下。以戚继光《纪效新书》的十八卷本为例（另有十四卷本等），书中只有五卷内容是拳术器械技艺，但这几卷的价值很高。特别是其中的卷十四《拳经捷要篇》，是唯一保存下来的明代拳术图谱，从来都被民间武术家奉为经典，它对明以后古典武术向近代武术的转化有深远影响。此外，第十卷《长兵短用说篇》，完整地记述了明代步战枪法的一个重要流派“杨家枪”的技艺，其价值在明清同类著作中允称上乘，自来也备受武学家的重视。

第三类是公私收藏的抄本稿本。古典抄本国内各图书馆零零星星有所经见，数量不大，但确有精品。如北图所藏吴殳《无隐录》清抄本，是海内孤本，我甚至怀疑就是吴氏稿本，《中国古籍善本书目》不予收录，是个缺憾。幸得70年代末我取得复印本，现在可以公之于世。现在的图书管理日益趋严，借读和复制都极不容易，以至我所知道的各地图书馆的一些藏本，都难以拿到复印本，只能暂告缺如，犹待方来。民间收藏品，原本品流驳杂，传布不广，很难做出数量与质量的准确评估。但近些年因为网络旧书市场兴起，许多古旧珍稀抄本浮出水面，一些有心的收藏者不惜踊跃购进，这是令人欣悦的事情，可以说使武艺文献发生重大改观，也必定会对武术史和武术理论的研究产生重要影响。

第四类是两种情况，其一是流传海外的武艺著作，欧美图书馆、博物馆都有一些国内未见的重要传本，如藏于美国的《麻札棍谱》、日本的《武艺要法》《经国雄略》等。其二是周邻国家刊行的汉文武术著作，其内容主要来自中国，有些还是中国已经不再流传了的。这在日本、朝鲜都有发现，如朝鲜刻《御定武艺通谱》《武艺诸谱翻译续集》等，一向不被国内学界所知晓，更不要说武术界了，都有着极高的价值。这些图书使我们比之前辈学者如唐豪、徐震等，看到了更多东西，我们有理由在武学研究上比前人做得更好一些。

综上，包括一部分射箭、蹴鞠、弹弓、摔跤类的图书，以目前所知，我国武术古籍总数大约在二百种以上，今后做进一步的搜寻挖掘，相信数量还会有所增加。其中《纪效新书》《剑经》《手臂录》《苌氏武技书》和多种版本的《易筋经》，以及太极拳的相关资料等，都已有人做过点校整理工作，有通行版本问世，为读者阅读提供了方便。其他明清刊本和抄本，传布不广，而且多为私家庋藏，长期以来不能为武学研究发挥作用，这自是一件憾事。民国时期武术图书曾经趋热，出版量甚大，总体而言存在质量上良莠悬隔的问题。其中一些有价值的东西，即使如套路类的图书，也有渊源有自的佳作，自应受到重视。只是我们对民国武术图书的底细还不很清楚，还需要进一步摸底。

文献学的根基是目录，而武艺文献不论存佚，至今还缺少一个权威的目录学著作，更不要说文献概论这样的著作。其实这并不是特别高难的事情，只要认真钩沉考稽，探颐发隐，一个基本的目录体系大致上可以梳理得出来。但对武学而言，这是至关重要的事情。任何一门传统学问，都必须有它自成领域的文献体系，并引申出它独立的文献学，又必须以目录学作为入学之门径。国学领域里的任何一门学问概莫如此，武术自不例外。没有这一层，不明其学术渊源，搞不清传承流变的规律，也就提炼不出有宏观意义的理论认识。

我曾说过，唐豪是迄今唯一一位对武术文献和民族体育文献做过系统料理的学者。早在半个多世纪以前，唐豪发表的《中国武艺图籍考》及其《补篇》，还有新中国成立后发表的《中国民族体育图籍考》和许多论文专著，是本世纪武术史和民族体育史的划时代著作，也是武术目录学和文献学的创轫奠基之作。由于多方面的原因，他的著作也不免有这样那样的疏失，这很正常，我们既不必为贤者讳，也不必横加指议，重要的是深入认识他的开拓精神和学术成就，学习他实事求是的治学态度和卓越的武术识见，把他所汲汲开创的武学事业继承下来，并加以恢宏发扬。遗憾的是，唐豪所开创的武术文献学和目录学，在他以后竟成了一门绝学，不但后无来者，而且连他的著作也差不多成了无人问津的尘封之物。这是一个耐人深思的现象，深入探索这一现象的成因，对研究当代武术为什么不断萎缩衰变的原因，对分析武术理论持续浅薄化的原因，都会有一定帮助。

值得欣悦的是，近几年来，武术文献的搜集整理出版终于有了可喜可贺的改观，甚至渐渐酿成风气，正在对武学的发展产生重要的推动作用。

首先是山西科学技术出版社和翰海文化工作室，先后联手整理出版了《国术丛书》《武术古籍珍本丛书》《老拳谱辑集丛书》《武功秘笈丛书》《武学丛书》等多批武术古籍，所收图书种类甚多，其中不乏稀见古籍珍本，扩大了我们的学术视野。最近又编印了以《山西姬氏武学》和《福建南少林》为标题的一批清代拳谱，其中如《倚山武论》《六合拳谱》《五剪三形》等，都是世所罕见的本子，弥足珍贵。在竞争激烈的出版行业中，无不以畅销书为追求目标，山西出版传媒集团独辟蹊径，以武艺古籍的整理出版为事业，令人感佩不已。

另外，少林寺方丈释永信大和尚一直关注武艺图籍的收集与整理，首先在寺内建藏经阁以收藏内外典各种图书，对武术图书尤为留意搜求，多年来积微成著，使藏经阁成为国内外重要的武术图书馆。其次，方丈还积极支持大型武术丛书的编纂出版，2008年主编出版了《民国国术期刊文献集成》三十卷，凡收录民国国术期刊四十余种，民国武术期刊大致尽收无遗，其中一些是非常珍稀的文本，对研究工作提供了极大的方便，此举嘉惠学林，举世称善，可以说是当代武术文献学的奠定之作。其后，方丈又聘请金庸、汤一介、黄心川、马明达担任顾问，成立《中国武术大典》编辑委员会，着手编纂这部前所未有的大型武术丛书。历时数年，终于在2012年正式出版面世。《大典》凡收录古代到民国间的武术图书三百多种，分编为一百册，每种卷首有编者撰写的简要解题。从所收图书看，《大典》所收书仍以民国图书居多，但重要古籍多已收入，应该说是至今为止收书最多的武术丛书，是故仍然受到读者好评。这样的工作不是由国家设置的武术研究院完成，而由少林寺主持完成，也彰显了少林寺对中华武术事业的责任感，可谓有益当代，传颂后世。遗憾的是一些解题间有疏漏之笔，似乎需要做更细密的斟酌为是。卷帙浩繁，此亦所难免者。

武学是多学科交叉的学科，因此，需要不断加强与相邻学科的交流，吸纳多学科的武术爱好者进入武学苑地，通过必要的思想碰撞，逐步形成跨学科整合的学术态势。长期以来，武术界与其他学界关系漠然，没有建立起广泛而有序的学术关系，高层位研究成果连发布的地方都没有，发表了也很难引起学界关注，可谓枯守空寂，画地为牢，然后主管部门封赠什么“十大名教授”“十大专家”之类，自娱自乐，江湖气十足，一向被学界所睥睨。我们不该忘记，20世纪初，文学史家郭绍虞（希汾）曾兼职上海东南体育学校，为了方便教学，他在短时间内撰写了我国第一部《中国体育史》，从而揭开了中国体育史学科的发展历程，此后翻印了不知有多少次，一直到20世纪80年代才被新作所取代。相近的例子，二三十年代，古文字学家胡韫玉（朴安）以太极拳闻名，他不但是太极拳原理的积极研究者，写了多篇论文，还与太极名家陈徽明等交往甚厚，经常参加国术活动，曾经是民国“六运会”的国术裁判。杰出的画坛泰斗黄宾虹，以及白石老人的高足弟子李苦禅等，都是武术爱好者，与武术家多有交集。此外成就卓著的武术史家唐豪、徐震等，也都不是吃武术饭的，他们各有专业，学养宏深，所以能积极引领武术研究进入学术殿堂。武术是公众文化，喜好者百分之八十以上出于个人爱好，与官办武术的金牌、段位之类没有太多关系，也不在乎什么家不家段不段的。武学如同一切学术一样，是天下的公器，不可以由任何部门和圈子垄断，垄断是自衰之道，断不可取的。正因为有许多体育界以外的学者和社会人士的积极介入，才有民国时期武学的上升之势，也使得包括武术在内的民族体育学的研究不断向前推进。当前武术文献学的繁荣局面显然也不是武术主管部门的功绩。我们郑重回顾一下这些往事，希望能够从中得到有益的启发。

六、结语

《中国古代武艺珍本丛编》是我以绵薄之力选编的一部古代武艺图籍丛书，定名“古代”是因为收书时间下限定在清代以前，民国图书除个别之外一般不收。所选古籍总数为一百种，因卷帙浩繁，经与出版社商议，决定分为上下两辑出版，上辑收书四十六种，下辑约五十余种。分辑主要依据选入和编辑工作的先后，并不以成书的时间为顺序。有鉴于今存武艺古籍多数是传抄本，而且不少是公私收藏的孤本，暂时无从校勘，而有些抄本错字漏字等，也是研究者容易看得出来的，所以所收图书一律采用影印方式，不作校注，只在每部书前写一个简要的解题，提出编者的一得之见，谨供读者参考。

这项工作进行了多年，时间主要耽延在拟定图书的搜集和一次又一次的选择上。近年，可选的图书明显增加了，选此选彼就有了取舍斟酌之难，所以差不多历时五六年才得以完成。副主编马廉祯与我朝夕相伴，有臂指相使、甘苦与共之乐，为本编进程付出了许多辛劳，我们父子也继续享受着“如切如磋，如琢如磨”的欢乐情趣。如果没有廉祯的全力介入，困难可想而知。

本编的完成得益于许多热心朋友的慷慨相助，没有这些源源不断的支持和帮助，收书的数量质量和进展时间都会又当别论。古人云：“为仁则必资于友朋之助。”信哉是言！因此，我要在这里专门向这些朋友表示真诚的谢意。

首先，向最早提供了资金支持的新疆吴志强先生表示感谢。志强先生是经武术界的老友方汝楫兄引荐的一位民营企业家，我们在广州的一次偶然接谈中，就对本编在筹谋中遇到的困难表示深切关切。不久，即慷慨提供资金支持，并始终对我的所有工作表示关注。古道热肠，雪中送炭，使我的工作不仅得到物质上的支持，同时也得到了精神上的慰勉。诗曰：“中心藏之，何日忘之！”谨此咏奉远在西域的志强先生，愿我们一起为《丛编》的落地有声而歌之舞之。

同时，我向武术界的老朋友马伟焕先生表示感谢。马先生是我徙居岭南后交往最多的友人，我们进入武术的门径不同，寻求武学真谛的经历亦有不同，但对武术的深爱如一脉相通。伟焕兄不仅时时关注本编的进展，而且还给以资金相助，而今《丛编》终于问世，想伟焕兄也必定与我欢悦与共也，毕竟我们一起为中华武学的复兴做了一件事。

台湾逸文出版公司刘康毅先生，是一位热心于武术图书出版和收藏整理的青年学者，在武术界谦和自守而清誉素著。早在2003年，康毅为我在台湾出版了《武学探真》上下册，使我的许多研究成果和武学观点得到台湾武术人士的了解，认同之声时有所闻，甚得我心。《丛编》启动后，富于收藏的康毅兄又向我慷慨提供了他多年来收集的珍贵抄本，任我撷取选用。康毅的藏本丰富和提升了《丛编》的水平，对此，我要对康毅珍重道谢。

意大利朋友黄元明先生，深爱中国武术，是道教文化的研究与遵奉者。多年来我们常常以武学的广泛内容为话题，会心交谈，彼此多有所得。黄先生也是武术图书的热心收藏者，他将全部藏书送到广州我的家中，由我从容选取，令人感动。他的藏品中确有一些难得的本子，对《丛编》内容多有补益。

深圳刘志宇先生，是我近期才结识的一位年轻的武术图书收藏和影印本的发行人，一向热心武学研究和交流。他对《丛编》工作非常支持，无条件地向我提供他的藏书，有些虽然是复印本，但仍然很有价值，不仅扩大了我的选书范围，也使一些长期沉寂的资料能为学者所用。

此外，为我的图书搜集工作提供过帮助的，还有美国友人韩宁先生，韩宁先生是一位执著的武术史研究者，为我提供了一些重要的美国藏书信息；从我攻读历史学博士学位的日本学生本多雄智君，热爱马氏通备武学，研习多年，锲而不舍，已经成为日本通备武学的代表者。多种日本收藏明清武艺珍本，都是经我提出目录，由本多隆智君从日本找到并提供了复印本。

最后，我要郑重感谢长期以来支持我学术工作的少林寺方丈永信大和尚，感谢方丈为我提供了少林藏经阁藏书，并亲自出任本编顾问，对我的工作多所教益。还要感谢齐鲁书社宫晓卫社长和刘强编辑，在长达三年的合作历程中，齐鲁书社认真负责的敬业作风给我留下深刻的印象。

“德不孤，必有邻。”没有以上朋友和各方贤达的鼎力支持，《丛编》的完成真是难以想象。

参考文献

［1］［汉］班固撰、［唐］颜师古注：《汉书》，中华书局1975年版。

［2］［唐］李筌：《太白阴经》，景印文渊阁《四库全书》本第726册，台湾商务印书馆股份有限公司2008年版。

［3］［金］元好问：《元好问全集》，山西人民出版社1990年版。

［4］［元］何异孙：《十一经问对》，景印文渊阁《四库全书》本第184册，台湾商务印书馆股份有限公司2008年版。

［5］［明］王志长：《周礼注疏删翼》，景印文渊阁《四库全书》本第97册，台湾商务印书馆股份有限公司2008年版。

［6］［明］程宗猷：《少林棍法阐宗》，中西书局1932年版。

［7］［清］李塨纂、王源订：《颜习斋先生年谱》，《颜元集》，中华书局1987年版。

［8］［清］钱谦益：《牧斋初学集》，上海古籍出版社1985年版。

［9］［清］钱谦益：《绛云楼书目》，商务印书馆1935年丛书集成初编本。

［10］［清］钱曾撰、瞿凤起编：《虞山钱遵王藏书目录汇编》，上海古籍出版社2005年版。

［11］［清］钱曾著，管庭芬、章钰校证：《读书敏求记校证》，上海古籍出版社2007年版。

［12］［清］乾隆敕撰：《钦定周官义疏》，景印文渊阁《四库全书》本第98册，台湾商务印书馆股份有限公司2008年版。

［13］［清］永瑢等著：《四库全书简明目录》，景印文渊阁《四库全书》本，台湾商务印书馆股份有限公司2008年版。

［14］［清］纪昀编：《四库全书总目》，景印文渊阁《四库全书》本，台湾商务印书馆股份有限公司2008年版。

［15］［清］纪昀编：《四库全书总目》，中华书局1983年版。

［16］［清］王先谦撰、沈啸寰等点校：《荀子集解》，中华书局1988年版。

［17］［德］马克思：《路易·波拿巴的雾月十八日》，《马克思恩格斯选集》第二卷，人民出版社1966年版。

［18］杨伯峻：《春秋左传注》，中华书局1981年版。

［19］吴晗：《江浙藏书家史略》，中华书局1981年版。

［20］［日］丹波元胤：《中国医籍考》，人民卫生出版社1983年版。

［21］来新夏：《清代目录提要》，齐鲁书社1997年版。

［22］伍绍祖主编：《中华人民共和国体育史（综合卷）》，中国书籍出版社1999年版。

［23］马明达：《朴刀与“朴刀局段”考》，《文史》1999年第3辑，中华书局1999年版。

［24］周振甫：《诗经译注》，中华书局2002年版。

［25］马明达：《“武学”浅论》，《武学探真》，台湾逸文出版公司2003年版。

［26］马明达：《说剑丛稿》，中华书局2007年版。

［27］戴玄之：《义和团研究》，北京大学出版社2010年版。

［28］马明达：《应该重新审视“国术”》，《体育文史》1999年第5期。

一条杆棒等身齐

——《水浒传》武艺札记选

马明达

赵匡胤是宋朝的开国皇帝，一位个人经历中有许多传奇故事的君王。宋元以来的古典小说中，多称他为“赵太祖”；明清以来的武术典籍中，有以他命名的“太祖拳”“太祖棒”之类。赵太祖原本与发生在北宋末年的宋江故事并无关系，作为英雄侠义小说的《水浒传》，却可以溯源于以赵太祖与杆棒为标志的杆棒类话本上，今本《水浒传》也依然保存着不少杆棒话本的特色，杆棒在故事里的位置十分突出。于是，我想有必要专门讲讲这个问题，讲讲为什么赵太祖会成为杆棒话本的标志，为什么《水浒传》里会多次提到太祖武德皇帝留下的“一百杀威棒”。

一、一条杆棒等身齐

一部《水浒传》，讲的是发生在北宋末年的故事，整个历史文化背景是宋朝的。可能是为了正本清源，宋元两代的说书人讲《水浒》，要从赵太祖开基大宋天下为话头，今本《水浒全传》的“引首”中仍保存着这一特点。“引首”先讲了一通“五代残唐天下干戈不息”，接着讲道：

> 后来感的天道循环，向甲（夹）马营中生下太祖武德皇帝来。这朝圣人出世，红光满天，异香经宿不散，乃是上界霹雳大仙下降。英雄勇猛，智量宽洪。自古帝王，都不及这朝天子：一条杆棒等身齐，打四百座军州都姓赵。那天子扫清寰宇，荡静中原，国号大宋，建都汴梁。九朝八帝班头，四百年开基帝主。

我以为这段话除了红光满天、异香不散、霹雳大仙转世这些老生常谈以外，最主要是要点明赵太祖与杆棒的关系，点明赵太祖是天下侠义英雄的总代表、总班头。对于《水浒》而言，这具有开宗明义的意义，可能这就是罗烨所谓"杆棒之序头"的本义。说话人用这几句话表明：我要讲的正是一部杆棒侠义小说。这个"引首"显然是一个流传了很长时间的混合本，创始者应该是南宋杭州的书会先生们，延至元代，添加进去"九朝八帝班头，四百年开基帝主"等语。[①]元以后被一直延续下来。

为什么杆棒会成为侠义英雄的标志？说起来比较复杂，但最重要的原因就是赵太祖"一条杆棒等身齐，打四百座军州都姓赵"。把赵太祖打天下同一条杆棒捆绑到一起，这是宋元时代相当流行的一种说法，不仅《水浒传》的"引首"是这么说的，收在明代《警世通言》卷二一的《赵太祖千里送京娘》话本中，也有同样的说法：

说时义气凌千古，话到英风透九霄。

八百军州真帝主，一条杆棒显雄豪。[②]

图1　宋太祖画像

可以肯定，杆棒类话本就是因为赵太祖"一条杆棒显英豪"，才被定位为专讲侠义故事的话本的。一部《水浒传》，其实就是一部放大了的杆棒话本，只是"侠义"的内涵更加丰富了，不但还保持着见义勇为、打抱不平一类老题材，而且有了"逼上梁山""杀富济贫"的内容。梁山好汉公然宣称："酷吏赃官都杀尽，忠心报答赵官家！"听口气真有点"打着红旗反红旗"的味道，说明《水浒传》的确让传统的侠义话本发生了质的变化。

与"一条杆棒等身齐"相近的说法，早在北宋初年就出现在"讲话人"

---

① "九朝八帝班头"，许政扬《水浒传简注》："九朝：太祖、太宗、真宗、仁宗、英宗、神宗、哲宗、徽宗、钦宗，是为北宋；八帝：高宗、孝宗、光宗、宁宗、理宗、度宗、恭帝、端宗，是为南宋。"见许政扬著《许政扬文存》，中华书局1984年版，第86页。

② ［明］冯梦龙：《警世通言》，中华书局2014年版，第298页。

的口中。敦煌石窟发现的《庐山远公话》抄卷，是我国现存最早的话本之一，卷尾署有“开宝五年张长继书记”的题记，“开宝”是赵太祖的年号，时当公元972年。变文中就有“手中执一等身铁棒”的句子。[1]足见，“一条杆棒等身齐”之说由来已久，早在赵太祖在世时就已经出现在话本中。那么“一条杆棒”为什么一定是“等身齐”呢？这是一个趣味深长的问题，我以为这与宋太祖创立的招兵制度有关，是一个历史事实的文学化表述。据《宋史·兵志七》载：

> 初，太祖拣军中强勇者号“兵样”，分送诸道，令如样招募。后更为木挺，差以尺寸高下，谓之“等长杖”，委长吏、都监度人材取之。当部送阙者，军头司覆验，引对便坐，分隶诸军。[2]

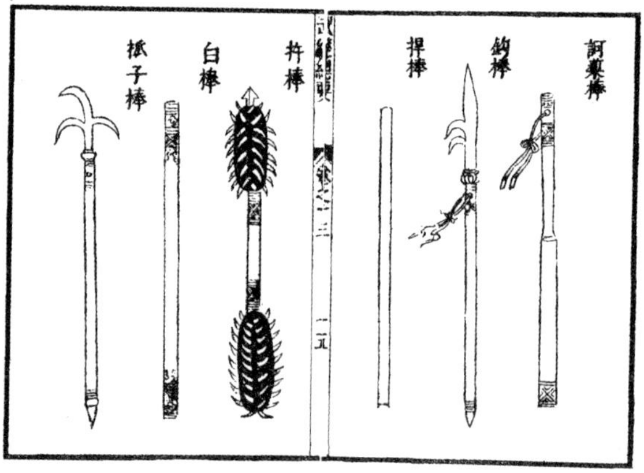

图2　宋《武经总要》杆棒图样

宋太祖在军事上采取弱枝强干政策，尽收天下劲兵于京师，分成若干部的兵种和名号，成为天子的卫兵，这就是“禁军”。禁军的士卒从全国选拔，有一定的身体标准。先是选择强壮勇健的士卒定为“兵样”，如同“模特”，送到各地作为征募新兵的标准。后来改为向各地分发“等身杖”，从五尺八寸到五尺五寸，分成五个等级，各地依杖招兵，再根据新兵身高分配到不同的军队中。禁军系统的兵，身高要在五尺八寸以上，约合现在的175厘米上下，可以看出宋代禁军的入伍条件还是相当高的，身材高大的优势是不用说的，而还有一个原因是当时的甲胄沉重，也确非矮小者所能穿戴的。太祖以后的各朝，“等身杖”制度的尺度有过变化，但基本上保

① 王重民等编：《敦煌变文集》，人民文学出版社1984年版，第168页。

② ［元］脱脱等撰：《宋史》卷一九三《兵七·召募之制》，中华书局1977年版，第4799—4800页。

持着太祖定制。南宋初，华岳提出新的招兵设想，第一条是“合格”，就是“身及等杖，体无残疾”。①可见由朝廷颁发的“等身杖”制度一直沿袭到南宋。

“一条杆棒等身齐”，显然是由“等身杖”引申来的，成为一个多义词语，它是宋代兵制的标志，象征着宋太祖“等杖选兵”的武备思想和选兵制度；也是整个宋代特别发达的杆棒武艺的标志，因为太祖擅长杆棒，杆棒武艺风行天下，成为时尚，也成为武艺的象征。《水浒传》里，高俅落拓时曾学过使棒，被王进之父王昇一棒打翻，“三四个月将息不起”。石秀对人说：“小人只会使些棒，别无甚本事，如何能彀发达快活！”活闪婆王定六说：“平生只好赴水使棒，多曾投师，不得传受。”等等。这些身处下层的人也在追逐时尚，以显示勇力和身份。宋代民间有各式各样的“社”，比如蹴球的叫“齐云社”，演杂剧的叫“绯緑社”，等等。唯有使棒者的“社”叫得最堂皇最响亮“英略社”。在宋代，杆棒——包括“使棒”和“打棒”，是相当流行的武艺项目，风气一直延续到元代，这是确凿无疑的史实。对此，我们还要专门讲一讲。

“引首”对赵太祖有“英雄勇猛，智量宽洪”八个字的评语，其实这正是对侠义英雄的定位。

一条杆棒，原本并不是两军阵前穿坚断韧的兵刃，封建国家禁止私兵，而杆棒不在禁止之列，任何人都可带着它行走，可以自卫，也可以打人。而一旦掌握在侠义英雄的手中，它就成了行侠仗义的利器，是强健与侠义的标志。在话本小说里，杆棒被赋予了更高更多的人文意蕴，成了一个介于兵器与非兵器之间特殊的文化道具。我想，杆棒话本以开国天子赵太祖为表率，对整个宋代说书活动的勃兴一定起到过拉动作用，有了专讲赵太祖故事的话本行世，也就有了专讲梁山人物的《武行者》《花和尚》一类话本的脱颖而出，为《水浒传》终于发展成为一部文学巨著创奠了基础。

---

① ［宋］华岳撰、马君骅点校：《翠微北征录》卷一《招军》，黄山书社1993年版，第153页。

二、赵太祖与铁棒

作为文学形象的赵太祖，早在北宋就出现了。以话本而言，最早的可能是南宋的《飞龙记》。

《醉翁谈录》所载南宋话本名目，属于杆棒类的一共是十一本，其中前两本是《花和尚》《武行者》，第三本就是《飞龙记》。[①]谭正璧先生曾指出："这当是叙宋太祖赵匡胤出身的故事，不知是否即《警世通言》卷二十一的《赵太祖千里送京娘》。"[②]《飞龙记》今已不传，内容不能考知。后来有长篇小说《飞龙传》，内容讲宋太祖打天下的故事，应该源自于《飞龙记》，但也已不传。今天我们能见到的是清乾隆间吴璿编写的《飞龙全传》，全书六十回，讲赵匡胤"发迹变泰"的整个过程。小说突出描写赵太祖的英雄侠义品格，虽然文学水平不高，但内容明显有所依照，它应该就是《飞龙传》的修订本，故事内容与《飞龙记》《飞龙传》是一脉相承的。

现在能见到的比较早的赵太祖故事，就是《警世通言》卷二一《赵太祖千里送京娘》。细读之下，我觉得《千里送京娘》有不少早期话本的风格，特别是有着鲜明的杆棒话本特色。主人公赵匡胤完全被描写成一个江湖侠义的人物，在义和色的抉择上，表现出绝对的正派和正义。故事写赵匡胤：

> 生得面如噀血，目若曙星。力敌万人，气吞四海。专好结交天下豪杰，任侠任气。路见不平，拔刀相助，是个管闲事的祖宗，撞没头祸的太岁。先在汴京城打了御勾栏，闹了御花园，触犯了汉末帝，逃难天涯。到关西护桥，杀了董达，得了名马赤麒麟。黄州除了宋虎，朔州三棒打死了李子英。灭了潞州王李汉超一家，来到太原地面，遇了叔父赵景清。[③]

上面所追述的赵光胤的一系列英雄事迹，应该就是《飞龙传》小说的故事框架，也基本上为清代的《飞龙全传》所沿袭。在《千里送京娘》话本里，手执一条"浑铁齐眉棒"的赵太祖，勇猛无比，那些拿着朴刀的强人们

---

① ［宋］罗烨：《醉翁谈录》，古典文学出版社1957年版，第4页。

② 谭正璧著、谭寻补正：《话本与古剧》，上海古籍出版社1985年版，第35页。

③ ［明］冯梦龙：《警世通言》，中华书局2014年版，第299—300页。

一概不是对手。有些打斗场面，写得简洁明快，朴实无华，没有任何故弄玄虚的东西。我们不妨截引两段看一看：

公子知是强人，并不打话，举棒便打。周进挺枪来敌。约斗上二十余合，林子内喽罗知周进遇敌，筛起锣一齐上前，团团围住。公子道："有本事的都来！"公子一条铁棒如金龙罩体、玉蟒缠身。迎着棒似秋叶翻风，近着身如落花坠地。打得三分四散，七零八落。周进胆寒起来，枪法乱了，被公子一棒打倒。众喽罗发声喊，都落荒乱跑！公子再复一棒，结果了周进。回步已不见了京娘，急往四下抓寻……①

公子隐身北墙之侧，看得真切。等待马头相近，大喊一声道："强贼看棒！"从人丛中跃出，如一只老鹰半空飞下。说时迟，那时快。那马惊骇，望前一跳，这里棒势去得重，打折了马的一只前蹄。那马负疼就倒，张广儿身松，早跳下马。背后陈名持棍来迎，早被公子一棒打翻。张广儿舞动双刀来斗公子，公子腾步到空阔处，与强人放对。斗上十余合，张广儿一刀砍来，公子棍起，中其手指。广儿右手失刀，左手便觉没势，回步便走。公子喝道："你绰号满天飞，今日不怕你飞上天去。"赶进一步，举棒望脑后劈下，打做个肉粑！可怜两个有名的强人，双双死于一日之内。②

我想读者一定看得出来，两段文字的描写风格与《水浒传》很接近。所以，我觉得谭正璧先生怀疑它就是《飞龙记》是有道理的。努力搜集宋元话本的学者没有将《赵太祖千里送京娘》纳入视野，似乎是个疏漏，不管它是不是《飞龙记》，这个话本不是明人的手笔，应该没有疑义。

《千里送京娘》写赵太祖用的是"浑铁齐眉棒"，应该是宋元话本原来的提法，清代的《飞龙全传》却改成了"神煞棍棒"。其中与强人周进、张广儿的拼杀过程，基本上抄自《千里送京娘》，只有少量改动，最大的不同便是将铁棒改成了莫名其妙的"神煞棍棒"。由此见古典小说中关于打斗拼杀的描写，自明清以后就开始向玄虚神怪转化，作家们写实的本领越来越

① ［明］冯梦龙：《警世通言》，中华书局2014年版，第308—309页。
② ［明］冯梦龙：《警世通言》，中华书局2014年版，第310—311页。

弱，便求之于神秘的渲染，远离史实，想象力也就越来越发达了。

宋太祖到底有没有用过杆棒？正史中并无记载，但宋人笔记中确有此说。南宋初蔡絛《铁围山丛谈》卷一有一条材料说：

太上以政和六七年间，始讲汉武帝期门故事。初，出侍左右宦者，必携从二物，以备不虞。其一玉拳，一则铁棒也。玉拳真于阗玉，大倍常人手拳，红锦为组以系之。铁棒者，乃艺祖仄微时以至受命后，所持铁杆棒也。棒纯铁尔，生平持握既久，而爪痕宛然。恭惟神武，得之艰难，一至斯乎？[①]

“太上”是指宋徽宗，宣和七年（1125年）十二月，在金兵即将抵达开封的前夕，徽宗匆匆传位给太子赵桓（宋钦宗），自己当了太上皇。所谓“汉武期门故事”，就是实行武艺考试制度。汉武帝时，名将甘延寿曾通过“试弁”——手搏测试，取得期门郎的武职，故称“期门故事”。典出《汉书·甘延寿传》。[②]蔡絛是北宋末年“六贼”之首蔡京的小儿子。据《宋史·蔡京传》记载，徽宗宣和年间，

图3　宋徽宗

蔡京四度当权时，“目昏眊，不能事事，悉决于季子絛。凡京所判，皆絛为之，且代京入奏”。[③]可见蔡絛有出入禁中的机会，皇宫里保存的宋太祖的玉拳、铁棒，他有亲眼见到的机会，他的记载是可信的。

根据蔡絛的记述，宋太祖从行伍起家，到“陈桥兵变”后终于登上大宋天子宝座，一直执用一条铁杆棒，长时间手不离棒，以至铁杆棒上“爪痕宛然”，正说明宋太祖用棒的功夫很深。铁质的杆棒，分量应该很重，如非膂

① ［宋］蔡絛撰、冯惠民等点校：《铁围山丛谈》卷一，中华书局1997年版，第3页。

② ［汉］班固撰、［唐］颜师古注：《汉书》卷七〇，中华书局1975年版，第3007页。

③ ［元］脱脱等撰：《宋史》卷四七二《奸臣二·蔡京传》，中华书局1977年版，第13727页。

力过人、棒法精熟，就不可能用之于战阵。这证明民间关于宋太祖棒法如何高明的传说，以及许多古典文学作品中关于宋太祖杆棒打天下的描写，并非空穴来风。

宋人赵雄为韩世忠撰写的碑文中，说韩世忠对当时权倾朝野的秦桧并不在意，每次上朝相遇，“一揖之外，不复与亲”。而且经常慷慨陈言，无所顾忌。家人担心，劝他少说话。韩世忠说：

> 今明知其误国，乃畏祸苟同，异时瞑目，岂可于太祖官家殿下吃铁棒耶？①

这是说，明知秦桧误国，怕招惹祸害就附和他，难道就不怕死后在众目睽睽之下吃太祖的铁棒？这当然是一句表示愤慨的话，也证明宋太祖的铁棒大有名气，它是太祖的威严和艰辛创业的象征。

三、宋太祖与古代棍法

可能因为赵太祖善用杆棒，而且用的是一条铁棒，又有话本戏剧的渲染张大，所以后来的拳家对赵太祖多所依附，明清的武艺家甚至尊太祖为棍棒武艺的创始人。这种情况在历代皇帝中是唯一的一例。

明人何良臣《阵纪》卷二记载，明代有“赵太祖腾蛇棒为第一”的说法。②相同的说法亦见明王圻《续文献通考》卷一六六，王圻书载有明代“使棍之家三十有一”的名目，其中包括“赵太祖腾蛇棒”。民间还有棍法创始于太祖的说法。清乾隆间，程穆衡为《水浒传》作注，“一条杆棒等身齐，打四座州军州都姓赵”一句的注解云；

> 昆山李南禾太守《沙手谱叙》：“自宋艺祖皇帝，留棍法三十六路于少室山少林寺，遂为棒法开山，知棒法始赵太祖也。”③

① ［宋］赵雄：《韩忠武王世忠中兴佐命定国元勋之碑》，《名臣碑传琬琰集》上卷一三，景印文渊阁《四库全书》文渊阁本第450册，台湾商务印书馆股份有限公司2008年版，第114页。

② ［明］何良臣：《阵纪》卷二，中华书局1985年丛书集成初编本，第27页。

③ 朱一玄编：《〈水浒传〉资料汇编》，南开大学出版社2012年版，第378页。

为《水浒》作注的程穆衡，太仓人，乾隆二年（1737年）进士，是一位淹通经籍才华横溢的学者，有《家帚集》等著作传世。[①]另据清光绪修《昆新两县续修合志》卷一八《选举表二》记载，李南禾叫李遥穀，南禾其字，号默稼，康熙十六年（1677年）进士，曾任惠州知府。[②]李南禾的《沙手谱叙》我久久未能寻到，故不能考知上面一段引文的具体情况。赵太祖传棍法于少林寺的说法，传说的成分居多，不足凭信。同时，棍法始于赵太祖之说也不可信。但是，第一，宋太祖留下三十二路棍法之说，未必全无根据。我们不一定要相信棍法有三十二路之多的说法，因为这明显有张大其词之嫌，但赵匡胤传留下自己的棍法，这是有可能的。第二，明代少林寺确实以棍法名天下，寺僧匾囤所传习的棍法名重天下，即后来明末程冲斗《少林棍法阐宗》之根源，是明清两代最珍贵的武艺遗产。寺僧中也有执铁棒为武器者，明嘉靖年间倭寇侵扰东南，官军往往望见溃败，曾有少林僧人月空及其徒三十多人，应都督万表之召，在松江府与倭寇对战，僧人“持铁棒击杀倭甚众”。后来全部壮烈殉国，成为少林武僧史上一段感人至深的佳话。[③]这些史实说明赵太祖传留棍法给少林寺，亦非毫无可能，只是缺乏确凿的史证而已。到于晚清以来，民间以赵太祖命名的棍法，如太祖蟠龙

图4 ［明］程冲斗《少林棍法阐宗》之“吕布倒拖戟势”

① 缪荃孙等撰、吴格整理点校：《嘉业堂藏书志》卷四集部《家帚集》条，复旦大学出版社1997年版，第1118页。

② ［清］李福沂、汪堃等纂修：《（光绪）昆新两县续修合志》，江苏古籍出版社1991年版，第295页。

③ ［清］顾炎武著、黄汝成集释：《日知录集释》卷二九《少林僧兵》条，岳麓书社1994年版，第1033—1034页。

棍、太祖九龙棍之类，南北都有，北方犹多。附会历史名人向来是民间武术一大特点，这不足为怪，一直到当代，还有几位武术名人冒用“少林棍法阐宗”以沽名钓誉，到底是谁抄了谁，至今还是一个未解之谜。这种见气受小说戏剧的影响很大，越往后来，就越不着边际了。

图5　鲁智深——《水浒人物全图》［明］杜晋

再联系《水浒传》里的铁棒谈一谈。我们注意到，《水浒传》里，善用杆棒者不一而足，就连武艺平平的宋江，出门也总是带着一条杆棒，说明他也会舞弄几下，否则他也教不了孔明、孔亮这两个弟子。但奇怪的是，梁山英雄中并没有一个以铁棒为兵器的好汉。鲁智深手中的铁禅杖实际属于铁棒，但它是否也是“等身”的长度？书里没有交代。再者，既然定名“禅杖”，是出家人特有的一种手杖，自然与通常的铁棒有所区别。明代容与堂本插图的鲁智深，还有出自画家杜堇、陈老莲等人之手的鲁智深肖像，所持的或是一根棒子，或是一头多了一个小小的弯月般装置。至于一头如铲另一头如月的所谓“禅杖”，乃是近代以来才演化出来的玩意，完全没有历史根据，不能想象军官出身的鲁智深竟然会用这样一种奇特的玩意当兵器。鲁智深之外，全本《水浒传》以铁棒闻名的只有一人，就是梁山泊的死对头、祝家庄的教师“铁棒”栾廷玉。小说为什么会做这样的安排，是否有什么深意，思而不解。

栾廷玉的名字最先出现在第四十七回《扑天雕双修生死书　宋公明一打祝家庄》里，杜兴向杨雄介绍祝家庄的情况时说：“又有一个教师，唤做铁棒栾廷玉，此人有万夫不当之勇。”在宋公明二打祝家庄时，栾廷玉显露出了他的高深武功。书中写道：

> 庄门里面那教师栾廷玉，带了铁锤，上马挺枪，杀将出来。欧鹏便来迎住栾廷玉杀。栾廷玉也不来交马，带住时，刺斜里便走。欧鹏赶将去，被栾廷玉一飞锤，正打着，翻筋斗颠下马去。邓飞大叫："孩儿们！救人！"舞着铁链迳奔栾廷玉。宋江急唤小喽罗救得欧鹏上马。

他虽然以铁棒为号，上阵作战并不用铁棒，而是"上马挺枪"，足见栾廷玉步战骑战都很精通，骑战用枪更显专业，表明他不是一般的江湖好汉。而且骑战时他还带着可以抛掷伤人的铁锤，真是一手绝活，只用过一次，便将摩云金翅欧鹏打落马下，命中率百分之百。栾廷玉还将霹雳火秦明诱入荒草之中，被祝家庄擒获，秦明是武艺高于欧鹏的梁山上将。后来孙立投奔梁山，才知道栾廷玉与孙立是出自同一师门的师兄弟，因为轻信孙立，才遭到失败。马幼垣先生称栾廷玉是"最不为人察觉的武林正派高手"，不但武艺高，人品也高。①打下祝家庄后，宋江曾叹息："只可惜杀了栾廷玉那个好汉！"实际书里并没有交代他的下场，宋江之叹有点故作多情。所以明代陈忱在《水浒后传》将栾廷玉写进去，他居然与残存的梁山英雄们结为伙伴，一起创建了一番大事业。

《水浒传》还至少三次提到："太祖武德皇帝留下旧制：新入配军须吃一百杀威棒。"林冲、武松、宋江三人入狱后，都曾遇到此事，也都因为钱和人的作用而逃过一劫。"杀威棒"一事，于史无考，但《水浒传》言之凿凿，不一定全然出自虚构。所谓"先朝太祖武德皇帝圣旨事例，但凡新入流配的必须先打一百杀威棒"，如或属实，或者虽有此事但被严重夸大失实了，"一百棒"打下去，就是林冲、武松也断然吃不消。无论有无此事，经《水浒传》一宣传，它早就成了一件很有影响的掌故，我想这同样是一个把赵匡胤和杆棒联系到一起的说法，赵太祖与杆棒确有深缘。

参考文献

［1］［汉］班固撰、［唐］颜师古注：《汉书》，中华书局1975年版。

---

① 马幼垣：《水浒人物之最》，三联书店2006年版，第110页。

［2］［宋］罗烨：《醉翁谈录》，古典文学出版社1957年版。

［3］［宋］华岳撰、马君骅点校：《翠微北征录》，黄山书社1993年版。

［4］［宋］蔡絛撰、冯惠民等点校：《铁围山丛谈》，中华书局1997年版。

［5］［宋］杜大珪：《名臣碑传琬琰集》，景印文渊阁《四库全书》文渊阁本第450册，台湾商务印书馆股份有限公司2008年版。

［6］［元］脱脱等撰：《宋史》，中华书局1977年版。

［7］［元］施耐庵：《水浒全传》，人民文学出版社1954年版。

［8］［明］何良臣：《阵纪》，中华书局1985年丛书集成初编本。

［9］［明］冯梦龙：《警世通言》，中华书局2014年版。

［10］［清］顾炎武著、黄汝成集释：《日知录集释》，岳麓书社1994年版。

［11］［清］李福沂、汪堃等纂修：《昆新两县续修合志》，江苏古籍出版社1991年版。

［12］王重民等编：《敦煌变文集》，人民文学出版社1984年版。

［13］许政扬著：《许政扬文存》，中华书局1984年版。

［14］谭正璧著、谭寻补正：《话本与古剧》，上海古籍出版社1985年版。

［15］缪荃孙等撰、吴格整理点校：《嘉业堂藏书志》，复旦大学出版社1997年版。

［16］马幼垣：《水浒人物之最》，三联书店2006年版。

［17］朱一玄编：《〈水浒传〉资料汇编》，南开大学出版社2012年版。

吴殳著述考

马明达

一

吴殳是明末清初的诗人、史学家和武艺家，是清初东南遗民群体中一位学行奇特而文武兼长的学者，也是一位多有争议的人物。然而在今天，大家对吴殳相当陌生，除了在文学批评史和武术史的研究文章里偶尔有人提到他的名字外，吴殳基本上不为人谈起，其生平和学术成就很少被当代学人所留意。

实际上在清初的文坛上，特别是在清初的东南士林中，吴殳并不是无名之辈；在明清武艺革代嬗变的过程中，吴殳更是研精覃思，承前启后，声名赫赫。《清史稿》卷四八四《文苑一》为吴殳立了传，只是内容太过简略，只提到他的《围炉诗话》被赵执信“叹为知言”。[①]《文苑一·刘体仁传》提到王士禛说过：“今日……学西昆体者无如吴殳。”[②]《清史列传》卷七〇也有吴殳的传，内容较《清史稿》稍多，同卷《刘献廷传》中又提到刘与吴殳曾讨论过汉语音韵方面问题，此项材料应采自刘氏《广阳杂记》。[③]

在正史系统中，《清史稿》是唯一专门给民间武艺家立了本传的史书，这当然是一个进步，是一个突破，显然与清末民初一度走热的民间武术活动有关。然而《清史稿》的撰写者们却忽略了吴殳。他们仅从诗学来评介吴

① 赵尔巽等撰：《清史稿》卷四八四，中华书局1977年版，第13333—13334页。

② 赵尔巽等撰：《清史稿》卷四八四，中华书局1977年版，第133334页。

③ 《广阳杂记》卷四：“吴修龄先生论声音之道，颇为有见……”见［清］刘献廷撰、汪北平等点校：《广阳杂记》卷四，中华书局1997年版，第209页。

殳，没有注意到他在武学方面的突出贡献，也忽略了吴殳所提供的一大宗武艺史料。

在地方志和晚近以来的多种明遗民传记著作中，吴殳的传记资料时有所见，但多是陈陈相因之作，没有多少新内容。相比之下，以清光绪《昆新两县续修合志》卷三四《游寓》写得最详备，故陈寅恪先生在《柳如是别传》中，曾将这个传推荐给读者。[①]现在我们将传文全录如下，以方便读者大致了解吴殳的生平：

> 吴殳又名乔，字修龄，太仓人，来赘昆山。明崇祯十一年补诸生，寻被斥，遂事佛，兼好神仙。游京师，与鄢陵梁日缉友善，剧谈世外，彻夜不倦。闻江淮有异人，裹粮往从之。殳于书无所不窥，自天文、乐律、地理、兵法，下至医药卜筮、壬奇禽乙、刺枪拳棍，靡不探原竟委。其诗初学明人，中宗温、李，晚年所见益邃，自悔少作，讥斥宏嘉以来有辞无意者。谓唐诗最盛，以其有兴、比、赋耳。宋人鲜兴、比而多赋，然而言犹达意。宏嘉之复古惟尚声色，并赋义亦亡之。其所服膺者，常熟冯班、金坛贺裳二人，合采其说，成《围炉诗话》六卷。又取李商隐无题诸诗，详说其意，为《西昆发微》，其议论皆前人所未有也。又善古文辞，尝作《史论》二十篇，见者服其识力。又据吴伟业《绥寇纪略》，为《抚膺录》四卷，其略言明所以亡有四十三失，而皆啬闇果之所致，时以为笃论。康熙乙亥卒，年八十五。[②]

从传文看，吴殳一生基本上没有什么功名仕履可述。他早年由太仓入赘到昆山，想来必定出身寒微。学术上同样没有什么家学传承，似乎他的学识主要是从“于书无所不窥”中得来。吴殳死于康熙乙亥，即康熙三十四年（1695年），得年八十五岁。据此，应生于明万历三十九年辛亥（1611

① 《柳如是别传》第五章《复明运动》：“寅恪案，吴氏一名乔。其事迹及著述，诸书所载，颇亦不少，但光绪续修昆新两县合志三四人物游寓门吴殳传，似较详备。读者可取参阅也。”见陈寅恪《柳如是别传》，上海古籍出版社1980年版，第991页。

② ［清］李福沂、汪堃等纂修：《（光绪）昆新两县续修合志》，江苏古籍出版社1991年版，第589页。

年）。他本人曾在《手臂录》中说到，他与陆世仪（桴亭）、夏玉如三人“同辛亥生”。[①]陆世仪在赠夏玉如的诗中也说：“君昔未束发，与我正同庚。”[②]算起来在明末清初的遗民学者中，吴殳在世的时间与黄宗羲大致相同。黄宗羲长吴殳两岁，而二人是在同一年里去世的。吴殳出生这一年，钱谦益已经二十九岁，吴伟业三岁，陈子龙四岁，小吴殳两岁的顾亭林则尚未出生。在清初东南遗民群体中，高寿者似乎不少，吴殳是其中之一。这恐怕与他曾经信奉佛教，又长期从事武艺活动有关。长寿使他经历了明清革代的许多事情，学术上有了深厚的积累，特别是在诗学和武学上。

传文提到与吴殳“友善”的鄢陵梁日缉，梁日缉，名熙，号晳次。此人是王士禛的同榜进士（顺治十五年戊戌，1658年），又是重要的文友，事迹可参见蒋寅《王渔洋事迹征略》。[③]王在《诗话》及杂著中多次提到梁日缉，说梁“淡泊宁静，下直辄焚香扫地，晏坐终日，如退院僧。耽内典，而于《楞严》尤了悟，居然老烂头陀也。”[④]吴殳喜神仙术，兼而好佛，与梁日缉爱好相同，故能“剧谈世外，彻夜不倦”。[⑤]梁有《晳次斋稿》十二卷存。又有《名家赠什》一卷、《同人尺牍》一卷等。

吴殳一生游踪甚广，多次往返于南北之间，与顺、康间的文坛人物多有交往，经历和学术活动都相当复杂。显然，综述和评介他的一生不是一个小题目，这需要足够的篇幅才能容纳。本文拟先对他的著述做一番考察，为深入研究吴殳铺垫一点基础，也可以算作是研究吴殳的一个准备阶段。当然，

---

① ［清］吴殳：《手臂录》附卷上《峨嵋枪法·石敬岩枪法记》，中华书局1985年丛书集成初编本，第110页。

② ［清］陆世仪：《桴亭先生诗文集》卷二《乙酉元旦后二日，即席赋赠玉汝夏子》，清光绪二十五年（1899年）唐受祺刻陆桴亭先生遗书本。

③ 蒋寅：《王渔洋事迹征略》，人民文学出版社2001年版，第34、87、161等页。

④ 《渔洋精华录集注》乙卯《五君咏》之一《梁侍御日缉》，《注》引王渔洋《晳次先生传》：“姓梁氏，讳熙，字日缉。晳次，其别号也。始祖明初徙河南鄢陵，遂家焉。举顺治三年乡试，又十年成进士，出知西安之咸宁，行取入为云南道监察御史。先生淡泊宁静，下直辄焚香扫地，晏坐终日，如退院僧。耽内典，而于《楞严》尤了悟，居然老烂头陀也。年七十一。”见［清］王士禛著、惠栋、金荣注：《渔洋精华录集注》，齐鲁书社1992年版，第841页。

⑤ 李灵年、杨忠主编：《清人别集总目》，安徽教育出版社2000年版，第2129页。

在著述考证中会涉及某些问题，涉及他的经历和交游，这方面如有非谈不可的问题时，我将稍微增多一些笔墨。

吴殳博学多识，平生勤于著述，直到衰暮之年犹笔耕不辍。只是他“一生困厄”，身后又十分寂寞，故他的著作除《围炉诗话》比较有名外，其他著作，有的早已亡佚，有的仅以抄本存世，传布不广，鲜为人知。其著述目录，以我所经眼者，仍以清光绪《昆新两县续修合志》卷五〇之《著述目》所载为最详；其次是民国《太仓州镇洋县志》卷二五《艺文》；再次为民国《太仓州志》卷二五《艺文》。此外，也有三志不载而散见于其他图籍中者。今以三志所载为主线，参证其他文献，略考吴殳著述如下。

二

《舒拂集》，存。

抄本，2册。国家图书馆藏。见全国古籍普查登记基本数据库、国家图书馆检索目录。清光绪修《昆新两县续修合志》卷五〇《著述目》、民国修《太仓州镇洋县志》卷二五《艺文·别集》及民国修《太仓州志》卷二五《艺文》均有著录。清钱泳《履园丛话》卷八“以诗存人”条云：

> 吴乔又名殳……高才博学，尤工于诗。王阮亭尝称之曰：“善学西昆。”陈其年赠诗亦有“最爱玉峰禅老子，力追艳体斗西昆”之句。然观其语必沉雄，情多感激，正不仅以妆金抹粉，步趋杨、刘诸公而已。所著诗名《舒拂集》，余仅见其七律一卷。①

据此，《舒拂集》应是吴殳的诗集。钱泳提到的陈其年赠吴殳的诗句，题目是《屡过东海先生家不得见吴丈修龄诗以柬之》，载陈其年《湖海楼诗集》卷八。《舒拂集》我原久觅未见，孙殿起《贩书偶记》正续记、袁行云《清人诗集叙录》、李灵年、杨忠《清人别集总目》，以及中科院图书馆整理的《续修四库全书总目》等均不见记载，本以为已失传，近觅得国家图书馆有藏，并见全国古籍普查登记基本数据库、国家图书馆检索目录。

吴殳的诗传存下来的并不多，目前所能辑到的不过十多首而已，另外还

① ［清］钱泳撰、张伟点校：《履园丛话》卷八，中华书局1979年版，第209页。

有一些零零散散的句子，多是代他人写的应酬之作。民初孙静庵《明遗民录》卷三有吴乔传，也提到《舒拂集》，但传记内容似全抄《履园丛话》。[1]

《吞鸟集》卷数不详，佚。

清光绪《昆新两县续修合志》卷五〇著录，疑为吴殳诗集之一，已不传。

《息机草》卷数不详，佚。

唯光绪《昆新两县续修合志》卷五〇著录，疑为吴殳诗集之一，已不传。

《古宫词》一卷，存。

李灵年、杨忠《清人别集总目》著录：吴殳《古宫词一卷托物草一卷》，顺治十五年刻本，南京图书馆藏。[2]此书不见于别家著录，疑是海内孤本，惜笔者尚未寓目，不详其内容。以书名推测，似是吴殳收集的古宫词，抑或他的拟作。吴殳在《围炉诗话》中多处谈到古宫词，如卷五录有金元之际杨奂（焕然）录存的《汴梁宫人诗》十九首，这是金元间宫词的代表作之一，今人所辑注的《辽金元宫词》未见收录，亦见吴殳留心于此。

《托物草》一卷，存。

李灵年、杨忠《清人别集总目》著录：吴殳《古宫词一卷托物草一卷》，顺治十五年刻本，南京图书馆藏。按，《托物草》不见于清代以来公私图书目录，目前所知，仅南京图书馆有藏本，疑是海内孤本。笔者未曾见到此书，犹待以后研读。吴殳《答万季野诗问》之第四条有云："诸君相逼不已，答曰：拙草名《托物》，非咏物也。如《蜂诗》云：'利剑行空犹侠客，细腰成病似诗人。'《灯花》云：'脂浮初夜根无托，炧落三更子不成。'《落花》云：'来岁东皇别造蕊，不曾容汝复青枝。'其中有不佞在。无手病，有贤子，不处革运者，不得作此语也。"[3]以刊刻时间看，《托物草》成书于顺治十五年（1658年）以前，大致是吴殳47岁以前的作品。

《正钱录》一卷，佚。

---

① 孙静庵：《明遗民录》卷三，浙江古籍出版社1985年版，第20页。

② 李灵年、杨忠主编：《清人别集总目》，安徽教育出版社2000年版，第841页。

③ 丁福保编：《清诗话》，上海古籍出版社1999年版，第26页。

民国《太仓州镇洋县志》卷二五《艺文》、民国《太仓州志》卷二五《艺文》著录。谢国祯《晚明史籍考》卷一八列入“未见诸书”。谢先生按曰：“是书目见《续扬州志》，据志云：‘误以‘殳正’为人名，钱录上仍脱去正字，今正。’记钱牧斋遗事，惜未见其书也。殳昆山人，此云江都，待考。”[①]实际《正钱录》是吴殳专门为批评钱谦益《列朝诗集》写的书，写作时间尚待考证，大致应在康熙八年以前。[②]钱谦益是当时的文坛盟主，门生弟子遍布海内，东南士人仰如泰山北斗。《正钱录》公然指摘钱氏文章的误失，是当时一桩引人瞩目的大公案。结果是对钱似乎并无所损害，却给吴殳本人招来严重后果。王士禛《带经堂诗话》卷二《评驳类》说：

> 前辈大家，各有本末，非后生小子一知半所得擅议。……吴人吴殳字修龄，予少时友。其人尝著《正钱录》以驳牧斋，予极不喜之。观洪文敏《容斋五笔》所载严有翼者，著《艺苑雌黄》，颇务讥诋坡公，名其篇曰‘辨坡’，文敏以为蚍蜉撼大树。乃知此等不度德不量力，古人亦有之矣。[③]

王士禛还曾当面“劝规”过吴殳。他在《分甘余话》中说：“昔胡元瑞作《正杨》，识者非之。近吴殳修龄作《正钱》，余在京师亦尝面规之。”[④]王士禛小吴殳二十三岁，以年龄论该是晚辈，称“予少时友”者，是王氏视吴殳为少年时代结交的朋友，显然他并不把吴视为前辈，亦见王氏对吴殳的鄙夷和自视之高。吴、王应是诗交，王曾推称吴殳“善学西昆”，诚然王的诗名远在吴上，但二人立身处世确有重要的不同之处。吴是“革代之后，心如死灰”的前朝遗民，[⑤]他有明显的反清意识，很可能参加过某些秘密活动。王则是入仕清朝的新贵，二人政治取向大相径庭。同时，王的成名也与钱谦

① 谢国祯：《增订晚明史籍考》卷一八《传记下》，上海古籍出版社1981年版，第831页。

② 张慧剑将《正钱录》的发表定在1669年，即康熙八年。见张慧剑《明清江苏文人年表》，上海古籍出版社2008年版，第746页。

③ ［清］王渔洋：《带经堂诗话》卷二，人民文学出版社1982年版，第65页。

④ ［清］王渔洋：《带经堂诗话》卷二，人民文学出版社1982年版，第65页。

⑤ ［清］吴殳：《手臂录》附卷上《峨嵋枪法·原序》，中华书局1985年丛书集成初编本，第107页。

益的揄扬分不开，康熙元年（1662年），二十九岁的王刻成自己的第一部诗集《渔洋山人诗集》，钱为之作序。[①]这些都应该是王无条件站在钱一边的原因。

又，康熙间人王应奎《柳南续笔》卷四《正钱录》条云：

昆山吴殳作《正钱录》，攻击东涧不遗余力。同时汪钝翁复为之左袒，吹毛索瘢，势焰甚炽。计甫草深为不平，因语钝翁曰："仆自山东来，曾游泰山，登日观峰，神志方悚慄，忽欲小遗甚急，下山且四十里，不可忍，乃潜溺于峰之侧。恐重得罪，然竟无恙，何也？山至大且高，人溺焉者众，泰山不知也。"钝翁跃起大骂。然观《尧峰集》中有《与梁侍御论正钱录书》，亦谓此录非不义严而辞辩，然其所列尚有未合处，得无盛气以相攻击，而未暇商榷考证欤？由是言之，即钝翁亦未尝以《正钱录》为定论也。[②]

汪琬（钝翁）的《与梁侍御[③]论正钱录书》一文，收在他的别集《尧峰文抄》卷三二。[④]梁侍御即前面讲过的鄢陵梁日缉，他与汪琬、吴殳都是好朋友，汪的《文抄》就是梁日缉参与编定的，见《尧峰文抄》宋荦（牧仲）序。梁日缉对《正钱录》持何态度，尚待深入考证。而汪琬的态度正如王应奎所说的，并非一味左祖吴殳，他甚至对吴殳"盛气以相攻击"的做法提出尖锐批评。计东的文章见《改亭文集》卷十，题目是《与周栎园书》。周栎园即周亮工，字元亮，号栎园，祥符人。崇祯进士，入清后仕至户部右侍郎等官，传入《清史列传》卷七九《贰臣传乙》，有《赖古堂集》二十四卷等存世。计东《书》云：

惟念前岁春间在都门，有娄东吴修龄作《正钱录》，攻摘虞山老人不遗余力。吾郡茗文讱庵复助其焰，吹毛索瘢，自喻得志。东徐语茗文曰：仆自山东来，曾游泰山，登日观峰，神志方悚慄，忽

---

① 蒋寅：《王渔洋事迹征略》，人民文学出版社2001年版，第84页。

② ［清］王应奎撰、王彬等点校：《柳南随笔续笔》卷四，中华书局1983年版，第209—210页。

③ 《柳南随笔续笔》作"梁侍御"，《尧峰文钞》四部丛刊本作"梁御史"。

④ ［清］汪琬：《尧峰文抄》卷三二，四部丛刊初编本。

欲小遗甚急。下山且四十里，不可忍，乃潜溺于峰之侧。恐得重罪，然竟无恙，何也？山至大且高，人溺焉者众，泰山不知也。茗文跃起大骂。然昨闻吴梅村先生盛称东言是也，敢以质之先生，并忆昌黎蚍蜉大树之喻，必大笑。东与虞山未称相如，与茗文交二十年余矣。窃见茗文著作已成大树，何苦操戈以攻前辈？今之视昔，即后之视今，将来有为蚍蜉以相犯者，即无损毫发，亦可憎，乃自我教之耶？知与先生善，并乞言之。[①]

计东字甫草，号改亭，吴江人，顺治举人。尝从汪琬问古文法，但邓之诚先生认为“其文凌厉直前，略近眉山，与琬文颇不类。”[②]从计东信中得知，当时诗坛的另一位巨子吴伟业（梅村）也站在钱的一边，对计东的谑喻表示认同。亦见钱谦益虽然降清丧节，进退失据，但他在当时的士夫群体中——特别是王渔洋、吴梅村一类人中，仍享有崇高地位。吴殳的《正钱录》不论出自何种目的，都的确给自己招来麻烦，招来骂名。

钱氏门人归庄（玄恭），也是一位专好与人争执的人，他与汪琬、潘用微（平格）等人的文字之争，几乎到了骂不择语的程度，亦见“归痴”之名确有缘故。[③]归庄与吴殳有交往，《归庄集》中收有他写给吴的信。[④]但针对《正钱录》，归庄专门写了《难壬》一文攻讦吴殳，指吴殳为“倾险反覆无行之人也”，等于彻底否定吴殳的人格。[⑤]《难壬》以甲乙丙丁戊为与事有关的五个人的代称，说五人“皆东南之士，以文章著称于时，而甲为之宗主。”显然，“甲”是指钱谦益，“壬”则指吴殳。归文曰：

甲之出处大节，爱之者不能为之讳，至其文章，岂可轻加訾议！非谓其篇篇皆尽善也。余虽从甲游，然其集中某篇某文，颇不

① ［清］计东：《改亭文集》卷十，《清代诗文集汇编》，上海古籍出版社2010年版，第200页。

② 邓之诚：《清诗纪事初编》卷三《计东》，上海古籍出版社1984年版，第378页。

③ 归庄行为古怪，当时有“归痴”之号，并与顾亭林有“归奇顾怪”之号，这在清人笔记中多有所见。参见［清］归庄《归庄集》附录二《传略》，上海古籍出版社1984年版，第577页。

④ ［清］归庄：《归庄集》卷五《与吴修龄书》，上海古籍出版社1984年版，第333页。

⑤ ［清］归庄：《归庄集》卷十《难壬》，上海古籍出版社1984年版，第503页。

满意，尝以语甲，亦不以为忤；要之手笔之大，学力之到，百年以来，实无其匹，即乙、丙亦退然自叹，以为不可及也。壬之有憾于甲，余久已闻之，乃其始之见绝于乙而求媚于甲之事，近日丙向余言，始知之。其上甲之书稿，至今在某孝廉所也。①

邓之诚先生说：“（归庄）杂著中《难壬》，谓吴修龄依倚徐乾学兄弟，作《正钱》以诋谦益。”②据之，丁、戊是指徐乾学、徐元文兄弟。至于“乙”“丙”指何人，一时难以确指。近读裴世俊《钱谦益传》，作者认为“乙”指张溥，“丙”指吴梅村。对这桩公案的原委，作者有云：

钱谦益、张溥各是东林党与复社的领袖，复社又有“小东林”之称，吴伟业则是张溥之门人。起初吴乔欲投奔复社，张溥厌其为人，予以拒绝，他便转向钱谦益，以抗衡张溥。钱谦益知道后也不大礼遇他，吴乔生恨，遂借其品行污点，写了本《正钱录》，专门进行指摘。归庄对其“挟私怨，腾訾说，毁前贤以取媚时贵”，向徐乾学兄弟讨好，给予抨击，作了《难壬》，亦即向小人发难而声讨其先媚后毁的丑态。③

以张溥、吴伟业为乙、丙所代指者，这是有道理的，但作者没有提供此说的依据，即没有提供吴殳曾投奔复社而遭到张溥拒绝的文献根据，是一个缺憾。作者完全附和归庄一面之说，指吴殳为“先媚后毁”的“小人”，则不免有失偏颇。吴殳是明亡以后矢守志节的遗民，长时间奔走南北，结交民间豪杰，潜心攻守战机乃至枪剑击刺之术，在这方面花费了大量心血，这反映他的心志所寄相当幽远，绝不是个仅仅以诗文取媚于时贵的帮闲者流。另外，他同常常聚会在徐乾学碧山堂里的一批遗民学者保持着亲密关系，与东南遗民中的坚定分子如梁逸、呼谷、蒋平格等都引为知友。梁逸在诗中多次以“孤云”比喻吴殳，说吴殳“踪迹如孤云，有约互相待”。又有《孤云》一首云：

---

① ［清］归庄：《归庄集》卷十《难壬》，上海古籍出版社1984年版，第504页。

② 邓之诚：《清诗纪事初编》卷一《归庄》，上海古籍出版社1984年版，第8—9页。

③ 裴世俊：《四海宗盟五十年：钱谦益传》，东方出版社2001年版，第242页。

朝见孤云出，暮见孤云还。我独离乡邑，孤云归故山。十年劳远心，双鬓忽复斑。何时随风飞，相依林木间。[1]

诗句大有意蕴，耐人玩味，“何时随风飞，相依林木间”一句，“林木”似暗指台湾郑氏（郑成功名森，字大木）。梁逸甚至在赠吴殳诗中说：“犹作云龙望，可惜将帅沉。”[2]这几乎等于公开表露吴殳反清的政治立场，亦见吴、梁的交情和胆识。邓之诚先生正是根据梁逸赠吴殳的这两句诗，敏锐地指出：

修龄工于诋诃，与世龃龉，归庄目为佥壬，作《难壬》以骂之。而孰知其为密图光复者。逸之友若此，则逸之志行可知矣。[3]

可惜，这中间的许多隐秘现在已经很难考得清楚了。我只是以为，对这样一位重要的历史人物，且不可轻从一人之言而指为“小人”，这是一个草率的结论。当然，有一点可以明确，吴殳的确存在性情偏激的缺点，无论论诗讲武，他的议论往往过于激越，语言刻薄，所以邓之诚先生说他“工于诋诃”，这便得罪了不少人，在这一点上归庄与他倒是非常之相似，可谓无独有偶。

至于说吴殳借钱的“品行污点，写了本《正钱录》，专门进行指摘”，应该是误解。《正钱录》一书专讲钱文的失误，并不涉及钱的“品行污点”，这在计东和归庄的文章中都有明白无误的交代。吴殳对钱谦益并非一概否定，在《围炉》《逃禅》等诗话中，他对钱一再表示推重，肯定钱在文坛的地位，他甚至说：“常熟以牧斋故，士人学问都有根本，乡先达之关系顾不重哉？”[4]陈寅恪先生早就注意到这一点，他在举述了吴殳《围炉诗话》中“推崇牧斋甚至”的五条例证后，又专门写了以下的话：

修龄之《正钱录》，乃正牧斋《列朝诗传》中，其文不合于欧、曾（苏）者。若论诗之旨，则全与牧斋相同。特标出此点，以

---

① ［明］梁逸：《孤云》，《红叶村稿》卷一，1921年《又满楼丛书》本。

② ［明］梁逸：《寄吴修龄》，《红叶村稿》卷三，1921年《又满楼丛书》本。

③ 邓之诚：《清诗纪事初编》卷一《梁逸》，上海古籍出版社1984年版，第30页。

④ ［清］吴殳：《围炉诗话》卷六，中华书局1985年丛书集成初编本，第151页。此本牧斋二字原作□□，乾隆以后因钱谦益书遭禁毁，其名号在书中往往被挖改。

免世人言《正钱录》者之误会。[①]

钱谦益殁后三十多年，族孙钱陆灿取《列朝诗集》中的人物传，单独刻成《汇刻列朝诗集小传》一书。钱陆灿在《序》中曾详细记述了他与吴殳就《正钱录》一书所发生的接触，记录下吴殳晚年的一番感悔。陈寅恪先生将钱序节引入《柳如是别传》中，我们不妨再引其中有关部分如下：

> 八年冬，汪钝庵招余，与计甫草、黄俞邰、倪闇公夜饮，论诗于户部公署。出其集中有《与梁侍御论吴氏〈正钱录〉书》。钱则心知其为牧斋公，未知吴氏何人也。比余去金陵，馆常州董侍御易农家，易农为余言，吴氏名殳，字修龄，工于诗，深于禅，其雅游也。遂就求其是《录》观之。大抵吴氏之论文，专主欧、苏，故讥弹《诗集传》不遗余力，亦不知吴君盖有为言之。一时走笔，代宾戏、客难，驳正如干条。驳正者，驳其"正"也。（以下是钱陆灿的驳正方字，略）当是时，余犹未识吴君也。十七年，始与君会于东海尚书、相国之家。易农适亦以事至，置酒相欢也。君慨然曰："曩殳以诗文谒牧斋公于虞山，不见答，不平之鸣，抨击过当，亦窃不意公等议其后矣。"易农曰："无庸，是书具在。窃虞学者之择焉而不精，存吴氏之'正'，则读书家之心眼日细；又虞学者之语焉而不详，存钱氏之驳，则著作家之风气日上。"一时以为笃论。言犹在耳，忽忽三十年，追数前论文诸公，元亮、尔止、钝庵、甫草、虞邰、闇公、易农，并东海尚书相国，俱已古人往矣。前三年，吴君在娄东，遥和玉峰上巳禊饮之篇，想见头童齿豁如予，未知其在以否？而余以八十七翁，编阅是书，不觉泫然流涕。[②]

这是一篇重要的文字，值得细读。对文中所涉及的人和事，笔者拟稍稍做些疏解。

序作于康熙三十七年立春己巳，即公元1698年2月3日，至四月六日庚

---

① 陈寅恪：《柳如是别传》，上海古籍出版社1980年版，第993页。

② ［清］钱陆灿：《汇刻列朝诗集小传序》，《列朝诗集小传》，上海古籍出版社1983年版。

戌，即公历5月15日，钱陆灿便溘然去世了。[1]更早两年，即康熙三十五年，吴殳也已经去世。钱陆灿写序时大概并不知道吴已去世，故而还惦记着与他同样“头童齿豁”的老朋友：“未知其在以否？”这篇长序等于为《正钱录》事件做了一个结论，尽管钱陆灿仍然坚定不移地维护钱谦益的名声，指斥所有在诗文上攻击钱谦益的人为“蚍蜉撼树”“井底之蛙”，但他毕竟记载下了吴殳亲口表述的悔意，这使吴殳所背负的骂名多少有所缓解。《正钱录》今已不传，就以钱陆灿在序中所驳“正”的各条看，正如陈寅恪先生所言：“修龄所‘正’牧斋之言，皆吹毛求疵者也。”[2]

康熙八年（1669年）冬，汪琬正在户部主事任上，故邀集钱陆灿、计东、黄俞邰、倪闇公等人在户部公署夜饮。计东《与周栎园书》中说他对汪琬讲的那番“泰山不知也”的话，应该就讲在这次聚会上。黄俞邰，即《千顷堂书目》的作者黄虞稷，也是汪琬与昆山徐氏弟兄的好友，曾因徐元文之荐入翰林院，与修《明史》《一统志》，本传见《清史列传》卷七一《文苑传二》。倪闇公，即倪灿，闇公其字，江宁人，康熙十八年参加博学鸿辞考试，官翰林院检讨，以史学见长，曾参修《明史》，撰《艺文志序》。本传附见《清史稿》卷四八四《潘耒传》。序中两次提到的董易农，名文骥，字玉虬，武进人，顺治六年进士，官甘肃陇右道尹。易农与王渔洋为诗友，《渔洋山人感旧集》卷十有他的传，本人则有《微泉阁全集》三十卷存世。

康熙十七年（1678年），钱陆灿才终于有机会与吴殳相遇于“东海尚书、相国之家”。此时，钱、吴二人都已经是六十多岁的老人了。尚书指徐乾学，相国指徐元文。这时的二徐在政治上先后失势，幸有康熙庇护，得以在昆山家中安养天年。不久，徐元文又出任《明史》监修，再度入京。又过了十多年，即康熙三十三年（1694年），钱陆灿在昆山参加徐氏兄弟在上巳

① 钱陆灿卒年，见邓之诚《清诗纪事初编》卷三《钱陆灿》，上海古籍出版社1984年版，第310页。

② 陈寅恪：《柳如是别传》，上海古籍出版社1980年版，第991页。

节（三月三日）举行的耆年会。[1]吴殳没有出席，但他写有诗文，并被收入徐氏所刻《遂园禊饮集》，见卷三第三页。这就是钱陆灿讲的："前三年，吴君在娄东，遥和玉峰上巳禊饮之篇。"玉峰是昆山代称。遂园是徐氏在昆山的别业。清光绪《昆新两县续修合志》卷一三《第宅园亭》载："遂园，在马鞍山北麓，徐乾学所构。康熙甲戌上巳，乾学招集四方冠盖为耆年会……为一时盛事。"[2]又载，当时画家禹之鼎（慎斋）曾绘有《遂园禊饮图》，钱陆灿为之作《记》，康熙南巡到马鞍山，曾亲临遂园游憩。

《正陶录》卷数不详，佚。

光绪《昆新两县续修合志》卷五〇著录，"陶"指何人，内容待考。

《抚膺录》四卷，存佚不详。

光绪《昆新两县续修合志》卷五〇《著述目》、民国修《镇洋县志》卷二五《艺文》著录，后者归之"史部"。前引《昆新两县续修合志》吴殳传云"又据吴伟业《绥寇纪略》，为《服膺录》四卷，其略言明所以亡者有四十三失，而皆啬阍果之所致，时以为笃论。""服膺"当是"抚膺"之讹，晋张华《杂诗》："永思虑崇替，慨然独抚膺。"[3]词义表示慨叹。所谓"其略言明所以亡者有四十三失"的内容，又见于辽沈书社1993年据《玄览堂丛书》本点校的《怀陵流寇始终录》卷首，标题是《流贼亡明节目》，内容历数明朝败亡的四十三个原因。结尾云："更有四失，不在四十三之列，而遍于四十三失之中，则好从也，恶出也，自圣也，欲速也。贼以绝人智勇，十六年攻战之劳，历朝廷四十三失，而后得志，国诚不易亡矣哉！"

---

① 关于这次聚会，清人笔记中多有记载。王应奎《柳南随笔》卷三载："康熙甲戌上巳，昆山有耆年之会，设宴于徐氏之遂园，宾主共十二人，合八百四十二岁。举人通判常熟钱陆灿，年八十有三；前广西道监察御史昆山盛符升，年八十；翰林院检讨长洲尤侗，年七十有七；……前刑部尚书昆山徐乾学，年六十有四；……右春坊右中允昆山徐秉义，六十有二……而盛御史、徐尚书、中允兄弟实为主人。以齿序坐，即席各赋七言近体二首，用"兰亭"二字为韵，其诗编为三卷，名曰《遂园禊饮集》。"见［清］王应奎撰、王彬等点校《柳南随笔》卷三，中华书局1983年版，第54页。

② ［清］李福沂、汪堃等纂修：《（光绪）昆新两县续修合志》，江苏古籍出版社1991年版，第222页。

③ ［南朝梁］萧统：《文选》卷二九《张茂先杂诗》，上海古籍出版社1986年版，第1368页。

末署“昆山吴殳著”。[1]推想《抚膺录》四卷的内容不止这“四十三失”，应该还有别的内容，既然参照吴伟业《绥寇纪略》以成书，就可能有具体史实的记述或考论。谢国祯先生《晚明史籍考》卷六《怀陵流寇始终录》条，据原商务印书馆涵芬楼藏钱遵王旧抄本，抄录下“戴笠自叙云”以下讨论导致明朝灭亡的四十八事，[2]其内容与吴殳“四十三失”相近而字数大得多，经初步核对，大致可以确定吴殳的“四十三失”是戴笠“四十七失”的改写。如《昆新两县续修合志》关于《抚膺录》内容的记述不误，则此书的写成当在《流寇长编》之后。

《抚膺诗》卷数、存佚不详。

三种方志均未著录，唯谢国祯《晚明史籍考》卷二四载其目，归之“宫词诗话小说传奇”类。谢先生云：“清太仓吴乔修龄撰。按，修龄，太仓人，著有《西昆发微》等书，是书咏明季史事，目见《鸥陂渔话》。”[3]据《抚膺录》的内容来推断，谢国祯先生“咏明季史事”的说法应该是正确的，这是吴殳以诗咏史之作，惜已不传。

《答万季野诗问》一卷，存。

丁福保《清诗话》收录，凡二十七则。程千帆主编、周维德笺注的《诗问四种》亦收录，只是将二十七则析为三十二则，内容则完全一样。[4]郭绍虞先生为《清诗话》所作的《前言》中说：

> 考吴氏所著，有《围炉诗话》六卷，其中亦多答问之语。此卷《答万季野诗问》中语，亦在其内，但不写明“答万季野问”。疑《围炉诗话》较后出，此卷则是最初部分写定之稿。赵执信《谈龙录》谓：“昆山吴修龄论诗甚精，所著《围炉诗话》，余三客吴门，遍求之不可得，独见其《与友人书》一篇。”他所说的《与友

---

① ［清］吴殳：《流贼亡明节目》，《怀陵流寇始终录》，辽沈书社1993年版。

② 谢国祯：《增订晚明史籍考》卷六《农民起义上》，上海古籍出版社1981年版，第254—262页。

③ 谢国祯：《增订晚明史籍考》卷二四《宫词诗话小说传奇》，上海古籍出版社1981年版，第1081页。

④ ［清］王士禛等著、周维德笺注：《诗问四种》，齐鲁书社1985年版，第181—198页。

人书》，即指这一卷。《谈龙录》中所称引吴氏之语，都在此卷中。[①]

万季野，即黄宗羲的弟子万斯同，浙东史学的开创者之一。按，康熙十八年己未（1679年）三月，一度宦场失意后在昆山赋闲的徐元文，被康熙起用为《明史》监修，起行时，他特意邀请万斯同同行。抵京后，万斯同坚持不受清朝官阶俸禄，寄居在徐乾学在北京的住所碧山堂里，以布衣身份参修《明史》，此后在北京耽留二十年之久，成为《明史》的实际主修人。这是大家都十分熟悉的掌故。[②]陈训慈、方祖猷《万斯同年谱》，将万斯同问诗于吴殳的时间，定在康熙二十年辛酉（1681年），主要依据便是吴殳在《围炉诗话·自序》中说："辛酉冬，萍梗都门，与东海诸英俊围炉取暖……其有及于吟咏之道者，小史录之。"[③]当时也是碧山堂常客的阎若璩，在《尚书古文疏证》卷五中说道："昆山吴乔先生，当代之善论诗者也。或问曰：'初、盛、中、晚之界如何？'答曰：'商、周、鲁之诗同在颂，文王厉王之诗同在大雅……'"[④]这段议论的"问"，与《答万季野诗问》之三相同，但"答"的内容却完全不同，却与《围炉诗话》卷三第一条完全相同。这也反映了《答万季野诗问》与《围炉诗话》有分有合，原本并不是同一部书，后来被吸收到了《围炉诗话》中。《围炉诗话》中屡屡提到的"东海诸英俊"，有万斯同及其侄万选等，自然还有徐乾学弟兄及其宾客。《万斯同年谱》认为，阎若璩《尚书古文疏证》卷五提到的"或问"者，就是指万斯同，这倒未必然。如上所考，阎若璩所记述的问答内容，与《答万季野诗问》并不相同，阎的记述显然是来自《围炉诗话》，而《围炉》已将《答万季野诗问》全部融入其中。康熙二十年辛酉，万斯同四十四岁，吴殳则已是

---

① 郭绍虞：《清诗话·前言》，上海古籍出版社1999年版，第8—9页。

② 陈训慈、方祖猷：《万斯同年谱》，香港中文大学出版社1991年版，第139—142页。参见［清］全祖望撰《万贞文先生传》，载黄云眉选注本《鲒埼亭文集选注》，齐鲁书社1982年版，第296页。又，［清］方苞著、刘季高点校《方苞集》卷一二《万季野墓表》，上海古籍出版社1983年版，第332页。

③ ［清］吴殳：《围炉诗话·自序》，中华书局1985年丛书集成初编本。

④ ［清］阎若璩：《尚书古文疏证》卷五下，上海古籍出版社1987年影印清乾隆十年（1745年）眷西堂刻本，第487页。

七十岁的老人了。

《答万季野诗问补遗》一卷，存。

周维德笺注的《诗问四种》，在收入《答万季野诗问》外，又收有《答万季野诗问补遗》一卷，凡三十五则。《补遗》内容不见于丁福保《清诗话》，对此，周维德在《诗话四种·后记》中有所交代："我们把《围炉诗话》中有关论诗问答之语，凡《答万季野诗问》未著录者，作为补遗辑录，名《答万季野诗问补遗》。"据之，《补遗》乃是周维德从《围炉诗话》中辑出来的，并非吴殳原有此书。

《围炉诗话》六卷，存。

《清史稿·艺文志》集部诗文评类作八卷，《四库提要》也作八卷；《清史列传》卷七〇《吴殳传》作七卷。查《中国古籍总目》，《围炉诗话》六卷有上图藏清初抄本，国图藏清道光四年刻本，南京图藏清郑传绪抄本，国图等地藏清抄本，广东社科院藏卢文弨抄校本，借月山房汇钞本，清光绪十三年（1887年）铅印本。今传《丛书集成》本，及台湾广文书局影印"国立中央图书馆"藏清抄本，均为六卷。八卷本和七卷本找不到版本根据，只能留待后考。《丛书集成》本是根据常熟张海鹏（若云）辑刊的丛书《借月山房汇抄》本排印的，而张氏的底本则是另一位常熟藏书家黄廷鉴（琴六）赠送给他的家传抄本。[①]张海鹏以黄氏本与业师陈海木的别本进行对勘，然后与吴殳的《手臂录》一起收入《借月山房汇抄》丛书中，以广流传，张海鹏可谓大有功于吴氏。其间缘由，《围炉诗话》附黄廷鉴、张海鹏跋语言之甚详。

《围炉诗话》是吴殳的代表作，是清初诗歌批评的名著，对之，吴殳自己也自许甚高。他在《自序》中说：

> 辛酉冬，萍梗都门，与东海诸英俊围炉取暖，啖爆栗，烹苦茶，笑言飙举，无复畛畦。其有及于吟咏之道者，小史录之。时日既积，遂得六卷。命之曰《围炉诗话》。一生困厄，息交绝游，惟常熟冯定远班、金坛贺黄公裳所见多合。

① 张海鹏、黄廷鉴生平事迹，参见叶昌炽撰：《藏书纪事诗》卷六，北京燕山出版社2008年版，第479—483页。

辛酉是康熙二十年冬，年已七十的吴殳，一度寄居在徐乾学在北京的居处，以布衣参修《明史》的万斯同这时也住在徐氏家中。吴殳与所谓“东海诸英俊”谈论吟咏之道，有人专门作记录，这就是他的《答万季野诗问》和《围炉诗话》产生的背景。《围炉诗话》完成于何时？吴的自序没有标明时间，推测至少在康熙二十九年庚午（1690年）前就已成书。阎若璩《潜邱札记》卷五《跋贺黄公载酒园诗话》条说：

老友吴乔先生尝言，贺黄公《载酒园诗话》、冯定远《钝吟杂录》，及某《围炉诗话》，可称谈诗者之三绝。余急问贺书何处有？曰金陵有。即托黄俞邰使者购之。不半月，以书至。同胡朏明细读，口眼俱快，沁入心脾，叹吾老友之知言也。康熙庚午秋，洞庭东山席氏馆题。①

这是一段非常有趣味的札记。吴殳和阎若璩都以攻击别人不择词语而闻名，后世学者有“毒口”之讥，同时二人也都很自负，不肯轻易许人。但他们之间却十分相得，彼此引为知友。吴殳在《逃禅诗话》中说：“余友山阳阎若璩百诗，博极群书，可敌顾宁人。”阎若璩不仅在《潜邱札记》《毛朱诗说》中多次提到吴，而且在他赖以立名天下的《尚书古文疏证》中也多次引用吴殳论诗的话语，二人颇有些同气相求的味道。吴、阎的结识应与徐乾学有关，因为他们都是徐氏碧山堂里的常客。阎氏此札写于康熙二十九年庚午。此时，徐乾学因左副都御史许三礼连章弹劾，危机四伏，不得不以“精神衰耗”为理由，乞求“归省先臣邱垅”，并要求“书局自随”，继续主持《大清一统志》的修纂工作。他的请求得到康熙批准，并赐给御笔“光焰无际”匾额一块，命继续主修《一统志》。这在清初算是一件令人艳羡的盛事，亦见康熙珍重人才。②清人陈康祺《朗潜纪闻初笔》卷三云：

昆山徐尚书养疴洞庭，书局自随。其聘修《一统志》者，无锡顾祖禹景范，常熟黄仪子鸿，山阳阎若璩百诗、德清胡渭朏明也。

---

① ［清］阎若璩：《潜邱札记》卷五，景印文渊阁《四库全书》本第859册，台湾商务印书馆股份有限公司2008年版，第511—512页。

② 王钟翰点校：《清史列传》卷十《徐乾学传》，中华书局1987年版，第678—684页。

一堂宾从之贤，皆九等人表之最。官书如此慎重，岂复私家著述所能比肩。[①]

清张穆撰《阎若璩年谱》认为，吴殳向阎若璩推荐贺黄公《载酒园诗话》，以及阎与胡朏明“大噉细读，口眼俱快，沁入心脾”，都在这一年。[②]此时的黄虞稷也在《一统志》局中，可惜的是一年之后，即康熙三十年辛未，这位杰出的目录学家就溘然去世了，得年仅六十二岁。

对《围炉诗话》，历来有不同评价，以赵执信评价最高，也最有名，如赵在《谈龙录》中曾说：“昆山吴修龄论诗甚精。……中有云：‘诗之中须有人在。’余服膺以为名言。”[③]对此，后代论清诗者多有称述。当然，批评意见也相当多，有的甚至十分尖锐，这以《四库提要》为代表：

是书所论，如意喻之米，文则炊而为饭，诗则酿而为酒，饭不变米形，酒则变尽。如《小弁》《凯风》诸篇，断不能以文章之道平直出之。又谓诗之中须有人在，赵执信作《谈龙录》，皆深取其说。然统核全书，则偏驳特甚。大旨初尊长沙而排庆阳，又祖晚唐而挤两宋。气质嚣浮，欲以毒詈狂谈劫伏俗耳，遂以王李为‘牛吼驴鸣’，而比陈子龙于王锡爵之仆夫。七子摹拟盛唐，诚不免于流弊，然亦各有根据，必斥之不比于人类，殊未得其平。至于赋、比、兴三体并行，源于三百，缘情触景，各有所宜。未尝闻兴、比则必优，赋则必劣。况唐人非无赋体，宋人亦非尽无比、兴。遗诗具在，吾将谁欺？乃划界分疆，诬宋人以比兴都绝，而所谓唐人之比兴者，实皆穿凿附会，大半难通。即所最推之李商隐、韩偓二家，李则字字为令狐而吟，韩则句句为朱温而发。平心而论，果尽如是哉？阎若璩《潜邱札记》载乔自誉之言曰：贺黄公《载酒园诗话》、冯定远《钝吟杂录》及某《围炉诗话》，可称谈诗之三绝。

① ［清］陈康祺撰、晋石点校：《郎潜纪闻初笔》卷三，中华书局1984年版，第58—59页。

② ［清］张穆撰、邓瑞点校：《阎若璩年谱》康熙二十九年庚午条，中华书局1994年版，第80页。

③ ［清］赵执信著、赵蔚芝等注释：《谈龙录注释》第七条，齐鲁书社1987年版，第18页。

是何言欤！[①]

沈德潜在《清诗别裁》中也有类似的批评，说吴殳“著《正钱录》，又著《围炉诗话》，挥斥诸家，所为诗摹仿西昆，然重重襞积，獭祭而未归自然，与平日议论不相关照。所谓责人斯无难者也。”[②]大抵，康、雍间学者不能摆脱《正钱录》的影响，不免批评多于肯定，沈德潜便是显证。乾、嘉以后，论者多趋向于客观。如一直珍重保存《围炉诗话》抄本的黄廷鉴，在抄本题识中说：

> 修龄先生所撰《围炉诗话》，脍炙艺林，其排击七子，探源六义，议论精到，发前人之所未发。惟词锋凌厉，间伤忠厚。殆以王、李之派，迷溺已深，有激使然欤。[③]

张海鹏的一段跋语也值得一读：

> 吴修龄先生《围炉诗话》六卷，持论名通，一扫皎然诗式、沧浪诗话之陋，其所服膺，在冯氏定远、贺氏黄公，故采录二家之说为多。而其自抒心得，尤足以针膏肓而起废疾。其说谓诗中当有人在，固属千古名言，谓唐人不违比兴，自宋以后比兴全失，则六义之奥、风骚之旨，导积石而溯昆仑矣。[④]

当代学者论及清初诸家诗话时，对吴殳《围炉诗话》中“诗中须有人”“以意为主”“比兴寄托”等观点，以及他主张放宽诗韵，反对以韵害意、泥辞损志等理论，大都给予了肯定。[⑤]总之，不管古今学人在评价上存在多大歧义，《围炉诗话》在清人诗歌理论中的地位是不容忽略的。

《逃禅诗话》一卷，存。

此书唯光绪《昆新两县续修合志》卷五〇《著述目》著录，此外不见于

---

① ［清］纪昀：《四库全书总目》卷一九七集部诗文评类存目，中华书局1983年版，第1805—1806页。

② ［清］沈德潜编：《清诗别裁集》卷八，中华书局1975年影印乾隆二十五年（1760年）教忠堂重订本，第148页。

③ ［清］黄廷鉴：《围炉诗话·跋》，清嘉庆间借月山房汇钞本。

④ ［清］张海鹏：《围炉诗话·跋》，清嘉庆间借月山房汇钞本。

⑤ 邬国平、王镇远：《清代文学批评史》第三章第三节《诗话作者》，上海古籍出版社1995年版，第177—183页。

清代公私藏书目录。现知仅台湾“中央图书馆”藏有一部清抄本，查《中国古籍总目》、“学苑汲古”，知北大图书馆藏有《逃禅诗话》一卷，二册，清抄本。台湾广文书局为之影印出版，与《围炉诗话》《西昆发微》及赵执信《谈龙录》合为两册，编为《古今诗话续编》之下册。书无序跋，故不知成书及抄写时间，首页署“昆山吴乔修龄氏著”，钤有“适园秘藏之印”。据此，抄本是晚清吴兴张氏适园[①]故物，其后辗转收藏的情况尚不明了。

《逃禅诗话》的影响远不及《围炉诗话》之大。原书可能未曾刊刻过，只以抄本流传，故知者甚少，以至清人论诗者和当代研究清诗的著述中，迄未见有论及此书者。今观其内容，篇幅远小于《围炉诗话》，体例不同于《围炉》的是书中设有小标题，如变复、哀乐、诗中有人、体制等，标题下面的内容或长或短，差别甚大。而书中有些内容则与《围炉诗话》相近似，只是文字结构和文字繁简有别。举例说，如吴殳著名的“诗中须有人”说，见于《围炉》卷一：

> 问曰：先生每言诗中须有人，乃得成诗。此说前贤未有，何自而来？答曰：禅者问答之语，其中必有人，不知者禅者不觉耳。余以此知诗中亦有人也。……故读渊明、康乐、太白、子美集，皆可想见其心术行已，境遇学问；刘伯温、杨孟载之集亦然。

此段议论亦见于《逃禅诗话》，但文字结构与详略明显不同：

> 诗中有人。故读其诗，而心术之邪正，制行之纯杂，学问之深浅，境遇之得失，朋友之谅柔，皆可见焉。上而文王、大明、楚辞，可以想见文、武、周公、屈子，下而温、李之集，可以想见飞卿、义山，乃至刘伯温、杨孟载犹然也。如是乃谓之诗。……问曰：此说古未有也，何从得来？答曰：禅家问答，禅人未开眼，有胜负心；诗人未开眼，不知有自心、自身、自境。堕于声色边事者，皆徇末而忘本者也。

同类情况还有，但多数内容则与《围炉》不同。蒋寅《〈逃禅诗话〉与〈围

---

① 吴兴张钧衡，字石铭，别号适园。近代藏书家，藏宋元椠甚富，刻《适园丛书》七十余种等。参见伦明等著、杨琥点校：《辛亥以来藏书纪事诗》，北京燕山出版社1999年版，第45—46页。

炉诗话〉的关系》一文，则通过两书对比，得出"《逃禅诗话》实际上就是《围炉诗话》的雏形与蓝本"这一结论。[①]

《西昆发微》三卷，存。

《四库全书提要》别集类存目、《清史稿·艺文志》集部诗文评类著录。有《丛书集成初编》本、台湾广文书局影印清抄本等行世，另有清康熙七年（1668年）盛德容刻本，清嘉庆间借月山房汇钞本，清郑传绪抄本，民国张氏适园丛书本。吴殳以善写李商隐为代表的所谓"西昆体"诗而著名，王渔洋曾说："今日善学西昆者，无如常熟吴殳修龄。"[②]《西昆发微》是他专门讲析注解李商隐无题诗的著作。书序作于"甲午夏日"，应即顺治十一年（1654年），是年吴殳四十三岁。《序》云：

> 义山于唐人中辞意最为缥缈，适遇令狐之扼，得极其比兴风骚之致，吸霞饮露，遗世独立，绚诚为他山之石焉。乔敢表而出，世或好学深思有志于风雅者，能谅也。今于本集中抽取无题诗一十六篇为上卷；与令狐二世及当时往还者为中卷；疑似之诗为下卷。详说其意，聊命名曰《西昆发微》。

《四库提要》对此书取基本否定的态度，并对吴殳多有指议。《提要》云：

> 国朝吴乔撰……是编乃所说李商隐诗。案《唐书》商隐传称与温庭筠、段成式俱以四六得名，号三十六体。则商隐所作别无西昆之名。杨亿《西昆倡酬集序》称取玉山册府之义，名曰西昆，则西昆之名又非商隐所作。此书标题先已失考。其所说，凡无题之诗又无一不归于令狐绹。如《锦瑟》一首，刘攽《中山诗话》以为令狐楚青衣之名，其说本谬。计有功《唐诗纪事》称为令狐丞相青衣，盖沿此文，特省楚名耳。乔不考其源，但据丞相之文，亦执为绹之青衣。他如《少年》一首，明言外戚平羌第一功；《富平少侯》一首，明言十三身袭富平侯；《可叹》一首，明言赵后楼中赤凤来.与

① 蒋寅：《逃禅诗话》与《围炉诗话》之关系，苏州大学学报，2000年第三期，第39—44页。

② ［清］王渔洋：《带经堂诗话》卷一一指数类下，人民文学出版社1982年版，第250页。

绚何与？皆锻炼入之。然则《柳枝》五首，非商隐明作一序，亦必谓为绚作矣。[①]

实事求是讲，《提要》对吴殳有偏见，这在《提要》关于《围炉诗话》的苛责中就已表露无遗。关于“西昆体”的提法和《西昆发微》的定名，吴殳在《围炉诗话》卷二中曾专门有过一个说明，惜乎《提要》作者视而不见，于是一些指责便成了无的放矢。吴殳说：

严沧浪云：西昆即义山体，而兼温飞卿及杨、刘诸公以名之。冯定远云：《西昆唱酬》是杨、刘、钱三人之作，和者数人，取法温、李，一时摹效，号为西昆体，不在此集者尚多。永叔始变之，江西以后绝矣。元人为绮丽语，亦附西昆体，而义山诗实无此名。余注义山无题诗名曰《西昆发微》，正嫌沧浪之粗漏也。[②]

以李商隐诗为“西昆体”，本出自宋严羽《沧浪诗话·诗体》，后来成了约定俗成的说法，而并非吴殳首创。[③]这一点，吴殳在上面的引文中已讲得一清二楚，《提要》“此书标题先已失考”之说实在讲得多余，反显出四库馆臣的疏阔。至于李商隐的无题诗，一直是文学史上疑云丛集的问题，各家疏解不一而足，见仁见智，乞无定说，为什么吴殳就不能提出自己的见解呢？对吴殳的观点，邬国平、王镇远在《清代文学批评史》中有一番分析论证，我以为讲得比较客观，谨引录如下，请读者参考：

吴乔尤重学习擅长比兴寄托、诗风秾丽婉曲的李商隐、温庭筠、韩偓诸家，李商隐更为他所倾倒。这一宗尚与冯班倡学晚唐、西昆体基本一致。不同之处是，冯班所讲西昆体虽主要指李商隐等晚唐诗人作品，也包括宋初西昆体诗作，二者皆是学习对象（尽管后者较次要）。吴乔则将西昆体明确区分为李商隐之西昆与杨亿、刘筠、钱惟演之西昆。他注李商隐诗而取名《西昆发微》，同时又

---

① ［清］纪昀：《四库全书总目》卷一七四集部别集类存目一，中华书局1983年版，第1534—1535页。

② ［清］吴殳：《围炉诗话》卷二，中华书局1985年丛书集成初编本。

③ ［宋］严羽：《沧浪诗话·诗体》：“李商隐体，即西昆体也。”见［清］何文焕《历代诗话》，中华书局1981年版，第689页。

说："义山诗被杨亿、刘筠弄坏。"……所以，吴乔讲学西昆体，

实是学李商隐的同意语，而对宋初《西昆酬唱集》采取贬抑态度。[①]

《史论》二十篇，佚。

光绪《昆新两县续修合志》卷五〇著录，卷三四《游寓》称："又善古文辞，尝作《史论》二十篇，见者服其识力。"民国修《太仓州镇洋县志》卷二五《艺文》作吴殳《史论》，当是同一种书。此书未见于各家著录，可能已经亡佚。

《流寇长编》十八卷，《怀陵流寇始终录》二十卷，存。

《流寇长编》十八卷，光绪《昆新两县续修合志》卷五〇、民国修《太仓州镇洋县志》卷二五著录。谢国祯先生《晚明史籍考》卷六附见于《怀陵流寇始终录》二〇卷之后，并指出二书实为一书。[②]关于署名，谢先生采用了"明吴江戴笠耘野撰，昆山吴殳修龄删定"的题法。

《流寇长编》没有刊刻过，一直以来只有极少量的抄本被藏书家们所珍藏，真可谓"不绝如缕"。据谢先生考述，清末到民国年间，海内只有两部半抄本。其一是清礼亲王邸藏本，后归晚清著名学者王懿荣（字正孺，谥文敏）所有。入民国后，为商务印书馆张元济（菊生）所得，归涵芬楼庋藏。晚清学者吴庆坻《蕉廊脞录》卷五有《流冠长编》两则，记述的就是这个抄本。其中的第一则云：

> 《流寇长编》二十卷，吴江戴笠耘野、昆山吴乔（殳）修龄同辑。纪明季流贼始末，起崇祯元年戊辰，终康熙三年甲辰。前十七卷，以一年为一卷，排比月日，纪载綦详。卷十八下，增"甲申剩事"四字，其叙闯、献事，兼载弘光、隆武、永历三王事，至桂王为吴三桂戕害而止。末有《流寇长编始终录》一卷，《补遗》一卷。前有自叙二首，痛言思宗好察，好佞，好小人，好速效，好自大，好自用；廷臣善私，善结党，善逢迎，善蒙蔽，善守资格，善

① 邬国平、王镇远：《清代文学批评史》第三章第三节《诗话作者》，上海古籍出版社1995年版，第178页。

② 谢国祯：《增订晚明史籍考》卷六《农民起义上》，上海古籍出版社1981年版，第264页。

> 因循，善大言虚气，煤山之祸众力所成，闯贼独受其名耳。其后论列国事败坏所由，凡四十八事。于天、崇两朝朝政之窳，兵机之失，言之痛切。是书仅抄本，为礼邸旧藏，有“宗室文悫公家世藏”“礼邸珍玩”“檀尊藏本”“ 礼府藏书”四印。伯羲祭酒藏书之一，书面有王文敏公题字。近为张菊生所得，藏涵芬楼，余借观记其大略如此。[1]

1932年上海“一二八”事变时，日寇对闸北的轰炸引发了商务印书馆书库大火，涵芬楼珍藏的大批图书被焚毁，这个抄本也随之化为灰烬。

涵芬楼还有第二个藏本，题为《流寇编年》三卷，不署撰人，其第一卷即戴笠为《流寇长编》写的序。谢先生认为这个三卷本是《流寇长编》的简本。[2]三卷本也毁于战火，幸好谢先生将戴笠长序录存在《晚明史籍考》中。

第三个本子是清初钱曾（遵王）述古堂藏抄本，上有清初藏书家曹溶（洁躬）、陈邦彦等人印记。民国初年归如皋冒广生（疚斋）所有，冒在《小三吾亭文集》写有《书怀陵流寇始终录后》。以后归南京图书馆藏，40年代末被收入《玄览堂丛书》中。涵芬楼藏本被毁后，这是目前所知海内外唯一的抄本。1993年辽沈书社据《玄览堂丛书》本点校出版，书名《怀陵流寇始终录》。[3]点校本没有将戴笠的长序移录到卷首，这是一个缺憾。如前所论，戴笠的明亡“四十八失”与吴殳改写的“四十三失”差别甚大，两文可以并存。

《寇事编年》的原作者戴笠，字耘野，又字则之，吴江人。明诸生，博学能诗，与顾炎武为友。明亡后，“教授自资，勤于著述。谓明亡于流寇，综其始末，以月日为次，作《流寇编年》。”[4]关于吴殳与此书的关系，戴

---

① ［清］吴庆坻撰、张文其等点校：《蕉廊脞录》卷五，中华书局1997年版，第138—139页。

② 谢国祯：《增订晚明史籍考》卷六《农民起义上》，上海古籍出版社1981年版，第264页。

③ 《怀陵流寇始终录·点校前言》，辽沈书社1993年版。

④ ［清］黄容：《明遗民录》卷五戴笠条。转自谢正光、范金民《明遗民录汇辑》，南京大学出版社1995年版，第1166页。

笠的弟子潘耒（次耕）在《寇事编年序》中有清楚的交代。[1]潘耒之兄潘章（又作柽章，字力田），明亡后，与同邑吴炎（赤溟）以明史为己任，发愤著书，戴笠分任流寇史事。顺治十八年（1661年），潘、吴二学子因“庄廷珑史案”被杀，戴笠不为所动，坚持笔耕不辍，终于完成了十八卷《寇事编年》的第一稿。潘耒《序》讲述成书过程云：

> 崇祯一朝无实录，取十七年之抵报，与名熙章奏，私家记载，采辑成书。用编年体，排日系事，不漏纤毫。依司马温公先丛目次长编后通鉴之法，宁详毋略，宁琐毋遗，提纲缀目，有条有理，自延绥起事迄西山余党之灭，凡十八卷。……先师既殁，耒求得其稿，昆山吴修龄以为太繁，稍加删节，附著己见，颇有发明，一展卷而寇之出入去来，盛衰分合，灿若列眉。实史家之要书也，览者详考焉。[2]

吴殳在序言中也讲了这个过程，只是《玄览堂丛书》本吴序的文字多有缺损，而且刚好缺在讲成书过程的地方，不免令人遗憾。但细读吴序前后文字，关于他在此书中所起的作用还是清楚的。明亡后，吴殳也颇为留心于晚明历史，他的《抚膺录》《抚膺诗》《史论》等，应该都是与此有关的著述。吴殳在序言中讲：

> 夫三百年休养生息，金瓯完固之业，天子未闻有失德，十有六年剧然瓦裂，诚为大可怪事。身处草莽，无所咨询。后得谷氏《纪事本末》，于贼事极其疏略；又得吴氏《绥寇纪略》，读之一月，茫如望洋。（下缺）[3]

于是，他接受潘耒之托，担当起整理戴笠遗稿的工作。从今本《怀陵流寇始终录》看，吴殳所做的工作至少有两个方面：

一是删繁就简，厘定卷数。戴笠遗稿是“长编”性质，必定字数繁多，

---

① ［清］潘耒：《遂初堂文集》卷六《寇事编年序》，《清代诗文集汇编》，上海古籍出版社2010年版，第306—307页。

② ［清］潘耒：《遂初堂文集》卷六《寇事编年序》，《清代诗文集汇编》，上海古籍出版社2010年版，第306—307页。

③ ［清］吴殳：《自序》，《怀陵流寇始终录》，辽沈书社1993年版。

潘耒《序》说“吴修龄以为太繁”便是证明。故今本《怀陵流寇始终录》的篇幅架构都应该是吴殳删节整理后形成的。潘耒说：“一展卷而寇之出入去来，盛衰分合，灿若列眉，实史家之要书也。”便包含有对吴殳工作的肯定。潘耒本人是功底深厚的史家，他这些话自非虚誉之词。很可能十八卷加《甲申剩事》《将之妖孽》各一卷，总二十卷的结构，是由吴殳最终确定的。与吴殳交往很深的刘献廷在《广阳杂记》卷四云：

> 修龄有自著书三十余卷，纪流寇事甚详。半藏家塾，半在潘次耕处。①

这段话很费解，但刘献廷肯定是听吴殳自己讲的。“三十余卷”可能有误，也可能是戴笠稿加上吴殳“自著书”的卷数。后来吴殳依戴稿十八卷框架，将自己的稿子融入其中，再加上两个附卷，总终形成二十卷的规模。

二是加进自己的研究心得，即潘《序》所说“附著己见，颇有发明”。据辽沈书社点校本的统计，吴殳在书内一共写了三百多条“讨论”和“考异”，包括针对吴伟业《绥寇纪略》的一些考辨。点校者说，吴的工作“主要是审弁史料，阐明去取，考订异同，评论得失。吴氏见闻广博，对朝野时政得失及当时形势的发展演变，也深有洞见，所作的资料考弁固多精审，其评论亦有独到之处，具有很高的学术价值”。②除了这些以外，吴殳直接插入正文的内容有哪些？这已经难以考知。但我们注意到，有些地方的确存在吴殳增补的痕迹。例如卷六崇祯六年癸酉（1633年）正月条载，是月农民军攻掠河南沁水地区：

> 壬戌，僧官守备弘记战死于下头村。弘记少林寺僧，学技于刘德长者也。③

这一望而知出自吴殳手笔。弘记，本作洪记，抄本作“弘”应是避私讳。洪纪曾与江南著名武艺家石敬岩一起学枪法于刘德长，而石敬岩则是吴殳的武艺老师。关于洪记，吴殳在《手臂录》卷一《石家枪法源流述》中有一段详

---

① ［清］刘献廷撰、汪北平等点校：《广阳杂记》卷四，中华书局1997年版，第211页。

② 《怀陵流寇始终录·点校前言》，辽沈书社1993年版。

③ 《怀陵流寇始终录》卷六，辽沈书社1993年版，第53页。

细的记述：

> 敬岩……枪棍得之少林僧洪记，自谓有得矣。年三十七，与洪记见刘德长于真定巡抚韩公晶宇署中。洪记与德长校技，而手中兵器为德长拨去，乃心折，百拜请受教。刘师曰：二子根本无功，枝干皆虚也。当息心泯志，不学破法，不与人角技，下死工夫于根本者二年，则可受我法。自今日请辞，至期相见。乃如所言，与记用根本工夫足二载，复往见。刘师试之而实，喜曰：吾教二子枪法已竟，无多求也。二子所学博极诸家，惟不知有根本，不曾加工，故遇吾而败。今根既实，则旧法皆吾法也，复何教为？……洪记以崇祯□将兵击流贼于□□，大破之，追远遇生贼，援兵不至，终不肯退，贼益众，奋斗以死，不负所学云。[①]

读了这段文字，就不难理解为什么像洪记之死及其学武于刘德长这样细琐的事情，也会被写进《怀陵流寇始终录》。显然，只有吴殳才有此兴趣，因为刘德长、洪记、石敬岩都与他在武艺上有渊源关系。还可举关于石敬岩的一段记载为例，载卷八崇祯八年乙亥二月条。此时，张献忠农民军已攻入安徽，克凤阳，毁皇陵，进逼江南。朝廷急调江南军队入援安徽：

> 应天巡抚张国维、吴淞总兵许自强以舟师至安庆，贼已去。国维令守备朱士胤等以兵趋潜山，把总张其威、守备项鼎镛、指挥包文达等趋太湖追贼。文达客、石电、钱士选、于蛮等三十五人皆东吴技勇之士，欲立功自见。壬辰，至宿江，入伏血战，石电等下马奋槊步斗，骑贼堕地纷然，回马遥环之，令刀槊不得及，发矢如飞蝗。国维发兵不给甲，电等皆中箭死。[②]

石电就是石敬岩，本是常熟一位出身寒微的民间武师。崇祯六年癸酉，他曾在太仓报本寺设场教授武艺，吴殳与本县的陆世仪及夏君宣、玉如弟兄往从习武。石电对吴殳的影响很大，吴殳一生坚持探研武艺之道，与石电的

---

① ［清］吴殳：《手臂录》卷一《石家枪法源流述》，中华书局1985年丛书集成初编本，第13—14页。

② 《怀陵流寇始终录》卷八，辽沈书社1993年版，第112页。

引导分不开。[①]

石电战殁后，大名鼎鼎的钱谦益曾写了《石义士哀辞》，[②]陆世仪也有诗纪念，并写了一篇辞情并茂的《石敬岩传》。[③]吴殳是石氏武艺的主要继承人，一生汲汲发扬石氏武艺与武学思想，因此他几乎所有的武学著作中处处讲到石敬岩，并将石氏枪法称之为“石家枪”。有这样一层背景，吴殳便在《怀陵流寇始终录》里特意写了石电的死。他着意写明死的原因，也与辨正陆世仪《石敬岩传》的某些文学性描写有关。

除上举二例外，前揭《蕉廊脞录》卷五，关于《流寇长编》第二则，也是吴殳补写内容之一例。此节讲李自成入京之前，明朝宦官、宰相等都已约好开城迎贼。本节之末有注云：“此事万斯同面问魏提塘所说。”[④]证明这段史实是吴殳写进去的，是吴殳从万斯同那里听来的。

《怀陵流寇始终录》是关于明末农民战争的最重要的编年体史籍之一，关于其作者，历来多用“戴笠撰、吴殳删定”之说，现在看来，吴殳的工作并不只是“删定”，但又没有一个合适的署名方式。辽沈书社点校本不在封面等地方标明作者姓名，只依玄览堂本的原格式，在每卷卷头写上：“吴江戴笠耘野 昆山吴殳修龄”的名氏，等于标明是二人合著，我以为这样处理比较符合实情，也就是说吴殳与戴笠共同拥有《怀陵流寇始终录》的著作权。

《纪效达辞》二十卷，存。

光绪《昆新两县续修合志》卷五〇、民国修《太仓州镇洋县志》卷二五著录。是吴殳所著兵书之一，是他对戚继光兵学名著《纪效新书》十八卷本的改写、诠释与发挥，可以看成是一部《纪效新书》讲义或导读。故署名是“明定远戚继光元敬立法 后学古吴吴殳修龄达辞”。《纪效达辞》非常稀

---

① 参见拙作《明末武术家石敬岩考述》，《说剑丛稿》，兰州大学出版社2000年版，第88页。

② ［清］钱谦益：《牧斋初学集》卷七八，上海古籍出版社1985年版，第1683页。

③ ［清］陆世仪：《桴亭先生诗文集》卷六《石敬岩传》，清光绪二十五年（1899年）唐受祺刻陆桴亭先生遗书本。

④ ［清］吴庆坻撰、张文其等点校：《蕉廊脞录》卷五，中华书局1997年版，第139页。按，这段话《怀陵流寇始终录》作“此事万斯同亲见卫某所说”。见《怀陵流寇始终录》卷一七，辽沈书社1993年版，第321页。

见，清代公私藏书目录中，唯见于清康、雍间苏州藏书家王闻远（声宏）的《孝慈堂书目》。书序则被清王宝仁《娄水文徵》所收载。[①]《纪效达辞》似从来没有刻板印行，仅以抄本传存，这应该是它特别稀见和各家目录书无所载录的主要原因。据笔者所知，目前国内仅有两个清抄本，一藏中国军事科学院图书馆，凡二十卷，分装为六册，许保林《中国兵书知见录》著录。[②]另外一部是南京图书馆藏本。笔者所见的就是南图本。海内只有这两个抄本，可谓珍稀之极，可惜并没有被收入《中国古籍善本书目》子部兵家类。

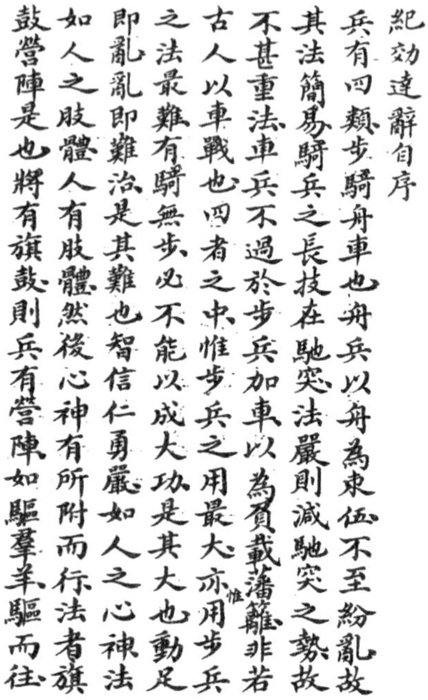
紀効達辭自序
兵有四類步騎舟車也舟兵以舟為束伍不至紛亂故
其法簡易騎兵之長技在馳突法嚴則減馳突之勢故
不甚重法車兵不過於步兵加車以為負載藩籬非若
古人以車戰也四者之中惟步兵之用最大亦惟用步兵
之法最難有騎無步必不能以成大功是其大也動足
即亂亂即難治是其難也智信仁勇嚴如人之心神法
如人之肢體人有肢體然後心神有所附而行法者旗
鼓營陣是也將有旗鼓則兵有營陣如驅羣羊驅而往

图1　纪效达辞

南图藏本也是二十卷，一篇为一卷，篇目为将教、军礼、节制、阵法、旗鼓、击刺、比试、操场、营法、启行、军政、治气、合刃、守胜、军刑、兵教、车兵、舟兵、守城、烽堠。经检读，卷首篇目与书中有歧异者，如篇目卷六作“击刺篇”，书中漏写篇目名；篇目卷七作“比试篇”，而书中作“比较篇”。可见抄本必定多有错漏，需要经过认真校勘清理。

《纪效达辞》的卷首是戚继光十八卷本《纪效新书》的自序，[③]其次是吴殳的序。吴序说，自古治军者多不讲旗鼓营阵之法，唯戚继光《纪效新书》言之最详，“人能熟读而精思之，虽老于行间者不过是也”。但他以为戚书“行列未整，字句多芜，读之不快”。文字上应当有所删节、条贯，当然也包括内容上的调整疏解。戚书在明代坊间翻刻本极多，大多质量低劣，今存

① ［清］王宝仁：《娄水文徵》卷四七，道光十二年（1832年）有余斋刻本，第12页。

② 许保林：《中国兵书知见录》，解放军出版社1988年版，第203页。

③ 戚继光《纪效新书》有十八卷本和十四卷本两种，十八卷本流行较广，十四卷本是他晚年在广州重新整理的本子，有李承勋刊本，但比较稀见。参见马明达点校本《纪效新书·前言》，人民体育出版社1988年版。

明刊本不算少，但绝少佳者。所以“行列未整，字句多芜”并不一定是戚继光造成的，而是明坊刻本的通病。吴殳说：

> 予于丁丑戊寅间，有志于此，删为一书以备他日之用。其后事事灰心，竟不知此书沦落何处。今者鹿城呼德下、云间蒋大鸿、甬东潘用微屡相从臾，乃复取坊本，更以旧意为之，再成此书，名之曰《纪效达辞》。

序末署：“壬寅腊月九日古吴鹿城吴殳修龄撰。”壬寅是康熙元年（1662年），此年吴殳五十一岁。鹿城是昆山代称。据他在《峨嵋枪法》序言中说，这一年他应昆山盛辛五之邀，为盛氏子师。在盛家结识了“弓马精绝”朱熊占，从朱氏得到程真如传授的峨嵋枪法。[①]又据《手臂录·单刀图说》序，此年八月他还撰写了《单刀图说》一书。[②]总上，康熙元年吴殳在家乡昆山盛家为塾师，专心研究兵法和武艺，《纪效达辞》和他的多数武艺著作都写于此年。

吴序说：“予于丁丑戊寅间，有志于此，删为一书以备他日之用。”是说吴殳在明崇祯十年（1637年）、十一年间就曾经将戚氏《纪效新书》删成一个以备他日之用的洁本。这说明吴殳在兵学的研究上起步甚早，这应该与他早在崇祯七年、八年因为“天下多事”，便与陆世仪等师从常熟石电（敬岩）学习武艺是一脉相承的。“其后事事灰心，竟不知此书沦落何处”。前揭光绪《昆新两县续修合志》卷三四吴殳传载，他于崇祯十一年被补为本县诸生，“寻被斥”。被斥的原因无考，但这必定是他“事事灰心”的原因之一。但最重要的应该还是明朝的灭亡给他的精神打击。又过去了二十多年，在几位朋友的怂恿之下，他才再一次完成此书。

怂恿吴殳完成《纪效达辞》的三个人值得注意。

呼德下，名谷，昆山人，明诸生出身。入清后坚守遗民志节，“遁迹荒郊，足不入城市者二十余年”。叶方霭是他的弟子，在所编《独赏集》中选

---

① ［清］吴殳：《手臂录》附卷上《峨嵋枪法·峨嵋枪法原序》，中华书局1985年丛书集成初编本，第107页。

② ［清］吴殳：《手臂录》卷三《单刀图说自序》，中华书局1985年丛书集成初编本，第61页。

呼谷诗最多，称呼为“东南隐士之冠”。[①]呼本人有《葵园集》一卷，世所罕见，我所见者是南京图书馆藏的清佛兰堂抄本。

蒋平阶，字驭闳，一字大鸿，华亭人。曾在南明唐王朝廷任御史，入清后不仕，以地理之术游历各地，享名南北。他著有《地理辨正》一书，后之谈风水者无不奉为津梁。《清史稿》卷五〇二《艺术传》有传，云：“平阶生于明末，兼以诗鸣。清初诸老，多与唱和。地学为一代大宗，所造罗经，后人多用之，称为‘蒋盘’云。”[②]徐世昌《晚晴簃诗汇诗话》称他“诗宗唐人，才力丰健，犹有几社余风”[③]。

潘平格，字用微，慈溪人。约生于明万历三十八年（1610年），卒于康熙十六年（1677年）。潘是明末清初的思想家，以彻底反对程、朱、陆、王理学而著名，为此曾遭到黄宗羲等学者的抨击。潘有两件很有影响的事情。一是康熙四年四月，年纪已五十三岁的归庄，主动拜潘平格为师。当时潘正在昆山讲学，二人年纪相若。不久，归庄反悔，潘便将二人关系改回朋友。又过了不久，归写信给吴殳和潘本人，攻击潘为小人。[④]第二是黄宗羲的大弟子万斯同曾经为潘的学说所折服，黄门弟子以为万要背叛黄宗羲，黄听了也大为不满。万于是向黄宗羲表示：“请以往不谈学，专穷经史。”[⑤]足见潘确有独到处。实际潘的学行过去并不为学界注意，直到晚近以来钱穆、容肇祖等先生发表了专题研究的文字，潘的学术和名字才逐渐传扬开来。[⑥]

上述三人，都是品格高洁而且有着特殊学养的学者，他们都是守志不渝的明朝遗民，甘愿栖身下层，不与清朝合作。这三个人与吴殳的共同之处是

---

① 呼德下生平，参见《（光绪）昆新两县续修合志》卷三一文苑二，江苏古籍出版社1991年版，第518页。又见闵尔昌《清碑传集补》卷三六杨风艺撰《呼德下纪略》，《清代碑传全集》，上海古籍出版社1987年版，第1470页。

② 赵尔巽等撰：《清史稿》五〇二，中华书局年1977版，第13884页。

③ 徐世昌编、闻石点校：《晚晴簃诗汇》卷五一，中华书局1990年版，第2043页。

④ ［清］归庄：《归庄集》卷五《与潘用微先生书》《与吴修龄书》，上海古籍出版社1984年版，第331—335页。

⑤ ［清］李塨谷：《恕谷后集》卷六《万季野小传》，中华书局1985年丛书集成初编本，第71—72页。

⑥ 钱穆：《中国近三百年学术史》，中华书局1986年版，第51—69页。容肇祖：《潘平格的思想》，《容肇祖集》，齐鲁书社1989年版，第456—478页。

显而易见的，亦见吴殳交游的并不都是徐乾学一类新贵。

戚继光《纪效新书》是明清大量兵学著作中最具科学性和实用价值的一部，对明以后军事学产生了极其深远的影响，直至清末民初，犹是临戎者案头必备之书。吴殳以《纪效新书》为研究对象，并对之做出订补演绎，以求更切实用，亦见其兵学素养之深和眼力之高。相比于与同时代某些喜欢谈兵的学人，吴殳在兵学上、武艺上，不但功夫下得深，所作所述也都立足实际应用，绝非纸上谈兵者流。然则，吴殳毕竟是一介书生，终其一生没有过任何军事经历，武艺的实践上也有很大局限性。于是便仍旧脱不开书生“抵掌谈兵”的习气，有些议论不免但凭感悟，流于主观，这在《纪效达辞》中不乏例证。但吴殳确有自己的优长，特别是在长、短兵武艺方面，他经师既多，阅历又广，又善比较鉴别，所以如第六卷击刺篇、第七卷比试篇中，都有不少精采的论述，有些地方确对戚书有所补益，也给我们研究明清武艺提供了珍贵的资料。

《纪要达辞》二册，佚。

清光绪《昆新两县续修合志》卷五〇和民国修《太仓州镇洋县志》卷二五均有著录，后者归于“说部”。此外，不见于清代和当代的各家著录，疑已佚，内容失考。

《手臂录》四卷，附二卷，存。

民国《太仓州镇洋县志》卷二五著录，但未说明卷数。《清史稿·艺文志》子部兵家类：“《手臂录》四卷，吴殳撰。”[①]此处所载卷数应是《手臂录》原来的卷数，但这种四卷本今已不存。该书清代丛书多有收录，现在知道的有《泽古斋重抄》本、《借月山房汇抄》本、《指海》本、《瓶华书屋》本、《扫叶山房》本等，都是六卷本，即在原四卷外又加上附卷上下两卷。最常见的《丛书集成初编》就是据《指海》本重新排印的，附有校记，末尾还收了《泽古斋》本张海鹏的一篇《跋》。据张《跋》，附卷两卷，即卷上《峨眉枪法》和卷下《梦绿堂枪法》，原本都是独立的单本书，张海鹏

① 章钰等：《清史稿艺文志及补编》，中华书局1982年版，第169页。

在编刻《借月山房汇钞》时，将《手臂录》收入其中。[①]清代其他丛书多由《泽古斋》本收录，其中多数直接采用了张本的板片。《中国古籍善本总目》卷一五子部兵家录著录了上海图书馆收藏的清抄本《手臂录》四卷，附《峨眉枪法》一卷、《梦绿堂枪法》一卷，及程冲斗《十六枪势》一卷。[②]此本是否清人某家丛书的底本，犹待考察。程冲斗《十六枪势》则是好事者从《耕余剩技》中抄出来的，与吴殳本无关系。此外，清华大学也藏有一部四卷本的清抄本，二册一函，钤有“丰华堂书库宝藏印”。此见《清华大学图书馆藏善本书目》子部兵家类。[③]

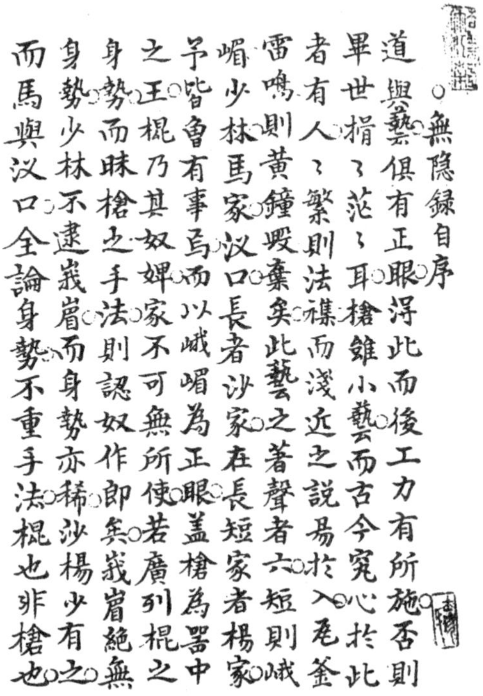
無隱録自序
道與藝俱有正眼。得此而後工力有所施。否則畢世揣揣范范耳。槍雖小藝。而古今究心於此者有人。人繁。則法襍。而淺近之說易於入。乖釜雷鳴。則黃鐘毀棄矣。此藝之著聲者六。短則峨嵋少林馬家。汊口。長者沙家。在長短家者楊家。予皆曾有事焉。而以峨嵋為正眼。蓋槍為器中之王。棍乃其奴婢。家不可無所使。若廣列棍之身勢。而昧槍之手法。則認奴作郎矣。峨嵋絕無身勢。少林不逮峨嵋。而身勢亦稀。沙楊少有之。而馬與汊口。全論身勢。不重手法。棍也非槍也。

图2　无影录

显然，卷帙并不算大的今本《手臂录》，是一部具有丛书特点的书。它所收载的武艺内容既非出自一家，也非传于一时一地，是吴殳在长时间的武艺活动中搜集得来的，吴殳将其汇编成了一部书。清人又将原为单本的《峨眉枪法》和《梦绿堂枪法》收入其中，两书虽然都曾经由吴殳整理，但终究并非吴殳著作。综览全书，卷一、卷二内容都是讲枪法的。卷三名《单刀图说》，是吴殳对世传日本双手刀法的改进，即所谓“单刀法十八势”。卷四内容比较驳杂，枪法外，还有《叉说》《狼筅说》《藤牌腰刀说》《大

① 张海鹏刊《借月山房汇钞》后，书版散佚，为陈璜购得，递为补刊，间有讹舛，加以校订，并改易今名，谓之“重抄”，即《泽古斋重抄》。

② 翁连溪编校：《中国古籍善本总目》，中国线装书局2005年版，第824页。

③ 清华大学图书馆编：《清华大学图书馆藏善本书目》，清华大学出版社2003年版，第159页。

棒说》《双刀歌》《剑诀》等，有些内容又见于吴殳的《纪效达辞》《无隐录》两稿。吴殳所述武艺以枪法为主，其次才是刀、剑等杂艺。正如张海鹏《跋》中所说："吴之技，枪其最上乘，刀、剑、筅亦具有心得。"[①]

《手臂录》的确是明末清初之际最重要的一部武艺著作，它上承戚继光《纪效新书》、程宗猷《耕余剩技》、程子颐《武备要略》等，不但记载了诸如石敬岩、程真如等明末江南名家的枪法及其传授渊源，而且还对明代各家枪法进行了详细而具体的比较。此外，他所记述的某些武艺品类和涉及的人物，都具有很高的史料价值。以《手臂录》为主，再以他的《纪效达辞》《无隐录》诸稿为参照，互相印证发明，对我们了解明清武艺流变的趋势极具启示意义。

民国年间，武术史家唐豪先生在《中国武艺图籍考》一文中对《手臂录》作者及本书内容均有所考证，文载卫聚贤主编的《说文月刊》总第二卷。其后，他又在《行健斋随笔》等著作中多次谈到吴殳的武学。唐先生是20世纪以来第一位研究吴殳和《手臂录》的学者，他的研究成果和观点至今仍有一定学术价值。对《手臂录》所载各家武艺，唐先生有一个简明扼要的论列，今引之如下以备参考，并志纪念云：

> 崇祯六年，殳以天下多故，约同里夏君宣、夏玉如、陆桴亭，从石敬岩游，受枪刀法。敬岩教人习枪，以对扎入手，须厚缚纸于竹，胁下革戳苦功三年，然后授以行著，再半载而成，与近代用护具击刺者同法。法由实验中得来，故其技精纯，而不流于虚浮，与讲坛主义之武术异其趣。殳又于渔阳老人得剑法，于天都侠少项元池得双刀法，于郑华子得马家枪法，于倪近楼得杨沙两家枪法，于朱熊占得峨眉枪法。尝以其心得，创筅枪之制，自谓于击刺留心三十年，其中有四五年习练之工，深知甘苦，屡折枪师，故敢改作。其法有五利无一费。国亡后，以诗寄情。《登北固山》有句云："生平不忘中流楫，每到登临便怆然。"《雪夜感怀》有句云："驰来北马多骄气，歌到南风尽死声。"哀亡国遗恨，喻眼前

① ［清］张海鹏：《手臂录·跋》，中华书局1985年丛书集成初编本。

隐痛，今日读之，尤发人警惕。[1]

唐豪此文作于抗战时期，故多抚今思昔之慨。所引吴殳诗句，均录自清钱泳《履园丛话》卷八《以诗存人》条。

《梦绿堂枪法》一卷，存。

《扫叶山房丛抄》收录。唐豪《中国武艺图籍考》、许保林《中国兵书知见录》著录。迄今未曾见到单行本，唯附见于《手臂录》附卷下，署名："少林寺僧洪转著 古吴吴殳修龄辑。"洪转是明末少林寺武僧中极少数可以考信于史籍者。吴殳在《梦绿堂枪法》序言中说："少林僧洪转，彼家堂头也。所著梦绿堂枪书，有八母、六妙、五要、三奇之法。洪转与洪记为昆弟，敬岩少时与洪记至真定，同见刘德长校技，而所执竿子为德长所击落，则洪转可知矣。余久得是书，今附置于《峨眉》之末，欲使见者知所去取焉。时戊午岁桂秋下浣，古吴沧尘子吴殳一氏修龄序。"[2]"戊午"是康熙十七年（1678年），此年吴殳六十七岁，即与钱陆灿相识于徐乾学、徐元文兄弟家中的一年。按少林寺僧人的字辈，是元初曹洞宗大师福临所定，自"福"以下凡七十个字，其中第十二辈是"洪"字辈。洪转之名又见于明末安徽休宁程宗猷的《耕余剩技》。

《峨眉枪法》一卷，存。

民国修《太仓州志》卷二五《艺文》及唐豪《中国武艺图籍考》著录。据清泽古斋重抄本《手臂录》附常熟张海鹏《跋》说，吴殳另有《峨眉枪法》一书，作于《手臂录》之前。"有《自序》一篇，《石敬岩枪法记》一篇，其授受源流最详悉，革法行著稍有异同。今并撰入附卷。"《峨眉枪法》一直没有发现传本，疑已佚。唯见于今本《手臂录》的附卷上，署名："峨眉僧普恩立法，海阳弟子程真如达意，古吴后学吴殳辑。"[3]计有治心、治身、宜静、宜动、攻守、审势、形势、戒谨、倒手、扎法、破诸器、身手

① 唐豪：《中国武艺图籍考》，《说文月刊》1940年第2卷。

② ［清］吴殳：《手臂录》附卷下《梦绿堂枪法并序》，中华书局1985年丛书集成初编本，第113—114页。

③ ［清］吴殳：《手臂录》附卷上《峨嵋枪法》，中华书局1985年丛书集成初编本，第93页。

法等十二篇。另有《总要》一篇，系洞庭翁慧生补作，此人事迹待考。吴殳说程真如之殁后于石敬岩十年。又说石敬岩卒于崇祯八年乙亥（1635年），则程真如当死于南明福王弘光元年乙酉（1645年）。

《乞食草》卷数不详，佚。

吴殳的诗集，书名见于《围炉诗话》，清代以来各家图书目录均未见到著录，疑久已不传。入清后，吴殳没有参加过科考，更没有出仕为官，以现有资料看，生活主要靠任东馆教席，并在官宦门下为宾客，实则充当诗文代笔人。《围炉诗话》卷四有云：

> 余四十年三作燕山游客，前两度代笔诗，嗽烟拭砚随尽。此乃同寓友人为壅溉计，拾作一编，索命之名。余愧谢曰：朝饥方剧，何暇择言？自可谓之《乞食草》耳。[①]

由此可知，吴殳三度在京城居住，主要是代人作应酬诗文以为生计，故他曾戏称自己为“老代笔”。[②]于是，我们可以想见其困窘，也可以理解他往往词情激切之原故。吴殳前两度在京的诗都散佚了，“同寓友人”代为收集而成的《乞食草》，主要是第三次在京的作品。我想，他为之代笔的应该有徐氏兄弟，特别是徐乾学，也应该有魏裔介等。[③]关于《乞食草》，他有过多次议论：

> 余自代笔而识四大家受病之故焉。彼之仕途泛交，与余不识面之贵人何异？彼遇欢戚会别等事，不论有暇无暇，须与之一诗，与余之旅途困顿，茫无情绪时忽然索诗何异？彼之无情而强为之辞，又欲似盛唐，不得不依样造句；与余之昧心蒙面，诡遇他人何异？

---

① ［清］吴殳：《围炉诗话》卷四，中华书局1985年丛书集成初编本。

② 《围炉诗话》卷四：“贱齿六十，友人欲以诗寿，余曰：若果如是，必踵门而诟之。友曰：何至于此？余曰：吾是老代笔，专以此侮人者也。”

③ 《清诗纪事初编》卷五魏裔介：“裔介以理学自任，诗文皆不能工，而好弄笔，尤喜与文士游。田茂遇、吴殳结纳最深，尤惓惓于孙奇逢、申涵光，当时号为遗老者也。”邓之诚：《清诗纪事初编》，上海古籍出版社1984年版，第619页。又魏裔介《兼济堂文集》有《喜吴修龄自昆山至》七律一首，有“话尽襟期存海岳，书藏琼笈托幽燕。云卿未必烟霞侣，纁币由来物色编”句，颇有蕴藉。［清］魏裔介：《兼济堂文集》卷二〇，景印文渊阁《四库全书》本第1312册，台湾商务印书馆股份有限公司2008年版，第1000页。

彼自谓铿锵绚丽，宛然唐人，与余之所举《乞食草》中之无意思、郛壳烂恶、陈久馁败之语何异？所不同者，余以秋根自命，彼以盛唐大家自许耳。然余乞食诗实得少时十年沉浸粪沟之力！[①]

所谓“十年粪沟之力”，是指他少时曾专力学习盛明诗风，后来反明宗唐。在《围炉诗话》卷六，他又一次谈到自己的“乞食诗”：

余之乞食诗句，使一生如此作数百篇，加以阔大挺□，昂然自命盛唐，谁其禁之？以返之自心，于哀情乐意略不相关，故不为也。我自有我身心，苏、李之高，钟、谭之陋，总是彼物，与我何与？呵呵，窃谓选此者，犹是吴乔十五六时，在盛明直接盛唐之见识，而弘、嘉名公之诗，只到得吴乔《乞食草》而止。此言在我虽妄，在彼宜自考也。[②]

《他石录》卷数不详，佚。

清光绪《昆新两县续修合志》卷五〇著录，民国《太仓州镇洋县志》卷二五及民国《太仓志》卷二五均有著录，并归之“说部”。原书久觅未见，也不见于清代各家藏书家目录，疑已佚。阎若璩《潜邱札记》卷一收录了其中一段文字，称录自《他石录》外编《儒辩第二十五》，亦见《他石录》有内、外编之分，其体例是否依《抱朴子》之类，不得而知。今据《潜邱札记》录之如下，借以了解《他石录》特点和吴殳“于书无所不窥”的治学风格：

六经多被混乱，尤甚者《易》，《易》中尤甚者先天八卦。夫卦之方位，帝出乎震章，八方有明文。天地定位章不言八方，盖谓有天上地下之否，而亦有地上天下之泰，八卦相荡以成六十四卦也。逆数者卜筮而前知吉凶也；先天之文见于乾卦，先读去声，非邵子所谓也。愚尝得张平叔《悟真篇》于方外士，其意与邵子之图适合。离东者移火于木位，东三南二同成五也。坎西者移水于金位，北一西将四共之也。乾南坤北者移坎之中，实以填离之中虚而成金丹，三家相见结婴儿也。巽居西南坤位，以长女合老阴，黄婆

① ［清］吴殳：《围炉诗话》卷四，中华书局1985年丛书集成初编本。

② ［清］吴殳：《围炉诗话》卷六，中华书局1985年丛书集成初编本。

> 也；艮居西北乾位，以少男合老阳，筑基也；兑居东南巽位，以少女合长女，隐寓二七于其中，鼎器也；震居东北艮位，以长男合少男，隐寓二八于其中，药物也。其于数往知来逆寓顺则成人，逆则仙也。《易》道无所不包，何独丹法？凡医药相地三命等，无不倚之以立言，而离于文王处忧患，孔子无大过之意，即非儒道之《易》。希夷仙也，不妨以丹道说《易》，邵子交于二程，何可出此？考亭于丹道粗有所见，不同佛道之茫然，是以手注魏伯阳之《参同契》，见邵子之图欣然会心。入之本义，而不计丹道可以倚《易》，《易》不为丹道作也。本义之混滥者多矣，以天地定位章为第一。①

前引《昆新两县续修合志》称吴殳“兼好神仙”，“闻江淮有异人，裹粮往从之”。又说他的学问中包括了“医药卜筮、壬奇禽乙”。民国修《太仓州镇洋县志》说他：“晚年事佛，兼好神仙，闻江淮有异人，往从学炉火术。旋自悔。著有《他石录》。”这里“晚年”二字疑是妄增，吴殳事佛、好神仙术应是早年的事，《他石录》也应是较早的作品。阎引《他石录》这段文字正好反映了吴殳的学问兼及“医药卜筮，壬奇禽乙”之类，而且“靡不探原竟委”。

《无隐录》二卷，存。

此书未见于各家著录，仅北图（原柏林寺古籍部）藏有清抄本一部，应是当今海内外唯一的存本。序末署“丁卯夏尽日，沧尘子吴乔修龄氏撰”，钤有梅花图案印和“悠然自得”闲文印。丁卯是康熙二十六年（1687年），此年吴殳已七十六岁。依自序，书的全名应是《器王正眼无隐录》，器王是指大枪，来自“枪为百器之王”一说。这是目前所知吴殳最后的著作，至少是他最后一部武学著作。但北图本是一个抄本，或者就是吴殳本人的亲笔稿本？暂难确定，只能留待以后研究。此书多年来尘封架上，无人知晓，对其来路也不大清楚，也可以说是目前所知吴殳著作中最神秘的一部。《无隐录》也没有被收入《中国古籍善本书目》，吴殳身后之清冷竟至于此！

---

① ［清］阎若璩：《潜邱札记》卷一，景印文渊阁《四库全书》本第859册，第414—415页。

据吴殳自序，《无隐录》分成内外编或上下两卷，但抄本中没有明确分界。序云：

余以生平所习六家之法，剖其品类，辨其邪正高下，以敬岩之法、程真如之书为内编上卷；沙家、少林、汊口、杨家及杂器为外编下卷。……内编首敬岩，尊师说也；次真如，尚同志也；外编先沙家，能成家也；次少林，不失家门也；次马家，别自为长棍也；次汊口，可为临任将兵之用也。杨之用同于汊口，而置最后者，贱其杂也。

吴殳对平生所学六家枪法的品类区分，及有关论说等，已见于《手臂录》的其他篇章，有些则是吴殳晚年的阐幽发微和融会贯通式的总结，所论显然比写于五十多岁时的《手臂录》又有不同。但需指出，无论古今，武艺家的晚年往往有神乎其说的倾向，及至晚近，更趋严重，这在吴殳亦所不免。不过吴殳毕竟是学养宏博、阅历深广的学者，不同于一般江湖拳师，也不同于以一技之长在军中充当教师的赳赳武夫。所以，他还是强调“凡敬岩、真如之良法微意，《录》中无不正告侧出，一无所隐，公之天下，使见者皆知正眼，不惑于浅近之说也。”他在序之末尾说：

每见世人于微末一技，秘惜过于珠玉，心甚鄙之。夫枪难事也，纵得正眼，而造艺之高下，存乎工力之浅深，秘之何为？峨眉僻在西南，从学者鲜；而敬岩、真如又无传人，余深惜之，故作此录。

显然，此书是他在《手臂录》《纪效达辞》以后进一步阐扬自己武学心得的书，只是没有经过认真整理，篇章结构都存在一些问题。吴殳希望通过自己的著述将石敬岩、程真如的枪法传存下去，不然就成了广陵绝响，可谓用心良深。下编的《沙家杆子用法说》《临阵兵枪说》《诸器篇》《叉说》《藤牌腰刀说》《大棒说》《筅枪说》等篇，还有《单刀图说》的自序和《单刀手法说》一篇，现在统见于《手臂录》中，一部分也见于《纪效达辞》。这是吴殳自己编进去的，还是别人抄进去的，一时还难以判断。无论如何这对我们研究《手臂录》的成书，及吴殳武学体系的形成与发展，都有十分重要的参考价值。

三

综上，目前所知吴殳的著述一共有23种，其中存世者12种，另外11种或已亡佚，或存佚暂时不详。吴殳有多种著作已经失传了，特别是他的诗文集，这当然是令人遗憾的事。但仔细想来，他其实是比较幸运的，因为毕竟他的大部分著作，如《托物草》《古宫词》《纪效达辞》《无隐录》《逃禅诗话》《怀陵流寇始终录》等，居然都能以海内孤本形式幸存于天壤间，犹如荒寒孤碑、大漠遗简，真是奇迹。这让人想起古人常说的那句“得无神物呵护”的话来。

张海鹏跋《围炉诗话》说“修龄本畸人”[①]此话不无道理。吴殳之“畸（奇）”，一是他的孤介傲岸的性格，还有评点古今近于肆无忌惮的文风，这使他遭受了很多非议和责难，然则终其一生似无多少改悟，直至晚年，辞气纷纭，口无遮拦，依然故我！其次，是他颇有点神秘的行踪和社会交游，这方面我们所知不多，但已经真切地感觉到其中确有些诡异之处。如果说他参与了“复明运动”，那他到底做了些什么？与他交往的渔阳老人、朱熊占、倪觐楼、翁慧生、项元池等，都是些什么人，这都还需要寻颐发隐，需要慢慢去深入探索。第三，也是最重要的一点，就是他自身的学术取向和建构的特殊性。具体说，吴殳有自己独特的学术体系和另一个纵横驰骋的领域。在明清之际试图兼通文武的学人群体中，他无疑是做得最成功的之一，故用不着同一般局促笔砚间者争尺寸长短。凭着这点自信，在名家如云的明清间学坛上，他睥睨海内，云文云武，真是罕有与之相匹者。

明末清初一段，南北文人中曾出现一股研讨兵学和崇尚武艺的风气，这应该与战乱频仍、国势危重的时代背景有关，也与一时蓬然兴起的反理学思潮有关。当时，真所谓“风化所靡，学者比肩”，徜徉其中的南北学人不一而足。举例说，北方有山西傅青主、傅眉父子的交结武僧和演练武艺；河北王馀佑、颜元、李塨、王源等对兵学与武艺的精研和传播，最终成为“颜李学派”的主要特点之一。在南方，吴兴茅元仪，文学家茅坤的孙子，好学多

① ［清］张海鹏：《围炉诗话跋》，中华书局1985年丛书集成初编本。

识，喜好兵学，天启年间著《武备志》二百四十卷，是晚明军事巨著，影响深远。钱谦益、程孟阳与多位身在低位的武林人物的交往，其中颇有些耐人玩味的东西；黄宗羲、黄百家父子与抗清义士王征南的特殊友谊，这正是近世以来“内家拳”泛起的源头；陆世仪、冯杍、冯行贞等人，也都有具体的武事活动，有的甚至还有论说传存下来。但平心而论，这中间还要数吴殳用功最深，成就最高。他数十年潜心其中，贯通古今，融会南北，有多种武学著作留传下来，直到现在仍然闪烁着光辉，继续产生着影响，而且明显有影响越来越大之势。所以，我以为吴殳之“畸”主要在他成功地融合了文学、史学和武学，创造出独具一格的学术模式，是明清革代之际文武兼修学风中最突出的代表。在重文轻武之风愈演愈烈的中国古代，文武分为两途，兼容二者是难度很大的事，历史上做得好的并不多。及至视武学为末学的明清时代，不要说兼容，能做到不歧视武学就很不容易了。就此而言，吴殳的确是相当特殊的一例，称他是超凡脱俗，卓然不群，恐怕不为之过。

最后，有两件与吴殳著述有关的事需要提一下，以作为拙文之结尾。

其一，李灵年、杨忠主编的《清人别集总目》第841页，在吴殳名下，还著录了《好山诗》四卷，中科院图书馆藏有抄本，另有乾隆十六年刻本，南京图书馆、复旦大学、南开大学、温州图书馆均有藏本。孙殿起《贩书偶记续编》卷一五有《好山诗集》四卷，清山阴吴修龄撰，乾隆辛未滋德堂刊。在温州袁镇澜君的帮助下，我得到了温州图书馆藏《好山诗集》的复印本，发现正是乾隆十六年（1751年）滋德堂刊本。而这位山阴吴修龄，显然并不是吴殳，《清人别集总目》是将不同时代和地方的两个吴修龄误为一个人了。

其二，1989年，北京师范大学出版社曾出版了一部“点校”本《增订手臂录》，这是目前《丛书集成》本以外唯一的《手臂录》刊本，又经过了“点校”和“增订”，是故理所当然地受到读者欢迎。然而我们不能不指出，这其实是一部大有问题的书，是一部完全无视古籍整理通例而粗制滥造的书。首先，点校者不仅改书名为《增订手臂录》，而且还在书名旁加上“中国枪法真传”六个字。这个商业味十足的书名与《手臂录》内容大不相符。其次，号称“点校”，实则有点无校。书中没有举述任何校勘用的版本，没出一条校记，相反倒是制造了许多错误。比如明末徽州武艺家程宗猷字冲斗，点校者竟改为“程衝”，令人啼笑皆非。至于标点错误，实在是多不胜举。第三，该书的《增订说明》说：“今据清代珍贵手抄本加以增订，正文部分增补二十一篇文章。”还将程冲斗《长枪法选》和《少林棍法阐宗》的《棍诀》增订进去，“另外在各卷其他文章中，也有一些增补，并对原来的卷目加以调整，并把原来的附卷上下，变成上中下三部。”如此，《手臂录》被“点校增订”得面目全非，完全变了样。实际“增订”者故弄神秘而不肯说出书名的“清代珍贵手抄本”，就是北图藏的《无隐录》。增订者将《无隐录》任意拆零，分别插入《手臂录》前二卷中，这就是所谓“增订”。这样的古籍整理工作真是世所罕见，是完全不负责任的灭裂轻率的作法。所以应该提醒读者，在阅读和使用此书时一定要慎重。

参考文献

［1］［南朝梁］萧统：《文选》，上海古籍出版社1986年版。

［2］［明］戚继光撰、马明达点校：《纪效新书》，人民体育出版社1988年版。

［3］［明］梁逸：《红叶村稿》，1921年《又满楼丛书》本。

［4］［清］吴殳：《手臂录》，中华书局1985年丛书集成初编本。

［5］［清］吴殳：《围炉诗话》，清嘉庆间借月山房汇钞本。

［6］［清］吴殳：《围炉诗话》，中华书局1985年丛书集成初编本。

［7］［清］吴殳撰、陈协琹等点校：《怀陵流寇始终录》，辽沈书社1993年版。

［8］［清］钱谦益：《牧斋初学集》，上海古籍出版社1985年版。

［9］［清］王士禛著、［清］惠栋、金荣注：《渔洋精华录集注》，齐鲁书社1992年版。

［10］［清］王士禛：《带经堂诗话》，人民文学出版社1982年版。

［12］［清］王士禛等著、周维德笺注：《诗问四种》，齐鲁书社1985年版。

［13］［清］陆世仪：《桴亭先生诗文集》，清光绪二十五年（1899年）唐受祺刻陆桴亭先生遗书本。

［14］［清］汪琬：《尧峰文抄》，四部丛刊初编本。

［15］［清］计东：《改亭文集》，《清代诗文集汇编》，上海古籍出版社

2010年版。

［16］［清］潘耒：《遂初堂文集》，《清代诗文集汇编》，上海古籍出版社2010年版。

［17］［清］归庄：《归庄集》，上海古籍出版社1984年版。

［18］［清］全祖望撰、黄云眉选注：《鲒埼亭文集选注》，齐鲁书社1982年版。

［19］［清］方苞著、刘季高点校：《方苞集》，上海古籍出版社1983年版。

［20］［清］王宝仁：《娄水文徵》，道光十二年（1832年）有余斋刻本。

［21］［清］李恕谷：《恕谷后集》，中华书局1985年丛书集成初编本。

［22］［清］魏裔介：《兼济堂文集》，景印文渊阁《四库全书》本第1312册，台湾商务印书馆股份有限公司2008年版。

［23］［清］阎若璩：《尚书古文疏证》，影印清乾隆十年（1745年）眷西堂刻本，上海古籍出版社1987年版。

［24］［清］阎若璩：《潜邱札记》，景印文渊阁《四库全书》本第859册，台湾商务印书馆股份有限公司2008年版。

［25］［清］刘献廷撰、汪北平等点校：《广阳杂记》，中华书局1997年版。

［26］［清］钱泳撰、张伟点校：《履园丛话》，中华书局1979年版。

［27］［清］王应奎撰、王彬等点校：《柳南随笔 续笔》，中华书局1983年版。

［28］［清］陈康祺撰、晋石点校：《郎潜纪闻初笔》，中华书局1984年版。

［29］［清］赵执信著、赵蔚芝等注释：《谈龙录注释》，齐鲁书社1987年版。

［30］［清］吴庆坻撰、张文其等点校：《蕉廊脞录》，中华书局1997年版。

［31］［清］钱陆灿：《列朝诗集小传》，上海古籍出版社1983年版。

［32］［清］沈德潜编：《清诗别裁集》，影印乾隆二十五年（1760年）教忠堂重订本，中华书局1975年版。

［33］［清］何文焕：《历代诗话》，中华书局1981年版。

［34］［清］张穆撰、邓瑞点校：《阎若璩年谱》，中华书局1994年版。

［35］［清］纪昀：《四库全书总目》，中华书局1983年版。

［36］［清］李福沂、汪堃等纂修：《（光绪）昆新两县续修合志》，江苏古籍出版社1991年版。

［37］赵尔巽等撰：《清史稿》，中华书局1977年版。

［38］陈寅恪：《柳如是别传》，上海古籍出版社1980年版。

［39］谢国祯：《增订晚明史籍考》，上海古籍出版社1981年版。

［40］章钰等：《清史稿艺文志及补编》，中华书局1982年版。

［41］邓之诚：《清诗纪事初编》，上海古籍出版社1984年版。

［42］孙静庵：《明遗民录》，浙江古籍出版社1985年版。

［43］钱穆：《中国近三百年学术史》，中华书局1986年版。

［44］王钟翰点校：《清史列传》，中华书局1987年版。

［45］陈金林等编：《清代碑传全集》，上海古籍出版社1987年版。

［46］许保林：《中国兵书知见录》，解放军出版社1988年版。

［47］容肇祖：《容肇祖集》，齐鲁书社1989年版。

［48］徐世昌编、闻石点校：《晚晴簃诗汇》，中华书局1990年版。

［49］陈训慈、方祖猷：《万斯同年谱》，香港中文大学出版社1991年版。

［50］谢正光、范金民：《明遗民录汇辑》，南京大学出版社1995年版。

［51］邬国平、王镇远：《清代文学批评史》，上海古籍出版社1995年版。

［52］丁福保编：《清诗话》，上海古籍出版社1999年版。

［53］伦明等著、杨琥点校：《辛亥以来藏书纪事诗》，北京燕山出版社1999年版。

［54］马明达：《说剑丛稿》，兰州大学出版社2000年版。

［55］李灵年、杨忠主编：《清人别集总目》，安徽教育出版社2000年版。

［56］蒋寅：《王渔洋事迹征略》，人民文学出版社2001年版。

［57］裴世俊：《四海宗盟五十年：钱谦益传》，东方出版社2001年版。

［58］清华大学图书馆编：《清华大学图书馆藏善本书目》，清华大学出版社2003年版。

［59］翁连溪编校：《中国古籍善本总目》，中国线装书局2005年版。

［60］叶昌炽：《藏书纪事诗》，北京燕山出版社2008年版。

［61］张慧剑：《明清江苏文人年表》，上海古籍出版社2008年版。

［62］唐豪：《中国武艺图籍考》，《说文月刊》1940年第2卷。

禅弓与禅修

释永信

少林禅武合一是少林禅修的特色，少林禅弓是少林功夫的丰富与补充。作为一种具备涵养人格教育功能的文明形式，弓术的修行次第与禅修所追求的“无我”，颇多相合之处，循此修行，必能大有进益。少林禅弓的推广是贯彻少林寺禅武合一宗旨的创新途径，是当前保护佛教价值和传统前提下阐道弘法的新发展，也是实现以少林寺为表率，建设全球性禅武文化的有效方法。少林禅弓是少林文化的重要组成部分，为光大佛法提供了具有时代风貌的新形式。《大宝积经》卷一百十六记文殊师利菩萨说：“如人学射，久习则巧，后虽无心，以久习故箭发皆中。我亦如是，初学不思议三昧，系心一缘，若久习成就，更无心想，恒与定俱。”① 正表达了习射与修禅的深厚法缘。

图1　中国嵩山少林寺

少林修禅，最为看重的乃是明心见性，考察万法传存的源流，诸佛修证的根基，大都根植于“般若性空”的无边涵养之中。举凡所谓定慧、寂照、明静等概念，正与禅定同出而异名，都是对这种修行关键意义的强调。少林武禅是学佛修禅的法门之一，修习者以武艺锻造身体的同时，能够在内心深处冥思少林禅宗诸般要旨，以武悟禅，以禅证武，武禅映照，以习武实践达致顿悟旨归，明心见

① ［唐］菩提流志译：《大宝积经》第一百一十六卷第七、八张，赵城金藏刻本。

性，专注用功，身心并进，明了佛教禅宗智慧的真谛，进而体悟宇宙人生的本真，是少林修禅的重要法门。禅弓的修行，与禅定的修行次第多有相合之处，对于接引初学，开蒙进道，颇有助益。

修行禅定需要修习者在身心等方面有所准备，因此，也对修行者的素质提出了一定的基本要求。戒是根本，严持净戒必须做到，持戒是为了修习禅定，而修习禅定需要专注一境，心不散乱，持戒便应发愿修定，修习禅定，至为重要。先贤从持戒清净、衣食具足、得闲居静处、息缘诸务、近善知识等几个维度，实际规定了的修禅者所应具备的若干基本条件，将之总结为“具缘”。佛经有云：“佛法有二种健人，一者不作诸恶，二者作已能悔。”①与此相应，少林禅弓对于修习者的学习、训练、竞赛过程，乃至弓箭器材场地、技术动作，都有着严格明确的规定。在通过竞赛呈现修炼成果方面，对于修习者通过努力练习所收获的提升最为看重。无论原本的基础如何，重要的是在统一尺度及评判标准之下，完成对于自我的超越——“依因此戒，得生诸禅定，及灭苦智慧”，②这就是说修禅者应该做到“持戒清净”，必须遵照规则坚持修行。佛门广大，对任何有心求法修禅的人都敞开着大门，芸芸众生各自的资质不同，过往的遭际也不一样，几乎不可能强求一致，而严谨精深的规则，为广大欲进入修禅法门的修习者提供了明确的指南。

一、消除负面情绪

《遗教经》有言：“心之可畏，甚于毒蛇、恶兽、怨贼、大火越逸，未足喻也。譬如有人，手执蜜器，动转轻躁，但观于蜜，不见深坑。……是故比丘，当勤精进，折伏汝心。” 人生在世，如何保持初心，是一生都要面对的重大课题。作为少林武禅体系有机组成部分的少林禅弓，对于修禅者来说，是追求本真的一种方法。禅弓的修行提供了这样一个机会，让修禅者明白，禅并非遥不可及的玄虚幻觉，而是任何人只要发愿用功修行，都有机会

① ［隋］释智顗：《修习止观坐禅法要》卷上《具缘第一》，明刻本。

② ［后秦］鸠摩罗什译：《佛垂般涅槃略说教诫经》第二张，赵城金藏刻本。

受益的圆融境界。无胜负，无人我，能够摆脱种种执念，使人从妄见、嗔怒和痴愚中摆脱出来，给人带来平和喜乐的心境。先贤指出修习止观需要呵五欲、弃五盖、调五事，正是对止观平和心境的推崇。

少林禅弓对动作的规范性和修行规则的要求比较严格，对于想要深入进行精神修行的人来说，严苛的环境要求貌似是一种苛求，但却是修行的最佳助力。因为面对着负面情绪的困扰，很多人可能会选择绕开，其实这种逃避反而使人被囚禁在自己的行为当中，被囚禁在贪嗔痴慢疑念头的桎梏当中。正如《涅槃经》中所说："莫轻小罪，以为无殃，水滴虽微，渐盈大器。"①正念的力量能够将人从这种桎梏中解脱出来，消弭负面，温暖人心。禅弓的修习，能够帮助修习者借助外在的行为处理自己的不良情绪，找到疏解方式，活得快乐，令生活充满喜乐，催发心中正念的种子。禅弓的修习可以帮助人们碰触到这颗种子，开始培养正念的能量，培养这种不能由他人施舍而必须经由自己努力用功得来的自由。修习禅弓时获得的安详和喜悦，将使我们在未来生活中获得安详和喜悦的能力，在禅弓中得到如此的身心体验，未来的生活中同样可以得到。

二、保持精神专注

有一个传说：古代有个人，射箭百发百中，自以为天下无敌。他碰到一个禅师，要求比试箭术，禅师带他到万丈悬崖之上。禅师站在悬崖边上，从从容容发了一箭，回头看那人，浑身却如筛糠一般伏在地上。佛弟子的所学，就是戒定慧三学。如《根本说一切有部毗奈耶杂事》卷十二记："若人无定心，即无清净智，不能断诸漏，是故汝勤修。"②把心神收摄在一处，长聚而不散，便是生起长养功德的丛林，便能发生无漏智慧，能尽苦源，断惑证果。人生活在社会之中，俗世的干扰几不能免。因而修习禅定的用功过程中，必须具备高度的精神专注力。面对世间色、声、香、味、触，凡夫俗子难免受其诳惑，心生爱著。所以修禅者强调深明五欲之过罪，屏除其干扰，

① ［南北朝］昙无谶译：《大般涅槃经》卷第十五，大正新修大藏经本。

② ［唐］义净译：《根本说一切有部毗奈耶杂事》卷十二，大正新修大藏经本。

称之为“诃欲”，佛学中将禅定用“心一境性”来形容把心约束在一处一境。一般人做事心猿意马，心力分散，因此把无穷大的潜力埋没掉了。禅定的功能，就是要把无穷大的潜力开发出来。开发潜力，则一定要先对治散乱心，不让它东攀西缘。

正因为如此，在起步阶段，修习禅弓的时间应当固定而有规律，根据自身的时间状况，或是日日修行，或者三日一次，或者每周一次。修习禅弓时，要保持一种沉静肃穆的精神，对于初学者来说，所谓沉静肃穆的精神不是很容易把握，所以在动作规范的要求上会非常严格甚至严苛。初学者会觉得受到的“限制”比较多，但这种对形式的要求是由表及里地帮助修习者逐步增强自我控制的能力，否则，在定力还很弱的阶段，禅修的进益会非常缓慢。随着禅弓修行的深入，修禅者的身心逐渐在规范的磨砺下得到充分锻炼之后，能够做到随时随处保持正念。这时，外在的强制性规定会逐步让位于内心的自我要求，此时的禅弓更进一步升华成为印证修习者禅修境界的新意味，哪怕仅仅是回到修习禅弓的心境当中，修禅者同样可以获益。到了这样的境界，所谓规范早已为修禅者所内化，自身会发生令人为之赞叹的显著变化。

三、调适身心状态

少林禅弓从传统射箭技艺中汲取丰富的养分，充分重视对传统射法中身心调节方式的运用。比如呼吸就是自然赋予的最为重要的自我调节方式之一，良好的呼吸方式有助于防止散乱，保持身心统一。传统射箭技法强调的“下气舒胸”，就是从身体姿态的角度对习射者的呼吸动作提出要求。少林禅弓特别重视对呼吸的调节，修禅者修习禅弓，有助于学会把呼吸作为调节身心的手段，防止精神上的散乱，集中精力助力正念。修习者能够在自我关照下不再“胡思乱想”，这对于禅法的修行，有很大的助益。

少林禅弓的练习方法、训练理念是以少林武禅为思想导向，在传统射箭技术和当代传统射箭运动实践基础之上归纳总结而来，是对中国传统射箭技术的继承和发展。它既包括少林功夫传统的站桩与调息，同时将禅坐静心的身心练习与传统射箭的引弓发劲结合在一起。

因此，修习者在学习禅弓过程中应当学会将每个动作作为一项仪式：取弓时，取弓便成为当下生命中最重要的事情；搭箭时，搭箭便成为当下生命中最重要的事情；审的时，箭靶便成当下生命中最重要的事情；放箭时，撒放便成为当下生命中最重要的事情……如是这般，弓与箭、开弓与撒箭、中或不中，便都成了禅，循此修行，便可由弓而至禅，生命中的其他时光便无差别地处于正念正觉的护持之中，不再仅仅局限于例行的修禅、诵经、祷告或是练习禅弓的时间桎梏了。

图2　少林寺藏明代碑刻顶部天王持弓造型

禅修的重要目的之一是令身心得到真正完全的恢复与放松，相信很多人都有过疲劳过度，无论怎样休息也很难恢复的经验，而强度适宜，节奏和谐的禅弓修行，则是舒缓身体和心理紧张，解除扰乱和障蔽，排遣忧愁和烦恼的良好方式。这也就是为什么，在习射同时，要不断进行站桩与坐禅的训练。因为，放松不是修禅的唯一目的，但是学会放松，实在是禅修必经的起点。身体放松，头脑清醒，心境平和，是禅修深入的基本路径。与中国传统射艺相适应，禅弓要求修习者形端志正，基本站姿则要保持“宽裆下气舒胸”，加上“五平三靠”的撒放要求，在开始的时候难免令修习者觉得难以适应，但随着练习的深入，这些姿势通顺以后就会变得非常舒服，对身心健康状况也更有益。熟悉动作之后，比如练习禅弓时的身姿强调正直而不僵硬，熟悉基本动作之后，便进一步追求呼吸撒放之间的这种境界，寻求停顿从容、安详大雅的风格境界，而境界的追求则是无比深奥、也无比美妙的过程——虽然不知道这个过程要持续多久，然而我们确信终将会在某一刻蓦然回首的灯火阑珊之处寻得。

四、关注当下自我

过去已成往事，未来尚未发生，能够把握的就是现在。关注当下，观照事实，才是正确的修禅方式，是参禅的正途。禅弓修习过程中很重要的一个要求就是实事求是：初习动作时的不舒服，呼吸调节不顺畅，瞄准时不稳定，发箭后的不准确等等，一定要正视这些状况。因为它们——也包括这种种状况带来的各种情绪，代表着自己当下的真实状态，正是要在此等基础之上，培养定力，感受得失，并尽力创造内心的安详，追求雅致的喜悦。如此这般，便能使内心宁静，获得对生活和世界更广阔的视角，更超卓的认识，对周围的一切作出更为善意慈悲的反应。换言之，禅修功夫逐步加深。对于修禅者来说，禅弓既能调节精神，也能和谐肉身。通过禅弓来修禅，使身心两方面都得到锻炼，心气和平，身安体静，修禅者能够专注于自身，更为真切地认识自我，更为安稳地把握自我。

通过禅弓进行禅修，这是一个美妙的现实状态。持弓者完全是自己，跟随自己的呼吸节奏，感知自身的存在，觉悟自身存在的意义，认清自己的思想和行为。保持这种专注的心流，沉浸于自己正在进行的活动当中，真正享受当下的生命，遵循准确的动作和规范，享受禅修的体验。体验那张弓，体验每一支箭，体验撒放，通过自我知觉而提醒自己，我正在修习禅弓，正在通过禅弓体验禅。无论射中还是没有射中，无论风力如何，距离远近，都保持着体验禅的念头，每一次撒放，都不是机械地重复。当我们深入沉浸禅弓修行中的时候，就是真正地投入到正念当中，那么修习者就会把自己的每次呼吸、每个动作、每次撒放视作生活的努力和生命的奇迹，随着专注心流奔涌而来的真挚喜悦就会充盈内心，恰如心花开放。修禅者，对于自身当前身心

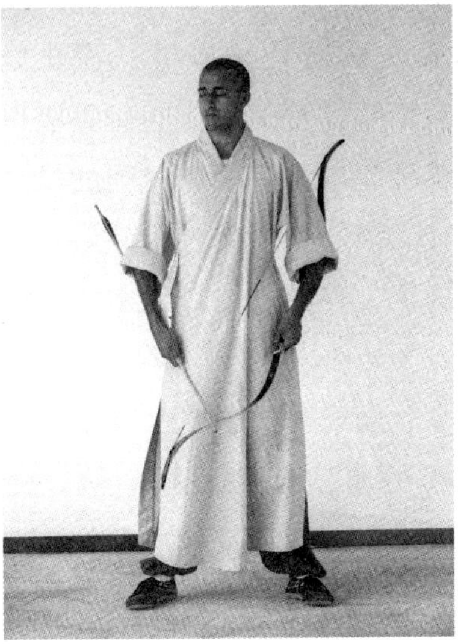

图3　少林武僧习射图

状态的觉知，是非常重要的。禅弓的种种规则，其着眼的重点并不在于“拘泥”，而在于帮助初学者把握自己的心念，产生对当下所做事情的真实认知。如果借助禅弓的修习逐渐培养起“正念”的能力，那么，每当修习者取弓、挂弦、搭弓、上箭、瞄准、撒放、中或者不中的时候，都是增进禅修、参透禅义的绝佳时机。进而觉知生命中的每一次呼吸、每一个动作、每一个念头、每一种感受，以及全世界与自身有关的每一件事物。

五、坚持追求正念

达摩祖师在嵩山的山洞之中面壁九年，所谓“精诚所至，金石为开”。面壁九年的结果是影透入石，身影刻入山洞石壁而不磨灭，可见修行态度之诚、意志之坚。禅弓是放松身心的一种方式，但它仍然是禅修的一部分，修习者在整个过程中的正念专注，使禅弓与作为竞技的射箭项目或者作为娱乐的射箭游艺产生了根本的区别：禅弓的着眼点在修习禅法，那么无论其形式如何，是自修，是共修，甚至采用带有竞争性质的比赛形式都没有关系。因为在这些过程中，首要注重的目标是为修习者提供各种帮助修禅的身心体验，要求修禅者在自我觉照的状态中辨认这些体验，并学习如何正确应对这些体验，从而领悟禅机，深化修为。这与竞技体育追求战胜对手取得胜利，单纯娱乐游艺消磨时间的目的不可同日而语。禅弓修习者应该对此有清醒认识，在习射的过程中注意保持禅修正念。

图4　少林武僧习射

修禅十分重视正念，也就是必须要对当下的事实保持头脑清醒，这种修行可以贯彻在日常生活中的方方面面。禅弓的修行，是很好的引导，能帮助修禅者建立日常生活与修

习禅法之间的有机联系。见性成佛需要开悟的力量，佛法广大，修习禅法，正是追随先贤觉悟的脚步。我们可以想象那些已经获得正觉的人，我们在修习禅弓时获得的进益，正是先贤所获得的；我们所到达的境界，正是先贤所标示的；我们体验到的欢喜，正是先贤所印证的。而我们贯彻自身禅法修为而外显出来的禅弓功力，正是对未来同修做出的最好榜样。“今人不见古时月，今月曾经照古人”。通过禅弓的扎实修行印证禅法，便能使这些经历成为通向无上正等正觉的苦海津梁，便能学会努力解决生命中种种层出不穷的棘手问题和艰难挑战，时时保持专注，处处做到醒觉，具备随时应对困境的能力。

禅弓的修行有利于提高正念：把注意力集中在动作上，保持醒觉，在准备放箭的过程中随时应付可能出现的各种变化，及时作出调整，这就是正念。这样的过程会不断强化个人的平复心情能力和自我控制能力，平静心态的保持和良好的自我控制都是必需的。而通过禅弓的方式则会帮助我们获得禅修的助益，能够帮助我们把握自己，提高自我恢复能力。因此，对少林武禅而言，禅弓既是手段，也是目标，既是善因，也是善果。当我们为了获得定力，增进禅修，以禅弓而修禅，那么禅弓就是种子，就是手段。另一方面，我们通过禅修获得进益，又可以通过少林禅弓这样具体外显的形式而得到印证。当然，总的目的是为了最终获得正觉，使修禅者真正获益，使我们从失念散乱中得到解脱，得到内心的平静，开启无上的觉悟。

结语：少林禅弓与参禅悟道

法华经云：“佛自住大乘，如其所得法，定慧力庄严，以此度众生。”[1]佛教通过修禅来培养一种有别于日常小聪明的、能照亮我们生命的大智慧，对于万事万物，须有正确的妙智寂静观察，不妄执，不颠倒，断绝贪嗔痴，最后求得生命中烦恼痛苦的解脱，方能获得利益安乐。禅定，是智和定的意味。佛法广大，宗派很多，汉传佛教到现在还有八大宗派，虽同为修禅，却是各有方便法门。尽管如此，各个宗派之间不尽相同的法门却有根本上的共

① ［南北朝］迦叶摩腾译：《妙法莲华经》卷第一，大正新修大藏经本。

同点，那就是都要参禅。宗派不同，只是参禅方法不同，而对于禅的认同和追求却是一致的。

少林禅武根植于中国传统文化的沃土中，在中华历史上绵延数千年，一定程度上反映了中国国民的思维意识，是具有代表性的中国传统文化，其蕴含的文化价值符合社会发展所需。少林禅弓是少林禅武的一个有机组成部分，为无法直接用语言文字来表达的“禅”，提供了一个人人可以亲自去做，最终见性成佛的参证路径。只要一步一步练下去，就可以对禅修逐渐产生透彻真实的理解。

六祖慧能有“外不著相为禅，内心不乱为定”的开示。内心不乱，也就是“不动心”，这是禅宗的根本，既是一种大的智慧，也是一种坚定的信念。这种大智慧、坚定的信念是怎么获得的呢？显然不是单纯靠“想”，也不是掉书袋卖弄掌故得来，因为禅不是靠想出来的，禅和世间的所谓学问更不是一回事。古来禅宗的重要特色就是“教外别传，不立文字，直指人心，见性成佛”。这智慧和信念是无法用文字能传达过去的，而需要自己直接去感受，去体验。佛陀说法四十九年，没有说到一个字。这种无法用语言文字来传达，只能靠自己内心去感受体验的东西，就是禅。

所以禅宗讲究亲自去做，参话头，参公案，最终还是让人放弃妄想。练就不动心，就不再贪生怕死，练就了“不动心”的人，也就没了烦恼，没了痛苦，成为真正热爱生命，热爱生活的人。少林武禅就是通向不动心的一条大道。

少林武禅作为学佛的一个法门，要求用一颗参禅心去习武，离开了这颗禅心，“武禅”也就无从谈起。少林禅弓也是如此，内外贯通，外在形式与精神内核巧妙结合，透过弓术射艺的外表，直达少林禅法的核心。少林武禅的极致，就是练就“不动心”——内心不乱是为定，外不著相即为禅。

通过提倡少林武禅，可以把禅的精神带进人们的日常生活中去。在现代社会当中，射箭已经从生产战斗技能发展为竞技或游艺项目，变成人们喜闻乐见的文化活动。如前文所述，少林禅弓的修习能够帮助修禅者消除负面情绪、保持精神专注、调适身心状态、关注当下自我以及坚持追求正念。此时，当名为“禅弓”的习射活动作为佛教修禅的法门时，习武又成了宣法参

禅的有效途径，有效地把禅与人们的日常生活结合到一起，与前代学者赵朴初先生提倡的“人间佛教”，先贤净慧法师所提倡“生活禅”类似。今时今日的少林寺，得天独厚的弘法工具就是少林武禅。这也是提倡少林武禅的真正价值，为人们提供一个有效的参禅程式。

毕竟，脱离了日常生活，禅便像花儿离开了泥土，成了“枯禅”。六祖有偈云：“佛法在世间，不离世间觉，离世觅菩提，恰如求兔角。”这个禅，那个禅，千禅万禅也不过就是一个目标，那就是为人们生活带来幸福。

参考文献

[1]［南北朝］迦叶摩腾译：《妙法莲华经》，大正新修大藏经本。

[2]［南北朝］鸠摩罗什译：《佛垂般涅槃略说教诫经》，赵城金藏刻本。

[3]［南北朝］昙无谶译：《大般涅槃经》，大正新修大藏经本。

[4]［隋］释智顗：《修习止观坐禅法要》，明刻本。

[5]［唐］义净译：《根本说一切有部毗奈耶杂事》，大正新修大藏经本。

[6]［唐］释惠能：《坛经》，大正新修大藏经本。

[7]［唐］菩提流志译：《大宝积经》，赵城金藏刻本。

漫谈多元一体的中国传统射箭文化

马廉祯

中国射箭源远流长，内容丰富，蕴涵着大量的历史文化信息，不但具有体育价值，而且也是研究几千年来我国多民族文化交流融合的最典型最生动的例证。在多姿多彩的世界射苑中，中国射箭堪称独树一帜，自成领域，因此，越来越受到国内外学者重视，许多人致力于其历史渊源的探寻与现实状况的研究，产生了不少有意义的成果。

众所周知，中国是世界上最早发明了弓箭的国家之一，山西朔县峙峪遗址发现的石制箭镞，[①]证明中国人至少在旧石器时代晚期就已学会弯弓射箭，以它为狩猎工具，也以它为人类冲突的武器。所以，中国远古传说中，把弓箭的拥有视为中华文明起始的标志之一。

北方各地为数众多的岩画中，如著名的阴山岩画、贺兰山岩画及新疆的阿尔泰岩画中，均可清晰地看到，早在三代或三代以前的新石器时代，我们的祖先就创造出了体式精巧的复合弓。[②]它弯曲优雅而富有张力的弓体，表明中国人在弓的设计和制作上一开始就深谋远虑，独辟蹊径，显示了无与伦比的才智和独创精神。秦始皇陵兵马俑坑出土的大批青铜箭镞，不但个个锋锐如新，且尺寸和分量完全一样，考古工作者认为它们是按统一标准制作的，是“标准化”了的产品。[③]这进一步说明我们的祖先在弓箭的制作上，

① 中国社会科学院考古研究所编：《新中国的考古发现和研究》，文物出版社1984年版，第20页。

② 郑先正：《汉画的弓弩信仰》，《汉画像的社会学研究》，河南大学出版社2009年版，第83—117页。

③ 蒋文孝、邵文斌：《秦俑坑出土铜箭镞初步研究》，《秦文化论丛》第13辑，三秦出版社2006年版，第419—421页。

用心精细，务求达到尽善尽美，将其实用效能发挥到最大限度。长时间的实践积累了丰富经验，经验上升为理论和法则，被官方记载下来，成为官坊工匠们遵行的规范。早在东周时代，我国就产生了《周礼·考工记》里那长达一千一百八十多字的《弓人为弓》，这是春秋时代齐国关于弓箭制作标准和规定，有学者说，它是先秦制弓技术的详尽总结，“是一篇优秀的科技论文”。①

弓箭是冷兵器时代最有威力的武器，也是狩猎生产中最重要的工具。同时，射箭技能的掌握和提高，需要一定的身体条件和技术训练，而训练和射箭的实践必定有助于体能的增强。二者之间如此显而易见的因果关系，很早就被古人所感悟，并加以总结，在世代相传中形成理论，也催生了专业射师和不同流派的孳生蔓延。更重要的是，如此钟爱弓箭的古代中国人，在各种目的射箭活动中，不断深化和延展射箭活动的文化内涵，逐步赋予它教育、体育、游艺、交流等多方面社会功能，并形成了关于射箭的礼仪、备材、装饰、佩服、馈赠、竞技、考试等一系列的制度，还有大量相关的文学艺术创作等，从而构成了一个缤纷多彩的“射文化体系”，发展成为一门领域广泛的特殊的学问——射学。在相当长的历史时期里，射学是中华武学的精粹，这一点在现存的古典武学文献中可以看得非常清晰。

图1　隶书、小篆、金文、甲骨文、骨刻文的弓字

2006年10月，笔者在德国科隆体育大学举办的“体育在中国”国际研讨会上，提出中国式射箭是中国本土体育诸多项目中历史最悠久、发展得最好的项目，其原生状态是一个项目群，集中体现了中国人的体育观，含蕴着丰富的中华民族人文精神。

① 闻人军：《〈考工记〉导读》，巴蜀书社1988年版，第16页。

本文为2006年赴德报告的一部分，以及近期出版的《武学—中国传统射箭专辑》中的部分文字，简单就笔者所理解的中国传统射箭文化，从礼射与武射，以及胡射与汉射的角度简单阐述。成文仓促，未尽不足之处，还请方家指正。

一、武射、礼射与试射

商、周时代，特别是西周，弓箭是男人的性别标志，也是最重要的人生技能。贵族家的男子必须从小接受严格的射箭训练，通过“讲德习射”以提升贵族精神，掌握射艺技能，即古人所谓：“王畿之内，乡党之间，皆有习射之地。岁时因民聚会而教之，则民无道路之苦，国家无烦扰之政，而民皆精练矣。”[①]围绕着“习射”而开展的各种各样的射箭活动，早在商代就出现了制度化的“礼射”，西周王朝承接下来，又使之发展成为大射、宾射、燕射以及“为习民以礼乐”的乡射礼等一系列“礼射”活动。本质上是一个以射为中心的多功能军事操练和愉众活动，包括了对体质、技能和训练水平的检测，还有其他许多属于“礼”的内容，其中蕴含着我国早期的体育理念，特别是古人对强健体魄和竞技能力的崇尚与追求。

中国人很早就把射箭引入教育领域，这是具有重要意义的历史事件。对中国古代教育史是如此，对射箭本身更是如此。正由于此，中国射箭不仅是最重要的军事技能，而且成为身体和品德教育的课程，进而发展成为一个多功能的文化载体。可以确信，至少在西周克殷之初，周武王就毅然“散军而郊射，左射狸首，右射驺虞，而贯革之射息也”。汉儒郑玄的注解说：

> 郊射，为射宫于郊也。左，东学也，右，西学也。狸首、驺虞，所以歌为节也。贯革，射穿甲革也。[②]

应该说，这是西周“礼射”的开始，是射箭进入教育的起点。唐儒孔颖达对郑玄注作了进一步的疏解，他说：“克商之后修文教也。……止武而

① ［宋］王与之撰：《周礼订义》卷四十八，清文渊阁四库全书本。

② ［清］孙希旦撰：《礼记集解》卷三十八，中华书局1989年版，第1027页。

习文也。郊射，射于射宫，在郊学之中也。天子于郊学而射，所以择士简德也。”①这就是说，射箭不再仅仅是军中克敌制胜的武艺，在周武王的倡导下，它摆脱了“射必贯革”的单一属性和目的，走进设在郊学里的射宫，成为“择士简德”的手段，成为学校的一门课程。

所以，西周的学校，所谓庠、序、学、校等，其实都是习射的地方，是通过学习射礼来提高人文修养的地方。②这一古老的传统随着西周“封建”政治体制的衰落而濒于式微，遭遇了“礼崩乐坏”带来的困窘。直至东周的春秋时代，伟大的教育家孔子出世，他一生尊崇周公和周礼，以“复礼”为己任。与此相应，积极阐扬“射礼”的教化价值并试图加以复兴。他坚持射的身体力行，并提出一些重要的改革性理念，本质上具有创新意义，如强调“射以观德”，主张“射不主皮”等。试图将射纳入儒家重新建构的教育体系中来，以这项曾经为贵族所垄断的运动转而成为平民教育的“六艺”之一。在孔子“有教无类”的伟大思想的倡导下，射的教育跨越了阶层和族群的界限，成为中华文明重要的标志，成为中国所有人共同享用和施展本领的公共文化品类。对多民族的中国而言，这一点尤为重要，它正是孔子教育思想和实践中最精华的部分。

如上所言，“射”是孔子授徒的“六艺”之一，在六艺排序中位列其三。第一是“礼”，具有“纲”的性质，以下五项是“目”。循此，射在“目”中居于第二，亦见孔子对射的重视程度。

为什么君子以射为争呢？古人的解说很清楚：

> 君子无所争，必也，惟于射而后有争乎。盖射则因所射之中否以角其胜负，因所中之多寡以见其优劣。当此时，人人俱欲胜，是亦有所争也。谓之必也射乎，言惟独于射有争也。③

---

① ［汉］郑玄注、（唐）孔颖达疏：《礼记正义》卷第三十九，中华书局2013年版，第3345页。

② 顾颉刚先生认为，孟子说“序”是习射的地方，其实庠、序、学、校都是习射的地方。而古之“学宫”都是习射之地，因为古之所谓“士”都是指武士而言，后来蜕化为文士，习射作为一种传统被保存下来。见《史林杂识初编》之《武士与文士之蜕化》，中华书局2005年版，第85页。

③ ［明］蔡清：《四书蒙引》卷五“君子无所争”条，清文渊阁四库全书本。

可见，孔子首先确认射是一项“争”的活动，是竞技，是射艺高低的比赛。这是前提，是射之所以是武艺的根本。孔子只是主张即使是竞技，也应该保持周旋有仪、雍容揖逊的君子风度，不失君子本色。即《礼记•射义》所谓：“射求正诸己，己正而后发，发而不中则不怨胜己者，反求诸己而已矣。”可见即使是他所主张的“礼射”，也仍然有胜负之别，只是负了不要怨人，应该从自己寻找原因。通俗而言，就是不提倡逞勇好胜之风，不单纯以技艺为胜负，不责怨别人。这绝不意味着要放弃射是“争”的核心定位，把射变成“揖让而升，下而饮”的“礼仪秀”，变成服饰与举止的展示，绝非如此。既然是“争”，就要“角其胜负”“见其优劣”，就要有“中而贯革”乃至于“百步穿杨”的本领。不然“争”便是虚假的表演，是“友谊第一，比赛第二”一类的政治游戏。

孔子本人孔武有力，平生颇以善射自许。有人叹息孔子的博学多能，孔子听后却认为自己真正有把握的只是射、御两项技能。显然，他这是在突出射、御的重要性，鼓励从学者应该把强健的体魄摆在重要位置，免得像颜回那样“不幸短命”。[①]《礼记 · 射义》载：“孔子射于矍相之圃，盖观者如堵墙。”足见他老人家身手不凡，射艺水平很高，不是徒以“演礼”为招摇的“嘴把势”“说家”之类。显然，如果只是表演“揖让而升，下而饮”之类的虚花套式，一如今天翻腾跳跃、争奇斗艳已达极致的“竞技武术”，就不可能出现“观者如堵墙”的场面。

孔子很看重射的品德教化功能，把射看成是学习礼仪和培育“君子”行为规范的重要手段，“射以观德”便是这一思想的高度概括。有鉴于众多的习射者往往“力不同科”，即个人的体质体能都有差别，他倡导“射不

---

① 以上“君子无所争”等各条，均见《论语》。《八佾》：“君子无所争。必也射乎！揖让而升，下而饮。其争也君子。”《子罕》：“达巷党人曰：‘大哉孔子！博学而无所成名。’子闻之，谓门弟子曰：‘吾何执？执御乎？执射乎？吾执御矣。’”白话译文参照杨伯峻：《论语译注》，中华书局1982年版，第25、87页。

主皮”的赛射方式，强调这是“古之道也”。[①]这与通常的“主皮之射”或“贯革之射”不同。“主皮之射”的要点是“胜者又射，不胜者降”，即不胜者要被淘汰，胜者继续参赛，直到选拔出成绩最好的射手，这类似后世的“单淘汰赛”。“射不主皮”是主张不完全依照这种赛制比射，不过分看重水平高低和成绩好坏，而是重在参与，重在对“升降揖让，周旋俯仰”的礼仪要求。至于究竟如何才能让更多的人不以“主皮之射”参与射箭呢？孔子没有讲，史亦无载，我们暂无所知，希望终究能清晰了解。

总之，孔子试图淡化射箭的竞争性，不提倡射箭仅仅是优胜劣汰的赛事，希望射箭走多元发展之路，以使其适应更广泛的社会需求，让更多的人参加射箭并演习礼仪，以达强身健体和提升礼仪修养的目的。我的理解，“射不主皮”的确是孔子对传统赛制的变革，是对射艺传播方式与社会功能的调整和补充，他所谓“古之道也”，乃是以“托古改制”来推行自己的教育理念而已，未必真有历史根据。众所周知，孔子是一位“托古改制”的大师。

汉以后的历代王朝，尊孔崇儒成为官学主旨，孔子倡导的“礼射”为官员们和学者们积极推行，自然会有一定的从众，特别是国家各级学校和某些书院的学生们。宋元以后，依照常规，从国家最高学府国子监，到省、府、州、县各级学校，都应该设有演习射礼的“射圃”，生员应该时时演练射礼，如明太祖朱元璋就曾大力提倡恢复射礼，在各级的官学中都建有射宫或射圃。然而缺失了硬性的制度规定，尤其是没有那么多可以引领射礼的师长，“射礼”往往有名无实，形同虚设，或是虚应故事而已。并且时常取决于官员和学者的个人兴趣，或放任或提倡，并无一定之规。在大多数情况下，这些都不过是虚应故事，作出一番尊圣好古的姿态罢了，并没有多少实际意义。所以一直到清朝，各式各样的礼射活动虽时有所见，甚至一些官办

① 《论语·八佾》：“子曰：‘射不主皮，为力不同科，古之道也。’”马融注：“天子三侯，以熊、虎、豹皮为之。言射者不但以中皮为善，亦兼取和容也。”［清］刘宝楠《论语正义》引宋刘敞的说法：“谓不主皮者，以力不同之故，则主皮之射为尚力。”杨伯峻《论语译注》的译文是：“比箭，不一定要穿破箭靶子，因为各人的气力大小不一样，这是古时的规矩。”

的府、州、县学，在学宫的旁边还保存一块“射圃”，以备学子们演习礼射之用。而往往是闲置无用的时间居多，没有人或很少有人去演习礼射，即使有，也多半是发思古之幽情的“作秀”活动，因为很多人对周代的射礼程序已不甚明了。

必须强调指出，“射不主皮”式的礼射，从来都不是中国古代射箭活动的主导理念和主要赛制，只是或隐或现、时断时续地存在着而已，且时代不同，地区不同，实行的方式也并不统一。但借助孔子的崇高名位，礼射所倡导“射以观德”“射不主皮”的社会影响不可低估，而且确实对我国古代体育活动的竞技精神起到一定程度的消解作用。我国古代体育最终走上一条重表演而轻竞技的道路，固然有多方面的原因，但肯定与后世儒家一系列重文轻武、主静斥动的理论引导有关系，其中就包括对“射不主皮”的夸大与曲解的宣传。

我国古代一些曾经相当流行的竞技体育项目，如手搏、击剑、马球、蹴鞠、相扑、争交、打棒、打降等等，后一再遭到官府禁止，遭到儒学排斥，终究被逼上绝路，明以后大部分都不存在了。在长时间没有战争的升平岁月

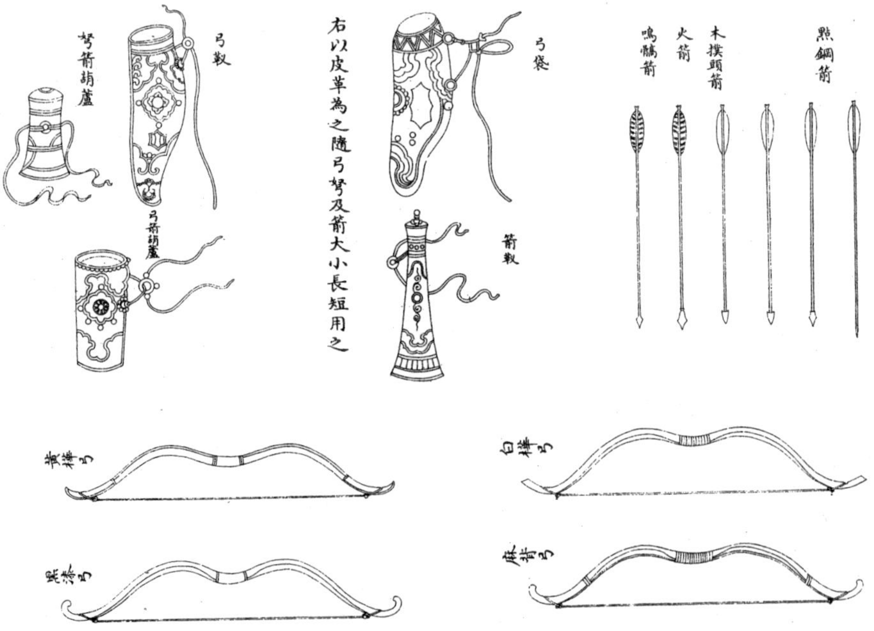

图2　宋《武经总要》弓箭设备图示

里，在道学家的倡导下，大讲一动不如一静，重文轻武形成风气，年轻人引弓走马、习练武艺便会遭到讥讽，甚至被视为不肖。而演习礼射则被视为尊圣崇古的高尚行为，实际上多数只是虚应故事的套式，是表演，既不具有强身健体的基本身体练习功能，更不具有真实的尚武意义。“射不主皮”也对民间射箭的多样化发展有一定积极影响，但不可夸大理解，更不可以对孔子此言作断章取义的解读，对孔子以射为“争”的大前提视而不见。在弓箭是战争第一利器的时代里，从来没有人提倡以“射不主皮”来训练军队和培养武备人才，实际上也不可能有如此冥顽不化的人，这才是最基本的史实。

实际上，礼射的衰落有它的必然性，而一个重要的因素是武举制度兴起后，直接与仕途挂钩的科场试射随之勃兴，并取代了缺乏功利价值的礼射。我们知道，武举制度自唐长安二年（702年）起始，[①]一直绵延到清末，考试的具体内容各朝多有变化，但步射骑射从来都是最重要的项目，是技勇测试中最紧要的部分。特别到了以弓矢铁骑取得天下的大清王朝，一直强调以“国语”和骑射为立国之本，视之为保持满族统治强势传承的两大支柱。[②]以至用近于迷信的心态大力提倡射箭，特别是康熙、雍正、乾隆三朝，这三位皇帝都称得起射箭高手。康熙的射高记录是430中国尺，这个记录可能超过了金太祖完颜阿骨打的320步。[③]清帝提倡的出发点当然主要在八旗子弟的弓马训练和教育，要他们保持传统优势。但也逐步推广到绿营兵勇的训练，推广到武官的铨选和武举人、武进士的考试之中。

清朝的武举考试制度是历朝最严密也最具规模的。武举考试相比于文科要容易得多，武官的实际地位也远低于文官。但这毕竟为许许多多民间的习武者提供了跻身仕途的路径，所以它极大地拉动了民间应试者的积极性，而增强力量和提高步射骑射的水平，则是习武的核心内容。于是，民间涌现出了许多传授射艺的射师——称“弓马师傅”“弓把势”，也涌现出了许多专门提高应试能力的“弓箭房”“射棚”等，[④]还有许多辅助训练手段和辅导教

① 王凯旋：《中国科举制度史》，万卷出版公司2012年版，第333页。

② ［清］长善等纂：《驻粤八旗志》卷首，辽宁大学出版社1992年版，第13页。

③ ［元］脱脱等撰：《金史》卷二，中华书局1975年版，第19页。

④ 杨金声：《檀营历史渊源》，《北京文史资料》第49辑，北京出版社1994年版，第167页。

材性质的读物。专门为训练和检阅军队用的教场（或作“校场”）也时常为武举应试者开放，民间习射和由此引发的比射活动随处可见，教场成了城市射箭活动的中心。官学系统的射圃冷冷清清，而城乡的弓箭房和教场却热闹起来，基层社会的弓把势们非常活跃，成了受人敬重而足以糊口的职业。

图3　明程宗猷《射史》插图

礼射与试射的消长起落，标志着在历史的长河中，具有更多应用价值的竞赛性射箭，终于取代了以品德教化为主要目的的礼射。而前者也仍然保持有显明的教育意义，只是不再是“友谊第一，比赛第二”，而是“比赛第一，友谊第二”。总体上说，这无疑是一个进步，也是射箭摆脱古老传统的羁绊，阔步走向体育化的必然结果。

二、胡射与汉射

中国自古以来就是多民族国家，在射箭上，很早就存在不同民族间的差别和互相学习交流的事实。正是这种多民族国家各民族间的交流、冲突与融合，是中国文化不断发展繁荣的动力和基础，是中国文化能保持“多元一体”发展格局的重要原因。这一点非常鲜明地表现在以射箭为代表的中国民族体育上。与之同时，中国疆域辽阔，地区性的经济文化差异很大，这也增加了中国文化的多元因素，在射箭文化这一点上同样表现得非常清晰。

众所周知，古代射箭很早就有了汉射与胡射之分，有汉族与少数民族间

图4　元刘贯道《元世祖出猎图》

的互相学习与交流。西周成王时，东夷肃慎以“楛矢、石砮”入贡；[1]战国时，“赵武灵王易胡服骑射”，[2]这些被史家津津乐道的历史事件，生动地反映了这种学习交流的久远存在及其深义。由于地理环境和经济、文化发展程度和发展类型等多方面的差异，特别是军事体制上的差异，汉族与周边少数民族之间不但在步射、车射、骑射等大的方面有差别，而且在与射箭相关的许多细节上也存在不同。一直到唐代，王琚《射经》明确讲到，当时胡射、汉射（也称“中国射”）在具体扣弦技术上的不同之处，反映了经过魏晋南北朝数百年的民族大融合之后，多民族的射法已经聚合成了胡、汉两大流派。当然，小的流派一定还有，甚至会有很多，但王琚说得明白，胡、汉二法是射箭的主要流派分野，“此外皆不入术”。我国疆域辽阔而民族众多，地域性差别又很大，射法和器具制作上多种流派并存是非常正常的状态。所以自古以来，射箭一直是各民族间相互学习交流的重要内容，这种交流紧随历史的脚步一刻也没有停顿过，一直延续到今天。

“胡”是一个综合性的概念，它包括了许多少数民族，或者说是所有周边少数民族的代称。射箭上汉、胡之分包括马射与步射的区别，还有弓箭制作、技能训练、礼仪习俗和竞技方式、军事应用等多方面的不同。但这种不同并不是绝对的，不存在不可逾越的疆界，原因是彼此间经常性地进行交流和学习，有时是在冲突中完成的，有时则是正常友好的交流。武则天创立武举制度之始，射箭就是最重要的考项，它包括有长垛、马射、步射、平射、筒射五种射法，[3]这种考法很可能就是总结了当时胡汉各种射法而设定的。第

① 《国语》卷五，上海古籍出版社1978年版，第215页。

② ［汉］刘向集录：《战国策》卷十九，上海古籍出版社1985年版，第655页。

③ 刘世明：《射箭述略》，《文史知识》1993年第8期。

一，唐文化是建立在长达数百年之久的汉胡文化交流融汇之上的；第二，唐代军旅中有大量“蕃将”。唐玄宗时，大臣王琚撰写了《射经》一书，这是我国保存至今的最重要的射学文献之一，也是唐代多民族射学交流与融合的产物和见证。王琚明确提到胡法与汉法的区分，例如他在讲到握弓扣弦的主要方式时说：

凡控弦有二法：无名指叠小指，中指压大指，头指当弦直竖，中国法也；屈大指，以头指压勾指，此胡法也。此外皆不入术。胡法力少，利马上；汉法力多，利步用。[①]

在古代，汉族政权与周边少数民族之间经常进行射箭比赛，大多数比赛在精心挑选的使者间进行，气氛是友好的，但其中蕴含着更深层次的竞争，甚至是关乎国家民族尊严的竞争。多民族射箭技艺的交流，最后在由少数民族建立的大清王朝时期得到总结，最终形成了汉、胡交融的“中国式射箭”模式。而这一模式的确定和普及，主要归功于清朝所积极倡导的射箭文化和所推行的武举考试制度。如上所述，在这一受到举国重视的武官考试制度中，射是最重要的课目之一。为了赢得考试，许多年轻人都接受严格的射箭训练，包括一系列辅助训练项目。民间有大量射师传授射箭技艺，地方官员和士绅们经常举行射箭测试和考评，这类活动实质上具有了射箭竞技运动会的性质，成为清朝最常见的体育文化现象。因此，我们说我国存在数千年之久的汉、胡射箭差异，在清代终于融为一体。个别地区和某些少数民族还保留着自己的一些射箭风格，但这毕竟是少数，就射箭活动的主流而言，汉、胡之分已不复存在。有些明显原属于胡射系统的技艺，也为汉

图5　清康熙《顾绣猎鹰图轴》清代骑射

① ［唐］杜佑：《通典》卷一百四十九《兵二》，中华书局1988年版，第3817页。

人所接受。例如射地球（也叫“拾帽子”）是满洲八旗的传统射法，是骑兵对付步兵的重要武艺。这实际早在乾隆以前就已传到汉族民间习射者中。康熙末年，汉人刘奇撰写的《绣像科场射法指南车》一书中，就已经有了这个射法。刘奇书之末附有马步图说十三势，每势有文字相配，其中步射十图，马射三图。马射三势中就有“低射地球势”。说明早在乾隆二十五年以前这一射法已在习射者中流行，至于是否已成为武科考试项目，犹待考究。刘奇说：

> 此势宜看他跪膝斜跨，让弦取准处，乃满洲家之熟中生巧式也。学之亦易，但右足不可跳镫，两膝不放鞍头，是要紧法则。①

“满洲家”三个字明白无误地说明此技的来路。“满洲家”不但善射，而且也有了射箭著述。乾隆年间，叶河那兰氏常钧著有《射的说》一卷、附《观马图说》一卷，满汉文合璧。②常钧是担任过几个省巡抚的满族高官，有趣的是他的射学理论却完全建立在儒家“射以观德”的思想基础上，看不出应有的满族特色。显然常钧的汉化程度已经很深，也说明汉族传统的“礼射”理念也被满族高层士人所接受。交流和融合从来都是双向互动的。正因如此，才会出现你中有我、我中有你的奇妙效果，才会产生清代射箭那种胡汉一体的格局。

图6　明程宗猷《射史》骑射三式插图

---

①　［清］刘奇：《绣像科场射法指南车》，《清代射艺丛书》，山西科学技术出版社2008年版，第125页。

②　卢秀丽、阎向东编：《辽宁省图书馆满文古籍图书综录》，辽宁民族出版社2002年版，第441—444页。

三、结语

纵观人类文明发展史，民族间一旦发生军事冲突，交流的频度和效率往往会显著提升，成就也更显突出，这在宋、辽、金、元时代表现最为清楚。把骑射武艺发展到近于极致的蒙古人，曾向西夏常八斤等人学习弓箭制作，①也曾任用南宋降将王青训练士卒射箭，②这样的例子很多，足以说明在弓箭制作和实用技艺上没有哪个民族是最好的，只是各有所长。可以说我国几千年的射箭史，基本上是一部多民族弓箭武艺的交流史。史籍中保存了大量与此有关的史实和史料，加上还有许多文物和文艺作品传世，使我们对多民族弓箭交流融会的史实有相当丰富的认知。遗憾的是，至今这方面的研究还远远不足，论著寥落，相关知识的普及也跟不上，致使一些不符合史实或不符合我国“多元一体”的民族大格局的一偏之说，在民间悄然流布。甚至有些不利于民族团结的带有明显狭隘民族主义倾向的言行，也在刚刚起步的传统射箭活动中时有所闻，不免令人不安和厌恶。这些东西明显是浅薄与浮躁的产物，是对历史孤陋寡闻的结果。

总之，大一统的清朝为各民族射法的融合提供了良好的条件，流传千载的中国射箭的技术与理论体系，在清朝完成了它最后的整合与定型。因为此时火器的优势已显露无遗，射箭的军事价值最终逐渐丧失，以至被军旅所淘汰。这使它失去了最重要的生存土壤，于是只

图7　紫光阁功臣像赞选

① ［明］宋濂等撰：《元史》卷一百四十六，中华书局1976年版，第3456页。

② ［明］宋濂等撰：《元史》卷四，中华书局1976年版，第73页。

图8　外国人拍摄的清代射箭人像

能建立在彻底的体育化转型上。民国时，在一批有识之士的关注和推动下，这一转型已见成效，射箭、弹弓都成了国术家族的一员。在1935年的第六届全运会上，射箭成为正式项目，担任裁判的张唯中、杨介人、朱剑英、马岳梁、强云门，以及各省的射箭选手，多是名家和名门之徒。当时全国各省国术馆，多有射箭和弹弓的教学班，著名武术家佟忠义在上海国术馆曾主教弹弓和摔角，我的祖父马凤图也曾在甘肃、青海的国术馆传授射箭。历史证明，中国传统的“射学”是中国各民族共同创造的，如同古老的武术、摔跤一样，是中华民族在漫长的历史中共同创造出来的体育文化成果。它的定型最终完成于清朝，在民国时大致完成了体育化转型，堂而皇之地登上民族传统体育的殿堂。

参考文献

[1]［汉］刘向集录：《战国策》，上海古籍出版社1985年版。
[2]［汉］郑玄注、（唐）孔颖达疏：《礼记正义》，中华书局2013年版。
[3]［唐］杜佑：《通典》，中华书局1988年版。
[4]［宋］王与之撰：《周礼订义》，清文渊阁四库全书本。
[5]［元］脱脱等撰：《金史》，中华书局1975年版。
[6]［明］宋濂等撰：《元史》，中华书局1976年版。
[7]［明］蔡清：《四书蒙引》，清文渊阁四库全书本。
[8]［清］孙希旦撰：《礼记集解》，中华书局1989年版。
[9]［清］长善等纂：《驻粤八旗志》，辽宁大学出版社1992年版。
[10]上海师范大学古籍整理组校点：《国语》，上海古籍出版社1978年版。

［11］杨伯峻：《论语译注》，中华书局1982年版。

［12］中国社会科学院考古研究所编：《新中国的考古发现和研究》，文物出版社1984年版。

［13］闻人军：《〈考工记〉导读》，巴蜀书社1988年版。

［14］杨金声：《檀营历史渊源》，《北京文史资料》第49辑，北京出版社1994年版。

［15］顾颉刚：《史林杂识初编》，中华书局2005年版。

［16］蒋文孝、邵文斌：《秦俑坑出土铜箭镞初步研究》，《秦文化论丛》第13辑，三秦出版社2006年版。

［17］唐豪编：《清代射艺丛书》，山西科学技术出版社2008年版。

［18］郑先正：《汉画像的社会学研究》，河南大学出版社2009年版。

［19］卢秀丽、阎向东编：《辽宁省图书馆满文古籍图书综录》，辽宁民族出版社2002年版。

［20］王凯旋：《中国科举制度史》，万卷出版公司2012年版。

［21］刘世明：《射箭述略》，《文史知识》1993年第8期。

满洲射书《射的》考证与研究

锋　晖[1]

清朝奉“国语骑射”为国策，视弓马射术为满洲长技，武备根本。为保证射箭传统，清朝诸帝不但能骑善射，率先垂范，更自上而下推行“骑射”国策，纳射术为旗学科目，增扩武举弓矢项目，设立木兰秋狝、南苑演武大典，确立各地八旗骑射、围猎考核体系，使“射”贯穿于八旗武备及满洲民俗。

清代射术典籍甚多，射书代表作有顾镐《射说》、李塨《学射录》、黄百家《征南射法》、郭金汤《射法》、刘奇《科场射法指南车》等，但满洲旗人所著者寥寥，存世满洲射书唯有常钧《射的》一部，且该书为满文、汉文合璧书写，尤显弥足珍贵。今人多将《射的》奉为满洲射术经典，视为官兵习射规范，但细读全文，发现此论疑点甚多。

中华射术与射书分“武射”“文射”两大流派，各有宗旨，相差甚大。“武射”以作战为核心，注重杀伤技法及战术运用，以中靶箭数与杀伤效果确定胜负，满洲传统围猎军武之射术，属此“武射”范畴。而“文射”，又称礼射或射艺，礼射以“礼制”为核心，以“道”“德”为宗旨。射艺为孔子所倡“君子六艺”[2]之一，将礼制理念贯穿于射之始终，集德育、美育、

---

① 项目名称：中国社会科学重大项目“锡伯语（满语）语料库建设与研究”。（编号：15ZDB110）

新疆民族体育文化研究中心项目：“锡伯族弓箭文化保护与传承研究”。（编号：XJEDU040613B01）

作者简介：锋晖（1977—），男，锡伯族，新疆师范大学，研究方向：清史。

② 《周礼注疏》卷十：“三曰六艺：礼、乐、射、御、书、数。”郑玄注曰：“射，五射之法。”［清］阮元校刻：《周礼注疏》，中华书局2009年版，第1523页。

体育于一体，以寓教于射实现射者“修身、齐家、治国、平天下”的初衷，注重射箭过程而非结果，以射者道德修养及礼射技法确定胜负，自先秦形成乡射、宾射、燕射、大射体系，属此“文射”范畴。《射的》若归属“武射”，但书中“文射”理念却占主体，不免令人费解。

对于该书的先行研究，有吕欧、宋冰撰《满汉合璧〈射的说〉研究》，①李海婷撰《清朝习射书籍〈射的说〉及影响》，②两文对《射的》内容多所梳理，但有三方面问题仍需深入探究：其一，作者生平需考证，借以探究其射术流派；其二，射术体例需考证，借以探讨满洲射术流变；其三，射书内容需考证，借以解析清朝射制沿革。笔者不揣冒昧，就以上三个问题分别考述如下，以就正于方家。

一、作者考

关于作者生平，前期《射的》研究之作均未述及，难以考证作者与其射术流派关系。综合新疆满文档案及《国朝耆献类征》《国史馆本传》记载，作者常钧（1702—1789），叶赫那拉氏，满洲镶红旗人，于雍正四年（1726年）由翻译举人考授内阁中书，后授兵部主事，充军机章京。乾隆二十一年（1756年）清廷征伐准噶尔时任工部员外郎。乾隆二十五年（1760年）四月授正白旗汉军副都统，六月迁刑部侍郎，十一月署理江西巡抚，十二月署安徽巡抚。乾隆二十六年（1761年）四月授河南巡抚，八月调江西巡抚未行，后调任甘肃巡抚。统一西域后，常钧以“屡著劳绩”，授云骑尉世职。乾隆二十八年（1763年）十一月调任湖北巡抚。乾隆二十九年（1764年）正月常钧入觐，诸多治疆策略受乾隆帝认可。乾隆三十一年（1766年）二月调任湖南巡抚，八月因“侯岳添案”中徇私枉法，遭到革职。③乾隆三十二年（1767

① 吕欧、宋冰：《满汉合璧〈射的说〉研究》，《满语研究》2010年第2期。

② 李海婷：《清朝习射书籍〈射的说〉及影响》，《兰台世界》2014年第21期。

③ 《清实录·高宗纯皇帝实录》载：“（乾隆三十二年正月二日）至常钧，办事本属平庸，特因其前此曾在军营出力，是以屡用为巡抚。今于侯七郎殴死侯岳添一案，回护固执……显然授意徇庇欺朦之罪，尚可稍从末减常钧，著革职。”

年）二月，以“废员”身份赴新疆喀什噶尔辨事，五月调赴哈喇沙尔[1]辨事。乾隆三十六年（1771年）五月回京授三等侍卫。乾隆五十四年（1789年）十月，常钧卒，享寿八十八岁。

乾隆哨鹿图 局部 清

乾隆射熊图 清

图1 乾隆射箭图像

常钧系八旗文官，为雍乾时期直省、边疆官员，历任中书、刑部侍郎，及江西、安徽、河南、甘肃、云南省巡抚，经历曲折丰富，既因才华出众，办事勤勉，被清廷屡屡提拔调任，又因涉案回护，被弹劾欺诈，贬为“废员”[2]，赴回疆[3]“赎罪效力”数年，但清廷屡次采纳其治疆之策，最终视其为“有功之臣”。乾隆五十年（1785年）正月，乾隆帝设千叟宴，常钧受赐赴宴，并即席向乾隆帝献诗：“金阙青阳启，瑶阶丽景妍。凤图欣锡羡，鹤算幸长延。天上耆英会，人间蓬岛仙。蓂香春茁六，椿老叟逾千。尉忝承云骑，班惭预绮筵。颓龄叨厚禄，五十有三年。”[4]常钧才华出众，著有《敦煌随笔》等文章，且“精绘事，画虎尤妙”[5]，绘画于清吏中颇有名气，政绩丰富而曲折，任职奋勉而善终。《射的》成书于乾隆三十五年（1770年），为常钧新疆赎罪办事之时。纵览常钧履历，以翻译举人入仕，并无军武从戎背景，亦无从征战功记录，使人质疑《射的》为满洲官兵

① 哈喇沙尔：今新疆焉耆回族自治县。

② 废员：清制，凡因罪、因过而被革职的官员。

③ 回疆：清代回疆指天山以南区域。

④ 《钦定千叟宴诗》卷十四，景印文渊阁四库全书本第一四五二册，台湾商务出版社1986年版，第336—331页。

⑤ 李放《八旗画录》，《清代人物传记丛刊》第80册，明文书局1985年版，第11页。

射术之说。

满洲骑射初兴于“武射”，行围射猎，攻伐作战，其射术虽无官修教程，但相关文献记载甚多，如嘉庆帝就“武射”用箭曾曰：“营兵操练射靶……箭枝样式，种种不同，各适于用，其箭镞翎羽之轻重，总视弓力为准。如射鹄则用骲头，射靶则用铲箭，射牲则用披箭，临阵则用梅针，随地异宜，总在发矢有准。”[①]就酌定弓力而言，嘉庆帝谕：“国家以弧矢开基，武备之修，挽强为尚，但力不同科。……概令开弓在八力[②]以上，亦属难行……勤加教演纵不能悉挽八力劲弓，总约以六力为合格。”[③]旗营多以六力之弓习射校阅，而清朝武举之弓有八力、十力、十二力三种，另备十二力以上“出号弓”，弓号由考生自选，拉弓三次，每次以拉满为准考核。由此可知，八旗军营“武射”，注重箭枝杀伤、弓力效能等，此军武作战使然，汉唐“武射”典籍对此亦叙述详尽。而《射的》全文对箭枝搭配、弓力限度并无提及，对作战杀伤、战术运用亦无论述，窥见常钧所言之“射”并非军武范畴。

清朝入关后，巩固“武功”之余，强化“文治”，清廷一面推行弓马射术，使习射尚武之风兴盛于宗室权贵、八旗官兵，一面推动满洲上下研习中原文化，推崇礼制经典，使习文之风日兴。康熙朝后期，满洲射术虽形式沿袭，但实际技法却变化甚大，中原“文射”随礼制深入满洲风俗，其“射以观德”宗旨备受满洲文士推崇，“武射”技法于军营存留，但“文射”技法却广为传播。雍正帝以满洲文士文武兼通，甚为骄傲，曾曰：“古者射御居六艺之中，圣人所重。本朝开国以来，骑射精熟，历代罕有伦比，旗人凡少长贵贱，悉皆专心练习，未有一人不娴熟弓马者。士子应试，必先试其骑射合式，方准入闱。”[④]但“射艺”系孔子先贤所倡“文射”之射，与满洲“武射”旧俗无关，可见雍正帝所重者，为满洲射俗之存废，而非射术之满汉流派。由此，便可理解常钧虽系满洲官员，但其著述宗旨却非“武射”范畴。

① 《清实录·仁宗睿皇帝实录》卷九十八，中华书局1986年版。
② 清制，以“力”为单位计量弓体张力，以九斤四两为一力。
③ 《清实录·仁宗睿皇帝实录》卷二百八十四，中华书局1986年版。
④ 《清实录·世宗宪皇帝实录》卷四十八，中华书局1986年版。

二、体例考

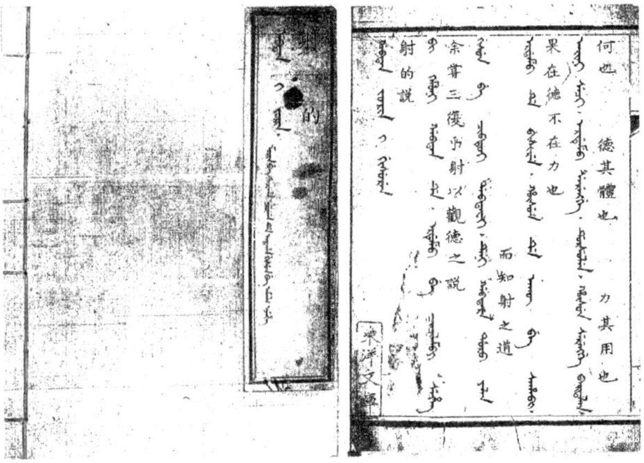

图2 满文《射的》

《射的》成书于乾隆三十五年（1770年），单册装订本，北京图书馆、中央民族大学图书馆、内蒙古师范大学图书馆、辽宁省图书馆、大连市图书馆、日本东洋文库等皆藏有抄本、刻本。东洋文库刻本共九十八页，规格21*18厘米，满汉合璧形式，满文于左，汉文对应于右，以满文排序自左至右排列，除第一页和最后一页外，每页有五列满文、汉文。《射的》全书由正文与附录《榆阳射圃观马图说》两部分构成，正文介绍步射要领，内容有十二节，即诚意、正心、存神、养气、演法、步位、执弓、扣箭、审固、撒放、弓与力配合、矢与弓配，附录《榆阳射圃观马图说》介绍骑射相马之说。对比明清射书体例，《射的》特点有二，即“满汉合璧”与“文武合璧”。

就“满汉合璧”而言。有清一代，“国语骑射”被奉为国策，所谓“国语”“清字”即满语满文。中央至地方各级满蒙官员，尤其八旗、边疆及宫廷、陵寝事务满蒙官员，均须以满文拟写公文。国子监等各级各地旗学设置满语课程，科举特设翻译科，鼓励旗人习满语用满文。满文创制历史较短，1599年由努尔哈赤组织创立，仅三十余年后清朝便入关统一中国，八旗半数居于京师，半数分散全国驻防。满洲社会环境剧变，致使旗民满语文环境受汉语冲击甚大，汉文水平日升，但满语能力渐衰。满文官书公文虽占绝大多数，但满文原创文学作品极少，如乾隆帝虽满语文造诣极高，但毕生作诗近四万首中，满文诗歌竟寥寥无几，说明满文已缺乏生命力，依靠体制维系。于此，以满汉文对照之合璧体例出现，清廷将大量汉文经典、明朝典制悉数翻译，以合璧体例向旗民推广，帮助旗民学习汉文典籍，汲取汉文化养分，又借以维系满文传承，保持民族特征，可谓该体例为八旗所学习汉文、保护满文之体例。因此，满汉合璧典籍就版本而言，多为自汉文原版翻译而成。

《射的》兼译作、原创于一体。清朝亦有汉族文士顾镐著射书《射说》一部，与常钧《射的》比较，二书极为相似。《射说》内容分内功、外功、用功、步位、执弓、扣箭、目力、开弓、撒放、弓与力配合、矢与弓配、自跋，共十二节，与《射的》十二节比较，不但宗旨主题一致，其执弓、扣箭等诸节文字完全相同，约占正文十之四五。《射说》成书于康熙五十八年（1719年），比《射的》早三十七年，可知常钧系翻译顾镐《射说》，并融入个人见解而成书，可称《射的》正文原版即为《射说》。

就“文武合璧”体例而言。中国古代射术“文射”“武射”泾渭分明。清代乾隆年间《古今图书集成》第二百八十二卷中，汇集自古至今有关“射部记事”，射箭史料条目三百有一，将其进行简单的分类统计，射猎类有五十条，军事类有一百二十八条，礼射类有六十四条，风俗类有二十九条，竞技类有二十二条，习射类有八条。其“文射”射书，内容主要为三礼，即《仪礼》《礼记》《周礼》，含及先秦典籍礼射记述，及后代学者注疏之作。注疏以汉唐经师之作为主，唐以后儒家学者，尤以清代学者对汉唐注疏又多发明。此类射书述及礼射细节，专注章句训诂，引述孔子先贤礼射理念，以射礼程序，宣扬“揖让而升”礼制准则，以达到人文教化目的。而“武射”射书，以“贯革之射”①为代表，围绕战术运用、精准杀伤而论述。射书体系虽内容宽阔，但文武两大流派，特征明确，鲜有合璧之作。而《射的》正文虽参考《射说》，但其附录内容为原创，主题为骑射与相马，属“武射”范畴。历朝军事尤重骑射，“射”之远程攻击，“骑”之战术机动，使得骑射成为历朝各代军事武备重要组成。如蒙古西征大军以骑兵为主，每兵配马三匹，弓三张，箭二百支，远程奔袭换马不换人，日行数百里，作战时先以硬弓远程漫射，再以软弓精度射杀，最后以长枪短刀近战，故骑射为“武射”射书所独有。此外，中原“武射”射书，其体例少有附

① 贯革之射：即张革甲而射之，属军武之射，与文射之“射不主皮”相反。其习武仪节简化，以革甲为侯靶，以箭矢射穿甲贯革厚度判定胜负，不追求仪容风度，只注重弓矢穿透杀伤。

录，其内容鲜有相马之论。而《射的》设专题论马，述及相马、观马、骑马、马射要点，倡导骑射“弓、箭、手、马”四要素于一体，发挥骑射最大攻击效能，是为满洲骑射经验总结，使正文中原“文射”技法，与附录满洲“武射”旧俗合为一部，构成该书体例特色，堪称“文武合璧”。

三、内容考

《射的》首语曰：“余尝三复乎射以观德之说，而知射之道，果在德不在力也。”常钧明确其射术宗旨为“德”，满文使用“erdemu”[①]一词，兼有德、才、武艺武功之意，与汉文之“德”字内涵有所不同。“射以观德”为“文射”流派之训言，以“德”悟“道”，特指精神修养。《颜氏家训》曰：“弧矢之利，以威天下，先王所以观德择贤，亦济身之急务也。江南谓世之常射，以为兵射，冠冕儒生，多不习此。别有博射，弱弓长箭，施于准的，揖让升降，以行礼焉。防御寇难，了无所益。乱离之后，此术遂亡……”[②]可知早在魏晋之际，以“揖让升降，以行礼焉”之“文射”，与“弧矢之利，以威天下”之“武射”，差异甚大。“古者射以观德，但主于中，而不主于贯革，盖以人之力有强弱，不同等也。”[③]指出“观德”之射主于中，而非贯革，此观德之射为“文射”，而贯革之射为“武射”，二者可谓泾渭分明。常钧虽用兼有文武含义“erdemu”一词，但内容完全为文射“德才”含义，而非武射“武功”之意。

第一节题为“诚意”，述及“意中无形之射，先用止志直体之功，然后每发一矢，静专于道”，作者强调“正志于道”，而非“贯革中的”。《礼记·射义》载“心平体正，持弓矢审固，持弓矢审固则射中矣。”[④]射者须己正而后发，“己正”即“内志正”与“外体直”，于“武射”而言，“己

① 满文“erdemu”一词，兼有德、才、武艺武功之意，汉文之德内容抽象，而满文之德相对具体，便于理解。

② ［北齐］颜之推撰、王利器集解：《颜氏家训集解》，上海古籍出版社1980年版，第519页。

③ ［宋］朱熹：《四书章句集注》，中华书局2011年版，第65页。

④ ［清］阮元校刻：《礼记正义》，中华书局2009年版，第3665页。

正”侧重于“外体直”，强调“中的”之结果；于“文射”而言，“已正”侧重于“内志正”，强调“中的”之过程。常钧指出“先正志，后发矢，专于道”，说明以“正志”发矢，其专注对象，不在外，而在内。射术追求内志之“道”，而非肢体之“技”，“中的”之靶不仅是箭靶，更是精神“道”靶。

第二节题为“正心”，述及“心为身主，正则不偏不倚，情自然和平，念虑自然精一，可以命中，可以观德。君子无争，平之象也，仁者如射，中之道也，反求诸心，焉往而不得哉。”作者再次提及“观德”，“射者，仁之道也。射求正诸己，己正然后发，发而不中，则不怨胜己者，反求诸己而已矣”。认为一切射艺结果归结为自己是否端正，一招一式是否符合规范，不能怨及他人，皆从自身寻找过失，即是慎独，对涉世处事予以反思指引。而其君子无争之说，源自孔子所言：“君子无所争，必也射乎！揖让而升，下而饮，其争也君子。”[①]认为君子不应争名夺利，被名利虚荣所扰，应于射礼中争德行修养，不争“外在”，而争“内志”，以无争贯通必争，实现内心警醒、慎独。显然作者所谓正心与“武射”之专心不同，前者强调意境，后者强调精准。

第三节题为“存神”，述及“引弓满彀，凝神不分，乃可命中，此所谓存神，即大学虑后能得境界，而射义所云，各绎己之志，求中为绎，能中为舍，绎之而得，则足以伸吾之志。绎之而未得亦，不失吾志之所存，神乎神乎，离则去之舍之远之，可不勉哉。”作者指出唯有存神，方得境界，各绎己志，拓展精神，即通过“射”实现“志”之拓展。《射义》载：“射之为言者绎也，或曰舍也。绎者，各绎己之志也。故心平体正，持弓矢审固，持弓矢审固则射中矣。”[②]指出射即为寻绎之意，射者身份不同，均应于射中寻绎各自志向，使身份、言行符合礼制，实现个人与社会和谐，即“为人父者以为父鹄，为人子者以为子鹄，为人君者以为君鹄，为人臣者以为臣鹄。故射者，各射己之鹄。”[③]要求射者，将箭靶视为道德标准，射之过程，即为反

① ［清］阮元校刻：《礼记正义》，中华书局2009年版，第3668页。
② ［清］阮元校刻：《礼记正义》，中华书局2009年版，第3665页。
③ ［清］阮元校刻：《礼记正义》，中华书局2009年版，第3665页。

复内省、存神、存养、进取之过程。孔子曰：“发而不失正鹄者，其唯贤者乎！”[①]指出射艺关键，在于心神端正，而射之成败，在于内志实现端正。

第四节题为“养气”，述及“气者，体之充也”，“射之道也，是故善养气者，勿以喜乐耗其气，勿以哀愁伤其气，纳之有常，出之有度，充于一身，达乎四体”。常钧强调以气息疏导肢体，调控心志，使精神入定于射艺之道。所谓习射当先治心，誉之不喜，激之不怒，胜而不骄，败而不慑。若泰山之崩于前而不惊，若虎兕之出于后而不震，毋动容，毋作色，和其肢体，调其气息，一其心志。备此五者，惟彀率之是图，失诸正鹄，反求诸身。以气息调控达到心志专一，身心合一，以“道”之心境贯矢如流，养成专注品性。

第五节题为“演法”，述及“空手作执弓扣弦状，处定之后又作撒放势，一如真射”。常钧认为习射初始应为虚射，即空手演练，持硬弓空拉不放箭，会使射手心力耗于弓力，而难以集于内志，故以空手演练射箭，意念弓力大小、箭靶远近，专心于“正志正体”，待熟练技法后再持弓撒放，此说非八旗习射旧俗。八旗官兵习射训练自幼而成，此系北方射猎游牧部众传统。“儿能骑羊，引弓射鸟鼠；少长则射狐兔，用为食。力士能毌弓，尽为甲骑”。[②]习射训练自幼童开始，皇太极曰：“子弟辈壮者当令以角弓羽箭习射，幼者当令以木弓柳箭习射。”[③]满洲部众习射属自幼耳濡目染、逐步养习之俗，所谓虚射、真射非满洲传统，为初学射术者之演法。

第六节题为“步位”，述及“将射而跨步就位，以不即不离为妙，慎勿作意矜持，脚跟必定须踏稳，不宜板。所谓丁字不成，八字不就，总在有意无意之间”。作者所说站法为“跨步就位”，脚法为“非丁非八”。此描述虽与八旗“武射”有相似，但八旗官兵之射，强调“前腿直，后腿弯，腰下坐，前腿橛，后腿瘸”之特征。此步法站法虽不优美，但于步战极为使用，穿着厚甲战袍，弓弦极易打臂，若使身体略呈S型，不但利于发力，亦使弓弦与手臂成一定角度，避免弓弦触臂，就站法描述可谓兼有中原文射、满洲武

① ［清］阮元校刻：《礼记正义》，中华书局2009年版，第3668页。

② ［汉］司马迁：《史记》，中华书局2016年版，第3483页。

③ 《清实录·太宗文皇帝实录》卷五十四，中华书局1986年版。

射二者特点。

第七节题为“执弓”，述及“执弓如执笔，弝必归槽。用力全在指掌，一点不松，方是真诀，出弓必卧，务以上弰在前，下弰在后”。其中“执弓如执笔”为各类射法之共性，但“出弓必卧”则有待商榷，纵览八旗文献及旗营射法，未有此“卧弓”定论，一切技法以作战环效能而定，实现快速有效。而中原射法，尤其“文射”技法中，强调“卧弓”之法，撒放后以弓指箭，达到“箭随心至”之意境。

第八节题为“扣箭”，涉及指法、靠位、运气等，指法述及“中指贴住大指，大指用昂力，食指用压力，其余三指握固”，此指法系捏弦法，多用于软弓，鲜有硬弓、强弓用此指法。于“武射”中为骑射指法，于步射中多为“文射”指法；靠位述及“弦靠胸，箭靠脸”，对比八旗“五平三靠”规范，略有差异。所谓“射贵形端志正，宽裆下气舒胸。五平三靠是其宗，立足千斤之重。开要安详大雅，放须停顿从容。后拳凤眼最宜丰，稳满方能得中”。其“五平”指两肩、两肘、天庭俱要平正，“三靠”指翎花靠嘴、弓弦靠身、右耳听弦。《射的》所述“弦靠胸”与其一致，但“箭靠脸”与“翎靠嘴”则不一致，究其根源在于弓弦拉距大小，产生拉弓靠位之差别。八旗“武射”多采用“五平三靠”靠位定位，突出“迅速便捷”撒放，“翎靠嘴”系其射术定位重要一点。“文射”则多用大拉距射法，箭翎多拉至耳部，使双臂完全舒展后撒放，故文中“扣箭”指法倾向于“文射”。

第九节题为“审固”，述及“射者，必内正己之志。外正己之体，极其审固，而后发矢”。任何射箭流派均强调审固，即凝神不动，毫无他虑夹杂，于心中对于弓力、角度、时机实现精密计算，亦使气力集中，始可撒放，发而必能中靶。反之则筋力弱，手足软，猝然发，而矢之端不端，中不中。但“武射”之审固，更强调时机之把握，根据外在环境，围绕目标变化，迅速做出判断，作战远射、近战之审固亦有差别。反之“文射”之审固，则不强调外界变化之反映，对时间亦未做限制。常钧所说之审固特指“内正志，外正体”，当属“文射”范畴。

第十节题为“撒放”，介绍古今射学差异，述及“为射之道，左手如拒，右手如附，右手发之，左手不知，允此皆古射学之源也。后人不能体认此理，所以射学渐失本源，即就发字与撒放二字上观之，便是古今射学之界限”，“后手为撒，前手为放可也，盖古人能不用力，今天不能不用力”，“弓本有力，不在人于撒放时用力，益知古人之发，如拨机用巧，其明证更显然矣”。作者将射术之法视为射学，将“左手如拒，右手如附”作为古法，将“后手为撒，前手为放”为今法，阐述“知力在弓，而巧在人”观点。纵览“武射”发展，射法分类纷繁，军武作战，远射用硬弓，重在射程，近战则软弓，重于精度，马射、步射各有特点，技法各有差异，指法、手法各有不同，不可一概而论。八旗之射，亦为军武之射，射术技法因环境、弓矢、目标而差异，“动的”“静的”、“射中”“射远”、“骑射”“步射”技法各有玄妙，弓有强弱、长短、大小之分，矢分披箭、刺箭、鸣镝三大类百余种，军事目标千差万别，其弓矢选择、技法使用亦随之变化。而“文射”重在内心“修心养志”，习射中无骑射，无“动的”，无“射远”，不“贯革”，箭矢统一，其技法重在“巧”。故“武射”技法“由外及内”，因环境而定；“文射”技法“由内及外”，由“心志”而定。常钧所谓古今技法，实为“武射”“文射”之分。

正文后两节题为“弓与力配合”“矢与弓配”，围绕人与弓矢和谐原则，讲究弓、箭、手三者相配，借以实现最佳效果。主张强弓配劲矢，硬弓配硬箭，若射手力小而弓力过大，则射手虽能开弓但不能持久，命中率降，且不久便心神疲惫，技艺全失；若射手力大而弓力小，则撒放之箭射难达射手之的，亦难以命中，因故需慎重权衡，不可蛮力拉硬弓。据最大体力缩其十之二三，择合适之弓力，获得“射中”“射远”“中的”“贯革”之最佳效应，实现射术随心所欲、出神入化。此和谐相配原则，系“文射”“武射”之共性。

《射的》附录《榆阳射圃观马图说》，历代“文射”典籍无骑射论马之论，“武射”典籍、历代兵书多述及骑射、相马。清朝奉骑射为国策，八旗驻防尤重马政，视为武备之要，管理严格。常钧以观马为题，作为全书附录，足见满洲“武射”元素。

四、研究价值

《射的》作为迄今所见唯一的旗人射书，对研究满洲射术沿承之背景，探讨骑射国策实施之效果，解析满洲旧俗变迁之规律，其价值意义甚大。《射的》亦可谓入关后八旗文化变迁之缩影。

军事名言“凡生活条件与战斗条件，一致者强，相离者弱，相反者亡”。弓箭发端于射猎，满洲先民世居白山黑水，射猎为其传统生计之一。围猎生产与军事武备一体，弓矢既为生产工具又为作战武器，使满洲先民于围猎生产中，擅长弓马，娴于骑射。努尔哈赤更以射猎之制创立八旗制度，改造女真社会组织，形成“出则为兵，入则为民”的满洲社会，满洲特色制度体系由此产生，满洲崛起可谓与骑射旧俗密切相关。入关之初，男丁仅五万余，最终统一中国，故清朝诸帝称“满洲以骑射立国，骑射为满洲根本”。满洲作为少数民族，人口、文化、经济均滞后于关内，要维系统治，则必强化军事，使骑射于国策中巩固武备，借以稳定清朝政局。但入关前后，满洲社会变迁剧烈，生活条件与战斗条件随之渐行渐离，引起满洲高层关注。天聪汗皇太极镜鉴金朝兴衰，告诫八旗子弟悉遵旧俗，不懈废祖制；顺治帝订立塞外行猎，京师南苑围场之制，改革武举科目；康熙帝设立木兰围场，行秋狝大典，订立宗室“习武木兰”家法；雍正帝将射术列为“宗学”“觉罗学”“官学”科目，贯穿八旗旗学体系；嘉庆帝列“骑射”为国家根本重务，秋狝岁举，讲武习劳，不忘旧俗，严加考核八旗弓马技艺。历任皇帝竭力使满洲生活与战斗相近，可谓立家法，树祖制，订国策，改武举，办旗学，建围场，行大典，严考核，其“武射”规格之高，于中国封建王朝中所罕见。

与“骑射国策”不相协调的是，满洲对射术研究甚为单薄，清帝虽对射术传承不懈余力，但满洲射书却寥寥无几。不仅如此，清朝射书未有独立编目，射学地位甚为卑微。纵览历朝图书典籍编目，射书多有其独立归属。《汉书·艺文志》载有一百九十九篇，其中射书八种，五十一篇，约占“兵技巧”图书四分之一多，内容含及弓射、弩射、连弩射、弋射四种射法。《隋书》实行经、史、子、集四部分类法，继承《汉书·艺文志》，射书被归于子部“兵书类”。宋元明时期，射书编目被剔出“兵书类”而归入“杂艺类”。清朝则延续此编目，继续将射书归入“杂艺类”。《四库全书总目》曾受乾隆亲自审读，多次挑出书中错误，但对射书归属却未提任何疑义。清代文臣大儒对古代文献全面清理，涉及古籍细末，以至“杂艺类”著书均予考察、收藏、编目，但却未重整射书。可见清代虽崇尚骑射，推崇射术，却对射书、射学并不推崇。于此态度下，满洲射书难寻踪迹，汉唐射书更是失传甚多，射术虽位列国策，但射书却位列杂艺；射术虽上下推崇，而射书却寥寥无几，呈现满洲射术传承“重武轻文”之态。

将明朝李呈芬《射经》、李塨谷《学射录》，与清朝顾镐《射说》、叶赫那拉·常钧《射的》对比，四本射书皆为明清射学经典之作。就特色而言，《射经》、《学射录》侧重射术之“技”，而《射说》、《射的》侧重射术之“道”，前者强调“外功”之肢体技法，后者强调“内功”之心理技法。《射经》、《学射录》并未引用“文射”经典之言，就身法、手法、足法、眼法等阐述肢体技法，将肢体生理特性与弓矢物理性能，相辅而成，充分发挥，实现精准命中。《射经》述及马射，并引用“武射”经典阐述骑射要领，窥见作者射术理念倾向。《学射录》未提及骑射，并对引用孟子射中之言、文射略有涉及，述及“神射于的，矢命于心，精注气敛，内运外坚”，但就总体而言，对于“射以观德”并未提及，依旧围绕肢体技法论述。窥见明朝射书倾向“武射”，而清朝《射说》《射的》却侧重“文射”。

满洲入关后，虽奉“骑射”为国策，强化满洲特征，保持认同归属，但对射术流派并未严加限制，使满洲射术与中原射术逐渐相融。基于“武射”吸收“文射”，呈“文武合璧”特征，射术内涵由“技”层面升至“道”层面，此变化非变异，为文化繁荣发展之表现。就射术技法而言，《射的》正文以“文射”技法为主，侧重射者精神塑造。就射术内涵而言，《射的》全文多引用《礼记》经典，孔孟射艺之言，论述射艺之道，将“射以观德”贯穿始终，足见作者对“文射”之推崇。同时亦有“武射”理念，言及“强弓劲矢，威远服众”，强调“怒气开弓，息气放箭”，其步法、站法、瞄法等射术技法，有别于满洲“武射”，亦与中原“文射”有差异。附录又列入观马之说，附以骑射理念。这使全书显现“以文射为主，兼有武射”特征，故称《射的》为满洲特色“文射”经典之作，甚为恰当。窥见清廷虽一再强调“武射”，而满洲部众随文化儒化，其射术而日渐倾向“文射”。

钩玄清朝骑射国策，与满洲兴衰相并行，其兴为清朝国运之见证，其衰亦为脱离生产、脱离尚武、脱离时代之必然。其内涵概有三层，即“军事武备”之射、“尚武精神”之射、“文化特征”之射。就军事武备而言，满洲崛起于青萍之末，发奋图强，以骑射武备，潜滋暗长。作为少数民族，人口、文化、经济均滞后于关内，要维系统治，则必强化军事，使骑射于国策中巩固武备，借以稳定清朝政局。就尚武精神而言，清朝皇帝基于武备，尤重满洲部众尚武精神之塑造。于塞外订立“木兰围场”，于京师设立“南苑围场”，倡导“习武木兰，毋忘家法”，[①]练习弓马，射杀猛兽，传承勇武。纵览围猎兴盛之康乾两朝，恰为清朝盛世，围猎塑造勇武之气，对满洲部众开疆拓土、无畏奋发不可谓毫无关联。自天聪汗皇太极初始，清廷便屡屡反思金朝亡国之鉴，立骑射为“国策家法”，保持尚武气质，远离奢靡之风，借以传承淳朴民俗。就文化特征而言，清朝数任皇帝屡屡述及“汉人长技在文，满洲长技在武”，告诫八旗子弟攻读学问，须以演习骑射为前提，不可遗失祖制。雍正帝将弓术纳入八旗各级教育，无论文武官员、各级子弟均要习射，以满洲之“射”维系其文化自尊自信自豪，借以与中原汉文化之“文”相媲美，实现“各美其美，美美与共”。但满洲部众上下脱离生产，使生活与战斗条件相离渐远，直至相反背离，致使清朝皇帝将骑射无论升至“家法”“国策”何种层面，无论列入“武举”“官学”何类科目，无

图3　清乾隆一箭双鹿图

① 《清实录·高宗纯皇帝实录》卷一千一百六十四，中华书局1986年版。

论划定“木兰”“南苑”何地围场，骑射旧俗亦如无本之木，脱离根基，难以维系全民崇射尚武之风。即使中原礼射、文射技法融入替代满洲骑射技法，清廷亦未加阻止，窥见清朝骑射国策，重在“射”之形式，而非“射”之传统。

嘉庆、道光、咸丰朝，欧洲列强迅速崛起，现代工业蓬勃发展，冷兵器时代逐步终结，传承“射”之尚武精神，改革传统兵制，乃顺应时代之必然。但三朝皇帝未有睿鉴，将“军事武备”“尚武精神”“文化特征”之射混为一谈，致使清朝未能及时革新，现代军事未能及时起步，以“祖制家法”拒绝兵制变革，以“满洲特征”拒绝兵器改良，武备观念落后于时代，军事呈现“内战内行，外战外行”之态。同治、光绪、宣统朝，清朝大乱不断，政局动荡，各地满营屡受重创。加之国力衰微，八旗武备步入末路，期间虽有维新改革，编练新军，效仿西洋武装，但满洲尚武精神已难振兴，致使陆战失利，海战惨败，割地赔款不断，满洲骑射之国策随之荡然无存，“天朝上国”之虚荣亦土崩瓦解，为近代中华百年屈辱开端。

参考文献

［1］［汉］司马迁：《史记》，中华书局2016年版。

［2］［北齐］颜之推撰、王利器集解：《颜氏家训集解》，上海古籍出版社1980年版。

［3］［宋］朱熹：《四书章句集注》，中华书局2011年版。

［4］［清］阮元校刻：《礼记正义》，中华书局2009年版。

［5］［清］阮元校刻：《周礼注疏》，中华书局2009年版。

［6］《钦定千叟宴诗》，景印文渊阁四库全书本，台湾商务出版社1986年版。

［7］《清实录》，中华书局1986年版。

［8］李放：《八旗画录》，《清代人物传记丛刊》第80册，明文书局1985年版。

［9］马明达：《中国古代的射书》，《体育文化导刊》2004年第2期。

［10］马明达：《中国古代射书考》，《暨南史学》2003年。

［11］李海停：《清朝习射书籍〈射的说〉及影响》，《兰台世界》2014年第21期。

［12］吕欧、宋冰：《满汉合璧〈射的说〉研究》，《满语研究》2010年第2期。

北朝少林武源与开创“禅武合一”的少林二祖稠禅师

马爱民[1]

嵩山少林文化的特质是开放吸收，兼容并蓄，具有强大的文化凝聚力和生命力，少林寺早已成为中华武术文化传承、交流与发展的高地。少林武术历史悠久，源远流长，长期以来，为中外学界所关注。“任何事物的起源，都离不开时间，空间和过程这三个基本要素”。因此，对于少林武术起源的历史研究，也同样离不开少林武术起源于何时、起源于何地、怎样起源这三个基本问题的研究和探讨。建于北魏时期的嵩山少林寺作为一个佛教圣地，能够使武术在寺院中流传弘扬，除了当时的政治背景、历史环境因素外，与中国传统文化的融合也是分不开的。而最早将中国武术文化带入这一佛教寺院中的人，是既精武功又通佛学的少林二祖“拳捷骁武”的邺下武僧翘楚稠禅师。稠禅师，也称僧稠禅师。嵩山少林寺建寺后最早出现武僧始于二祖稠禅师。

过去多年来不少公开出版的武术书刊文章传称少林寺初祖跋陀传授少林二祖稠禅师武功，认为稠禅师少年习武是在少林寺。特别是国家体委武术研究院编撰的《中国武术史》，[2]国家体委体育文史工作委员会、中国体育史学会共同编撰的《中国古代体育史》[3]和中国大百科全书出版社出版的《中国武

① 马爱民（1958—），男，河南安阳市人，安阳师范学院体育学院教授，硕士研究生导师，研究方向为武术史与武术教育。

② 国家体委武术研究院编纂：《中国武术史》，人民体育出版社1997年版，第126—127页。

③ 国家体委体育文史工作委员会、中国体育史学会编：《中国古代体育史》，北京体育学院出版社1990年版，第287页。

术百科全书》、林伯原《中国体育史》[①]等著作，都认为稠禅师少年为沙弥的习武活动也是发生于少林寺内，并认为唐人张鷟《朝野佥载》所述稠禅师少年习武是对少林寺武术的最早记载。对于这些问题的研究记述几乎已成定论，似乎成为不可置疑的史实。

针对上述问题，笔者通过历史文献与古代碑刻实物资料的考证研究和相互印证，证实少林寺最早出现有武僧活动来源于邺下著名武僧稠禅师，稠禅师拜跋陀为师是学佛而不是习武。稠禅师少年习武于邺下寺院，他“禅武兼修”，作为少林寺二祖，稠禅师是嵩山少林寺“禅武合一”的开创者。稠禅师祖上郡望昌黎，后又迁居巨鹿郡治所廮陶，他生长在邺，俗家姓孙，取法名为稠，后到嵩山少林寺为第二代寺主。研究嵩山少林武术起源历史，我们不能忽视这些杰出武僧的个人作用。更不能以偏概全，不少文章著作在讨论少林武术起源问题时往往出现一种现象，这就是以源代流，或以流代源，将少林武术起源与少林武术形成两个不同的问题混为一谈，显然，这影响着我们对少林武术起源的客观认识。笔者怀着对中华传统武术和少林文化的深厚感情，这次应中国嵩山少林寺等机构和释永信方丈的邀请，来到嵩山少林寺参加2017年“少林寺与北朝佛教学术研讨会”，交流自己的相关研究和观点看法，错谬之处在所难免，深望各位高僧大德、专家学者惠予批评指正。

一、少林二祖稠禅师少年习武与邺下寺院的武僧活动

南北朝时期，佛教兴盛，在历史上达到空前的巅峰状态。尤其是邺下（今河南安阳一带），更是寺院林立，由于统治阶级的提倡，崇佛之风遍及各地。邺下“有寺4千所，僧尼近8万，全境寺院4万所，僧尼200万。”[②]在成千上万的寺院中，邺下寺院是我国历史上有文献可考的最早出现有众多武僧习武练功活动的寺院，稠禅师（480—560年）就是这个时期邺下寺院中的一位武功高超的著名武僧。稠禅师，又被称为禂禅师。北魏孝文帝太和四年（480年）稠禅师出生在邺，青少年时期的稠禅师长期活动在安阳（邺城）

① 林伯原、谷世权编：《中国体育史》，北京体育学院出版社1989年版，第168页。

② 杜继文：《佛教史》，中国社会科学出版社1991年版，第188页。

一带太行深处的邺下定晋岩、林虑山庙宇之中。稠禅师练就能“横踏壁行”（所谓“飞檐走壁”）、“跃首至梁”（所谓“轻功”），并可“引重千钧”（力举千钧）而成为一个“筋骨强劲”“拳捷骁武”的武僧。这话虽有夸张，但确也反映出稠禅师武功不凡。唐代张鷟《朝野佥载》还较为详细地记述稠禅师的轻功绝技，说他能“横踏壁行，自西至东，凡数百步，又跃首至于梁数四”。[①]也就是指他在墙壁上双脚横踩着快速行走。横踏壁行，简称“踏壁”。这种功夫流传于当时，而且精此功夫者不仅只有稠禅师一人。《梁书·羊侃传》载：羊侃“尝于兖州尧庙踏壁，直上至五寻，横行得七迹”。[②]迹，步也。羊侃就能在寺庙墙壁上有横走七步之功，看来这种功夫古代确实有过。

稠禅师禅武兼修，禅武合一。僧史典籍《神僧传》卷三《释僧稠》也记有：“（稠禅师）幼落发为沙弥时，时辈每暇，常角力为戏，而稠以劣弱见凌侮。”[③]角力就是摔跤，又称角抵和相扑，南北朝之际这类武技活动长期盛行于邺下地区，自然寺院僧众也会受到当时的历史环境和社会风气的影响。相扑活动流传在邺下宫廷内外，而且还有不少来自少数民族的相扑高手。北齐后主高纬令胡人何畏萨与高绰在邺都皇家的后园相扑。邺都皇家后园就是高纬经常诏令举行相扑比武竞技的地方，胡人何畏萨，只是高纬从宫中众多相扑高手之间挑选出的一个佼佼者。《朝野佥载》卷二又载：“北齐稠禅师，邺人也，幼落发为沙弥。时辈甚众，每休暇，常角力腾趠为戏。”[④]这是说北齐时期的著名高僧邺人稠禅师在他很小就为沙弥，而并非稠禅师在“北齐”方入寺为僧。这是张鷟《朝野佥载》对北朝邺下寺院稠禅师和“时辈甚众”僧徒习武的真实记载，这段话并无半点玄虚之处，特别是反映了众多寺僧的搏击角力是一种“为戏”的练习活动尤为重要。至少说明僧人习武的目的也不仅仅为了保护寺院的安全，而是更注重健身愉悦的需要。可以这样说，武术活动在寺院的引入，改变和丰富了僧人的日常生活。从稠禅师幼年

① ［唐］张鷟撰、袁宪校注：《朝野佥载》，三秦出版社2004年版，第70页。

② ［唐］姚思廉撰：《梁书》卷三十九，中华书局2003年版，第561页。

③ ［明］朱棣撰：《神僧传》，江苏广陵古籍刻印社1993年版，第138页。

④ ［唐］张鷟撰、袁宪校注：《朝野佥载》，三秦出版社2004年版，第69页。

为沙弥习武，到他的晚年时期，都与生活在邺下地区有关系。张鷟《朝野佥载》说他在寺内武功超群，“先轻侮者，俯伏流汗，莫敢仰视”，[①]反映出后世对他的崇拜和敬仰之情。

在北朝“国师大德”稠禅师影响卓著，自然他的武功极被后人所仰慕，而在文献中记述他的习武之事时，出现有誉美现象也就毫不奇怪了。这从张鷟《朝野佥载》“稠禅师”一文中就可以看到，对稠禅师初入寺院和僧人习武活动的记述是客观可信的，而涉及稠禅师的武功，就明显带有崇拜和夸张的色彩。著名体育史家唐豪曾对此评价说：“他的门弟子把稠禅师的发愤练武加以夸大化和神话化，这是古代僧传屡见不鲜的事。但其中描写稠禅师练得‘筋骨强劲，拳捷骁武’，并能高跃，却含有可信的成分在内。”[②]据《新唐书·张荐传》：张鷟“性躁卞，傥荡无检，罕为正人所遇”，又“多口语讪短时政，贬岭南”。由于他的笔记著述敢于“讥讽时弊”，反映了社会现实，而“大行一时，晚进莫不传记”。[③]张鷟《朝野佥载》记述的稠禅师幼年习武及书中反映的其他历史社会情况，就其思想意义或史料价值来说，都要比荒诞无稽的志怪小说高出一筹。

《朝野佥载》与《续高僧传》都是我们考察寺院武僧的重要文献材料，张鷟《朝野佥载》“稠禅师”一文与唐道宣《续高僧传》“僧稠传”，前者偏重于写稠禅师在寺院中的武功遗事；后者则主要记述稠禅师在佛学方面的造诣。张鷟所记稠禅师武功技艺存有神异色彩，而道宣所写稠禅师佛学禅修也有夸张之词。由于作者所处历史时代的思想认识不可能脱离当时的社会环境，书中出现一些对稠禅师武功玄秘的说法，不足为奇。

邺，有古邺城（今河北省临漳县西南二十公里与河南省安阳市北十五公里交界处）与新邺城（今河南省安阳市）之分。历史文献中的邺、邺下、邺中、邺地等，均指安阳一带。在张鷟《朝野佥载》中明确提出“稠禅师，邺人也”，即他是生活在邺地的小沙弥。根据历史文献和实物资料记载，我们

---

① ［唐］张鷟撰、袁宪校注：《朝野佥载》，三秦出版社2004年版，第70页。

② 无谷、刘志学编：《少林寺资料集》，书目文献出版社1982年版，第29页。

③ ［宋］欧阳修、宋祁撰：《新唐书》卷一百六十一，中华书局2003年版，第4979—4980页。

认为，邺下寺院是稠禅师幼年习武之处。据清代《安阳县金石录》载："中国师大德者也，稠禅师生地即近于此，其讲法又多在邺。"[①]稠禅师晚年又回到邺下，卒于九龙山云门寺。邺下灵山寺的稠禅师弟子方法师等，在安阳小南海洹水北崖大片削平的石壁上刊刻了纪念稠禅师题铭。《安阳县金石录》称稠禅师的"生地"近于小南海的邺下一带，"生地"，就是指稠禅师幼年生长之地。可见"生地"所指是一个人出生成长的地方。稠禅师"幼落发为沙弥"的少年时期，在邺下寺院勤学武艺，练成一个拳捷骁武的著名武僧。明代邺下大觉寺住持慧庵撰写的《河南彰德府重修古定晋岩禅果寺碑记》中还有一条重要记载：该寺为稠禅师幼年"学道之所、稠禅师成道之场"。邺下禅果寺，初建于北魏献文帝皇兴年间。大觉寺为南北朝时期的全国著名大寺，稠禅师的师兄弟（曾先后拜跋陀学佛）、嵩山少林寺名僧慧光晚年就居于邺下大觉寺中。

张鷟《朝野佥载》又明载邺人稠禅师："其拳捷骁武劲，先轻侮者俯伏流汗，莫敢仰视。（稠）禅师后证果，居于林虑山，入山数十里，构精庐殿堂。"[②]安阳西部林州的林虑山有稠禅师习武练功的天平寺遗址，今尚存。邺下天平寺，也称天平山寺，位于林州城西13公里处的林虑山深处，初为林虑山精庐，后改为明教禅院。因该寺建于林虑天平山，又被称为天平寺。林虑山是太行山在安阳西部最长的一段山脉。北宋重臣韩琦（相州安阳人）《题柳仲途天平山记后》："林虑天平山者，天下绝胜之境也，山有僧院曰'明教'。"[③]嵩山少林二祖稠禅师，在嵩山一带有着重要的地位。唐代嵩山高僧释圆寂是少林寺"老安禅师"的弟子，曾来到邺下天平山寺寻访稠禅师的历史活动遗迹。群山中的天平山寺，始创于北魏时期，与东魏兴和二年（540年）将古邺城旧宫改建的天平寺并非同一寺院。《宋高僧传·唐邺都圆寂传》记有：释圆寂"勤修匪懈，就嵩山老安禅师请决心疑，一皆明焕。寂

① ［清］武忆撰：《安阳县金石录》卷二，清嘉庆二十四年（1819年）刻本。

② ［唐］张鷟撰、袁宪校注：《朝野佥载》，三秦出版社2004年版，第70页。

③ ［宋］韩琦撰、李之亮等笺注：《安阳集编年笺注》，巴蜀书社2000年版，第750页。

化行相部，依附者多。久居天平等山，稠禅师往迹无不遍寻”。[1]老安禅师就是慧安禅师，也称道安禅师。稠禅师居于林虑天平山寺。自环翠亭沿盘山小道北去，穿松树林，过“天心洞”“良阆溪水”“天汉桥”，即到天平寺，位于碧霄峰下，寺院建于百亩平坦盆地之上，六峰环绕，陡崖峭壁，峡谷幽静，胜入仙境。除张鷟《朝野佥载》和《宋高僧传》所载稠禅师在林虑山活动外，林虑山天平寺还流传有许多稠禅师青少年时期习武练功的故事。

宋元时期，稠禅师武功在邺下民间仍还有很大的影响。在安阳西北周边磁州窑，烧制有大量白地黑花“稠禅师以杖伏虎”长方形瓷枕。现出土和传世的“稠禅师以杖伏虎”瓷枕实物共存三件，图像造型各异，应该是不同时期或不同窑口的烧制瓷枕。在其瓷枕窑戳上有“张家造”或“古相张家造”字样，古相，就是相州安阳。宋元磁州窑“稠禅师以杖伏虎”瓷枕的发现，肯定与稠禅师本人真实形象有差异，我们不必推测其是否为稠禅师本人形貌。以文献和碑刻史料记载，稠禅师以杖伏虎发生在他中年时期。值得注意的是，有的瓷枕刻画的是稠禅师少年时代形象，这说明在当地人们心中稠禅师是在邺下为僧的一个小沙弥，从中强烈反映出当时人们对这位邺下少年武僧稠禅师武功武勇的崇拜和信仰。稠禅师从少年邺下习武到晚年居住在今安阳西部的龙山云门寺，一生都在深山中历练，这与《续高僧传》“稠（禅师）居山积稔，业济一生”的记载相一致。道宣所记稠禅师生平多为他28岁成年以后的事，故而，《续高僧传》中看不到稠禅师少年在邺下寺院习武为沙弥和他在林虑山的活动也就

图1 宋元时期磁州窑烧制的稠禅师持杖伏虎瓷枕

① ［宋］赞宁撰、范祥雍点校：《宋高僧传》，上海古籍出版社2014年版，第215页。

不奇怪了。

二、少年入寺为沙弥与正式受戒的稠禅师

张鷟《朝野佥载》说稠禅师“幼落发为沙弥”，而道宣《续高僧传》称他28岁在“钜鹿景明寺”出家。这是一个长期以来令人十分迷惑不解的问题，有人以道宣之说，认为张鷟《朝野佥载》记述稠禅师幼年出家为沙弥之事不可信，从而就完全否定了稠禅师幼年习武和邺下寺院武僧的习武活动。以上说法，似乎具有一定的道理，其实是混淆了“沙弥”与“和尚（比丘）”的关系，得出的结论也就完全相反。

简略地讲，“沙弥”不是正式和尚，只有受了“比丘戒”（该戒为250条）才算真正出家当了和尚。稠禅师在20岁时正式出家受了“大戒”（即比丘戒），成为一个正式的出家和尚。张鷟《朝野佥载》记述“稠禅师，邺人也，幼落发为沙弥，时辈甚众”。说明当时的邺下寺院有很多幼年为沙弥的童僧。稠禅师应在“驱乌沙弥”与“应法沙弥”之间，即14岁左右为沙弥，以稠禅师生卒年（480—560年）推算，稠禅师在孝文帝太和十七年（493年）即为邺下寺院的一个小沙弥，28岁到了钜鹿景明寺拜僧寔为师，受戒（比丘戒）才成为正式出家的和尚。故而，《朝野佥载》与《续高僧传》所记稠禅师幼年为沙弥与他28岁又正式受戒为和尚是符合佛教戒律规定的，丝毫不存在相互矛盾之处。

稠禅师，28岁正式受戒。道宣《续高僧传·齐邺西龙山云门寺释僧稠传》：“释僧稠，姓孙，元出昌黎，末居钜鹿瘿陶焉……时年二十有八，投钜鹿景明寺僧寔法师而出家。”[①]稠禅师幼年生长在邺，而先祖郡望昌黎，后又移往钜鹿瘿陶。瘿陶，故址在今河北省宁晋县的东陈村南、小曹庄村西北，现为约1000平方米的高地，村民俗称“瓦碴岗”。秦代“废分封，设郡县”，包括钜鹿郡在内全国分为36郡。东汉时，瘿陶县又归属冀州刺史部钜鹿郡，郡治瘿陶。可见道宣说稠禅师“元出昌黎，末居钜鹿之瘿陶”，是指秦代或东汉时期稠禅师的祖上曾经居住在钜鹿郡的郡治瘿陶。

① ［唐］道宣撰、郭绍林点校：《续高僧传》，中华书局2014年版，第573—574页。

近来程馨、程大力在《近百年少林武术研究述论》一文中称：“达摩创拳之伪已成定论后，习惯于将少林武术史往前追溯的学者，便开始在谈论少林武术历史时，把少林寺开山祖师、天竺僧人跋陀的弟子僧稠，记述为少林寺最早的习武人。记载僧稠武功不凡的是张鷟的《朝野佥载》。但据谭华1982年《北朝僧人习武与少林武源》考证，《朝野佥载》中所云稠禅师事迹，可在《续高僧传》所记另一高僧法通身上寻到。”又指出“如果谭华一文质疑成立，僧稠的飞檐走壁、呼风唤雨包括‘伏虎’之类神迹，和武术根本没有关系”之类的话。[①]为了将上述问题搞清楚，在此有必要加以说明。谭华这篇文章是针对过去唐豪在稠禅师研究上谈到的一些不同观点。为进一步探讨稠禅师少年习武及与少林寺武术的发端关系等问题，我在1999年第1期《北京体育大学学报》发表《论我国武术史上的稠禅师与嵩山少林寺》曾提出自己的看法：张鷟《朝野佥载》与道宣《续高僧传》两种文献对稠禅师“出家年龄”和“籍贯”等说法的不同，使人们对稠禅师习武之事产生了误解。某些学者即以此为主要依据之一，认为两种说法互有抵牾，是张鷟道听途说，张冠李戴，将法通之事记在稠禅师头上，进而得出结论认为“稠禅师不可能是少林武术之祖”。法通，大约生活于公元562—618年，俗姓关，为京兆鄠县（今陕西省户县）人，《续高僧传》称其“身力雄勇”，力服同寺内以臂力著称的和尚僧戡。隋时，“西蕃贡一力士，无能扑胜者，帝命角之，通曰：比丘不屑为此，乃前握其手，立出血痛手而蹶，一时壮士皆称之为天力士。法通虽大力，未尝忤人，而人皆畏之”。法通在唐代武德（617—627年）初年卒，享寿56岁。稠禅师生活于公元479—560年，卒年81岁。其生活年代是在北魏至北齐年间，而法通主要活动于隋代和唐初之际。将稠禅师习武之事误为法通，显然这种推测是不能令人信服的。[②]也绝无可能将法通习武之事误为稠禅师习武之事，这是因为除了张鷟《朝野佥载》对稠禅师习武有记载外，还有唐代牛肃所撰《纪闻》一书也记载有稠禅师少年习武之事。而且牛肃《纪闻》一书和张鷟《朝野佥载》都是很有史料价值的笔记小说，

---

① 程馨、程大力：《近百年少林武术研究述论》，《中国体育科技》2017年第1期。

② 马爱民：《论我国武术史上的稠禅师与嵩山少林寺：兼析北朝时期邺下寺院的武术活动》，《北京体育大学学报》1999年第1期。

并非是“呼风唤雨”的志怪小说。到了宋代的《太平广记》对稠禅师少年武功仍然也有记载。直到明代《神僧传》还有稠禅师习武角力为沙弥的记载。

事实上，道宣的《续高僧传》对法通武功记载和张鷟的《朝野佥载》对稠禅师武功记载内容完全不同，怎能将两人武功混为一谈。综合多种论证和新发现的稠禅师碑刻记载等，笔者认为有关学者对法通习武之事误为稠禅师习武之事和对张鷟《朝野佥载》所记稠禅师武功的质疑不能成立。况且程大力在参加编写的《中国武术百科全书》中也认为：“据唐代张鷟《朝野佥载》云：僧稠为小和尚时，能‘横塌壁行，自西至东飞数百步，又跃首至于梁数四。乃引重千钧，其拳捷骁勇，动骇物听。’[①]能够‘横塌壁行’，表明其会轻功；‘拳捷骁勇’，自然是说其武艺过人。可见少林寺僧在建寺之初即有习武活动。”该书在此文之后，标有执笔人为程大力，表明这段话是出自程大力个人的见解和观点，当然，这也应是全书编委会的认同。显然，程大力这一先前对张鷟《朝野佥载》记载稠禅师武功的判断是准确的，但据此程大力在缺乏深究考证的情况下认为“少林寺僧在建寺之初即有习武活动”则是一种明显的误判。《近百年少林武术研究述论》一文还称：“温玉成则在2001年发表的《少林武术源于少林不容置疑》一文中指出，僧稠28岁时投巨鹿郡（今河北晋县）少林寺高僧勒那摩提的大弟子景明寺僧实法师出家。后来僧稠又到少林寺从道房禅师习禅，在今河南、河北深山中修证。”该文存在三处明显错误。其一，巨鹿郡故址并非在今河北晋县（1991年已改为晋州市，笔者注），而是位于今河北省宁晋县境内。其二，巨鹿郡景明寺“僧实法师”并非是少林寺高僧勒那摩提的弟子，更非勒那摩提的大弟子。其三，巨鹿郡景明寺是僧寔法师，而非勒那摩提习禅的弟子僧实（476—563年）。“僧寔”与“僧实”是不同的两个人。僧实与稠禅师是近乎齐名的两位高僧，道宣《续高僧传》记载说：“高齐河北，独盛僧稠。周氏关中，尊登僧实。宝重之冠，方驾澄安”。[②]显然，这位僧实大师并不是钜鹿景明寺的僧寔法师。

对于稠禅师身世情况在文献记述中出现的“矛盾”，不少人都有疑惑，

① 《中国武术百科全书》，中国大百科全书出版社1998年版，第54页。

② ［唐］道宣撰：《续高僧传》卷二十，大正新修大藏经本。

道宣《续高僧传》载：稠禅师“元出昌黎”。张鷟《朝野佥载》载：稠禅师“邺人也”。谭华最早发现并提出了这个问题，他在1981年《北朝僧人习武与少林武源》中说：稠禅师的身世“《传》（《续高僧传》）文与《佥载》（《朝野佥载》）颇有抵牾”。[①]

笔者认为，这两种文献说法，看起来似乎互有“矛盾”，其实都是不错的。

先说昌黎。昌黎为汉代郡名，据臧励龢等编《中国古今地名大辞典》载：“昌黎郡，三国魏置，晋因之。后魏亦置昌黎郡，见昌黎县条。后魏置，北齐因之，故治在今直隶徐水县西二十五公里。”[②]说稠禅师“元出昌黎”，是依郡望而言。“郡望”是说一郡之内的显贵姓氏，或称为士族，世族，其意为世居某郡而为当地人们所仰望的。

唐代也继此风，唐太宗想建立起一个以李氏宗室和大臣为主体的新士族集团，以便于李氏的长期统治。据范文澜《中国通史》载：“他使高士廉等撰《氏族志》，收集全国士族家谱，依据史书，辨别真假，考正世系，推进忠贤，贬退奸逆，分清高低。”[③]贞观十二年（638年）《氏族志》颁行天下。修定后的《氏族志》共计100卷，293姓，1651家之多，重新规定等级，凡不是所列293姓的人，难以参加乡贡，更难被录取进士及第了，因而唐人非常看重人的郡望。唐代大文豪韩愈，本是河南河阳人，自谓郡望昌黎，世称“韩昌黎”，韩愈写的著作也以郡望命名为《昌黎文集》，其实他从来没有在昌黎生活过，就因为他祖籍在昌黎。说稠禅师“元出昌黎”，也是从郡望说的，尽管稠禅师并非在昌黎出生，也从来没有在昌黎生活过。但是僧人追求的虽是佛门净土，却在社会现实之中生活，现实中的人抱着很强烈的郡望观念叙事论人，于是唐代道宣为其立传，也就难免要说到他的郡望了。

稠禅师幼时生活和少年习武都是在邺度过的。他的祖上本居昌黎，后世迁徙于邺，从稠禅师的出生地说他为“邺人”也是符合实际的。位于邺下之地的今河南省安阳市西偏南25公里的小南海石窟，是北齐时稠禅师的门徒灵

① 谭华：《北朝僧人习武与少林武源》，《成都体育学院学报》1981年第3期。

② 臧励龢：《中国古今地名大辞典》，上海书店出版社2015年版，第473页。

③ 范文澜：《中国通史》第三册，人民出版社1979年版，第127页。

山寺的方法师为其所建，故又称为“北齐石窟”。在北齐石窟的中窟北壁上至今还保留着镌刻“稠禅师的线雕像”，并在稠禅师像旁刻有“比丘僧稠供养”六字，石窟题记称其是“刊此岩窟，仿像真容”而刻，据笔者所见，这是目前国内唯一发现的稠禅师石刻线雕像。在安阳附近的林州、磁县、武安、卫辉、辉县、焦作和登封少林寺等处留下很多稠禅师活动的遗迹，还存有古代不少碑刻对稠禅师的记载。过去虽然于安阳周边出土过绘有稠禅师图像的宋元时期的多件瓷枕，但直到目前其他地方尚未发现稠禅师早期或晚期的石刻图像，所以安阳小南海石窟上北齐时期保存下来的稠禅师雕像就显得十分珍贵，而且这一稠禅师雕像是在稠禅师生前所刻。在此石窟的前壁，为纪念稠禅师而题刻有《方法师镂石班经记》，这是石刻题记中对稠禅师最早的记载，而且此石刻是与稠禅师同时期生活的人所记，所以它有较高的可信度。据清代著名史学家和方志专家武虚谷《安阳县金石录》载：北齐“《方法师镂石班经记》，存。八分书“乾明元年”。在善应村洹水北崖上。……右记载北齐凿窟造像之始起天保元年，灵山寺僧方法师，故云阳公子林等。又云至六年中国师大德稠禅师，重莹修成，相好斯备。考后唐重修古定晋禅院千佛邑碑引《集异记》云：魏时有大业僧，凭户岩边有大稠树，木坚枝密，其僧将法衣往树欲挂其间，忽尔开而集之，俨然掩合，神力弥缝……后之人因号稠禅师之寺焉。”[①]碑中所引《集异记》一书，查其作者为唐代人薛用弱（生卒年不详），碑称《集异记》所载稠禅师之事，为我们研究稠禅师去少林寺之前的少年时代情况，透露出某些踪迹。可知至少在唐代时人们就认为这里是“魏时大业僧”稠禅师幼年所居的寺院所在。“魏时”当指北魏时期，按稠禅师生卒年推算，约在北魏孝文帝太和十七年之际，应是他幼年在邺下寺院的生活时期，这与张鷟《朝野佥载》“稠禅师，邺人也，幼落发为沙弥”所载情况可互为印证。

从以上碑记和文献史料记载可证稠禅师少年时代的生活成长之地即在邺，据此推断，稠禅师少年习武也应是他在邺下的活动。张鷟《朝野佥载》所记我国历史上最早有大量武僧的寺院“常角力腾趠为戏”之事，反映的也

① ［清］武忆撰：《安阳县金石录》卷二，清嘉庆二十四年（1819年）刻本。

应是邺下寺院的武僧习武活动。

稠禅师幼年在邺下寺院为沙弥，由沙弥到和尚，完成了一个不断修练的成长过程。出家钜鹿景明寺前，稠禅师已是文武兼修，论武，他“筋骨强劲”“拳捷骁武”；论文，他“勤学世典，备通经史”。稠禅师幼为沙弥，28岁到钜鹿郡在高僧僧寔为住持的景明寺正式出家。钜鹿景明寺，应是建于宣武帝时期的景明年间（500—503年），故而称之为景明寺，它与洛阳的景明寺，应是创建于同一时期中。据杨衒之《洛阳伽蓝记》载：“景明寺，宣武皇帝所立也。景明年中立，因以为名。”[①]稠禅师出家景明寺是在北魏宣武帝永平元年（508年），正是宣武帝景明年建寺以后。无论从稠禅师的年龄，还是从景明寺建寺的时间，都可判断出他幼年为沙弥开始习武，绝不会发生在宣武帝景明时期的钜鹿景明寺中。

三、少林显武并非始于隋唐或北齐而是北魏

嵩山少林寺是北魏太和十九年（一说太和二十年）孝文帝为印度僧人跋陀传教而修建的寺院，跋陀也称佛陀。它位于今河南省登封市西北13公里处的嵩山西麓，第一任寺主跋陀年老移居寺外后，继之者稠禅师为少林寺二祖。从北魏太和十九年跋陀居少林寺开始，到邺人稠禅师在少林寺的出现，这一时期内均未有少林寺僧人习武的任何文献史料记载。据释道宣《续高僧传》载：佛陀：“时又入洛，将度有缘。沙门慧光年立十二，在天街井栏上反蹋蹀䤥，一连五百，众人喧竞，异而观之。佛陀因见，唯曰：‘此小儿世戏有工，道业亦应无昧。’意欲引度……又令弟子道房度沙门僧稠，教其定业。”[②]根据上述记载，我们便可清楚看出，跋陀令弟子道房度得稠禅师之前，稠禅师也是遁入“沙门”的僧人了。因而，称稠禅师少年习武为小沙弥在少林寺显然是不能自圆其说。

过去许多学者往往将跋陀在洛阳化缘的12岁小和尚慧光作为少林寺建寺

① ［魏］杨衒之撰、周祖谟校释：《洛阳伽蓝记》卷三，中华书局1963年版，第113页。

② ［唐］道宣撰、郭绍林点校：《续高僧传》，中华书局2014年版，第564页。

后即有僧人习武活动的一个根据。我们熟知的《续高僧传·魏嵩岳少林寺天竺僧佛陀传》慧光在“井栏上反蹋蹀鏥”这段话，研究者常以此作为慧光是一位擅长武技的僧人，进而证明少林寺建寺之初即有僧人习武活动。我们认为，以此作为慧光是一位“身手不凡”的少林武僧似乎证据不足，慧光能在井边一口气反蹋蹀鏥五百次，确属不易。但这种练习显然不属于武术武功，将慧光反蹋蹀鏥，作为武功技能确是一种牵强附会之词。虽然这类练习对训练腿部活动有一定辅助作用，但这并非是佛门僧人的武术活动。著名高僧慧光在少年时期就是一位身手矫健的小沙弥，不少书刊文章认为嵩山少林寺建寺后，跋陀收12岁慧光为弟子，实际他少年并非在嵩山少林寺。慧光墓志铭出土于河南安阳县安丰乡西门豹祠附近。志文记载“法师字慧光，俗姓杨氏，中山卢奴人也。道性出自天然，悟玄彰于龀岁。童龄践法，栖心妙境。……凡在轮下，咸成正首。……春秋七十，寝疾不救，以元象元年岁次戊午三月庚申朔十四日癸酉，在于邺京大觉寺□□□世。灵山丧宝，法宇摧梁，门徒崩号，痛结罗树。……于是天子哀至德之长沦，悼灵音之不永，乃遣黄门侍郎贾思同宣旨吊慰。赐赠斋施、墓夫，悉踰恒式。……十七日丙子，道俗虔送，迁窆于豹祠之西南。”[①]豹祠即今安阳西门豹祠，位于安阳西高穴村曹操高陵东7.5公里处。嵩山少林寺建于公元495年，墓志明确记载慧光卒于东魏元象元年（538年），慧光生年为北魏献文帝皇兴二年（468年），慧光12岁被跋陀收为弟子时的准确年代为公元479年，当时嵩山少林寺尚未立寺，慧光12岁并未在嵩山少林寺，而是在洛阳由孝文帝给跋陀建的一所静院中修行。

稠禅师何时居于嵩山少林寺？他少年习武是否在嵩山少林寺？少林寺显武始于何时？笔者考据认为，稠禅师到嵩山少林寺时的年龄不会早于33岁之前。据《续高僧传》记载：稠禅师“时年二十有八，投鉅鹿景明寺……岁居五夏，又诣赵州（今河北省赵县，笔者注）嶂洪山道朋禅师，受十四特胜法……后从定觉，情想澄然，究略世间全无乐者，便诣少林寺祖师三藏”。[②]据《续高僧传》原文推断，“所谓少林祖师三藏即为跋陀。”稠禅师其年龄

---

① 詹文宏等主编：《燕赵碑刻 先秦秦汉魏晋南北朝卷下》，天津人民出版社2015年版，第576页。

② ［唐］道宣撰、郭绍林点校：《续高僧传》，中华书局2014年版，第574页。

按上述记载推算，应在33岁（即513年）之后到的嵩山少林寺，而此时嵩山少林寺已建寺有17年之久。从稠禅师到嵩山少林寺时的年龄分析，可证其少年时代并未在嵩山少林寺习武，而是他练就了一身武艺，成年后才到嵩山少林寺，并继跋陀之后成为少林寺二祖。

嵩山少林武术的历史起始时间，在新中国建立前后史学界做了大量的研究工作。最具代表性的观点是唐豪《行健斋随笔》中讲的一段话：“少林武僧著称于北齐者，有稠禅师……言其能跃首至梁，引重千钧，拳捷骁武，动骇物听。”[①]我国第一部很有影响的《中国武术史》，在该书“少林拳”一文里称：《太平广记》载：“少林武僧，著称于北齐者有稠禅师，能跃首至梁，引重千钧，拳捷骁武。”[②]我认为，将稠禅师列为北齐时代少林武僧的这种观点，也是值得商榷的。值得注意的是，唐豪在嵩山少林武史研究中根据新的资料和发现，对自己先前的考证观点有所变化与修正，这一点过去往往被我们所忽略。笔者在2009年第10期《体育科学》上发表的一篇论文中说：在我国20世纪30年代，唐豪对少林武术起源历史年代的考证，曾先后提出过两种不同的研究观点。起初他认为少林武术的起源应在“隋末唐初”；后又否定“隋末唐初”之说，提出了“北齐”之说，例如1930年唐豪编著完成的《少林武当考》：“少林以武显，始于隋末之拒贼，唐初之助征王世充。”时隔七年，到1937年又撰写出版的《行健斋随笔》则谓：“少林武僧著称于北齐者有稠禅师。”实际上稠禅师（480—560年）应是早于北齐时期的“北魏少林寺最早的第一个武僧”。以后唐豪又在《旧体育史上附会的达摩》一文中提出稠禅师是“跋陀剃度的小和尚”，又说少林寺的小和尚们在角力时“常常以体质劣弱的稠禅师为拳击对象，跋陀却放任不管”。这一观点更是失之偏颇。事实上稠禅师到少林寺时已是33岁以后的事，并非是小和尚。稠禅师少年习武发生在邺下（河南安阳一带）寺院，而不是嵩山少林寺，更与少林寺首任寺主跋陀无关。[③]

---

① 唐豪：《行健斋随笔》，中国武术学会1937年版，第57页。

② 习云太：《中国武术史》，人民体育出版社1985年版，第211页。

③ 马爱民：《略论民国时期的武术研究及在学术问题上的争鸣》，《体育科学》2009年第10期。

实际上，嵩山少林寺武僧的出现要早于北齐时代，稠禅师应为“北魏”时期的嵩山少林寺第一个武僧。为了将这一问题搞清楚，我们依据有关史料分析，可得出明确结论：第一，稠禅师在北魏，特别是在北齐时影响最著，被称为“国师”。故张鷟在《朝野佥载》中记述稠禅师事迹时以“北齐”稠禅师冠之。道宣《续高僧传》在撰写稠禅师传时，也是以“齐邺西龙山云门寺释僧稠传”为名的，皆因其在北齐时最为盛名，佛学地位最高，北齐乾明元年（560年）又以81岁高龄卒于邺下寺院，其卒年也在北齐时代，故后人受此影响，多称为北齐禅师。但是如将稠禅师在嵩山少林寺那段时间称为“北齐少林武僧”，那就有所不妥了。第二，稠禅师应该确定为何时嵩山少林武僧？虽然史无记载，但有纪年可循。稠禅师卒于北齐乾明元年，按其卒时年龄推断，应生于北魏孝文帝太和四年（480年）。如以前文所考稠禅师在33岁之际到嵩山少林寺为僧算起，稠禅师实际到少林寺的时间应在北魏宣武帝延昌二年（513年），这时少林寺建寺已有十七年之久。而北齐时，稠禅师早已离开嵩山少林寺，实际上，在孝明帝（516—528年在位）之后，稠禅师就已不在少林寺。据《续高僧传》云：稠禅师“又移怀州马头山，魏孝明帝夙承令德，前后三召，乃辞云……帝逐许焉，乃就山送供”。[①]魏孝武帝永熙元年（532年），“既召不出，亦于尚书谷中为立禅室，集徒供养”。[②]又北转常山定州等地，到北齐文宣帝天保二年（551年）下诏：“久闻风德，常思言遇。今敕定州，令师赴邺，教化群生，义无独善……”[③]“稠年过七十，神宇清旷，动发人心，敬揖情物，乘机无坠。”[④]稠禅师在文宣帝高洋一再请求下于邺城皇宫居住四十多日，为皇帝和王室大臣讲经说法，并劝文宣帝令天下断酒禁肉，“广说四念处法。帝闻之，毛竖流汗，即受禅道”。北齐天保三年（552年），文宣帝高洋下诏为稠禅师在“邺城西南八十里龙山（今河南省安阳市龙安区西部）之阳，为构精舍，名云门寺，请以居之，兼为石窟大寺主”。“齐乾明元年四月十三日辰时，绝无患恼，端坐卒于山寺，春秋八十

① ［唐］道宣撰、郭绍林点校：《续高僧传》，中华书局2014年版，第575页。
② ［唐］道宣撰、郭绍林点校：《续高僧传》，中华书局2014年版，第575页。
③ ［唐］道宣撰、郭绍林点校：《续高僧传》，中华书局2014年版，第575页。
④ ［唐］道宣撰、郭绍林点校：《续高僧传》，中华书局2014年版，第576页。

有一”。[①]这与安阳小南海北齐石窟题刻“方法师镂石班经记”中对稠禅师的记载完全一致。

稠禅师70岁以后都是在邺下龙山云门寺中度过的，故将稠禅师列为北齐嵩山少林寺武僧是缺乏根据的。无疑，以稠禅师在少林寺为僧的年代，稠禅师应界定为“北魏嵩山少林寺武僧”，则是合乎历史事实的。南北朝之际，寺院僧人中还出现有以杖搏虎的勇武之事。由于棍棒多有易寻，使用起来又极为快捷便利，故而长期流传在民间。邺下著名武僧、少林寺二祖稠禅师曾经在深山中持杖斗虎，邺地有碑记称：“有虎斗庵前，（稠禅）师乃以手约杖驱，而皆弭伏。”[②]这是邺下寺僧和少林寺尚棍的先声，应对少林寺僧人产生影响，因为稠禅师以杖驱虎的故事直到隋唐仍然在少林寺被传颂，“稠公挥杖，而二兽解斗”。[③]从中可见，唐代的少林寺僧人对稠禅师“伏虎"之事是作为武勇武功看待的。由此，笔者认为，以上所载既赞颂了少林寺二祖稠禅师的法力高深，又表明了他的武功惊人。如果一个人能挥杖“伏虎”，没有一定的武勇武力和功夫是不可想象的。

四、禅武兼修的稠禅师主持嵩山少林10余年

少林武术发端于北魏建寺17年之后的著名武僧稠禅师，少林寺在北魏出现有武僧见于历史文献记载只有邺下“拳捷骁武”的稠禅师。邺下著名武僧稠禅师来到嵩山少林寺时，武功禅学已达到很高的境界，跋陀称：“自葱岭已东，禅学之最，汝其人矣。”[④]稠禅师禅学修为高深，非常人所及。稠禅师早年“旬日摄心，果然得定。常依涅槃圣行四念处法，乃至眠梦觉见都无欲想”。[⑤]安阳小南海稠禅师石窟前壁就又刊有《华严经偈赞》及《大般涅

① ［唐］道宣撰、郭绍林点校：《续高僧传》，中华书局2014年版，第577页。

② 《磁州武安县定晋山重修古定晋禅院千佛邑碑》，《全唐文新编》第五部第一册，吉林文史出版社2000年版，第12635页。

③ ［唐］顾少连：《少林寺新造厨库记》，《少林寺资料集续编》，书目文献出版社1984年版，第51页。

④ ［唐］道宣撰、郭绍林点校：《续高僧传》，中华书局2014年版，第574页。

⑤ ［唐］道宣撰、郭绍林点校：《续高僧传》，中华书局2014年版，第574页。

槃经·圣行品》经文，为稠禅师所修禅法的重要佛经内容。稠禅师“尝於鹊山静处，感神来娆，抱肩筑腰，气嘘项上，稠以死要心，因证深定，九日不起”。[①]不少人在文章中将“抱肩筑腰，气嘘项上”，误为“抱肩筑腰，气嘘顶上”，并恣意发挥，曲解其意，全然不对。此涉及的问题甚多，又涉及不少学人，笔者在此就不再多说了。由于稠禅师本人禅武双修，深为少林寺弟子拥戴，稠禅师“即住嵩岳寺……众僧行道宜加拥护……威感如此”[②]。唐代开元十六年（728年）立《嵩岳少林寺碑》中有一条重要记载，此碑称“稠禅师探求正法，住持塔庙”。[③]而跋陀此时已“年渐迟暮，不预僧伦，委诸学徒，自相成业，躬移寺外”。[④]由“拳捷骁武”的二祖稠禅师主持嵩山少林寺后，对开创嵩山少林寺僧众的习武风气，以及对其之后逐步在各种特定的复杂社会历史条件下，形成的精湛而丰富的嵩山少林武功，无疑会起到重要作用和影响。稠禅师作为邺下著名武僧和少林寺武祖，他在少林寺对弟子传授武功技艺，究竟教了什么？传了什么？我们还不是很清楚。因为在历史文献还暂时找不到这方面的详细记载，但我们有理由相信，稠禅师在少林寺传武教武一定与他在邺下寺院所学武功内容有密切关系。稠禅师在武功上是内外兼修，身心并练，“禅武合一”。他还撰著有《止观法》两卷，为时人修禅练功所必备。历史上在稠禅师门下修禅学功的人很多，其中就有少林寺大师慧远（523—592年）。据《续高僧传》载：慧远“气上心痛，状如刀切，食弱形羸，殆将欲绝。忆昔林虑（今安阳西部境内，笔者注）巡历名山，见诸禅府，备蒙传法，遂学数息，止心于境，剋意寻绎，经于半月……甚得静乐，身心怡悦。即以己证，用问僧稠。稠云：‘此心住利根之境界也，若善调摄，堪为观行。’”[⑤]裴漼《嵩岳少林寺碑》载，“周大象中，寺初复选沙门中德业灼然者，置菩萨僧一百二十人，惠远法师、洪遵律师，即其数

① ［唐］道宣撰、郭绍林点校：《续高僧传》，中华书局2014年版，第574页。

② ［唐］道宣撰、郭绍林点校：《续高僧传》，中华书局2014年版，第574页。

③ 《少林寺碑》，《全唐文新编》第二部第一册，吉林文史出版社2000年版，第3164页。

④ ［唐］道宣撰、郭绍林点校：《续高僧传》，中华书局2014年版，第565页。

⑤ ［唐］道宣撰、郭绍林点校：《续高僧传》，中华书局2014年版，第286页。

也”。[1]洪遵（533—641年），俗家姓时，相州人。嵩山少林寺“古今寺僧都称洪遵为长命活佛”，[2]洪遵与慧远是一代齐名的少林高僧。稠禅师是“禅武合一”禅武兼修的第一人，不愧为少林功夫的开创者。少林寺方丈释永信法师在《佛教实践中的功夫与禅》一文中说：“禅拳互融，以禅心练拳，内心安定可提升武功，再以拳中所悟助益参禅，便可将禅理与武功有机的糅合在一起，共同提升‘禅’与‘武’的修行境界。”[3]少林寺二祖邺下武僧稠禅师禅学武功集于一身，并有着高深的禅武修为，完全符合这一特征。稠禅师作为禅学高僧和著名武僧，是倡导嵩山少林寺禅武结合的第一人，这对少林武术的开创与发展产生了深远的历史影响。

33岁入寺的稠禅师，后在嵩山少林寺主持10余年，于北魏孝明帝（516—528年在位）后期离开少林寺，“后诣怀州西王屋山修习前法，闻两虎交斗，咆响震岩，乃以锡杖中解，各散而去”。[4]孝明帝三次诏令稠禅师回洛阳，魏孝武帝“永熙元年（532年），既召不出”，都被稠禅师谢绝，继续在“怀州马头山”深山中修练，此时稠禅师已52岁。稠禅师后来“又北转常山，定州刺史娄叡、彭城王高攸等请至，又默之大冥山创开归戒，奉信者殷焉。”[5]娄叡“少好弓马，有武干，为高祖帐内都督。从破尔朱于韩陵（今安阳县韩陵乡，笔者注），累迁开府仪同、骠骑大将军”。[6]高攸于“天保初，封彭城王”。[7]故而，推测稠禅师“北转常山”的时间大约在北齐天保元年（550年）之际。天保二年（551年）北齐文宣帝诏令稠禅师“今敕定州，令师赴邺，教化群生……”“稠居山积稔，业济一生，闻有敕召，绝无承命，苦相敦喻，方遂允请。”[8]由此可证，稠禅师并非是“北齐少林武僧”。北齐时，稠禅师72岁又回到邺下，后居于今安阳市西20公里的云门寺，直到他81岁去

① 无谷、刘志学编：《少林寺资料集》，书目文献出版社1982年版，第427页。
② 少室山人：《少林寺武术百科全书》第一部，京华出版社1995年版，第126页。
③ 释永信：《佛教实践中的功夫与禅》，2014年美国加州大学伯克利分校主题演讲。
④ ［唐］道宣撰、郭绍林点校：《续高僧传》，中华书局2014年版，第575页。
⑤ ［唐］道宣撰、郭绍林点校：《续高僧传》，中华书局2014年版，第575页。
⑥ ［唐］李百药撰：《北齐书》卷四十八，中华书局2003年版，第666页。
⑦ ［唐］李延寿撰：《北史》卷五十一，中华书局1974年版，第1862页。
⑧ ［唐］道宣撰、郭绍林点校：《续高僧传》，中华书局2014年版，第575页。

图2　北齐石窟稠禅师雕像

逝。据《为僧稠起塔诏》：“故大禅师德业高迴，三宝栋梁，灭尽化终，神游物外。可依中国之法，阇毗起塔，建千僧斋，赠物千段。标树芳迹，示诸后代。”[①]弟子们分别在邺下龙山云门寺和嵩山建立“僧稠塔”纪念。纵观稠禅师的一生，《续高僧传》和《朝野佥载》对稠禅师记述中，虽存有某些玄秘色彩，但二书对稠禅师在武勇武功方面的记载却有可信的成分在内。从唐代释道宣《续高僧传》中也记述有稠禅师“遭贼怖之，了无畏色”[②]“威棱群贼，势慑山魑”[③]。稠禅师“所住禅窟，前有深渊……俄有大蟒从水中出，欲入釜内。稠以足拨之，蟒遂入水”。[④]稠禅师“以足拨之”，反映了他在武功腿法上的功夫和灵活多变的武技。此禅窟即为刻有稠禅师线雕像的安阳小南海石窟，绝非今河北响堂寺石窟。河朔第一古刹安阳灵泉寺，自古享有武名。唐代沙门释净觉《注般若波罗蜜多心经》说：“古今相传，高欢之时，稠禅师于太行山灵泉（寺）见两虎斗争一鹿，以锡杖分之。两虎伏地，不敢争也。稠禅师涅槃已后数百年，无人住持。灵泉涸竭，柏树枯朽。自从大唐净觉禅师寻古贤之迹，再修葺禅宇，扫洒未经三日，涸泉为之涌出，朽柏为之再茂也。”[⑤]

稠禅师一生弟子众多，他的禅门弟子僧贤也是著名高僧，担任北齐天统时期的全国最高僧官昭玄沙门大统。稠禅师弟子中以勇著称者有高僧昙询，据《续高僧传》载：昙询“山行值二虎相斗，累时不歇，（昙）询乃执锡分之……屡逢熊虎交诤，事略同此”。[⑥]可见，稠禅师的弟子也是勇武过人。

① ［唐］道宣撰、郭绍林点校：《续高僧传》，中华书局2014年版，第577页。

② ［唐］道宣撰、郭绍林点校：《续高僧传》，中华书局2014年版，第574页。

③ ［唐］道宣撰、郭绍林点校：《续高僧传》，中华书局2014年版，第578页。

④ ［唐］道宣撰、郭绍林点校：《续高僧传》，中华书局2014年版，第578页。

⑤ 《注般若波罗蜜多心经》，《中国佛教经论序跋记集》，上海辞书出版社2002年版，第374页。

⑥ ［唐］道宣撰、郭绍林点校：《续高僧传》，中华书局2014年版，第598页。

道宣《续高僧传》载有天保三年（552年）北齐文宣帝为稠禅师在邺西南龙山构建“云门寺”，请以居之，“兼为石窟大寺主”。稠禅师“两任纲位，练众将千，供事繁委，充诸山谷。”[①]意即千余名官兵，供其驱使操练，驻扎山中。在某些佛教寺院中历史上曾组织有僧兵，但国家派有军队专由某些高僧训教驱用，在历史上如非绝无仅有，也实属罕见，很可能这是指稠禅师操练士卒的武艺。文宣帝曾劝言稠禅师：“佛法大宗，静心为本。诸法师等徒传法化，犹接嚣烦，未曰阐扬，可并除废。”[②]云门寺与灵泉寺（石窟大寺）两座寺院“徒传法化，犹接嚣烦”活动应与习武有关。武德年间，天下大乱，著名高僧慧休从云门寺挑选精壮僧徒“二十余人”，助唐征战，抗击和平定了当时攻打相州（安阳）的刘黑闼起义军，保护了相州城的安全。这反映了邺下云门寺不乏武功过人之辈。文宣帝高洋规定将国家财物的三分之一用于寺院使用和僧人的生活，他曾师事少林二祖邺下著名武僧稠禅师，军国大事，咨而后行。龙山云门寺“初敕造寺，面方十里”，后稠禅师极力反对，“十里太广，损妨居民，恐非远济，请半减之”，乃以“方五里为定”。[③]现安阳西部的天喜镇村小学和村委会即是古老的云门寺遗址中心所在（其范围包括安阳市西的九龙山），现遗址周围仍存留有大量云门寺残石遗物。当时的邺下云门寺和石窟大寺成为中原地区武风兴盛的寺院。同时，他还在统治阶级的支持下在邺下周边多处地方建造禅寺，弘扬禅法。在安阳西北与磁县西南山区交界处的羊城村民间流传有“抽椽寺”，这里的羊城村分为北羊城村属磁县，而南羊城村在安阳境内。10多年前我曾多次前往实地考察此处的“抽椽寺”，这实际是一座稠禅师庙宇“稠禅寺”，近处山崖上的“稠禅洞”存有宋代宣和三年石刻题铭 “今为稠禅复修一寺” 等文字记载。山洞石壁上还有大片摩崖金代刻字“故齐稠禅大师隐迹”“云门”“感念”“相传已久”等内容。邺下“羊城稠禅寺”应是稠禅师主持安阳龙山云门寺时在周边区域建造的一处寺院。

从稠禅师离开少林寺到隋唐之前的少林寺，在这一时期历史文献中见不

---

① ［唐］道宣撰、郭绍林点校：《续高僧传》，中华书局2014年版，第576页。

② ［唐］道宣撰、郭绍林点校：《续高僧传》，中华书局2014年版，第576页。

③ ［唐］道宣撰、郭绍林点校：《续高僧传》，中华书局2014年版，第578页。

到嵩山少林寺有武僧的记载，这是武术研究者感到十分困惑的事。这一情况的出现，我们认为是和当时的社会形势与政治环境分不开的。除邺下武僧稠禅师离寺到最后返邺这一原因外，还有一个不可忽视的重要历史背景，就是北魏后期的“永熙多难”。即于东魏天平元年（534年）迁都邺城后，洛阳一带诸寺僧尼（包括少林寺中的许多僧人在内）也随之迁徙邺下寺院，“皇舆迁邺……望览洛阳，城郭崩毁，宫室倾覆，寺观灰烬，庙塔丘墟。墙被蒿艾，巷罗荆棘，野兽穴于荒阶，山鸟巢于庭树……京城表里，凡有一千余寺，今日寥廓，钟声罕闻。”[①]这一时期少林寺僧人的习武活动在历史文献中也就找不到一点记载了，即便对嵩山少林寺院的其他情况记载也十分少见。另外，在稠禅师之后，隋唐之前的少林寺不见有习武活动的踪迹，还有一个重要原因就是“周武灭佛”带来的结果。东魏、北齐都邺四十四年，577年，北周灭北齐，北周武帝（561—578年在位）宇文邕召集邺都僧侣，令之还俗为民，遣返僧徒五百人。北周武帝宇文邕是中国历史上第二个反佛的皇帝，曾下诏“断佛、道二教，经像悉毁，罢沙门、道士，并令还民……”。[②]据范文澜《中国通史》载：“五七七年，周武帝在邺召集僧徒五百人，宣布废佛……周齐境内佛像被破坏，经卷被焚烧，四万所以上的寺庙，赐给王公作宅第，将近三百万和尚，还俗作平民，寺院财物散给群臣，寺院奴婢得到释放，周武帝灭佛比魏太武帝深入得多。”[③]这一情况在裴漼《嵩岳少林寺碑》中也能见到记载：“周武帝，建德中纳元嵩之说，断释老之教，率土伽蓝，咸从废毁。”[④]由于周武灭佛的打击，嵩山少林寺在这一时期更不可能有任何尚武活动的出现，这也正符合嵩山少林寺在历史上的兴衰与发展的轨迹。

五、结语

“任何事物的起源，都有一个从最初发生到形成的过程，无论这个过

① ［魏］杨衒之撰、周祖谟校释：《洛阳伽蓝记序》，中华书局1963年版，第6—8页。

② ［唐］令狐德棻等撰：《周书》卷五，中华书局2003年版，第85页。

③ 范文澜：《中国通史》，人民出版社1979年版，第651页。

④ 无谷、刘志学编：《少林寺资料集》，书目文献出版社1982年版，第426页。

程是短暂还是漫长，而事物起源的时间和空间是以这个过程为基础而形成的”。嵩山少林武术自著名武僧稠禅师以来距今已有1500多年的发展历程，至迟在明代少林武术已成为一个名闻天下的武术流派。嵩山和少林寺“居天下之中”，少林武术流派的最终形成，显然是和少林寺所处的历史文化环境与自然地理环境分不开的。释永信在《少林功夫文化形态和历史》一文中提及：“少林拳，又指少林功夫、少林武术，是指在河南登封嵩山少林寺这一特定佛教文化环境中形成的，以佛教神力信仰为基础，充分体现佛教禅宗智慧，并以少林寺僧人修习的武术为主要表现形式的一个传统文化体系。”少林武术流派的形成最晚不会晚于明代，而少林武术的历史发端可以追溯到北魏少林寺创建初期的少林二祖邺下著名武僧稠禅师，由于稠禅师在少林寺崇高的地位，其武功影响不言而喻。但正如前述稠禅师少年习武并非在少林寺，但毕竟稠禅师是少林寺二祖和少林寺建寺后“带艺入寺”的第一位武僧，从这个意义上说，少林武术起源于建寺之初并无问题，也完全符合少林寺武术历史的实际情况。少林武术源远流长，历史悠久，它始于邺下，来自民间，发展与形成在少林。由民间向寺内流传，又从寺内向民间传播，少林武术的开创和形成是对源远流长的中华武术文化的继承与发展。丰富和鲜活的嵩山少林武术文化有着很强的包容性和吸纳性，显而易见，“包容吸纳”是同文化的兴盛、融汇、和谐、繁荣紧密联系在一起的发展。武术在佛教寺院中的存在，同佛教的发展、变迁与社会历史的发展变迁息息相关。历史上的佛教教义在于追求成佛作祖，自度度人，寺院武功是以自卫健身、护寺护法为根本目的，僧人习武正是由于这一作用，才得以在古代佛教寺院中有了合理生存的空间。稠禅师本人的习武经历，揭示了少林寺僧人尚武活动的传统和它久远的历史。中华武术，本来就是各个民族共同创造和发展起来的一种独特文化，在南北朝时期更为兴盛，只有充分认识到这一层关系，才能凸显嵩山少林武功与北朝邺下僧人习武活动的渊源全貌。

参考文献

［1］［魏］杨衒之撰、周祖谟校释：《洛阳伽蓝记》卷三，中华书局1963年版，第113页。

［2］［北齐］释僧纤书、彭惠通刊：《方法师镂石班经记》，乾明元年（560年）。此石窟刻记今存安阳市龙安区善应镇西龟盖山麓。

［3］［北齐］魏收：《魏书》，中华书局1974年版。

［4］［唐］陆长源：《唐故灵泉寺玄林禅师神道碑并序》，天宝八年（749年）。此碑今存安阳县善应镇宝山灵泉寺遗址半山坡。

［5］［唐］姚思廉撰：《梁书》卷三十九，中华书局2003年版，第561页。

［6］［唐］李百药撰：《北齐书》卷四十八，中华书局2003年版，第666页。

［7］［唐］令狐德棻等撰：《周书》卷五，中华书局2003年版

［8］［唐］李延寿撰：《北史》卷五十一，中华书局1974年版，第1862页。

［9］［唐］道宣撰、郭绍林点校：《续高僧传》，中华书局2014年版，第573—574页。

［10］［唐］道宣撰：《续高僧传》卷二十，大正新修大藏经本。

［11］［唐］张鷟撰、袁宪校注：《朝野佥载》，三秦出版社2004年版，第70页。

［12］［宋］欧阳修、宋祁撰：《新唐书》卷一百六十一，中华书局2003年版，第4979—4980页。

［13］［宋］韩琦撰、李之亮等笺注：《安阳集编年笺注》，巴蜀书社2000年版，第750页。

［14］［宋］赞宁撰、范祥雍点校：《宋高僧传》，上海古籍出版社2014年版，第215页。

［15］［明］慧庵：《河南彰德府磁州武安县重修古定晋岩禅果寺碑记》，明正统十四年（1449）。此碑今存武安定晋岩禅果寺遗址。

［16］［明］朱棣撰：《神僧传》，江苏广陵古籍刻印社1993年版，第138页。

［17］［清］武忆撰：《安阳县金石录》卷二，清嘉庆二十四年（1819年）刻本。

［18］唐豪：《行健斋随笔》，中国武术学会1937年版，第57页。

［19］范文澜：《中国通史》第三册，人民出版社1979年版，第127页。

［20］无谷、刘志学编：《少林寺资料集》，书目文献出版社1982年版，第29页。

［21］《少林寺资料集续编》，书目文献出版社1984年版

［22］习云太：《中国武术史》，人民体育出版社1985年版，

［23］林伯原、谷世权编：《中国体育史》，北京体育学院出版社1989年版。

［24］国家体委体育文史工作委员会、中国体育史学会编：《中国古代体育

史》，北京体育学院出版社1990年版。

［25］杜继文：《佛教史》，中国社会科学出版社1991年版。

［26］林县志编纂委员会总编辑室编：《林虑山》，中州古籍出版社1991年版。

［27］少室山人：《少林寺武术百科全书》第一部，京华出版社1995年版。

［28］国家体委武术研究院编纂：《中国武术史》，人民体育出版社1997年版。

［29］《中国武术百科全书》，中国大百科全书出版社1998年版。

［30］宁晋县地方志编纂委员会编：《宁晋县志》，中华书局1999年版。

［31］张国臣：《中国少林文化学》，河南人民出版社1999年版。

［32］《全唐文新编》，吉林文史出版社2000年版。

［33］《中国佛教经论序跋记集》，上海辞书出版社2002年版。

［34］周伟良：《中国武术史》，高等教育出版社2003年版。

［35］马爱民：《传统武术文化新探》，人民体育出版社2003年版。

［36］释永信主编：《少林功夫文集》，少林书局2004年版。

［37］释永信：《少林学论文选》，少林书局2006年版。

［38］安阳市地方史志编纂委员会编：《安阳市志》，中州古籍出版社2008年版。

［39］黄忏华：《中国佛教史》，东方出版社2008年版。

［40］释永信：《佛教实践中的功夫与禅》，2014年美国加州大学伯克利分校主题演讲。

［41］臧励龢：《中国古今地名大辞典》，上海书店出版社2015年版。

［42］詹文宏等主编：《燕赵碑刻 先秦秦汉魏晋南北朝卷下》，天津人民出版社2015年版，

［43］谭华：《北朝僧人习武与少林武源》，《成都体育学院学报》1981年第3期。

［44］马爱民：《论我国武术史上的稠禅师与嵩山少林寺：兼析北朝时期邺下寺院的武术活动》，《北京体育大学学报》1999年第1期。

［45］马爱民：《从稠禅师及邺下定晋禅院考察看少林武术发端》，《体育学刊》2002年第5期。

［46］马爱民：《略论民国时期的武术研究及在学术问题上的争鸣》，《体育科学》2009年第10期。

［47］程馨、程大力：《近百年少林武术研究述论》，《中国体育科技》2017年第1期。

中国短兵运动述论

马廉祯

短兵运动是中国武术的重要组成部分，是武术的竞技形式之一。

短兵尽管产生很晚，但却有着悠久的历史渊源。它起源于中国古代的击剑运动，以及后来兴起的刀剑比试，因此可以说它是剑刀合体的短兵器竞技形式。它与散手、长兵、摔角等一起，均为近代国术试验的产物，是中国传统武艺的现代化发展。作为以传统刀剑技击技术为主体，重新创造产生的竞技性器械武术，短兵既有合理的规则与完善的器材，有一整套系统的训练与竞赛模式，也有深邃的文化底蕴与价值定位，是中国传统人文精神与现代价值认识在武术文化上的融合。

一、短兵的文化渊源

短兵起源于古代的击剑。众所周知，剑是我国古代兵器家族中最重要的成员之一，从周秦两汉时代，特别是春秋战国之际，经历了千余年的繁盛期，可以称之为剑的黄金时代。剑在那个时期名声显赫，品阶尊贵，被视为是一个人身份、德业和尊严的象征，更被武艺家们尊奉为人文精神的寄托。伟大的历史学家司马迁曾高度评价剑的文化品位和人文蕴涵，认为只有具备信、廉、仁、勇四种品德的人，才可“谈兵论剑”。[①]他认为剑是一门“与道同符”的大学问，“内可以治身，外可以应变”，所以君子往往以剑作为“德”的标志和象征。这些都生动地说明了在司马迁所处的时代，剑在人们

① ［汉］司马迁：《史记》卷一三〇《太史公自序》，中华书局2016年版，第4019—4020页。

心目中，特别是士人心目中的崇高地位，也生动反映了从先秦到西汉间，剑曾经有过的近乎神圣与辉煌的文化形象。毫无疑问，这个辉煌期为以后不断发展、衍变和丰富起来的剑文化奠定了基础。从此，剑在中国传统文化中一直占据非常重要的地位，在某种程度上，剑成了中华文化的标志，是中国人文精神的象征。

图1　司马迁

在古代，以剑技为主要形式的竞技被称之为“相击”，这是我国历史上出现最早的短兵武艺之一，其源头可以一直追溯到西周初。到春秋时代，剑的制作日臻精美，佩剑成为身份地位和尊严的象征，剑术已经相当发达，击剑蔚为专学，特别是在东南的吴越地区。群雄并立、战争频繁的战国时代，随着剑在战争中实用价值的显著提高，击剑活动更为普遍。这时，社会上出现了以剑技为人效命的“私剑”“剑士”一流人物，也就是后来“侠”的滥觞，还产生了关于剑术的专门论说和著作。这种风气延续到西汉仍很兴盛，击剑风行朝野，有些人以擅长击剑“立名天下”，职业剑客奔走豪门。风气之下，甚至连东方朔、司马相如、田叔等一般文人也都学习击剑，显然这是一种时尚，是文人们高自标置的心态流露。

图2　汉画像砖中的击剑图画

我国历史上，击剑活动大致从周秦一直延续到隋唐。隋唐以前，古人常常以文章、击剑相提并论，体现了一种崇文尚武的人文精神。诗人李白自称："十五好剑术，偏干诸侯；三十成文章，历抵卿相。"便是脍炙人口的一例。在我们看来，这种风气反映了中华民族的尚武传统，是孔子文武不偏废思想的发展。然而，随着封建专制主义不断强化，禁兵之法也日益峻密，民间习武自然受到越来越多的控制。自宋代理学家倡言"主静"，以射御为"粗下人事"，"见人静坐，便叹其善学"。[①]这就使得重文轻武的意识社会化，以至"衣冠之士羞与武夫齿，秀才挟弓矢出，乡人皆惊，甚至子弟骑射武装，父兄便以不才目之"。[②]

两汉以后，剑的战阵实用价值渐渐走向衰微，它在军中的显赫地位也逐步被刀所取代。此后，剑固然依旧存在，仍然被许多人视为心爱之物，但它不再是军中将士临阵杀敌的主要兵器。其发展空间逐步由军旅转向军旅以外的其他领域，转向民间武艺领域，甚而转为文人学士们高悬在书斋里的雅赏之物。剑的存在形式也从"相击"慢慢地向飘逸典雅的"剑舞"蜕变，及至明清，华而不实的"套子武艺"之类成了社会上剑的主要表现方式，古之"剑客"也变成了侠义小说中半人半仙的超人。当然，凭借着昔日的辉煌和不断丰富起来的剑文化，剑仍然保持着崇高的地位和尊严，仍然被人们敬奉为中国古代武艺和兵刃的象征。

中国剑文化究竟包括哪些内容，如何加以界定并如何划分其发展阶段，这其实是个比较复杂的问题。近年来，写剑的书屡有所见，然则并没有人就此问题做过详细的分析论证，很大程度上都是因为"谈兵论剑"者多半并不曾接触过剑，多为"纸上谈兵"的剑文化爱好者。

两汉以前，古人就有了"说剑""击剑""舞剑""论剑""相剑"等一系列说法，这些词语各有所指，都有特定的含义。这反映了两汉以前剑文化的内容就已相当丰富，但这一时期的剑文化基本上是"实学"，是从剑的制作、实用、娱情、品赏等实践经验中提升出来的真实可信的学问和理念。

---

① ［宋］朱熹、吕祖谦：《近思录》卷四《存养》，上海古籍出版社1994年版，第70页。

② ［清］颜元著、王星贤等点校：《颜元集》，中华书局1987年版，第58页。

两汉以后，特别是魏晋以后，剑文化领域急剧发展，文学内容不断丰富，许多神秘玄虚的东西掺入其中，使得剑开始变得光怪陆离起来。自此，剑不再仅仅是勇士们穿坚透韧的利刃，还成了神仙道人的法器，成了或隐或现的灵物，成了剑侠手中飞来飞去的“一道白光”。当然，更多成了诗人们吟咏的对象。显然，这是两汉以前剑文化的延伸和变异，这使得剑文化由一门“实学”逐渐衍变成了“虚学”。

然而，无论从源还是从流上讲，无论剑文化的领域有多么宽泛，在古代，它的核心应该是剑技水平的实际应用和竞技性质的较量。这就是古人所谓“击剑”。“击剑”一词出现甚早，战国秦汉间曾被广泛应用。它至少包含两个层面的意义，一是指剑的实际运用，因为只有两两相对的“击剑”才是提高剑技的最根本训练方法，是剑术水平最具说服力的验证手段，同时也是涵养性情、磨砺人格最重要的途径。古人所谓“击剑”，其实就是剑的竞技运动，是一种有条件的友好的剑技较量。几千年来，这项运动受到人们的敬重和喜爱，是我国历史上延续时间最久的民族传统竞技项目之一，也是中国古典武艺体系最重要的组成部分。

不难想象，最初的击剑应该是一项相当残酷的运动，这一点古籍中多有记载，情况似乎与古希腊、罗马角斗士们的击剑没有多大区别。然而，任何动辄伤人肢体甚至危及生命的运动，是不可能广泛而久远地为人们所喜爱，在封建专制不断严密的时代里，这样的运动也往往为法律所不允许。所以，我们的祖先很早就开始寻求一种合理的不损伤人的击剑方式，本质上就是使击剑走向体育化，这是击剑之所以能够长期存在的根本原因。这方面的史料保存下来的不多，但并非没有痕迹可寻。

春秋战国时代，剑士们有以“杖”代剑比试高低的记载。在著名的越女与猿公比剑的故事里，二人就是以竹杖代剑，[1]这是日常生活里确有其实的反映，于是，“杖”经常被用作兵刃的代词。三国时，魏文帝曹丕以甘蔗代剑

---

① ［汉］赵晔撰、周春生辑考：《〈吴越春秋〉辑校汇考》卷九，上海古籍出版社1997年版，第151—152页。

与奋威将军邓展比试的故事，更是千百年来脍炙人口的故事。[①]宋元以后，以竹木兵器训练士卒和比试刀剑武艺的记载屡见不鲜，曾经被毛泽东引用的颜元与李木天的比试刀法，就是“折竹为刀”进行的。[②]总之，一是为了避免伤害，增加其体育价值；二是古代禁兵之法极严峻，任何人都不可能身佩利刃动辄与人短兵相接。所以，不但民间的击剑活动必然主要以竹木代用品进行，就是军中练兵也往往如此，这在戚继光的《练兵实纪》中有清楚的记载。

图3　飞刀势 明代程冲斗《单刀法选》

击剑是最具人文精神的体育文化遗存。在古代，剑是勇敢、尊严和品节的象征，击剑自然也是一项高尚运动，是民族传统体育的精粹，这在东西方都是如此，尽管表现形式上有所不同。因此，东西方都曾致力于将古代击剑演进成为现代体育项目的工作。

图4　吉拉德·西保尔特于1628年完成的《剑击学》

至16世纪的欧洲，剑术就已经成为带有博彩性质的运动项目。特别是在

① ［晋］陈寿撰、［南朝宋］裴松之注：《三国志》卷二，中华书局1982年版，第89—90页。

② 陈山榜主编：《颜李学派文库》之《颜元评传》，河北教育出版社2009年版，第2315页。

技术取向上，当以力量为主导的双手大剑逐步被依靠敏捷与技巧为主导的单手剑所取代后，来自意大利和法国的剑击大师们就开始雄心勃勃地投入到雕琢更为精细的击剑技术之中，并很快将这些内容传授给年轻的英格兰、德国和波兰的贵族们。特别是在“太阳王”路易十四的倡导下，早期击剑运动迅速被宫廷化与贵族化，举手投足间充斥着各种基于审美与自尊满足的礼仪和辞令。当时最著名的两部击剑专著，加米罗·额格里帕（Camillo Agrippa）1553年完成的《武器科学论述》（Trattato di scientia d'arme）和吉拉德·西保尔特（Girard Thibault）1628年完成的《剑击学》（L'acad é mie de l'esp é e）中的插图，都使用大量的几何图形来规定每次动作发动、进行、终了时的“合礼”的具体姿势。这都与孔子“非礼勿视，非礼勿听，非礼勿言，非礼勿动”的礼数要求颇为神似。

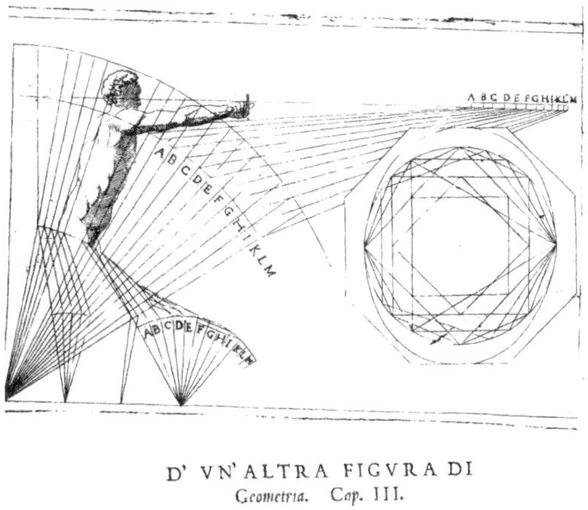

图5　加米罗·额格里帕1553年出版的《武器科学论述》

西方的努力很成功。至近代，欧洲剑术成功演化为佩剑、花剑和重剑三个剑种构成的击剑运动，是奥运会最早的项目之一，在全世界广泛开展，拥有大量爱好者。半个多世纪以来，通过前苏联，击剑在我国逐步开展起来，竞技水平不断提高，产生过栾菊杰等一批优秀选手。我的父亲马明达先生就曾是专业的花剑运动员和教练员，在第一届全运会上打入决赛圈。

图6　新中国第一届全国运动会击剑项目前八名合影（第二排右侧第一人为马明达）

在东方，东邻日本也取得了成功。众所周知，剑道是备受日本人民珍视的民族文化遗产，是流行广泛而传授严格的日本民族体育项目，被定为日本的“国技”之一。剑道尽管有着深厚的日本武士道文化渊源，但其现代形式产生也相对晚近，直至日本大正元年（1912年）才得以规范改良为目前的状态，实则也是走了一条现代竞技运动的本土化道路。在日本，剑道一直被视为培养民族人文精神的重要手段，中小学里大都设有道馆，剑道成为必修课。现在剑道已是世界性的项目，各种组织和竞技活动非常之多。剑道传入中国很早，至少明代就有日本剑的技术和图谱流入中国，并受到中国武艺家的青睐。在清末留学日本的高潮中，大批中国学子接受了剑道训练，也有日本的教习在中国教授剑道，这对中国影响很大。实际上，包括中国短兵的产生，在一定程度上与日本剑道的启发和刺激是分不开的。而近年，日本剑道在中国也再次兴起，习练人数及场所与日俱增，发展态势要明显好于短兵。

图7　江户晚期身着剑道器具的武士

图8　江户晚期浮世绘上的武士比剑图

二、短兵运动的兴衰

古老的击剑最终演变成竞技形式的短兵运动，也是比较晚近的事情。它的正式产生与张之江倡导“国术”和推行“国术考试”分不开，可以说它属于“国术”体系，是与“国术”相伴而生的传统武术竞技项目。

1927年，张之江以及著名人士蔡元培、李烈钧等人明确提出“国术”一词，经申报国民政府批准，正式成立“中央国术馆”，并在全国各省、县成立了不少地方性国术馆，初步形成自上而下的国术馆体制。这是中国历史上第一个国家级别的体育管理机构，此时的中国，西洋体育虽已取得主流地位，但还没有一个统一的管理机构。

图9 张之江

张之江等人选用“国术”一词，显然带着明确的民族主义思维。但另一方面，这也是在“新文化运动”之后，特别是“土洋体育之争”中土体育受挫之后，理性接受现代科学思维的结果。[①]受胡适等“国学”或“国故学”影响，张之江的“国术”概念是类同于“国画”“国医”“国乐”的新兴概念，是对本土体育的统一称谓。张之江在《中央国术馆缘起》一文中讲得很清楚：

> 我国技击之术，发达本早，代有传人。近年虽稍稍凌替，偶有能者，其方法途径，别具神妙，与国学同有优异之点，故正名曰国术。[②]

“国术”在结构上也如同国学，它并不是单一的运动项目，而是一个以徒手与器械格斗竞赛为核心的民族体育体系。它不但将社会上各自表述的诸多概念如武术、拳术、武艺等，整合编入一个更为宏观明确的概念，还从技术类别到管理体制，从理论构建到竞赛规则，初步建立起一套略具规模的制度。尽管它存在不少缺陷，实施过程中也出现了很多问题，但我们必须承认，它是当时的历史条件下，一次对民间武术体育化的整合与改革，更是一个民族传统体育体系的建构工程。它是在张之江“国术科学化”的主张之下，通过现代制度文化对传统武艺的竞技化改良。由于当时政治腐败，国势贫弱，使这项工程进展艰难。后来抗日战争兴起，试验工作戛然而止。总之，国术体系的建构最终未能达到预期的成效。但平心而论，国术工程留给

① 马廉祯：《论现实视角下的近代“土洋体育之争”》，《体育科学》2011年第2期。

② 张之江：《中央国术馆缘起》，《张之江先生国术言论集》，中央国术馆1931年版，第1页。

我们不少值得借鉴和参照的东西，是一笔不可忽视的民族体育文化资源。短兵项目的制定和推广就是当时“国术”体系的一个组成部分，是张之江和他周围的一批武术家为武术短器械设计的竞技形式。

短兵创立之初，名称和技术都经历了某些变化。

毋庸讳言，短兵的创制受启发于日本剑道。但鉴于当时中国人民对日本军国主义者的反感，倡导其事者便想区别于剑道，希望它能充分体现中国武术的特点，体现中国古代剑文化的精神，所以最初就取名“击剑”，以表明中国剑术悠长深邃的文化渊源。1931年全国运动会时颁布的《国术规则》中，就使用了“击剑”一词。但同时期，军队系统则普遍使用“劈剑”一词。1929年中央军校的第六届毕业运动会上，就有毕业生劈剑比赛。我们并不清楚这一“劈剑”到底是日本剑道还是中国短兵。从当时军事训练深受德日影响来看，采用日本剑道设备的可能性相对要大。[①]然而，中国武术的短器械以刀剑为两大宗，此外还有鞭、锏等，所以短兵的设计和规则的制定都不能不考虑技术上的兼容性，这方面用心甚多，颇有成绩。也正因为如此，在经历了一段时间后，这项原本被称为“击剑”的运动却被人们不约而同地改称“短兵”，一直保持到今天。众所周知，短兵是古代对所有短兵器的统称，因时代不同，所指亦有所不同，但它从来都不专指某一种兵器。现在的“短兵”却是一个专用名词，它就指作为武术器械竞技项目的短兵。

图10　1928年第一次国考的短兵比赛

自民国十七年（1928年）第一次“国术考试”时，短兵正式出台。

据马明达教授回忆，熟悉国术馆掌故的杨松山、何福生等先生曾对他说，发展短兵的计划早就被提出，主要倡导者是近代著名武术家马英图先

① 《中央军校第六期毕业典礼》，《申报》1929年5月16日。

生，即马明达先生的二叔，同时还有李景林先生和当时有“朱氏四杰”之号的朱国福、朱国禄先生。杨先生说，主要在英图先生的带动下，国术馆一期教授班的学员已经用日本竹剑或自己制作的短兵进行竞赛活动，规则就在这些摸索中逐步形成。短兵出台较迟缓的一个重要原因，是受了当时制作材料的限制，短兵的质地和护具的式样等都不能令人满意，过粗过软的器械形制往往不被人们所接受，这对短兵的推广产生了不利影响。尽管如此，短兵在当时的国术馆仍然受到广泛的喜爱。

民国二十年（1931年）中央国术馆颁布了《国术比赛规则》，其中的第四章是《击剑比赛细则》，[1]这是历史上第一个正式的短兵比赛规则，对短兵运动的开展无疑起到推动作用。

民国二十二年（1933年）第二次“国考”，基本按《国术考试条例》和《国术比赛规则》实行，短兵是正式比赛项目之一。此后，其传播面积迅速扩大。举例说，在国术馆制度发展得最好的山东省，短兵的开展也相当好。据《大公报》1935年4月初的连续报道，1935年4月19日到23日，山东举行第三届“国术省试”，参加应试者600余人，短兵第一次被列为比赛项目。据当时的传媒报道，经过从21日到24日的比赛，各种项目一共录取男女运动员107人，其中有短兵运动员毛树勋等20人，从所占比例上可以看出短兵发展得相当快。在此之前，济南市举行过本市参加“省试”的选拔赛，参加短兵比赛的有七八人，入选者为王连海。其他市县也举行了选拔赛，以青岛的选拔赛最盛大，参加短兵比赛的有20余人。山东以外，其他国术发展比较好的省份，如河北、河南、江苏

图11　第二届国考女子短兵

① 《民国二十年全国运动大会国术比赛规则》，《国术周刊》1931年5月24日。

等都开展过短兵比赛。地处西北的甘、青两省，特别是甘肃省会兰州，在先祖父马凤图的大力推动下，也得到一定开展。后来即便是在短兵销声匿迹之后，兰州市的短兵活动仍然不绝如缕地存在着，小范围的表演和竞技活动一直持续到“文革”前夕。

图12　1934年广州学生军大检阅中击剑表演

图13　1933年上海国术之击剑比赛

新中国成立初期，民族形式体育受到重视，短兵运动仍在开展。

1953年11月上旬，在天津举行了规模宏大的“全国民族形式体育表演及竞赛大会”，短兵是正式项目之一。与此次运动会相配套的各省和各大区选拔赛上，短兵也是独立项目之一。天津大会的短兵比赛是在从四个大区选拔上来的6名运动员中进行的，比赛采取循环制，实际是名次决赛，大会规定前四名有奖。比赛结果，我的二伯马贤达，当时在河北师范学院体育系上学，他代表华北区参赛，以五战不败的纪录荣获冠军。亚军是华北区的王建奇，第三名是中南区魏大鸿，第四名是东北区孙德兴。大伯马颖达当时是西北师范学院体育系学生，代表西北区参赛，名列第五。马贤达勇夺冠军，马氏弟兄同时参加短兵比赛，这是大会一件

图14　1953年全国民族形式运动会短兵决赛中马颖达对阵马贤达

引人瞩目的事情，传媒十分关注。新中国第一部彩色纪录片《民族形式运动会》专门拍摄了他哥俩短兵比赛的镜头，当年第12期《新体育》也刊出了他们的照片，一时传为美谈。

众所周知，1953年以后对民间武术界进行了整顿，随之对武术运动的形式和内容也进行了大幅度调整。1957年以后，以新编“长拳”为核心的竞技武术出台，不久各省成立了武术专业队，从此独领武坛风骚。原属于国术体系的许多民族传统项目都从武术运动会上黯然退出，短兵自然也随之消失。“文革”结束后，武术形势出现变化，一段时间武术大热，不少人提出恢复散手、短兵等传统项目，以改变新编长拳一枝独秀的不正常局面。于是，以北京体育学院、武汉体育学院为主要实验基地，进行过短兵训练和内部比赛，在南昌、太原先后举行的全国武术观摩交流大会上，也曾有短兵表演，然而也只是昙华一现，这一停滞就将近20年。

直至20世纪90年代后期，父亲发表了一系列文章，在尖锐批评当代武术种种弊端的同时，一再提醒武术管理部门重新审视国术试验的成果，从传统武术的丰富宝藏中吸取养料，从民族体育先贤的成果中寻求借鉴，增广见识，开拓思路，重新建构武术竞技体制，从而根本上解决当前武术竞技练打分离的现象。考虑到条件相对成熟，他主张短兵可以先行一步，待以后条件成熟时再把长兵推出来，进一步完善以武术为核心的民族传统体育体系。他先后在各种杂志与会议上，撰文呼吁恢复短兵运动，先后发表了《积极恢复短兵比赛改革武术竞技体制》[1]《短兵运动之我见》[2]等文章，然而收效甚微，那个时代的中国武坛，正沉浸在散手运动商业化发展和竞技武术影视化发展所带来的各种冲击之下，官办武术机构根本无暇也无心开展其他项目的恢复与研讨。

因此，从1999年开始，马明达教授决定自行恢复短兵运动。这是一个需从多方入手的工程，首先是解决器材问题；其次是搜集有关资料并研究和制定规则；再是大力培养教练员和运动员。父亲在这三方面差不多是同时展开的，他带领包括我在内的若干通备弟子，一同在家制作短兵，除满足自己训

① 马明达：《积极恢复短兵比赛 改革武术竞技体制》，《武林》2001年第11期。

② 马明达：《短兵运动之我见》，《武林》2001年第12期。

练以外，还将短兵分赠予全国各地的爱好者。与此同时，父亲不辞辛苦地推广短兵技艺，从理论到技术，亲自讲授，亲自示范，年近六旬的父亲常常大汗淋漓，十分辛苦。为了系统整理短兵技术和完善短兵规则，尽快将短兵推向社会，父亲收集资料，草拟提纲，撰写了《中国短兵》简易教材。期间，他还特地从兰州请来三哥马令达，老弟兄俩研究技术，向初学者传授技艺，并拍摄了大量影像资料。马明达教授重振短兵的工作，一开始就得到华南师范大学校领导和该校体育科学学院的大力支持，也得到国家体育总局武术管理中心的关注，甚至还委派对应的官员专程到广州考察短兵的开展情况。在他的引领下，广州的暨南大学和华南师范大学成为改革开放后，全国第一批成规模开展短兵运动的高校，不但建立起学生俱乐部，还开设了大学公选课。

图15　2003年华南师范大学与暨南大学短兵队合影

2003年初，在马明达教授组织下，在广州进行了第一次暨南大学与华南师范大学校际短兵比赛，参赛选手达百余人。此后，校级比赛常态化，有时候还有包括澳门科技大学、香港当地武术社团的爱好者前来观摩体验。受广州短兵运动兴起的影响，全国许多地方开始主动联系，尝试学习短兵，并很快传至美国、日本、加拿大、土耳其等国家。与此同时，国内其他体育院校，如北京体育大学、武汉体育学院等也逐步开始尝试恢复短兵。若干种短兵教材也相继问世，其中2003年由马贤达主编的《中国短兵》是新中国成立

图16　2003年举办的第一次暨南大学与华南师范大学短兵交流比赛

图17　2009年新中国成立后第一次全国长、短兵交流赛

后出版的第一部短兵教材，[①]这与1945年温敬铭先生撰写的《短兵术》相较，已经时隔半个世纪。此后，包括北京体育大学王华峰老师等也相继出版了短兵教程，中国短兵在沉寂了半个多世纪以后，正再次浮出水面。

2004年在西安体育学院举行了首届全国武术短兵教练员培训班。一些地方高校也相继开设了短兵课程，例如北京体育大学、武汉体育学院、西安体育学院、华南师范大学、华南理工大学等高校。2009年，国家体育总局武术管理中心在佛山举办全国长、短兵观摩交流赛，父亲带领我与师兄郭裔组队参赛，师弟耿之矗在这次比赛中以大比分优势获得大级别全国冠军。同年7月，由父亲发起组织的香港国际功夫节开幕。期间举行的世界国术大赛上，短兵项目成为亮点，有超过150名来自全世界各地的选手参加，比赛激烈异常，这是短兵运动诞生以来，所举办的第一次国际性赛事。赛后，还组织了各队教练就规则与裁判法的适应性进行了座谈。2013年，全国短兵调赛在武汉体育学院举行，全国共7支队33人参加，师兄郭裔自费带队参赛，弟子罗川在比赛中获得大级别冠军。2014年在天津举行的第一

① 马贤达：《中国短兵·教学训练竞技》，三秦出版社2003年版。

届全国武术运动大会上，也设立了短兵项目的比赛。

图18　2009年香港举行的首届世界中华国术大赛短兵比赛（建国后规模最大的短兵比赛）

图19　2016年2月首届健公国术邀请赛照片

图20　健公书院短兵训练

2009年国术大赛以后，天水师范大学教授蔡智忠老师、暨南大学教授潘东老师、华南理工大学副教授边宇博士等，都相继在自己所在院校开设了短兵课程。2015年以来，我们一直在我所创办的健公书院内，不断地进行短兵的规则调试与试验，进行了超过十次以上的规则研讨会，举办了规模从几十人到近百人不等的短兵观摩交流比赛若干次，积累了比较丰富的经验。目前，我们正在尝试成系统地推广我们所认同的短兵比赛制度。业已初见成效，吸引了来自全世界各地的众多爱好者，前来观摩学习。

三、短兵的运动特点

综上所述，短兵是国术现代化运动的重要组成部分，是我们的国术先贤对传统兵刃武艺的现代竞技运动化改良。其主旨是在宣扬中国古代武艺文化中“崇德、尚武”的文化内核与价值观的同时，赋予传统身体练习方式以新的生命形式与文化定位。

因此，短兵的教育属性与目的都非常明确。首先，短兵是带有高竞技属性的身心锻炼。作为高强度的对抗性竞技运动，短兵对体力、耐力、协调性、反应能力、柔韧性等都有着明确要求；同时还对参与者的心理素质有着明确的要求，这不但表现为坚韧、果敢、沉稳、专注、有决断，还表现在整体的战术组织能力、洞察力、抗压能力等诸多方面。其次，短兵是贯彻与传达中国传统人文价值的文化教育。作为有着深厚历史文化渊源的身体练习方法，短兵在日常练习、竞赛比拼中，都要求参与者严格遵守和履行其所设定的一整套行为规范与礼仪形式。这不但包括日常学习、训练与竞赛的基本过程及各种细节，还包括将这些基本认识贯穿于日常生活与待人处世的方方面面。

中国人自古重视礼仪的教化功能，孔子的弟子颜回说："夫子循循然善诱人，博我以文，约我以礼，欲罢不能。"说的就是孔子不但传授广博的知识，而且用一定的"礼"来约束弟子的行为，从而使弟子进入"欲罢不能"的境界。作为中国传统文化的一部分，武术自来非常重视礼教，并形成了一定的礼仪程式。可惜在以反传统为主旨的竞技武术的冲击之下，许多传统礼仪，尤其是以起势、收势为代表的各种礼仪早已荡然无存，只偶尔在民间还能见到一星半点而已。改革开放以来，代之而兴的是官方颁定的"抱拳礼"，这其实是被江湖化和戏曲化了的作揖礼，其所传承的并非中国传统的雅文化（也称士文化），而是"俗文化"，或称"江湖文化"，是武侠小说和武打片引领下的产物。它出现在杜撰玄造的武打片中并不为奇，而用来取代武术的整体礼仪系统则不免过于轻浮与草率，也使得所谓中国武术的武德教育，一直停留于空泛虚悬、言过其实的尴尬境地，礼仪文化在武术中严重缺位。改革开放后，受商业大潮影响，武术文化的发展更趋向于庸俗化与浅薄化，致使中国武术在面临跆拳道、剑道等其他武道文化的传入时，显得格外无力与单薄。

因此，短兵承接马氏通备武学历来非常重视礼仪训练的传统，强调所谓"非礼勿动"，认为武术不只是肢体功力的展现，更是心灵的表达。短兵沿用传统的鞠躬礼，以此作为常礼。而演练与对抗时均有对应的起、收势程式，以表达礼让谦和又当仁不让的心境。我们认为，短兵礼仪的模式与细节，或许有各自表述的空间，但其贯彻却贵在坚持，贵在不辍，使其成为贯穿于这项运动整体的文化脉络，并伴随习练者终生。

图21　健公书院短兵装备

图22　健公书院儿童短兵装备

在短兵技术方面，短兵具有鲜明的武术特色，武术刀剑的大部分有效攻防技术都能在比赛中得到施展和发挥，所以竞技性与观赏性都很强。短兵技术含量高，讲究以智取胜，以巧取胜，任何逞勇斗狠式的野蛮拼打只能使对家有机可乘，自己反要吃亏。加上特定的器械性能和防护设施，伤害性非常低，但是运动趣味相当浓郁，可以说引人入胜，参赛者往往意趣盎然。经过半个多世纪断断续续的运动实践，短兵已形成比较成熟的规则，它的稳定性和可操作性都很强。

短兵与西洋击剑和日本剑道相比，彼此风格迥然有别，不存在类同性或雷同性。我认为短兵无论在健身、实用、观赏、娱情等方面讲，都更显丰富生动，更易于推广和普及，特别是对于青少年而言，是非常出色的身心磨炼。

四、短兵规则的演变

1927年，张之江创办中央国术馆，正式建立了“国术考试”制度。如我以往多次谈到的，我以为国术其实是一个民族传统体育项目的体系化建构工程，它的核心是试图完成民间武术的体育化转型，完成武术的竞技体制。民国政治腐败，国势贫弱，民国政府对此并非毫不重视，但没有足够的财力支持这样的“不急之务”，从而使国术事业举步维艰，困难重重，出现了不少问题，最终并没能达到张之江先生预期的目标。但我一直认为，在这段事业上，凝聚着当时一批武术名家的才智心力，留下不少值得我们借鉴和参照的东西，应该说它是一宗有价值的民族体育文化资源。短兵的推出，就是当时的国术体系和武术竞技体制的一个组成部分，是张之江和他周围的一批武术家为武术的短器械群体设计的竞技形式。

如前所述，短兵的推出是张之江先生领导下的国术家群体的行为，有它特定的历史条件，也有时代的局限性。限于资料，我们对前前后后的背景情况所知甚少，只能依靠研究工作的逐步深化。我们现在所能看到的最早的短兵比赛规则，就是《击剑比赛细则》，收在1931年4月出版的《国术比赛规则》一书中，是该书的第四章。从这个《细则》中可以了解到当时短兵比赛的一般情况，对研究短兵运动的发展历程也不无帮助，所以有必要给大家做些介绍。

《国术比赛规则》是中央国术馆为争取将国术纳入当时的全国运动会所做的准备。所以书是以“民国二十年全国运动大会”的名义发行的，这指的是1931年4月在杭州举行的中国第四届全国运动会。实际四运会并未设立国术比赛项目，国术进入全运会是从1933年五运会开始的，到1935年的六运会才算正式设项。这本《国术比赛规则》共设置了三个项目，即搏击、率角（摔跤）、击剑，总则以外，分别设有细则。搏击是散手，击剑就是短兵。

《细则》规定，短兵比赛允许男女运动员参加，运动员按体重分五个量级。除脑后、耳部、腹部和裆部外，其他人体部位均可进攻。但又将身体分成“要害”和“非要害”两类，击中或刺中要害部位得全点，非要害部位得半点。比赛以三个回合定胜输，每击中三剑为一个回合，先击中对手两次或两次以上者胜一合，胜两合者获本次比赛的胜利，比赛不计时间。犯规的若干规定中，最重要的一条是“以搏击和率角之方法加于对手者”，其他还有攻击禁忌部位者等。

以上便是第一部短兵比赛规则的大致情况。总体看，这个规则相当粗糙，实际操作中会有很多问题不好处理。同时，关于比赛的场地、器材、护具和相关礼仪等，也都没有具体的规定和要求。这说明《细则》是在缺少比赛实践的情况下制定的，反映了当时的短兵比赛还处于摸索阶段。

1931年以后，短兵比赛日渐频繁，规则必然会有不少改进，但我们找不到相关的资料，所以并不明确规则后来发生过哪些具体变化。但根据杨松山、何福生等国术馆老人的回忆，短兵在后来的实践中并未取得明显改进。因此，1953年天津民族形式运动会中的短兵比赛，实际上也还是依照原国术馆的规则进行的。所幸的是，1961年人民体育出版社出版的体育院校本科讲义《武术》，即经不断修订后沿用到现在的体育系通用教材《武术》的第一版，以及1983年版，都收录了短兵内容，其中包括技术训练和比赛方法，后者就是比赛规则。

《武术》1961年版和1983年版所保存的短兵内容，尽管技术方面仍显简陋，比赛规则也多有不够严密的地方，但就规则的严密性及可操作性而论，比之1931年的《细则》有明显提升。我们不清楚1961年版《武术》的短兵一节出自何人之手，但参编人员中有张文广先生和已故的温敬铭先生，两位先生都是当年国术馆的高材生和北京体育学院的教师，自然非常熟悉短兵，猜想应该出自二位先生之手。1983年版的编写班子里又增加了马贤达先生，他更是短兵运动的专家里手，某些修改是否与他有关？从规则结构的延续性上来推敲，《武术》所保存的“比赛方法”基本上就是1931年以后直至1953年所用的规则，乃是一份十分珍贵的短兵资料，对我们今天恢复短兵运动大有意义。

《武术》关于短兵比赛的场地和器材都有了明确规定，曾经对民间自发开展这项运动起到重要的指导作用。我们在此特别将这部分内容介绍一下，也许对大家认识短兵有些帮助。

> 器材：短兵长三市尺，直径一寸。制作时，用半寸直径粗的藤条一根或用铁丝缠绕的竹片四根，外缠绕一层均匀的棉花，再用布条缠紧，最后包上一层柔软的皮套，制成短兵身。然后以两块硬厚的皮革合缀一起，制成一个约三寸直径的圆形护手盘，其中间穿一

个一寸直径的圆孔，将短兵身插入，钉于短兵身上端距柄顶约六寸处，即制成短兵。（见图）

场地：在平坦的土地、草地或地板上用明显的白线画一直径16市尺的圆圈，圈内为比赛场。[①]

比赛规则方面，比之《细则》变化比较大。举例说，《细则》规定不分男女均可参赛，运动员分5个级别，而《武术》规定“短兵比赛适用于成年男子，不分级别”。应该说这是《武术》调整失误的地方，不分级别显然不合理，仅限于男子参加则是观念上的退步。其他方面《武术》的修改大多比较合理，比如《武术》规定每场比赛3局，每局2分钟，局间休息1分钟，三局比赛完后计算成绩，以得分多者胜出。这比《细则》的三打二胜合理得多。总之，《武术》的规则也还存在不少缺陷，具体实行时多有难以操作的地方。

规则对技术的发展有导向作用，这是一切运动项目的通理。我以为短兵的发展是否成功很大程度上取决于技术的发展状况，而技术的发展又在很大程度上受规则制约。规则的完善则主要基于足够的练习与竞赛，只有在不断的短兵对抗与竞训中，我们才可以发现现有规则的不足。这需要大量的实践与精心的研讨，切忌闭门造车，更要防范“嘴把式”的过多介入，以免造成武术发展中一直遭遇的外行指导内行的各种闹剧与笑话。不然言人人殊，莫衷一是，要走许多弯路。

我们目前所采用的规则是在《武术》所载规则的基础上，通过近15年的不断调试与验证所形成的。2009年，在香港举办世界中华国术大赛的时候，我们推出了对应的《世界中华国术大赛短兵比赛规则（试行）》（简称《国赛规则》），此后国内外的大多数短兵比赛规则均以此例为蓝本。除此之外，武术管理中心先后两次短兵交流赛也都对规则进行了适当调整。调整主要体现在短兵的形制发生了变化，采用了更为粗短的短兵，而战术动作中则增加了所谓的地躺技术，即在对垒时以主动倒地作为起始动作进行进攻。我们在实践中认为这两项变更都不太符合短兵运动的基本气质，因此仍然坚持以《国术规则》作为短兵的基础规则。

① 体育院、系教材编审委员会《武术》编写组编：《武术》第四册，人民体育出版社1983年版，第153—154页。

五、短兵与中国民族体育体系的关系

对发展武术运动和振兴民族传统体育而言，开展短兵是一项具有战略意义的举措，在当前形势下，对改进现行武术竞技体制尤其具有重要意义。短兵的介入，有利于改变当今武坛上套路与散手分道扬镳、各行其是的被动局面，逐步解决武术竞技练打分离的现象。

一直以来，我们都在尝试将中国的民族体育整合凝练为若干个明确可行的运动竞赛项目，建立一个真正属于中国人自己的民族体育竞赛体系。这其中，与武艺相关的项目则至少可以由套路演练、散手、短兵、射箭、摔跤所构成，待条件成熟时，再将长兵等项目恢复起来，从而形成一评四比的竞技体制。这其中，武术套路可以作为资格赛，四个直接对抗性项目则可四选三进行比试。这是传统武术在民国时期部分试行过的体制，它反映了中国武术固有的多元结构，反映了中国武术是一个独立的民族传统体育体系，而不是一个单一项目。

对业余爱好者而言，练武术未必就一定要练打结合，更不必非要“十八般武艺样样精通”不可。但竞技活动一定要体现武术的多元特征，不然就会走样，就像实行了几十年的套路比赛那样，实际上越比越走样，不但没人看，而且被大家公开称之为“武舞”“武操”。问题明明白白摆在那里，无论如何不该再视而不见了！

套路演练是武术最基本的形式，任何时候都不能忽视，所以武术运动员必须参加套路演练，也可以仍然采取目前的评分方法。包括短兵在内，也同样应该接受短兵套路的学习，由此来体验传统武术的文化质感。散手、短兵还应当按规则实行严格的竞赛制度。我建议武术竞赛可主要依以下三种形式进行：

第一种，套路表演赛，参加者是只练套路而不参加散手、短兵赛者，每人允报两项（即拳、械各一项），以两项总分定名次，获表演奖。套路表演赛的前提是要解决好武术流派的分类问题，要“物以类聚”，然后才能有所比较。

第二种，参加散手、短兵、射箭、摔跤的单项比赛者，必须选练一种拳械套路，套路种类不限，即参加散打者可以练拳，也可以练器械，参加短兵者同此。最后以两项总分定名次，获比赛单项奖。太极拳比赛可参照第二种办法进行。

第三种，三项都参加，以总分定名次，获比赛全能奖。

三种形式以外，套路、散手、短兵都可以单独举办赛事，但纯套路的比赛原则上应只设表演奖，不设比赛奖。

这一模式，在民国时期以两次“国考”的形式进行了试验。2009年，我们在香港举行的世界中华国术大赛上也进行了尝试。而目前，射箭、摔跤、散手都在独立开展比赛，因此我们缺乏的只是合适的场所与制度，来将这些项目都整合起来。千里之行，始于足下。我们希望短兵的恢复可以为死水微澜中的中国武术注入新的生机，带来新的气象，创造出柳暗花明的效果。

六、结语

众所周知，在短兵最初的研制上，民国的国术家们借鉴了东邻日本在剑道、枪刺上所取得的成果。经反复尝试与思考后，确定了以单手持兵为基础格局，以灵活的步法配合击、刺技术为主导的技术中轴。尽管自诞生起，短兵的发展就起起落落，一路颠沛，并非如意，但时至今日总算是熬到了峰回路转、柳暗花明的时候。近些年来，社会上短兵运动的热情甚高，自发组织的短兵团体，自行研制的短兵器材也算是层出不穷，应接不暇。这一趋势在某种程度上有其国际化发展的大背景。近二十年来，世界各地陆续出现了许多各式各样的冷兵器对抗项目，这其中既包括对古代罗马角斗士技术的复原，也包括中世纪欧洲武艺的再现，还有欧洲僧侣长棍习练、东南亚地区短棍对抗等各种对抗形式。这其中有彻底复原历史的对抗模拟，也有通过新材料、新技术改良历史传统的竞赛化或游戏化尝试。在欧洲和美洲，甚至开始有人定期组织规模相当的跨器械短兵器对抗比赛。这些都说明，越来越多的人开始关注传统器械对抗，开始尝试从器械武艺中找寻文化归属与传统的再现。不能不说，这是信息时代，知识分享为我们创造了绝好的时机。

对于短兵而言，这是千载难逢的发展机会，但同时更是挑战。

首先，我们必须清晰地认识到，短兵至今只是一个半成品！它缺乏延绵不断的，历经数代人的技术积淀和验证，这一点从它至今发展尚不成熟的器械与规则上可以看得很清晰。同时，短兵整体技术水平尚处于较低层次。由于长时间处于业余训练状态，以及常规竞赛系统的缺失，目前，短兵既无专职的教练与裁判人员，更无完备的训练与竞赛系统，大多数参与者仅是有热情的爱好者。而若干次参加官办比赛的运动员，除个别队伍进行过短期训练外，大多为相邻项目临时抽调前来尝试的运动员，对短兵项目可以说既不了解，也无感情可言。用我父亲的话来讲就是，目前的短兵尚处于“胡打”的阶段。因此，面对短兵发展所呈现的纷乱局面，我们亟须做的是推出一套相对完善的教程，并由此来推出一套切实可行的赛制与配套设备。

因此，这就要求短兵的发展要更加稳健，更加关注自身特色的形成与推广，切忌为迎合而自变。应及早推出适时的赛制，坚守统一的标准与原则，在做强一个核心的同时，进行多样化的尝试，而非单纯的分头行动，多点开花。其次，短兵要重视跨项目、跨平台交流。既然短兵在项目积淀上走了弯路，那么就应当在当下的发展趋势中，更多关注未来的走向。短兵作为对中国古代刀剑文化中技术内容的传承与现代竞技化，它在发展路径上，应始终坚持自己的特点，同时尝试与国际接轨，为世界各种短兵器之间的交流提供平台型的发展空间，切忌闭门造车，自娱自乐。

参考文献

［1］［汉］司马迁：《史记》卷一三〇《太史公自序》，中华书局2016年版。

［2］［汉］赵晔撰、周春生辑考：《〈吴越春秋〉辑校汇考》，上海古籍出版社1997年版。

［3］［晋］陈寿撰、［南朝宋］裴松之注：《三国志》，中华书局1982年版。

［4］［宋］朱熹、吕祖谦：《近思录》，上海古籍出版社1994年版。

［5］［清］颜元著、王星贤等点校：《颜元集》，中华书局1987年版。

［6］《中央军校第六期毕业典礼》，《申报》1929年5月16日。

［7］《民国二十年全国运动大会国术比赛规则》，《国术周刊》1931年5月24日。

［8］张之江：《中央国术馆缘起》，《张之江先生国术言论集》，中央国术馆1931年版。

［9］体育院、系教材编审委员会等编：《武术》，人民体育出版社1983年版。

［10］马贤达：《中国短兵·教学训练竞技》，三秦出版社2003年版。

［11］陈山榜主编：《颜李学派文库》之《颜元评传》，河北教育出版社2009年版。

［12］马明达：《积极恢复短兵比赛 改革武术竞技体制》，《武林》2001年第11期。

［13］马明达：《短兵运动之我见》，《武林》2001年第12期。

［14］马廉祯：《论现实视角下的近代“土洋体育之争”》，《体育科学》2011年第2期。

祛魅：对义和团武术现象的重新审视

王小兵

义和团，又称义和拳，因其与武术的关系，曾是研究者热议的论题。对义和团武术的再审视，是建立在以往对义和团武术的评价之上。通过回顾近年来武术史或体育史的相关研究，义和团运动促进武术发展的论点成为主流，如最权威的国家体委武术研究院编纂的《中国武术史》认为义和拳运动“极大地促进了武术在城乡民众中的普及”，[①]等等。除了大多的溢美之词，也有不同的评述，如林伯源指出，义和团的“活动方式在当时确实起了推动武术传播的作用，但是也给武术蒙上了神秘的色彩……客观上对武术的发展产生了某些不良影响”。[②]

一、义和团运动的起源及发展

一般说来，义和团源于“义和拳”，其肇始于劳乃宣的《义和拳教门源流考》。不过越来越多的资料显示，事实并非如此。据戴玄之的研究，义和团即为早期的拳会组织梅花拳的发展。[③]实际上，早期的义和团，不仅包括了梅花拳，其他如大刀会、红拳、神拳等也称义和拳。除了这些广为人知的组织之外，还有“五祖神拳”[④]等，也是义和团的组成部分。因此，义和团并不只是义和拳单一线条发展而来，而是许多拳会组织的综合化与扩大化。可

① 国家体委武术研究院编纂：《中国武术史》，人民体育出版社1997年版，第303—304页。

② 林伯源：《中国武术史》，北京体育大学出版社1994年版，第391页。

③ 戴玄之：《义和团研究》，北京大学出版社2010年版，第7页。

④ 路遥、程歗：《义和团运动史研究》，齐鲁书社1988年版，第414页。

见，义和团是一个多组织的混合体。

由于视角不同，目前学界对义和团运动发展阶段的划分也不尽相同，但从对运动的深入了解方面，都有重要的意义。要对义和团运动中武术所扮演的角色与发挥的作用，以及义和团运动对武术产生的影响进行深入了解，那么对义和团运动的发展必须有个明确的阶段划分。因为早期与后期的义和团运动在特点方面有其明确的分野。一般意义上所言的义和团特点，多指成熟时期的义和团，在这方面学界早已达成了共识，除了练习拳棒之外，共同的特点为："降神附体、焚符念咒，以及刀枪不入。"而早期的义和团除了练拳外，有些并没有降神附体或者焚符念咒等特点。

基于义和团运动的特点，笔者以为可划分为三个阶段：1899年春夏之前为义和团的初始期与发展期，这一时期的义和团运动正处于更名合并阶段，其运动特点逐渐向降神附体等靠近。1899年春夏至1900年9月，是义和团运动的高潮期，该阶段的运动全部集合了降神附体、焚符念咒以及刀枪不入的特点。1900年9月，慈禧在西逃途中发布剿杀义和团之令；到1902年，景廷宾起义和邓莱峰拒洋会社斗争失败为运动的衰落期，这一时期义和团遭到清政府的剿杀而进入低潮，继而复起的斗争又被镇压，"灭洋"不成，"扶清"亦不复存在，义和团退出了历史舞台。

二、义和团运动中武术的真实

义和团运动前期，没有"降神附体、焚符念咒、刀枪不入"等三大义和团高潮期的显著特点，因而与历史上的普通拳会组织并无区别。在第三阶段，清政府开始对其剿杀，义和团成员分崩离析、避匿乡间，很少再敢进行公开活动。鉴于此，本研究主要以运动发展高潮期的义和团武术为研究对象，以此来剖析义和团运动中的武术作用以及义和团运动对武术发展的影响。

（一）法术统御下的拳术

义和团以"拳"闻名，其前身组织如梅花拳、红拳、大刀会等，也都是以练拳为主，运动发展至高潮时期，练拳更是无处不在。如据《拳匪纪事》

载："杨柳青两次缉拿之拳匪，闻内有四人，均皆直隶深、冀等州籍，日在该镇纠人教演拳术，好事之徒趋之若鹜。""保定南城旁之文昌宫及东关王家胡同均有愚民集众练拳，日盛一日。""京城广渠门外练拳之人，日有百余，观者密如墙堵。"非但普通"愚民"被煽惑入会习拳，更有宫中内侍、亲王等人，亦从大师兄学习拳棒："闻宫中内侍等现在学习拳棒，附入义和拳会者，业已不少。""目下皇太后已为庆王等钳制嗣君大阿哥，现由义和拳教师二人教以各种幻术以及拳棒等项。复有少年亲王四人为大阿哥之伴，一体学习拳棒。"[①]学习拳棒已经蔓延到社会的各个阶层。

前文提到，义和团练拳只是吸引会众的一种方式，更重要的是练拳之前的降神附体与焚符念咒。如光绪二十六年（1900年）山东巡抚袁世凯奏称："入其教者，虽名为习拳练技，实为演诵符咒，诡称神灵附体。"[②]只有预先完成了此类仪式，再坚持练习拳棒，才能达到刀枪不入，甚至避匿枪炮的神功。对这一系列仪式的具体操作，时人多有记述。

据1900年上海《文汇报》载："仪式中一个重要的姿势便是席地面东南磕头三下，然后起身开始拉扯双耳，张口并作出各种奇异姿势直到最后昏厥于地。……在'发作'时，他们口中还念念有词，胡言乱语，据说是精灵附体。他们相信有一队隐身勇士在支持着他们，使他们刀枪不入。"[③]1904年，日本参谋本部编纂的《明治三十三年清国事变战史》对义和团的降神附体如是说："义和团传授之法不一，但主要是降神，以神附其身体，精通武艺、不畏枪炮之说煽惑愚民。降神之法集中无知之童子，设坛请神，所谓大师兄者焚符诵咒，请求神降。童子紧咬着牙齿，张开嘴唇呼吸，直到口吐白沫，大声高呼神降。于是给其刀棒之类的东西，跳跃舞弄，成对敌状，无人敢对

① 佐原笃介、浙西沤隐辑：《拳匪纪事》卷二，《近代中国史料丛刊》，成文出版社1973年版，第173—205页。

② 光绪二十六年四月二十一日《山东巡抚袁世凯折》，《义和团档案史料》，中华书局1959年版，第93页。

③ 上海《文汇报》编：《义和拳起事：中国义和拳之乱的历史》，《义和团运动文献资料汇编》英译文卷下，山东大学出版社2012年版，第73页。

其锋，宛如他人，谓之人道或上法。”[①]时任太常寺卿袁昶在《乱中日记残稿》中言：“凡子弟到坛，焚香叩头设誓，则大师兄与以符箓。自备巾带扎起，大师兄为说咒上身，名曰上法。其人先倒地如卧状，少时便起，向东南叩头，次目瞪口吹，气力俱提于上身，执刀兵乱舞，气力最大，一日练三次，法尽力完，则曰卸法，便委顿不堪，怯弱甚于常时。”[②]

除此之外，许多文献对义和团降神“仪式”的记载大同小异。从众多的史料可以看出，义和团民是在法术的统御下练习神拳，那么这些“法术”的本质究竟为何？

（二）“法术”即“骗术”

1．降神附体的实质是催眠术

上文提到，降神是指用特殊的方法使“神”附着于人身，即袁昶所谓“上法”，具体的方法虽不尽相同，但神灵附身后的表现却无差异。那么何为降神？对此，亲历运动的具有现代医学背景的一些西方传教士明确指出，其为催眠术。

1900年6月，美国圣经公会天津代理在向该会海格思博士的报告中指出：“我在以前的报道中提到这一运动的迷信成分，并且猜测他们的首领用近似催眠的方法来迷惑大众以吸引更多百姓加入这一组织，这种假设已被证实。很多年前催眠术就在中国出现并且至今还有人使用。义和团仔细找出这些人帮助他们迷惑大众，使之加入自己的组织。自然地，人们就用一种原因解释那些人的超能力——他们被一种神的精神力量所影响。老百姓看到那些人在地上蠕动，又听见他们嘴里念叨着奇言怪语，就立刻相信了义和团真有神力保佑。”[③]美国传教士丁韪良提到：“有一天傍晚，我遇上他们，他们正向着由北京朝向山东南部的东南方向跪拜，那是他们的发源地。认为有神灵的保佑，加上遭哄骗，他们自以为刀枪不入。这无疑是因为在催眠状态下他们感

① 日本参谋本部编纂：《明治三十三年清国事变战史》，《义和团运动文献资料汇编》日译文卷，山东大学出版社2012年版，第51页。

② 袁昶：《乱中日记残稿》，《义和团》第一册，神州国光社1951年版，第346页。

③ 上海《文汇报》编：《义和团起事：中国义和拳之乱的历史》，《义和团运动文献资料汇编》英译文卷下，山东大学出版社2012年版，第81页。

受不到外界的刺激，感受不到疼痛。”[①]时任北京西什库教堂法国主教樊国梁也说：“博学之士可能会把他们的超常行为归之于磁场力或催眠术。”[②]

义和团的降神附体，须借焚符诵咒方能实现。团民在接受降神之时，就已经接受到一种暗示，因此在降神（即催眠）的过程中便认为自己本身已不是人而是神，因为神灵已经附着于身体，对于这种形式，学界称作“角色扮演”。[③]当附体之后，团民形类疯癫，面红眼直视，口喷白沫，舞枪弄棒，进退行止则唯大师兄或教师之命是从。在降神过程中，起决定性作用的是符与咒。

符是佛、道等宗教常用的一种法器，是用朱砂画在黄表上，传说具有保身、治病、驱邪、静心的功效。在具体使用时，有佩戴、吞吃、焚烧将灰溶于水喝下等诸多类型，而义和团多为“吃符”或“喝符”。义和团的符具有两种作用，其一是心理暗示，当佩戴或吞服之后便深信自己已成了神，因而不会产生任何惧怕，当然也有了刀枪不入的神力；其次是生理上的反应，朱砂具有抑制中枢神经系统兴奋，有镇静和催眠的作用，但是多服也能令人痴呆，具有变质作用。所以团民们吃符之后，“形色改变，拧眉瞪目”，甚至“状若疯癫”。

那么团民何以“口吐白沫”呢？据戴玄之讲：“盖拳民念咒时，闭嘴由鼻呼吸，口中念念有词，两腮震动不止，自然分泌出大量唾液来，唾液在口腔里因受两腮击动而变成泡沫，神降后（即催眠后）始由口呼吸，白沫自然外流，因而口吐白沫。”[④]此即《拳事杂记》所谓“合齿呼吸，白沫自至”，侨析生《拳匪纪略》则谓“闭口则必积沫”。

由于吃符与诵咒——即朱砂与催眠的作用，使得团民产生心理的变质，失去了正常的思考力、感知觉，唯有大师兄的暗示存在。因此便成了各路神

---

① ［英］丁韪良（William A.P. Martin）：《北京之围：中国对抗世界》，《义和团运动文献资料汇编》英译文卷下，山东大学出版社2012年版，第18页。

② ［英］弗拉里（J. Freri D.C.L.）：《在北京的中心：樊国梁主教围困日记》，《义和团运动文献资料汇编》英译文卷上，山东大学出版社2012年版，第404页。

③ ［英］大卫·T·罗利著、傅延陵等译：《催眠术与催眠疗法》，华夏出版社1992年版，第21页。

④ 戴玄之：《义和团研究》，北京大学出版社2010年版，第20页。

仙英雄，舞刀弄棒，神勇异常。值得注意的是，降神的对象几乎都为少年儿童，因为催眠的对象需要较高的感性，而感性最高的是12–15岁之间的少年。所以降神的对象年龄多为“十数岁童子”[①]，“大仅弱冠，小十龄”[②]。降神（催眠）年龄的特殊性又反证了降神附体为催眠术的合理性。

2. 刀枪不入之术的破产

“刀枪不入之术”，实际上是一种硬气功，一直作为民间跑江湖卖艺的玩意而存在。在义和团运动期间，除了“扶清灭洋”之类的口号外，“刀枪不入”是其最大的噱头，此亦为吸引拳民的主要手段。硬气功的练习，没有捷径可走，往往需要多年且复杂的练习，才能小有所成。因此义和团宣称降神附体之后，练习神拳，可以刀枪不入，显然是骗术。这一骗术之所以能成为其主要的手段，不外乎自我造神以及与清军、团民联合弄虚作假。

不可否认，义和团中的确有一些刀枪不入的大师兄或老师，他们的表演往往能带来效仿作用，再加上“排洋”的刺激与自身神功的鼓吹，通常可以使少年儿童大为动心。义和团对刀枪不入神功的教习，据德国G.M.薛田资神父称：“在入会时，他们要在佛前烧纸并喝下混有符灰的烈酒以表示自己献身于神。过了一段时间，他们就开始练习。开始的时候，只是用些砖瓦，然后便使用刀具不断地击打身上的特定部位，并发出‘姆’的声音以积蓄‘气劲’。”[③]徐州道台阮祖棠称：“其习法时……夜半踞而受业，燃灯焚香，取新汲井水供之。以白布画符箓，其符字鄙俚不经，有周公祖、桃花仙、金罩铁甲护金身等字样。传艺者并不能书，或不识字，多遣人代书之。另授以咒，诵咒焚符，冲水令其跪饮。即于灯上吸气，遍吹其体，复以砖、棍排击之。诵咒三夜即能御刀，谓诵久即火器亦不能伤矣。大致略似运气之法，气之所至，猛击以刀，可以不入，而稍一顿挫，则仍饮刃也。”[④]

这种夜半受业，吞符诵咒的仪式，实际上是为了营造神秘的气氛，借

① 管鹤：《拳匪闻见录》，《义和团》第一册，上海人民出版社1957年版，第480页。

② 艾声：《拳匪纪略》，《义和团》第一册，上海人民出版社1957年版，第460页。

③ ［德］G.M.薛田资神父著、胡凯译：《大刀会》，《义和团运动文献资料汇编》德译文卷，山东大学出版社2012年版，第360页。

④ “中央研究院”近代史研究所编：《教务教案档》第6辑第1册，“中央研究院”近代史研究所1980年版，第151页。

“神力”以济功力之穷，所以念咒三天便可有“御刀”的神效。其实这里面有很大的手脚，只要手法得当，通过力学原理即可做到刀砍不伤，而团民们并没有真正的功夫，因此“稍一顿挫”，即改变受力角度，仍然会受伤。此外，吞符诵咒，实有催眠之“角色扮演”功效，故“愚民无知，惊为神术”。

在义和团的宣传中，练习神拳，不仅可以“御刀”，甚至“火器亦不能伤”，而在现实中，却是通过与清军合谋弄虚作假来实现。据丁韪良记述：“直隶总督为了与外国人保持良好的关系，派部队去镇压义和拳。在得到皇太后的指示之后，他要部队向义和拳的头顶上方射击，或者发射空爆弹，结果没有一个义和拳的人被打死。人们更相信他们是刀枪不入了。”[①]法国传教士卡斯特兰（Casstellane）也称：“他们在一个村庄附近的高地上放了一个班的人，那都是他们的好朋友，训练有素的正规中国士兵，是他们的同谋者。战斗打响后，正规军的军官命令第一排士兵将长枪上了假子弹。他们向集结在山下的一百多名拳民开枪，第一排的橡皮子弹或者软木子弹在拳民的衣服上留下了痕迹，有的子弹尖声地从拳民们头上掠过去。由此，拳民就轻易地在村民们的眼皮下获得了刀枪不入的美名。”[②]

弄虚作假的神功，在实战中立刻被打回了原型。事实上，在运动进入高潮期后，其骗术早已被揭穿。

1899年10月30日，直隶景州宋门镇的义和拳给民众演练刀枪不入：“事前指定的头目和两个弟子跪在本会保护神牌位前。他们一再叩头，多次上香，做过许多次祈祷念咒……两个弟子也起身，给枪上膛。师傅脱下他的上衣，袒露胸膛。一声枪响，四方回荡。人们看到那个不幸的人跪倒在地，随后身子完全伸直躺平，用枪口顶着的射击造成一个大而深的伤口。那个头目的同伙们赶紧将他包在一床被子里，将通体血红的他带走。他没一会儿工夫

① ［英］丁韪良（William A.P. Martin）：《北京之围：中国对抗世界》，《义和团运动文献资料汇编》英译文卷下，山东大学出版社2012年版，第19页。

② ［法］卡斯特兰（Casstellane）：《义和拳和中国的秘密会社》，《义和团运动文献资料汇编》法译文卷，山东大学出版社2012年版，第400页。

就断气了。”[①]时任仓场侍郎刘恩溥也奏称：“据团民云，民等皆用刀矛，打交手仗尚有把握，惟洋兵皆用枪炮，民等血肉之躯万难抵御，请速拨给军火。”[②]在西洋的枪炮声中，刀枪不入的神话被打回了原形，义和团也走下了神坛。

三、武术在义和团运动中并没有发挥应有的作用

义和团的武术在运动期间究竟有无重要的表现呢？对于这个问题，其实通过团民在运动中的表现，便可窥得全豹。

早期的义和团主要以抢劫、放火、杀人为主要勾当，从来没有与清兵或者国外军队进行正面的交锋。1900年6月后，慈禧懿旨招抚义和团，与清兵共同抗击外军，然而种种史料显示，前方战斗的全为清军士兵，而乌合之众的义和团民在枪炮面前则是畏缩不前，甚至改装易服四散逃走，终不堪大用。

如光绪二十六年（1900年）六月二十二日，仓场侍郎刘恩溥奏称：“又有探报云：团民退缩，被练军杀毙三十余名。……臣密派委员跟踪窥探，见多有撤去红布改装易服者，其为真心退缩无疑。”[③]二十六日，直隶总督裕禄奏称：“即至进战，大军奋勇直前，忽四处地雷轰发，数十里内木石横飞，天地变色，当是之时，义和团已不知去向。”[④]又如，六月底，清兵与义和团一起攻打通州贾家疃，“当兵勇附墙之时，各团仍在围墙二里之外，亦有稍近围墙之团，不过声喊助威，虚糜火药，一见有受伤之人，立即纷纷撤队”[⑤]。

---

① 《义和拳在直隶东南（一）——任德芬神父纪事》，《义和团运动文献资料汇编》法译文卷，山东大学出版社2012年版，第259页。

② 光绪二十六年六月十七日《仓场侍郎刘恩溥折》，《义和团档案史料》，中华书局1959年版，第298页。

③ 光绪二十六年六月二十二日《仓场侍郎刘恩溥折》，《义和团档案史料》，中华书局1959年版，第342页。

④ 光绪二十六年六月二十八日《直隶总督裕禄等折》，《义和团档案史料》，中华书局1959年版，第366页。

⑤ 光绪二十六年七月初七日《仓场侍郎长萃折》，《义和团档案史料》，中华书局1959年版，第419页。

据《明治三十三年清国事变战史》记载，与外国军队直接对抗的主要为清政府正规军，而少有义和团民的介入，即便偶有一二作为先发，遇敌也是四散溃逃。在战场上牺牲的，也尽是将士，如提督聂士成，统领周玉和、姚良才等。另据秦晖所述，义和团有记载的“大师兄、大师姐（指红灯照）和‘老师’们，如张德成、曹福田、林黑儿、阎书勤、赵三多、李来中等留下姓名的上百人，或者遁去不知所终，或者事后被捕杀害，或者根本就是洋人入侵前在国内冲突中死亡，竟没有一个是在与洋人对抗中阵亡或失败自杀的！”[①]事实上，义和团成员中，除了小儿之外，成年的拳民并不相信刀枪不入的神功，史书记载，“团与洋人战，伤毙者以童子为最多，年壮者次之，所谓老师、师兄者，受伤甚少。”何也？“临阵以童子为前队，年壮者居中，老师师兄在后督战，见前队倒毙，即反奔。”[②]

此外，义和团以“扶清灭洋”为名，而行烧杀抢劫之实，遇敌则改装易服四散逃去，因此这样一群乌合之众很难对中国武术的发展作出什么重要贡献。武术在义和团运动中所起的作用只是团结团民的一种力量，在运动中作为一种格斗技术并没有起到显著的作用。

四、义和团运动对武术发展的影响

（一）义和团运动并没有促进武术的大发展

首先，义和团起事的地方，如山东、直隶一带，据口述资料显示，当地人在运动前就已普遍习练武术，而不是加入义和团之后才开始。[③]此外口述资料也显示，并不是所有的义和团民都练习武术，习练义和团拳棒的大多为青少年。

其次，在整个运动期间，义和团的武术，除了与降神附体、吞符念咒之类的骗术相结合外，并没有任何创新，反而加剧了武术的神秘化。

第三，义和团运动也没有促使武术的普及。如果从表象来看，整个华北

① 秦晖：《走出帝制：从晚清到民国的历史回望》，群言出版社2015年版，第154页。
② 佚名《天津一月记》，《义和团》第二册，上海人民出版社1957年版，第148页。
③ 路遥：《山东义和团调查资料选编》，齐鲁书社1980年版。

的几十万义和团民都在习练拳棒，但是武术的普及并不仅看人数的多少，更要看其质量。实际上团民是打一枪换一炮，而武术的传承需要系统性，需要长期的习练才可能入得法门，没有捷径可循，几日的练习，皮毛尚未习得，因此难以靠其促进中国武术的发展。

另外，义和团中有大量的青少年，按理说这一批人应该是对武术接受能力最强的年龄段，但是学习的内容，主要是骗术统御下的拳棒，因此也决定了质量的低下。直隶总督裕禄称："此等教拳匪徒……所传率系十余岁幼童，闭目跳舞，状若痴癫，所演拳棒，毫无门路。"[①]

最后，义和团被下令剿杀，团民四处逃命，运动后期对那些大师兄、老师们，捕的捕杀的杀，最后也无多少遗留，而四散逃命的、只学了一二拳套的团民们，也不敢再练习。

需要指出的是，对近代中国武术有贡献的一些武术家，也曾是义和团民，甚至大师兄，如形意拳大家李存义，[②]而他们对武术的贡献主要是在义和团运动之前，有些则是在义和团之后，而在义和团运动期间不见有何贡献。[③]

综上，很难说义和团对中国武术的普及有什么突出的贡献。实际上，在义和团运动前，华北等地的武术已经非常普及，如梅花拳、大红拳等等，历史文献以及口述史料都有大量的证据。相反，义和团运动对武术的发展很大程度上造成了很深的、并且长时间的伤害。

（二）义和团运动对中国武术发展造成的伤害

中国武术的神秘化，在清代以来便普遍存在，尤其在晚清时期更为明显。但是，从前文所述来看，义和团运动的降神附体、吞符念咒、刀枪不入之法，实际上加剧了武术的神秘化过程。因此，义和团运动实际上并不像一些研究者所谓"极大地促进了武术的发展"，而恰恰相反，它造成了武术的

---

① 光绪二十六年四月十九日《直隶总督裕禄摺》，《义和团档案史料》，中华书局1959年版，第91页。

② 中国卿：《燕赵武术文化研究》，人民体育出版社2010年版，第136页。

③ 如"大刀王五"王正谊，在运动后期被杀；形意拳家李存义，义和拳运动前即收授徒弟，虽为义和团大师兄，在运动中也教团民习武，但是并没有任何著名的徒弟是在运动期间培养的；著名武术家王子平，运动后远避济南，并遍访名家，学习武艺，终成一代大家。

一种倒退，这主要体现在两个方面，即加剧了武术的神秘化及近代一些精英人士对武术的厌恶。

1917年，时济南镇守使马良编订《中华新武术初级拳脚科》，翌年，全国教育联合会第四次会议和全国中小学校长会议上，通过“推广中华新武术建议案”的决议，将新武术列入中学以上的体育课程，并同意采用马良所著为教科书，当时教育界多有附和者，进而有人制造靠打拳来抵御外国侵略的神话。于此，鲁迅指出，这些人只是把“‘九天玄女传轩辕黄帝，轩辕黄帝传与尼姑’（笔者注：义和团自称其拳术之源）的老方法，改称‘新武术’，而让青年学生们去练习”，[①]极尽嘲讽之意。《新青年》的创始人陈独秀也对“新武术”发声责难，“马良所提倡的中华新武术，现在居然风行全国。我看他所印教科书中的图像，简直和义和拳一模一样”。[②]

两位新文化运动的旗手将矛头直指传统武术假托神仙、刀枪不入等玄虚糟粕的现实，因此把中华新武术与用骗术包装的义和团等同起来，这毫无疑问是因为义和团运动而产生的效应。实际上，不只是鲁陈二人，与他们持同样观点，反对武术进学校推广的社会名流大有人在，他们熟识西方先进的科学技术并深谙武术的积弊，因而对缺乏科学元素的武术颇为反感，如著名教育家陶行知先生。且不论这些反对的精英人士对武术是否持有偏见，但可以确定的是他们的这种态度，毫无疑问是受了“庚子拳乱”大师兄们的影响。不过，民国时期对武术的这种反思，也开启了近代体育史上有名的“土洋体育之争”，而这场争论对于近代中国的体育以及武术的发展，产生了积极的作用。

五、对义和团运动中武术的重新评价

通过对义和团运动期间武术的表现以及义和团运动对武术发展产生的影响剖析，回头来看，我们应该重新审视义和团运动中的武术，并对其作一客观评价。

---

① 鲁迅：《鲁迅全集》第一卷，人民文学出版社2005年版，第325页。

② 陈独秀：《克林德碑》，《新青年》1918年第5卷第5号。

从前文的论述来看，义和团运动本身并没有促进武术的大发展，相反加剧了武术的神秘化、造成了世人的鄙视。从这个意义上讲，义和团对武术的发展具有消极作用，而非积极作用。此外，武术在义和团中并没有发挥重要作用，在运动期间武术只是作为一种支撑骗术（降神附体、吞符念咒、刀枪不入）的客体而存在。

因此，在义和团运动期间，武术实际上没有起到积极的正面作用，同时，义和团运动也没有促进武术的快速发展。不过作为近代以来影响重大的义和团运动及其中的武术，向来争议颇多，作为一管之见，或可丰富武术史的研究。

参考文献

［1］陈独秀：《克林德碑》，《新青年》1918年第5卷第5号。

［2］中国史学会主编：《义和团》，上海人民出版社1957年版。

［3］故宫博物院明清档案部编：《义和团档案史料》，中华书局1959年版。

［4］佐原笃介、浙西沤隐辑：《拳匪纪事》卷二，《近代中国史料丛刊》，成文出版社1973年版。

［5］“中央研究院”近代史研究所编：《教务教案档》第6辑第1册，“中央研究院”近代史研究所1980年版。

［6］路遥：《山东义和团调查资料选编》，齐鲁书社1980年版。

［7］路遥、程歗：《义和团运动史研究》，齐鲁书社1988年版。

［8］［英］大卫·T.罗利、傅延陵等译：《催眠术与催眠疗法》，华夏出版社1992年版。

［9］林伯源：《中国武术史》，北京体育大学出版社1994年版。

［10］国家体委武术研究院编纂：《中国武术史》，人民体育出版社1997年版。

［11］鲁迅：《鲁迅全集》第一卷，人民文学出版社2005年版。

［12］戴玄之：《义和团研究》，北京大学出版社2010年版。

［13］中国卿：《燕赵武术文化研究》，人民体育出版社2010年版。

［14］路遥主编：《义和团运动文献资料汇编》日译文卷，山东大学出版社2012年版。

［15］路遥主编：《义和团运动文献资料汇编》德译文卷，山东大学出版社2012年版。

［16］路遥主编：《义和团运动文献资料汇编》法译文卷，山东大学出版社2012年版。

［17］路遥主编：《义和团运动文献资料汇编》英译文卷上，山东大学出版社2012年版。

［18］路遥主编：《义和团运动文献资料汇编》英译文卷下，山东大学出版社2012年版。

［19］秦晖：《走出帝制：从晚清到民国的历史回望》，群言出版社2015年版。

民国两次国考的对比分析及其对现代武术发展的影响

冯进勇

前言

1928年和1933年的两次国术国考，是民国时期中央国术馆组织的仅有的两次国术考试。按照规定，全国国考每年十月举行一次，省市国考每年四月举行一次，县级国考每年十二月举行一次。全国国考由于时局动乱和经费不足等原因只举办了两届，已是相当难得。两次国考的目的很明确，宣扬国术，选拔国术人才；强国强种，振奋民族精神，抵御外侮。

两次国考的比赛形式，受到武举制度和西洋体育竞赛的双重影响，区别于传统的拳术打擂和套路表演，独具特色，是国民政府批准的全国性国术盛会。两次国考的举办，为当时省市县国术国考制定了标准，也极大地促进了省市县各级国考的举办，推动国术项目进入全国运动会、地区性运动会等竞赛形式中。国考还选拔了大量的国术人才，省市国术馆的创办人和骨干教练有相当一部分来自国考的考生。两次国考对当时国术的发展影响巨大，对现代武术的转型发展影响深远。

一、对第一次国考竞赛情况的分析

第一届全国国术考试（简称“国考”），1928年10月15日至19日在南京公共体育场举行，共有来自全国各地的341名考生参加了预赛。此次国考分术科与学科两个部分，术科考试包括拳脚、率角、持械三项，学科考试包括国术史、国文、三民主义、生理卫生大要等内容。这是中央国术馆成立后的第一次全国性国术考试，也是南京中央政府成立后的第一次全国性体育竞赛活动。时任国民政府主席的蒋介石先生在开幕词中讲道：

> 中央考试国术，适逢政府改组之初，亦即今日新政府视事后，所做之第一件，已占政治史上之第一页，为民族尚武救国之新气象，国人聪明才力，俱不弱于其他民族……从今日起，大家联合，加入讲究国术，将身体强壮起来，湔雪国耻，解除国难，在此一举，明年今日，再来考试。①

除蒋之外，开幕式到会的国民政府军政要人包括张之江、戴季陶、何应钦、冯玉祥均进行了演讲，演讲内容大都围绕着“提倡国术”“振奋民族精神”“强国强种”等关键词展开。体现出国民政府对国术馆在发扬国粹文化、振奋民族精神、增强民族体质这一主旨认识上的一致性。

（一）第一次国考的前期准备及相关规则

为了迎接此次国考，早在10月10日，中央国术馆就开始着手布置南京公共体育场的场地。临近考试时举行了国考筹备会议，经大会议决，推举张之江为考试委员长，李烈钧、马良、姚维藩为评判委员长。14日上午9时，在国术馆操场召集各省应试员开会，对《国考暂行条例》所涉及的考试内容与评判方法等细节进行了讲解与演示。

此次国考在术科科目上分为“拳脚率角”与“刀剑枪棍”两大类，每8人一组编排，采取淘汰赛制。②10月12日，中央国术馆通过《申报》对外发出通告，告知社会上有志应试者在考前前往位于天津桥头条巷七号的中央国术馆登记报名。③

（二）第一届国考的考试结果

第一届国术考试完毕后，录取最优等15名，优等37名，中等82名。

---

① 《第一次国考特刊》，《民国国术期刊文献集成》第9册，中国书店2008年版，第21—22页。

② 《国术考试前之准备 推定考试委员长》，《申报》1928年10月15日。

③ 《中央国术馆全国国术考试通告一》，《申报》1928年10月12日。

表1　第一届全国国术考试录取人员名单[1]

录取等级	录取人员姓名
最优等	朱国福、王云鹏、张长义、马裕甫、张英振、窦来庚、杨法武、杨士文、顾汝章、王成章、朱国桢、张维通、朱国禄、马丞智、胡炯。
优等	熊维燕、卢傧、张世德、刘丕显、李先五、寇运兴、郭运昌、汪精武、王德元、刘守铭、杨宗山、沃云兴、佟忠义、张文发、包刚、李连仲、兵奇吾、马华甫、姚启双、李汇亭、胡凤山、李连恒、武镇库、康德灏、刘占斌、马成鑫、谌祖安、向武、吴桐、李庆兰、郭长生、杨松山、郭世铨、李学义、韩化臣、马英图、鲍仁兰。
中等	王林祥、王少周、卢肯为、冯致光、王国恩、梁天桂、张桐江、杨万清、郭祥明、郑汝平、马富云、王秉瑞、李同著、杨恩照、徐中杰、孙信、郝树桐、林宝山、翟国昌、李好学、方文卿、李延斌、刘玉书、蔡大猷、董恩庆、叶凤起、丁永荣、郑侠、奚成甫、万籁声、王琴南、王执中、吴仲篪、刘永祥、陈富有、王维翰、汪景惠、张文标、萧聘之、王斌、张长信、高瑞铨、赵国起、杨兰生、费大根、陈宝璋、王少华、周全德、李林森、吴体胖、张少和、吴钦霖、白文英、石玉玺、盖玉山、金恒铭、陈天和、吴少怀、僧焕然、彭超、于金来、马庆祥、杨光南、吴保成、宋标、张白熙、胡桂山、梁占魁、柳印虎、林志遠、余国栋、曹庆丰、张东海、孙玉明、韩永信、汪占鳌、刘双桂、马来元、韩清堂、徐仁杰、马抡甫、孙玉山。

（三）第一次国考的总结

第一次国考，借鉴了武举制度和西方的体育竞技模式，但由于当时的时代背景，以及民国时期国术所具有的状态，使得此次考试独具特色。国考的目的具有很强的时代特征，张之江在国考开幕报告中讲得很明确："中央

① 《第一次国考特刊·考试录》，《民国国术期刊文献集成》第9册，中国书店2008年版，第51—57页。

举行国考，虽筹备数月，惟事属创举，无一定之把握，一面从事研究，一面努力进行，其不周之处，在所难免，盼望各位同志，勿存客气，随时指导，中央国考之要点有三：第一，我国重文轻武，勇士武夫，无由进取，以致流落江湖，埋没草莽，实堪怜悯。非从事考试何由而知，所以集合全国国术界同志，为对内比试。第二，德法英日等国，无不注重体育，并有来中国比武者。我国固有国术，实超迈各国，如无整个组织，郑重比武，不能对付，可耻孰甚，所以考取人才，有对外比赛之准备。第三，锻炼身体，日增强健，不有比试，难期进步，但身强而后种强，种强而后强国，国强而后无外侮。所以比试图强，为打倒帝国主义，废除不平等条约之基本。总之要点有三，端赖一致，最后胜利，始属吾人。”①

第一次国考的主要贡献：首先，选拔出一批国术人才。参加国考的考生通过各省市县的层层选拔，又通过国考的筛选，由此选拔出一批极具代表性的国术人才。这批人才有些进入中央国术馆深造和任教，另有一部分回到地方成为地方国术馆的创始人和骨干人员。总之国考选拔的人才巩固了中央国术馆的人才基础，推动了地方国术馆的建立，最终促成了由中央至地方的国术馆系统的形成。其次，国考考试制度的实验，为日后各种国术竞赛提供了示范。第一次国考的考试制度不太完善，但国考的考试方法，为各级国术馆的国术竞赛、全运会以及地方运动会的国术比赛提供了参考，推动了国术项目进入各级竞赛系统。最后，宣扬国术。此次国考党政军要人悉数到场，各省市按照中央政府通知选拔国术人才参赛，各大媒体对国考进行了连续报道，数万观众到考场观看比赛。

第一次国考也暴露出了很多问题，例如考试规则不完善，护具不统一，经费不足，各武术宗派的门户之见等。

二、对第二次国考竞赛情况的分析

中央国术馆举办的第二届全国国术考试，于1933年10月20日至30日在南

① 《第一次国考特刊·国考开幕考试委员长张子薑先生报告》，《民国国术期刊文献集成》第9册，中国书店2008年版，第21—22页。

京公共体育场举行，共有来自全国21个省市的438名国术选手参赛。此次考试，术科比试拳术、长兵、短兵、摔角、搏击五个项目，学科考试科目包括党义、国文和国术源流。

（一）第二次国考的前期准备

10月21日上午，全国第二届国术国考在南京公共体育场举行了开幕典礼。开幕式时国民政府主席林森、李协和、钮永建、褚民谊、蒋委员长的代表曹浩森，以及中央党部各部院代表二百余人到场。全国考生四五百名，观看民众达到一万余人。开幕式时党国要人，均进行了热烈的演讲。首先由国考委员会筹备主任，张之江先生致开幕词，随后林森主席训词，褚民谊代表中央及汪院长训词，军政部曹次长浩森代表蒋委员长致词，钮永建代表考试委员长戴传贤训话，评判委员长李烈钧训词。

第二届国考原定10月27日比赛完毕，起初考试日程安排为："二十二日上午正试，下午比拳术；二十三日上午比短兵，下午比长兵；二十四日上午比搏击，下午比率角；二十五日上午拳术决赛，下午器械决赛；二十六日上午搏击决赛，下午率角决赛；二十七日上午劈剑刺枪，下午考试学科。"[①]由于考试人员和考试内容超过预期，第二届国考筹备委员会发出延期通告："国术国考延期三日，本届国考，因考试科目较前精详，未能照预定期间结束。兹再展期三日，在此三日内，实行大决赛'拳术''摔跤''扎枪''击剑'并自由车单轮表演，以及各种团体表演，特此通告。"[②]

考试评判队伍庞大，汇集了全国各地国术馆的负责人及国术专家担任评判。李烈钧为评判委员长，何键、张之江为评判副委员长，评判委员为许禹生、孙福全、王子平、佟忠义等60位多年从事国术事业的专家。评判委员中佟忠义、刘丕显、朱国福、窦来庚为第一届国考的优等生。

（二）第二次国考参赛人员统计及录取结果

第二次国考各省市应试人员统计显示，河北省23名，汉口市9名，湖南省101名，绥远省4名，上海市18名，山东省28名，河南省44名，江西省27名，

① 《国术国考日程表》，《申报》1933年10月22日。

② 《中央第二届国术国考专刊·第二届国考筹备委员会通告》，《民国国术期刊文献集成》第23册，中国书店2008年版，第323—324页。

天津市12名，北平市11名，湖北省5名，贵州1名，青岛市17名，南京市62名，陕西省2名，山西省16名，浙江省26名，重庆市6名，四川省5名，福建省9名，安徽省12名。①共21个省市共计438名选手参赛。

表2　第二届国考各省市参赛人员及录取结果统计

省份	领队	参赛人数	录取等级及人数				
			甲等	乙等	丙等	合计	录取比例
湖南	吴公藻、宗瑞峰	101	9	9	19	37	36.6%
南京	马贵祥	62	16	9	12	37	59.6%
河南	徐文炳	44	6	10	15	31	70.4%
山东	李培义	28	5	6	7	18	64.2%
江西	余立萃、徐鹿轩	27	0	2	1	3	11.1%
浙江	陈秉衡	26	1	3	1	5	19.2%
河北	冯孟杨、石季昭	23	2	2	1	5	21.7%
上海	刘德生	18	0	1	2	3	16.6%
青岛	韩冠洲	17	2	4	1	7	41.1%
山西	王臬	16	0	1	1	2	12.5%
天津	穆犀芬	12	0	1	1	2	16.6%
安徽	郑诚诚	12	0	2	4	6	50.0%
北平	张玉连	11	1	0	1	2	18.1%
汉口	徐士金	9	1	1	1	3	33.3%
福建	王一英、方德凯	9	0	0	1	1	11.1%
重庆	陈棣斌、刘子明	6	0	0	0	0	0%
湖北	黄石	5	0	0	0	0	0%

① 《中央第二届国术国考专刊·各单位参加国术选手统计》，《民国国术期刊文献集成》第23册，中国书店2008年版，第321页。

续表

省份	领队	参赛人数	录取等级及人数				
			甲等	乙等	丙等	合计	录取比例
四川	刘慎旃	5	0	1	0	1	20%
绥远	翟心吾	4	0	0	0	0	0%
陕西	李益棠	2	0	0	0	0	0%
贵州	周本渭	1	0	0	0	0	0%

（三）第二届国考的考试结果

第二届国考考试结果，术科比试项目共五项，包括拳术、长兵、短兵、率角、搏击。学科考试三门，分别为党义、国文、国术源流。考试结果按照术科成绩录取甲、乙、丙三个级别，再根据学科考试成绩，确定每个级别的名次。此次国考共录取甲等43名，乙等49名，丙等88名。正试及格者159名，另外还有正式及格未参加学科考试者46名。

表3　第二届全国国术考试录取名单[①]

录取等级		录取名单
甲等43人	拳术甲等13人	林秉礼、张英健、江志桂、马正武、张润淇、李成希、陈宪法、周子和、买长春、康宝元、朱耀亭、李春芳、马振华
	长兵甲等3人	李岷山、刘连生、杨士杰
	短兵甲等6人	刘九生、唐华初、刘后俊、李子聪、王得清、阎善益
	摔角甲等3人	常贺勋、张登奎、沈友三
	搏击甲等9人	重量级：李成希 中量级：王景伯、刘成章、刘再兴 轻量级：李锡恩、刘俊、胡岷、张少卿、赵鹤鹏

① 《中央第二届国术国考专刊·中央国术馆二十二年第二届国术国考术学科成绩册》，《民国国术期刊文献集成》第23册，中国书店2008年版，第341—349页。

续表

录取等级		录取名单
甲等43人	女子拳械搏击甲等9人	郭增莲、蒋慧娴、范之芳、高师贞、孙如兰、赵飞霞、刘玉华、唐文玉、赵云霞
乙等49人	拳术乙等12人	童天强、黄国祯、汪旭、王立志、任保存、陈学德、冯自海、杨凤玉、张文庆、李树兰、郝鸿勋、王永彬
	长兵乙等4人	暴乃斌、冯锡珍、康宝元、蔡长明
	短兵乙等6人	欧儒忠、唐少卿、王天化、常秉哲、王永彬、王云鹏
	摔角乙等4人	刘九生、陈支青、金胜利、阎善益
	搏击乙等6人	重量级：刘连生 中量级：陈理熙、童石珍、马正武 轻量级：卢昆耀、张斌
丙等88人	拳术丙等20人	刘九生、陈支青、王孝思、刘虎城、王子章、杨福乾、喻竹屏、伍正忠、刘世昌、王龙章、张百川、冯恩和、王玉章、李国禄、黄永海、刘金声、聂景星、李登瀛、徐光华、祝正森
	长兵丙等18人	杨达、马龙翔、易绍民、温敬铭、张福庆、孙忠厚、叶以蓉、王龙章、常振华、王庆、王玉章、周子和、杜福华、买长春、孙济武、赵国芳、赵汝庆、许春华
	短兵丙等32人	周朝瑚、张英健、曾鑑春、刘虎城、许美仲、郑澄清、王子章、周友元、朱耀侯、伍正忠、张润培、鲁国庭、张润淇、汪旭、傅国彦、李成希、胡文藻、朱文伟、陈宪法、于金万、刘云标、石峻鹏、杜福华、李克贵、李明福、杜宝忠、祝丕丞、沈锡林、袁凤魁、赵汝庆、马振华、姚功绪
	摔角丙等6人	杨石次、崔凤岐、马清和、时显章、康宝元、熊德山

续表

录取等级		录取名单
丙等88人	搏击丙等12人	中量级：汤福生、张英健、谭伯生、李云登、薛恒元 轻量级：唐华初、陈新法、高杰、李凤鸣、王立志、任宝存、赵国庆

从表2和表3中可以看出，湖南、南京、河南、山东四地的录取人数排在前列，且明显高于其他地区。南京中央国术馆、湖南省国术馆、山东省国术馆、河南省国术馆选拔培养的国术人才综合实力更强。尤其是中央国术馆汇聚了全国各地的优秀国术人才到馆任教，培养的国术人才综合实力遥遥领先，作为全国国术的领导组织机构名副其实。山东和河南作为国术大省，在省国术馆成立后担当起了选拔培养国术人才的重任。湖南国术馆培养的人才也相当突出，这除了国术馆经营的比较好之外，本质上是当地政府对国术馆的重视和支持，尤其是何键主政湖南期间引进一批北方国术名家，为湖南培养了大批国术人才。

从上表的录取名单中可以看出，有22名考生录取的项目达到两项以上，众多考生取得多个项目的优异成绩，展现了考生综合能力突出之外，也说明当时国术竞赛强调打练结合、全面发展。

三、对两次国考的对比分析

两次国考中间间隔了五年，时间不长，但在风云变幻的民国时期变化相当大，比如第一届国考考生在第二届国考时就成了省市的领队或者国考的评判委员。但两次国考相比较，更多的是考试组织、考试规则、各地区参赛人员、竞技水平、参赛人员结构等方面的变化。

（一）两次国考竞赛组织的比较

第二届国考相较第一届国考有以下几点不同：其一，比赛时间。第一届国考用了五天时间，第二届国考由于参赛人数增加、比赛规则细化等原因，考试时间持续了十天。其二，参赛单位和人员。第一届国考有来自17个省市的341名考生参考，第二届有21个省市的438名考生考试。参赛单位由17个增加到21个，也反映出从1928年到1933年南京国民政府政权更加稳固。其三，竞赛内容增多。第一次国考术科进行了拳脚、率角、持械三项的比试，第二次国考内容设置为拳术、长兵、短兵、摔角、搏击五项。

另外，赛前筹备得更加充分。首先，第二届国考前从7月份到10月份进行了8次筹备委员会议和2次评判委员会议，为此次考试做准备。其次，国考的职员更加充足合理，第二届国考的考试职员比第一届多一倍，职能部门进行了增加和细化。第一届国考，考试的评判设置了考试委员长、评判委员长、评判员、评判助理、主试委员、襄试委员、监察委员等职位共40余人。考试评判的人员构成中，有相当一部分是军政要人，从事国术事业的人员较少。相比较，第二届国考的评判机构设置了考试委员和评判委员，考试委员由戴季陶、钮永建、李烈钧、张治中、蔡元培、张伯苓等46位军政要人构成，评判委员主要由孙福全、王子平、刘丕显、许禹生、佟忠义、李丽久等60位各级国术馆系统的副馆长或骨干人员构成，评判人员为多年从事国术事业的国术专家。另外还有在国术领域有重要影响的人士参与评判委员行列，例如推广新武术的马良，精武体育会的创始人陈公哲，中央国术馆的国术史研究专家唐豪。

参赛人员信息登记方面，第一届国考时考试委员长张之江专门强调了考生信息登记的重要意义。但第一届国考时，只对所录取的考生信息进行了简单的登记，登记了考生的年龄和籍贯，没被录取的考生，信息没有做记录。第二届国考时，对各个省市参赛人员和领队的年龄、籍贯、出身、曾任职务、所习拳械名称、业师姓名、通讯地址等信息进行了比较详细的记录，参赛人员的照片也进行了收录。

（二）竞赛制度的比较

相较于第一届国考出台比较简单的考试办法，第二届国考的考试制度更加完善。主要表现在第二届国考制定了详细的国术考试规程、国术考试细则。而且第一届国考的比试不进行重量级别的分组，采取抽签决定比试对手，第二届国考的搏击项目则按照重量、中量、轻量三个级别进行分组比试。

护具的改进，第一届国考护具比较简陋，虽然考试办法规定了对试时考生均须使用本馆特制的护具服装及器械。但比赛开考前一天，才让中央国术馆人员演示了护具。实际上考试时有穿便衣和头戴钢盔上场的，也有赤裸上身上场的。对于比赛穿护具，评判委员长李烈钧在国考前一日，对各省考员开会时讲道："中国举行国术考试，此为第一次，望大家努力做去，以引起国人之注意，及对于国术之兴趣。张之江先生恐各位有危险用防护具，兄弟以为不然，打倒了就可起来，打伤了更是好汉，被本国人打了，如被兄弟打了一样，不为丢脸。若是被外国人打了，才为丢脸，不值得。所以举行国考，就是要提倡国术，精益求精，免得被外国人打了。"[①]第二届国考护具和器械有很大的改进，每个对抗项目都由赛会提供了统一的护具和器械。首先，率角项目，上身赤背穿三四公分厚的褡裢衣。其次，拳术搏击比试，拳术预赛时，各选手身着皮绑腿，手戴毛套，各选手身着便衣，双手带用圆球状之皮手套，内系海绵撑起。再者长兵项目，长兵预赛时，各选手身着以坚木所制之护衣一具，圆圈用棉布包成，头部着以铁罩，枪用木棍代替，顶上包以丝棉。每开始比试时，先用红粉涂于枪尖，以扎一次为一回合，多者为胜。最后短兵项目，比试时对手各穿皮甲，头顶铁罩，罩之周围缝以厚棉块，各块相连，紧紧将头包围。短兵的制造，用藤棍代替，棍周用海绵和软皮包裹。比试时，再用白粉装入布套内，套在剑上。击中对手后，其身后必有白粉发现，即为击中一次，作一回合，以击中敌较多者为胜。

第一次国考期间，《时事新报》《申报》《中央报》《新闻报》《三民导报》等各大报纸对国考时现场的赛况进行了时事报道，再现了当时考试的情景。国考期间军政要人做了多次演讲，演讲内容主要围绕国考的重大意义，提倡国术，强国强种，抵御外辱等话题振奋民族精神。国考期间政府要人悉数到场，可见政府对国考的重视。张之江在召集应试人员举行总理纪念周时的致词中讲道："此次国考，系国家举行武考大典，而且国府委员就职之日，即开始国考之时，如此盛举，可占新政府政治史上第一页，而有莫大的光荣，不过事属创举，缺点在所不免，希望各位更正，以谋补救将

① 《第一次国考特刊·国考前一日召集各省考员开会》，《民国国术期刊文献集成》第9册，中国书店2008年版，第20页。

来……”[①]第一次国考之后，除了报纸对国考的报道评论之外，各行各业人士对此次国考也发表了评论。评论中除了对此次国考有诸多肯定和赞扬之外，值得关注的是，温克刚先生针对第一次国考中暴露出来的问题，指出第二次国考的五个问题：第一，国考之前筹备不足，筹备委员会没有完善的组织，筹备各事没有具体的办法和精密的规定；第二，国考的职员安排不合理，军政要人公务繁忙，国考的要职由军政要人担任，结果徒有其名，未尽其职；第三，考试时对试人员编排不合理，考试时出现同乡、同门同派为对手的情况较多，导致不能比试出真实水平；第四，评判员的公正问题。第五，考生中大多擅长拳术和摔跤，精通器械对抗的很少。此外，温克刚先生对国术的发展提出了十点中肯的意见，归纳起来主要有，破除门户之见、编撰各家拳术讲义、设立各家拳术研究机构、统一拳术内容推行全国、军队及各级学校添设国术课程等。

（三）竞赛结果的比较

两次国考录取方法大致相同，都采用了预试和正试两种，但在具体的录取细则中差别则比较明显。第一届国考没有按照具体的项目进行录取，先进行预试，即进行拳术和器械单练，及格者进入正试。正试分第一试、第二试、第三试，第一试采用小组循环制，拳术器械率角轮流进行比试，胜者为及格。第二试、第三试采用淘汰制，胜者为优等和最优等。

第二届国考的录取方法是“拳术、长兵、短兵、率角四科，凡有一项胜六次者，取中甲等，胜五次者取中乙等，胜四次者取中丙等。搏击一项，唯重量级人数最少，故胜二次者即取中甲等，胜一次者即取中乙等，其余各量级，则胜四次者取中甲等，胜三次者，取中乙等，胜二次者，取中丙等”[②]。第二届国考的录取特色就是，搏击项目分为重量、中量、轻量三个级别进行比试和录取；其次，每个等级的名次按照学科的成绩进行排名；另外，这次国考有9名女子选手参赛，为了鼓励女子参赛，这9名女选手均录取为甲等。

---

① 《第一次国考特刊·召集应试员举行总理纪念周》，《民国国术期刊文献集成》第9册，中国书店2008年版，第28页。

② 《中央第二届国术国考专刊·第二届国考登记股经过概况》，《民国国术期刊文献集成》第23册，中国书店2008年版，第216页。

录取人员上，第一届国考录取最优等15名，优等37名，中等82名，共录取134名。第二届国考录取甲等43名，乙等52名，丙等68名，共录取163名。

表4　两次国考各省市录取人员统计

第一届国考录取人员统计					第二届国考录取人员统计			
省份	最优等	优等	中等	合计	甲等	乙等	丙等	合计
河北	5	8	17	30	2	2	1	5
山东	6	8	9	23	5	6	7	18
河南	1	7	13	21	6	10	15	31
江苏	1	3	14	18	0	0	0	0
湖南	0	1	4	5	9	9	19	37
四川	0	0	4	4	0	1	0	1
浙江	0	0	3	3	1	3	1	5
天津	0	0	3	3	0	1	1	2
山西	0	0	3	3	0	1	1	2
湖北	0	1	2	3	0	0	0	0
南京	0	1	1	2	16	9	12	37
安徽	1	0	1	2	0	2	4	6
江西	1	1	0	2	0	2	1	3
北平	0	2	0	2	1	0	1	2
绥远	0	1	1	2	0	0	0	0
直隶	0	2	0	2	0	0	0	0
广东	0	0	1	1	0	0	0	0
广西	0	0	1	1	0	0	0	0
陕西	0	1	0	1	0	0	0	0
黑龙江	0	0	1	1	0	0	0	0

续表

第一届国考录取人员统计					第二届国考录取人员统计			
深县	0	0	1	1	0	0	0	0
永春	0	0	1	1	0	0	0	0
福建	0	0	1	1	0	0	1	1
上海	0	0	1	1	0	1	2	3
青岛	0	0	0	0	2	4	1	7
汉口	0	0	0	0	1	1	1	3
不详	0	1	2	3	0	0	0	0
合计	15	37	82	134	43	52	68	163

通过表5，两次国考各省市录取人员的比较可以看出，第一届国考录取的考生主要集中在河北、河南、山东、江苏四省，其中河北录取人数最多达到30人。其次为山东、河南、江苏录取人数在20人左右，其他省市录取人数则较少，这与参赛人员的多少也有很大关系。1928年，各省市的国术馆还未建立或者刚刚建立，地方国术馆还没有承担起选拔推荐国术人才的重任，各省市的参赛人员来自社会各界的国术从业人员或者武术爱好者。所以，参赛人员和录取人员的数量，一定程度上反映了各地区国术的发展状况和当地政府对国术的支持力度。第二届国考，录取人员主要集中在湖南、南京、河南、山东四省，其中湖南和南京的录取人数都达到37人，超过河南、山东、河北等国术大省。这与湖南101人参赛、南京62人参赛有直接关系之外，重要的是湖南省国术馆和南京中央国术馆在国术馆成立后培养和选拔了大量的国术人才。

四、民国时期两次国考对现代武术发展的影响

民国时期两次国考，为民间国术提供了一个展示的平台。同时其新设立的比赛规则，形成的比赛制度，同之前的打擂签生死状，私下比武斗狠有了

本质的区别。国考设置的比赛项目按照竞赛规则，在裁判评判下公平公正的比试，彻底改变了大众对国术的认识。中央国术馆借鉴欧美和日韩武技类对抗项目，结合国内的众多拳种和对抗性打法，精简整合出拳术演示、短兵、长兵、搏击、摔角等项目作为国考项目，这些项目的名称现在依然沿用。国考构成的国术体系，不论是项目设置的名称，还是项目的竞赛规则，都对现在武术的发展奠定了很扎实的基础。

民国时期实验的国考竞赛制度，例如拳术套路、摔角、短兵、散手的评判方式成为现在这些项目规则的重要参考。现在的规则没有跳出民国时期的基本原则，民国国术竞赛的机构设置，同现在大同小异。但最重要的区别是民国时期国术竞赛强调打练结合，不仅关注套路的演练，更关注实战对抗以检验国术选手的综合素质。

民国国考的目标很明确，通过考试选拔培养人才，宣扬国术，达到卫国卫民，强国强种的目的。这样就把原有的国术主要服务于看家护院、押镖卖艺、个人自卫强身等功能，提升为同整个民族的命运息息相关，强调国术强国强种，抵御外侮的功能，提出了国术的技击功能和大众强身健身的功能，这种观念一直影响至今。虽然在相当长一段时间弱化甚至禁止了武术技击的发展，但武术技击和健身的功能深入人心，两者缺一不可。

众所周知，目前武术的发展出现技击和健身严重分化的局面，也就是打练分离，套路和对抗的分化，甚至混淆的情况很明显。近来“徐”、“雷”的比试，让人们清晰地看到了打练分离，混淆武术的技击和健身功能的后果。

民国时期中央国术馆国考选拔和培养的人才，例如温敬铭、张文广、刘玉华、何福生等为新中国成立后武术的发展，乃至改革开放后武术的复兴产生了决定性的作用。

五、结语

第一次国考建立了国术考试制度。通过借鉴欧美和日本的武技发展，对国内的国术进行精简整合，通过套路演示、短兵、长兵、摔跤四个项目的竞赛实验，初步建立了公平公开的国术竞赛制度，转变了大众对国术的认识。第二次国考，细化和完善了国术竞赛制度，使国术竞赛有了进入运动会系统成为体育项目的可能。

两次国考不仅对当时国术的发展起到引领和示范的作用，选拔培养了大量人才，同时对现代武术的发展也产生了重要的影响，主要表现在：

第一，两次国考确立的国术项目、国术竞赛规则成为现代武术发展的重要参考。

第二，国考提出国术技击和健身功能的观念一直影响至今。

第三，国考选拔培养的人才对新中国成立后乃至改革开放后武术的发展起到决定性的作用。

第四，两次国考是近代民族体育现代化转型发展的重要转折点，民族体育的现代化转型直到现在依然没有完成，但两次国考的竞赛实验为民族体育的现代化转型积累了丰富的经验。希望目前民族体育在借鉴民国国术考试经验的基础上，抓住国家复兴民族文化，打造体育强国的良好时机，推动民族体育完成现代化转型升级。

参考文献

［1］《中央国术馆全国国术考试通告一》，《申报》1928年10月12日。

［2］《国术考试前之准备 推定考试委员长》，《申报》1928年10月15日。

［3］《国术国考日程表》，《申报》1933年10月22日。

［4］《第一次国考特刊》，《民国国术期刊文献集成》第9册，中国书店2008年版。

［5］《中央第二届国术国考专刊》，《民国国术期刊文献集成》第23册，中国书店2008年版。

回族武术家兼武术教育家张登魁

杨韦雷、罗　川

张登魁是名噪一时的摔跤高手、山东著名回族武术家。他喜好武技，训练刻苦，加上得名师指点，因此进步迅速。张登魁进入中央国术馆以后，广学多种拳术，身怀多种武艺。新中国成立后，张登魁为中国武术事业的发展尽心尽责，他既是一名武术家，同时也是武术教育家。通过查阅资料不难发现，在武术发展的历史长河中，有众多著名回族武术家参与到中国武术事业进程中，张登魁便是其中一员。显然回族武术家群体的出现并非偶然现象，他们孕育于回族武术文化之中。本文对张登魁的事迹进行文献基础整理，并对同时期的人物进行横向比较，以加深对他的认识。

一、张登魁生平

张登魁（1911—1987年）又名四维、剑涛，也称张登奎，回族，山东济南人，著名武术教授，武术教育家。年幼时因家庭经济困难，小学刚毕业就辍学，跟其父亲做小生意。当时济南习武、摔跤成风，张登魁16岁起便学习武术和摔跤。[①]他喜好武技、悟性高，加之不断的刻苦训练，张登魁擅长摔跤、查拳和弹腿，成为我国摔跤界的骁将名宿，有“摔跤王”之称。张登魁自1930年起多次参加全国摔跤比赛，并多次获得优异的成绩，1933年进入中央国术馆，被录取

图1　张登魁教授

① 张登奎：《我的摔跤生涯》，《广东体育史料》1983年第1期。

为公费生。1934年起，他踏入高等学校，开始了体育教师生涯，曾先后在国立国术体育师范专科学校、湖南蓝田师范学院、湖南大学任教。中华人民共和国成立后，他任教于华南师范学院、广州体育学院，1980年晋升为教授。[①]张登魁在40年代末来到广州，并于1956年加入中国民主同盟，是摔跤、武术、举重三个项目的国家级裁判，曾被选为中华人民共和国举重协会、武术协会、摔跤协会委员，中国摔跤协会副主席，广东省武术协会副主席，广州市武术协会主席。张登魁与蒋浩泉合著有《拳击》，译著有《跤手战法》。

二、回族武术

从近代和当代涌现的大量回族武术家群体中可知，回族历来"崇尚武艺"[②]，在武术界是一个不争的事实，因此引起了众多学者对回族武术的关注。回族与武术关系密切，回族武术的繁荣与民族传统、宗教信仰等因素有很大关系，现已成为回族文化的一部分。回族在迁徙过程中，不断对外交流融合，目前分布在全国各地，山东便是集中地之一。回族卜居山东历史悠久，因而山东回族武术基础雄厚，培育了大量回族武术人才，张登魁便是其中之一。

（一）辉煌的武术事迹

张登魁精于武术，曾师从王兆林学习查拳、弹腿等拳术。入中央国术馆之后，又得多位国术大师指点，广学多种武技，因此也擅长太极拳、形意拳、八卦掌等拳术。1957年12月11日，为了改革武术技术问题，《体育文丛》杂志社邀请张登魁、马贤达等14人举行座谈会，会上"大家一致认为武术是体育项目之一，应为促进健康、增强人民体质服务。"[③]除此之外，他还对拳击及柔道深有研究。拳击方面，他不仅与蒋浩泉合著书籍，还担任拳击裁判。1958年5月19—25日在北京市举行的"二十城市拳击锦标赛"，比赛采

---

① 中国武术大辞典编辑委员会编：《中国武术大辞典》，人民体育出版社1990年版，第492页。

② 马建春：《回族武术概述》，《西北民族学院学报》2000年第2期。

③ 杨祥全：《根基乍立——新中国武术史之一》，《少林与太极》2012年第3期。

用淘汰制，张登魁担任总裁判长。[①]柔道方面，在我国柔道刚起步阶段，在探讨如何提高摔跤运动技术水平时，张登魁、周士彬等人提出了开展柔道的前景及建议。[②]

（二）坚定的教育工作者、武术教育家

张登魁有多所高校任教的经历，最终在广州体育学院任教直至退休，其中缘由必然与当时时局及生活环境有关。按理说，丰富的执教经验必然会留存不少资料，但在查找时却发现与他相关的信息少之又少，且非常零散。这可能与“文革”有关，作为教师及传统武术习练者，在当时的地位可想而知，无法想象“文革”中张登魁所受的煎熬。“文革”结束后，张登魁还毅然坚持继续执教，恪尽职守，长期坚持教书育人的工作，为近代中国武术教育事业作出了巨大的贡献。

1. 对中学武术教学的建议

在《对中学武术教学的几点意见》一文中，有些老师对大纲规定的武术教材感到教授困难，张登魁认为原因主要有以下几点：首先，没有要求，练习方法不正确，甚至乱比划，导致没有清晰的印象；其次，比划所带来的教学效果可想而知，没有教学标准和正确的动力定型；最后，张登魁从动作体会上来解析，他认为教师对武术动作体会不深刻，就很难发现学生的易犯错误，也不知道怎么进行纠正。除此之外，张登魁对教师在武术教学时应注意的问题，也提出了自己的见解，概括起来：其一，教学要重视“功架规格”；其二，注重“攻防动作”，张登魁非常重视攻防，在此方面也进行了较多的论述，他认为攻防双方练法要清楚，然后通过练习要有直观的感受。但攻防教学伴有一定危险性，因此张登魁认为要注意几个问题，即配合要默契，要反复练习，上课要认真以免出现意外，教师要不断总结经验，深入钻研，对教材了解透彻。[③]他对武术的建议，即使从今天来看，也是很有道理的。他所提倡的是一种言传身教式的教学方法，强调武术教师在武术教学中

---

① 中国体育年鉴编辑委员会编：《中国体育年鉴1949—1962》，人民体育出版社1964年版，第1543页。

② 宋兆年、权德庆：《柔道》，人民体育出版社2004年版，第92页。

③ 张登魁：《对中学武术教学的几点意见》，《体育师友》1980年第1期。

有一定技术基础的重要性。

2. 学生笔下的武术教授

陈石泉在《怀念张登魁》一文中，提到了他跟随张登魁教授学习的一些往事，加深了我们对张登魁为人师表的了解。首先陈石泉说到了当众演练的问题，张登魁鼓励他要敢于在公开场合练习，并从拳架、拳技、拳理上进行辅导。张登魁引用"点石成金"的典故对陈石泉说："一个教师要学会'点石成金'，为师之道，传道、授业、解惑。你是学生，现在需要我来帮你'点石成金'，指点你分辨真伪，判别高低。但将来你要为人师，则需要会'点石成金'，这就需要具备一定的理论和技术基础，通晓拳理，谙熟门派，见解通达，触类旁通，才能分辨真伪，判别高低，才能生生不已！"陈石泉还提及张登魁历经"十年浩劫"，恢复工作后，没有抱怨，反而全身心投入到振兴祖国体育事业中去。在学生的眼里，张登魁对人循循善诱，诲人不倦，待人厚道，心胸坦荡，为人谦逊，正直朴实，求真务实，尽职尽责。[①] 由此可见，他在教书育人方面有自己的想法，能站在学生的角度想问题，并立足长远，很好地诠释了一名武术教师应有的职责。

三、山东济南的回族摔跤

山东济南培养了很多回族武术人才，尤其是摔跤高手的摇篮地之一。近代的回族武术、摔跤名人中，有很多就来自济南，如于振声、马金镖、马裕甫、法仙洲、杨法武、张登魁等。

（一）名师法寅

山东济南有"跤城"之称，而出生于济南的张登魁，在"快摔法寅"的栽培下，名噪乡里。从"快摔法寅"四字可知，法寅必然是一位摔跤能手，但资料较乏，目前比较全面的记述如下：

> 法仙洲（1902—1938年），号法寅，摔跤名师，回族，山东济南人。幼从陈保平、王兆亭习武。他熟读私塾，书法绘画样样精通。后入选山东武术传习所，拜张凤岩为师，专攻跤术。得马良赏

① 陈石泉：《怀念张登魁教授》，《体育师友》1990年第5期。

识，协助张凤岩、王振山等绘编了《摔跤科》一书。得摔跤技艺真髓，1930年在清真北大寺开班授徒。培养了张登魁、杨春智、马春普、宛殿文、马守智、周文兴等名徒。①

通过现有资料佐证，如《山东近现代回族》一书记载，少年时的法仙洲同杨法武、黄成玺和彭寿惠四人，被张风（凤）岩选中重点培养，人们称他们为武坛“四大小孩”。经过几年锤炼，因在跤坛技艺超群，被称为“四大金刚”。法仙洲在济南清真北大寺开班授徒也有记载，张登魁便是众徒之一。②由此可见，法仙洲不仅是一位摔跤高手，还是一位摔跤名师，正是在他的培养下，张登魁得以脱颖而出。

（二）一代跤王张登魁

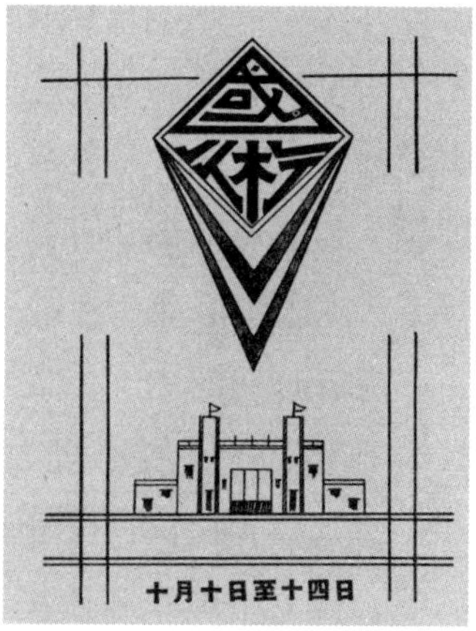

图2　华北运动会秩序册国术页

张登魁被称为跤王并非空穴来风，而是与其辉煌的摔跤事迹有关。张登魁在摔跤训练中，专挑大个子和强悍的对手习练，摔得全身是伤，只为验证摔跤的奥妙所在。1930年，在山东省济南市武术市考中荣获摔跤亚军；③1933年7月，在青岛举行的第十七届华北运动会获摔跤第二名，同年获第五届全国运动会摔跤冠军，之后参加第二届国术考试摔跤比赛，战胜名噪一时的阎善益，获得冠军。④新中国成立后，张登魁便担任摔跤裁判。1963年8月4—11日在呼和浩特市举办摔跤比赛，总计67名运动员参加，张登魁和周士彬任总裁判长。⑤1965年9月14—18日在北京举行的摔

① 徐妍：《近代济南回族武术与摔跤发展历程略谈》，《搏击》2010年第12期。

② 山东省政协文史资料委员会编：《山东近现代回族》，山东人民出版社1998年版，第391页。

③ 唐汉滔主编：《岭南体坛人物志》，广东人民出版社1993年版，第191页。

④ 张登奎：《我的摔跤生涯》，《广东体育史料》1983年第1期。

⑤ 中国体育年鉴编辑委员会编：《中国体育年鉴1963》，人民体育出版社1965年版，第373页。

跤比赛，总计177名运动员，仍由张登魁和周士彬担任总裁判长。[①]可见张登魁在新中国的摔跤界仍然享有很高的威信。

四、中央国术馆事迹

中央国术馆，全称“中央国术馆体育传习所”，由张之江先生等人创办。中央国术馆促进了民国时期武术的发展，甚至对中国武术的现代化转型起到了重要作用，且为此培养了一大批武术人才，这些人大多成为后期武术发展骨干。张登魁在国术馆期间，国术队在每次招待会上都会进行表演，每次表演都有张登魁与马文奎的中国式摔跤。1936年秋，为了把中国武术推向世界并为中央国术馆体育传习所基建募款，中央国术馆组建南洋旅行团，该团以国术队和篮球队为主。在国术队当中，就有张登魁、张文广、何福生、康绍远、李锡恩、马文奎、杨松山、李凤鸣、马正武等10人。[②]在团长张之江带领下，队员们出访菲律宾、马来西亚、新加坡、香港等国家和地区，并进行了武术表演活动，促进了中国武术在国外传播。

晚清时期的中国，面对西方文化的冲击，以及普遍存在的“非我族类，其心必异”的狭隘心理，很多人并未做好准备，显得无所适从。而这种心理一直延续到民国，甚至新中国成立之后的很长一段时间里。在此环境的影响下，作为中国民族传统文化之一的中国武术，也面临诸多问题，很多人陷入了既想学习西方体育文化，又想保存以武术为代表的本土体育文化的矛盾中。这种矛盾也体现在从中央国术馆毕业的众多学者中，张登魁便是其中之一。在面对异质文化的冲击时，张登魁并非选择排斥，而是在坚持传播中国武术的同时，不仅擅长摔跤，还能精于拳击，并对柔道略有研究。由此可见张登魁在运动方面的天赋，这一特质促使他能以积极的态度接受西方体育文化。不仅如此，从他翻译的《跤手战法》一书中可知，他还有一定的外语基础。张登魁作为一个武术家所具备的这些特质，与同时期的国术人相比，有

① 中国体育年鉴编辑委员会编：《中国体育年鉴1965》，人民体育出版社1982年版，第160页。

② 周世勤、杨祥：《燕京武术》，人民体育出版社2010年版，第61页。

较大不同。虽然他带有旧时代的气息，但又带有新时代的闯劲，敢于追求进步，这是一个值得注意的地方。

以上所言，张登魁在某种意义上与蒋浩泉更加接近，也许正是由于两人有相似点，才能一起合著《拳击》一书。蒋浩泉（1917—2012年），汉族，江苏常州人，著名武术大师。蒋浩泉的武术生涯极具传奇色彩，因他在武术、拳击等方面的成就，被称为“中国拳王”“活着的霍元甲”。为了肯定蒋浩泉在武术教育上的成就和经验，以及他对中西拳艺交流的贡献，1991年1月12日，美国夏威夷欧陆理工大学，授予蒋浩泉“荣誉博士”学位，享誉中外。[1]蒋浩泉历经中国新制度与旧制度交替所带来的种种变化，面对西方体育文化，他融通兼备、博采众长。因此他很快便精于拳击，更是一举击败众多西洋拳击高手，从而奠定了在拳坛的地位。但要说对他影响最深者当为中国武术，在名师指点及中央国术馆的培养下，蒋浩泉始终对中国武术一往情深。为了把中国武术推向世界，他毅然选择了出国，开班授徒，可谓桃李满天下。张登魁与蒋浩泉在面对外来文化的冲击时，两人有很大的相似性，都秉持融通兼备的理念，他们的最终目的还是立足本土，弘扬传统武术文化。虽然张登魁受现实环境所限，未能出国教学，但倘若他能走出国门，那么张登魁在武术的推广上定能发挥更大的作用。

在中国武术现代化转型及变迁的过程中，与张登魁同时期的国术人，他们都想尽可能地保存中国传统武术文化，但在实践中所采取的策略却不尽相同。从拳击的角度来说，张登魁与蒋浩泉能把中国武术与拳击结合，取长补短，使自己的拳击水平更上一层楼，反过来又促进了中国武术的发展。由此可见，他们在中国武术现代化转型的过程中，是敢于尝试，勇于创新的。与他们不同的是，武术家何福生另有一番见解。何福生（1910—1998年），字其颖，回族，祖籍河南南阳，出生于武术世家。何福生明显不同于同时代的许多武术家，这与他出生武术世家及旧武术家学有关，在武术现代化转型过程中，他希望能最大限度地保存传统武术文化。但这并非传统守旧，相反这在当时是难能可贵的，他的这份坚持令人敬佩。

① 刘允高、徐承伦：《中国拳王蒋浩泉传奇（下）》，《江淮文史》1996年第6期。

综上所述，处于武术现代化转型的这一批国术人，虽然运用的方法不同，但他们的出发点是一致的。从不同侧面来弘扬中国传统武术，保留中国传统武术文化，在中国武术的现代化转型上留下了光辉的一页。

五、结语

从张登魁的个人事迹中可知，山东回族武术家有崇尚武艺的传统，既是为了生活，也是对回族武术、摔跤的传承。他们不管是在练习还是在推广的过程中，都表现出了对武术和摔跤的热情，有着坚定的信念。“十年浩劫”给武术事业带来了极其严重的负面影响，不知有多少武术工作者及文献资料消逝在这场风暴中。出身于旧中国中央国术馆的武术家，能在这场浩劫中幸存的屈指可数，所以马廉祯教授在《著名回族武术家何福生述评》一文中说到，“劫后余生”群体中，似乎只剩下张登魁、张文广和何福生三位先生。[①]“劫后余生”确实是当时最真实的写照，实属不易。然而，“十年浩劫”并未浇灭张登魁对武术事业的热情，他坚持继续执教、参与武术发展座谈；研究拳击、提出开展柔道的建议，出任武术、摔跤、拳击等比赛裁判；担任举重、武术、摔跤委员，广州市武术协会主席等。他一生长期专注于武术教育事业，他的事迹应该被人铭记。

马明达教授在《试论“回族武术”》一文中有这样的评价：“新中国的武坛上活跃着为数众多的回族武术工作者和爱好者，不管在何种境遇之下，他们中的大多数人，抱着对武术的一往情深，从不同角度和侧面，对繁荣武术事业尽心尽力。”[②]张登魁作为武术家，一生孜孜不倦，全身心致力于中国武术事业的推广传播。从他在拳击、柔道方面的相关记载可知，张登魁虽处于新制度与旧制度的交替之际，但面对西洋体育文化的冲击，并未抱残守缺，而是融通兼备，试从不同层面来看待中国武术，对新中国武术事业的现代化转型起到很大作用。作为武术教育家，他教学严谨，注重言传身教，能以身作则，为我国体育事业辛勤耕耘数十载。

① 马廉祯：《著名回族武术家何福生述评》，《北方民族大学学报》2015年第6期。

② 马明达：《试论“回族武术”》，《回族研究》2001年第3期。

总而言之，张登魁作为回族武术佼佼者，一方面与回族崇尚武勇的民风密切关联，另一方面也不能忽视其所处地域环境。“一方水土养一方人”，山东历来重视习武尚勇，同时它也是中华民族文化发祥地之一，素有“礼仪之邦”之称。以武艺而言，从春秋战国时期的文武兼治，崇尚剑道，到西汉时期的“兵民不分”，以武艺、械术、骑射为主要内容，再到魏晋南北朝时期，民间习武风气大盛，逐渐形成了青兖武艺。至唐宋时期，器械进一步发展，村落间练武组织兴起。明代是武术集大成时期，形成了独特的北派拳术。清代以后，山东武艺进一步发展，影响广泛。①由此可见，山东尚武之风古已有之，在此氛围下造就了大批杰出人物，近者如著名军事将领戚继光。因此，山东回族武术是回族文化与山东文化交流融合的产物，山东回族武术家群体的出现绝非偶然，而是有极其深厚的历史渊源，文化底蕴深厚。

参考文献

[1] 中国体育年鉴编辑委员会编：《中国体育年鉴1949—1962》，人民体育出版社1964年版。

[2] 中国体育年鉴编辑委员会编：《中国体育年鉴1963》，人民体育出版社1965年版。

[3] 中国体育年鉴编辑委员会编：《中国体育年鉴1965》，人民体育出版社1982年版。

[4] 中国武术大辞典编辑委员会编：《中国武术大辞典》，人民体育出版社1990年版。

[5] 唐汉滔主编：《岭南体坛人物志》，广东人民出版社1993年版。

[6] 山东省地方史志编纂委员会编：《山东省志体育志》，山东人民出版社1993年版。

[7] 山东省政协文史资料委员会编：《山东近现代回族》，山东人民出版社1998年版。

[8] 宋兆年、权德庆：《柔道》，人民体育出版社2004年版。

[9] 周世勤、杨祥：《燕京武术》，人民体育出版社2010年版。

[10] 张登魁：《对中学武术教学的几点意见》，《体育师友》1980年第

① 山东省地方史志编纂委员会编：《山东省志体育志》，山东人民出版社1993年版，第16—19页。

1期。

［11］张登奎：《我的摔跤生涯》，《广东体育史料》1983年第1期。

［12］陈石泉：《怀念张登魁教授》，《体育师友》1990年第5期。

［13］刘允高、徐承伦：《中国拳王蒋浩泉传奇（下）》，《江淮文史》1996年第6期。

［14］马建春：《回族武术概述》，《西北民族学院学报》2000年第2期。

［15］马明达：《试论“回族武术”》，《回族研究》2001年第3期。

［16］徐妍：《近代济南回族武术与摔跤发展历程略谈》，《搏击》2010年第12期。

［17］杨祥全：《根基乍立——新中国武术史之一》，《少林与太极》2012年第3期。

［18］马廉祯：《著名回族武术家何福生述评》，《北方民族大学学报》2015年第6期。

回族武术家马裕甫

史永琴

晚清以来，回族武术家对我国武术发展产生了重要的影响，尽管近代回族武术家分布区域广阔，代表人物不一而足，但相对而言主要集中在中原大地冀、鲁、豫三省，其数量之多，成就之高，都居于全国回族武术家之冠。近代回族涌现一大批优秀武术家、革命家和军事家，回族武术家群体对近代中国武术发展产生了深远影响，尤其是回族武术家将武术与摔跤进行整合性练习这一重要的特质。在近代中国武术群体中，回族武术家的技术水平相对较高、实战能力相对较强，马裕甫是其中比较突出的人物。马裕甫南下广东，将查拳、中国式摔跤带到了新中国的广东，促进了南北武艺的交流，特别是回族武术群体的交流。但是至今为止，人们对他的了解知之甚少，相比其他武术家而言，马裕甫生平事迹记载较少，在近代武术人物传记中，其一生显得平淡无奇。然而，他却是一位实实在在的武术家，在近代回族武术发展史上产生了重要影响。

一、马裕甫生平

马金广[1]（1902[2]—？年），字裕甫（武术界都称其为裕甫），回族，山东济南人（图1）。出生在一个靠卖牛羊肉熟食为生的普通穆斯林家庭。

① 马博忠：《西关英豪马金广》，《回族文学》2011年第2期。

② 一般资料认为马裕甫生年为1901年、卒年为1969年，但在马博忠《西关英豪马金广》一文中提及马裕甫出生时间是1902年8月，二者之间相差几个月。马博忠是马裕甫亲侄子，笔者认为马裕甫出生日期应为1902年8月更准确。通过相关人物的访谈了解到马裕甫的卒年存有疑义，较为准确的卒年还待进一步考证。

图1　自左至右马裕甫、帅祖、李尧山

马裕甫幼年时遵父命，拜王兆林、王兆亭为师，成为“俊英体育社”第一期、第二期学生。[①]因天资优杰，勤学苦练，经法镜轩先生引荐，马裕甫拜山东冠县查拳名家杨鸿修为师[②]。因马裕甫有入木三分的本事，基本功扎实，杨鸿修方才同意收其为徒，遂与王子平同门学武。马裕甫在杨鸿修门下刻苦练功，潜心学艺，系统学习了查拳、滑拳、炮拳、洪拳等拳术套路，以及中国式摔跤等技术。杨鸿修认为马裕甫是个勤快、能吃苦、十分懂礼数、有极高悟性，除每日练功外还坚持去清真寺做礼拜的难得的青年人，将来定会成为有用之才。

1919年，马裕甫报名参加了山东军阀马良在济南创立的“技术队”选拔，以小组第一的成绩进入前八，被选入技术队。据传，在马裕甫入队之初曾与到访的日本柔道专家较技，表现出众。技术队学制为两年，毕业后马裕甫成为技术队教员，后期与王子平、马金镖、何振江等成为技术队骨干。进入技术队成为马裕甫人生的转折点，确定了其终生以武为生的命运轨迹，特别是以摔跤为主要技术的发展特质。为进一步提升摔跤技术，20世纪20年代马裕甫拜入保定快跤名家张凤岩门下学习跤术。1925年，技术队停办后经法镜轩先生举荐，马裕甫成为济南达成师范学校第一任武术教员。达成师范是一所回民师范学校，第一期学生仅十余人。马裕甫在此教学十分认真，对学生要求严格，又与学生关系融洽，课后有的学生还请教于他，与此同时他让学生教其《古兰经》。

① 中国武术大辞典编辑委员会：《中国武术大辞典》，人民体育出版社1990年版，第399页。

② 中国伊协编：《成德达才：“纪念成达师范创建八十周年学术研讨会”》论文编汇，宗教文化出版社2006年版，第204—205页。

二、马裕甫与武术

（一）中央国术馆事迹

1927年，马裕甫随王子平、马英图、柳印虎等人参加了中央国术馆成立的筹备工作。1928年3月3日，在国民政府举行的国技游艺大会上，他表演了六家势梅花双刀。[①]1928年3月24日，他参加了中央国术馆成立大会并表演了拳术，在创办初期担任少林门科长（专教摔跤、兼通拳棒），后与马英图、杨法武、杨松山、常东昇等回族武术家成为中央国术馆“实力派”人物。1928年10月，年方27岁的马裕甫，参加了中央国术馆举办的第一届“全国国术国考”竞赛，荣获摔跤冠军和最优等生。这是由中央国术馆首创的国术竞赛体制，带有试验性质，[②]“国术考试”是国术馆的主要活动之一，也是国术最主要的存在形式。1929年，在浙江分馆举行的国术比赛中，马裕甫获得第三名和一千现大洋的奖金，还参加过全国或省的一些比赛，技术上属于“武术加跤，越练越高”的双套功夫。

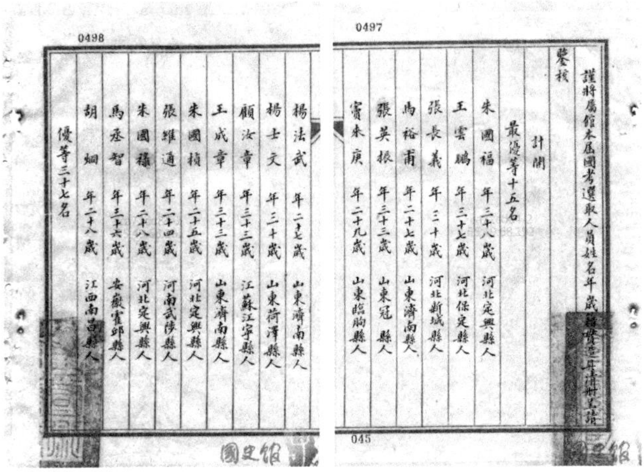
0497
謹將屬館本屆國考選取人員姓名年歲籍貫造具清冊呈請
鑒核
計開
最優等十五名
朱國福　年三十八歲　河北定興縣人
王雲鵬　年三十七歲　河北保定縣人
張長義　年三十歲　河北新城縣人
馬裕甫　年二十七歲　山東濟南縣人
張英振　年三十三歲　山東冠縣人
竇來庚　年二十九歲　山東臨朐縣人
045
0498
楊法武　年二十七歲　山東濟南縣人
楊士文　年三十歲　山東荷澤縣人
顧汝章　年三十三歲　江蘇江寧縣人
王成章　年三十三歲　山東濟南縣人
朱國楨　年二十五歲　河北定興縣人
張維通　年二十四歲　河南武陟縣人
朱國祿　年二十八歲　河北定興縣人
馬丞智　年三十六歲　安徽霍邱縣人
胡　烱　年二十八歲　江西南昌縣人
優等三十七名

图2　中国台湾国史馆藏第一次国考名册最优等十五名名单

在中央国术馆的必修正科中有五种功夫被编成了口诀，其口诀在学员之间广泛传播：“大靠小靠铁衫靠，五龙遮眼五花炮。圈内撞法拌排手，纵是神仙亦难逃。”[③]其中“五龙遮眼”指的是马裕甫所授的七十二把擒拿手，其手法灵活多变、连环巧妙。马裕甫在中央国术馆任教时，少林门和武当门矛

---

① 《国府举行国技游艺大会》，《申报》1928年3月5日。

② 孙文飚：《民国时期的中央国术馆》，《江苏地方志》2008年第4期。

③ 李会宁：《沧州罗疃八极拳的社会地位及影响》，2008年。

盾激化，约定时间比试，双方商定，王子平与高振东比试拳法，马裕甫与柳印虎比试竹剑。比赛未有胜负却暴露了中央国术馆内部存在门派之别和组织机构上的不成熟。此次比武导致李景林、王子平离职，但是中央国术馆是历史上第一个政府系统的民族体育管理机构，对推广武术教育以及全国武术的发展作出了重大贡献。

1935年，马裕甫受张之江先生委派到南宁协助创建广西国术馆，其后担任教导长一职。马裕甫在南宁国术运动会上表演了杂拳。①1936年元月，广西召开第一届国术运动大会，马裕甫在散打中获得第一名，受到白崇禧将军赏识，并提拔为侍卫长，在第四集团军总部时，经常教白崇禧和杨森的儿子练习拳术。②“马裕甫在广西时期的教学分两套，一套是按照中央国术馆的统一要求进行武术教学，另一套是对其徒弟传授本门武术技艺。在广西只收了莫泉清为徒，现阶段莫泉清的徒弟及其后人还在习练马裕甫所传的形意搏击二十四法和还掌技法。马裕甫在广西曾设擂台赛，在与日本拳师切磋时，拳师被一拳致命，莫泉清在场，赵鹏做裁判。”③1938年，王月波先生组建甘宁青抗敌救国宣传团，马裕甫为其成员，亲赴各地唤醒教胞群起抗战，发动回民捐输财务，踊跃入伍参战，推动西北回民抗日救亡热情进一步高涨，预料此行对党国定有伟大贡献。④抗日战争全面爆发后，因马裕甫积极参与抗日战争，被授予中校军衔。

（二）新中国成立后相关事迹

根据查阅到的相关资料显示，马裕甫在新中国成立后的主要事迹为：新中国成立后马裕甫定居广州，培养武术人才，经常到光塔寺指导马志斌、马家樑、马秀霞和马逢达等人练武。马裕甫所传查拳、滑拳、对刺剑、绨袍剑（这是他在中央国术馆时得自通备拳名家马英图的，后来在虚花武术的影响

---

① 《民国时代南宁的体育活动》，《南宁文史资料》第三辑，南宁政协文史资料研究委员会1988年版，第111页。

② 马安禄、翁乾麟：《南宁回族史稿》，宁夏人民出版社2011年版，第92页。

③ 受访者因不便透露姓名等信息，笔者在文中均使用“有关人士”一词，此为笔者访谈所获。

④ 《甘宁青抗敌救国宣传团本月11日守途》，《中国回民救国协会通告》第7号，1938年3月20日。

下渐渐改了样，成为现在的绨袍剑。[1]）、散手秘技及走壁功等技艺。马裕甫教学十分严厉，但对马志斌等几人例外，甚至把不传外族的秘技也教授于他们。在新中国成立后思想已较开放时，他一直强调不传外族的戒条，对后期马志斌把滑拳改为集体表演套路还有些生气。[2]1961年，马裕甫传授马志斌走壁功并提醒练成后不许随便示人，外传须慎重。1972年，马志斌将走壁功传给龚永平、李志明和马小斌等人，据说，马小斌可走三米的高度。马裕甫说走壁功最高境界是在墙上走三步，攀五米多高。[3]这种身轻如燕，一攀数米高的“轻功”，一度被认为是中华武林的瑰宝。新中国马裕甫来到广州并在光塔寺教拳，因而查拳传到珠江流域，[4]马裕甫为珠江流域查拳的传入与发展作出了巨大贡献。

但对于以上资料，还有不同的认识。

马志斌先生在一篇文章中提及马裕甫来广州后的事迹为：“广州解放不久，马裕甫只身来到广州，投宿光塔寺，拟逃奔香港，上街时被捕，并入狱劳改。刑满释放后，常去光塔寺礼拜，并指导马志斌、马家樑、马秀霞等人练武。为了生计在公园等地传授查拳等套路，并在李尧山家传授了摔跤技法，且收了一个回民入室弟子穆五德。因武术名家的身份，当时市武术协会聘请马裕甫、马惠泉等人参加武术裁判工作。当时的马裕甫身材高大，满脸络腮胡子，双目炯炯有神，虽然当时患了血尿症、年事渐高，但功力不减，常亲自演示其别具风格的身手，并讲述其秘要。1962年左右，政局紧张，因历史政治问题而劳改的马裕甫生活并不遂意，加之在某中学任教的妻子闹离婚，他便经人介绍，离开广州去广利镇授武。不幸的是，适值该乡村民与邻村发生群斗，因涉嫌参与被捕马裕甫被判四年。马裕甫服刑期间病逝狱中，

---

① 马明达、武香兰：《略谈广州回族武术》，《回族研究》2008年第1期。

② 马志斌：《广州回回武术一代名师》，《广州市回族、伊斯兰教文史资料选辑》，广州市伊斯兰教协会文史资料研究室2002年版，第220页。

③ 郝心莲、王国辉：《中华武林著名人物传》第一辑，百花洲文艺出版社1998年版，第163页。

④ 吴文瀚：《吴文瀚武术文存》，山西科学技术出版社，2006年第174页。

葬于封开县劳改场附近山地”。[①]

有关人士认为马裕甫来广州后的事迹为：“1949年广西解放，桂军溃败，白崇禧从广州飞往台湾，而跟随白崇禧多年的侍卫长马裕甫并未前往台湾，而留在了广州。当时广州社会环境比较好，又因为马裕甫是武术名家，所以广州市武术协会聘请他做一些武术竞赛裁判、顾问等工作。期间他也经常去光塔寺教授武术和摔跤，但并未在其他地方授武。1962年，经朋友介绍他在三水一个村庄教过两三年武术，因为该乡村民与邻村发生群斗事件，所授徒弟有参与其中，其他人无罪释放，而他被判六年，实际上四年左右就释放了。刑满释放一星期后他独自去了东莞，不久后在东莞病逝，其尸首家人至今未寻获，去世时间在1966年左右。”

马裕甫来广州后的事迹有以上几种不同的认识，但都认同马裕甫在光塔寺教授拳术并担任一些裁判工作的经历。[②]由于笔者搜集到的资料有限，因此对马裕甫在广州的事迹及其去世的时间，还有待众多学者进一步考证。

三、马裕甫其他事迹

（一）查拳名家

马裕甫师从著名查拳大师杨鸿修，是其得意门生，查拳技艺造诣高深，马裕甫不仅擅长查拳，同时也擅长弹腿。[③]弹腿是查拳主要基本功，更是北腿精华，较为常见的是十路弹腿，马裕甫练习弹腿是为了提高查拳技艺。查拳与弹腿在近代中国武术的普及发展和社会化进程中担当了重要角色，其中回族弹腿名家众多且作用尤为突出。正是由于众多回族弹腿名家的涌现，使得“教门弹腿”名扬天下，得到武术界广泛认同。[④]

民国初年，国内民族主义情绪高涨，武风也为之一振。1919年，广东精

---

① 马志斌：《广州回回武术一代名师》，《广州市回族、伊斯兰教文史资料选辑》，广州市伊斯兰教协会文史资料研究室2002年版，第220页。

② 一般文献资料显示，马裕甫去世时间是1969年，然而马志斌、有关人士认为是1966年，这一时间有待后人进一步考证。

③ 李会宁：《沧州罗瞳八极拳的社会地位及影响》，2008年。

④ 马廉祯：《弹腿源流与教门弹腿研探》，《回族研究》2011年第1期。

武会成立，主张体育救国、振兴中华，开展武术活动，引进外来拳种，并组织武术表演。在此期间，弹腿就已经传入广东地区。1928年，“五虎下江南”使少林拳、太极拳、八卦拳、查拳等北方拳种得以传入广东并生根开花，王少周首先把查拳传入广东地区。王少周是著名武术家，擅长弹腿、查拳，曾任两广国术馆武术教员，后与顾汝章创建广州国术社，两广国术馆是近代广东历史上继广东精武体育会成立后又一次较具规模的北拳南传和南北拳术交流的平台。1932年后，王少周一直在广西从事武术教学，新中国成立后在广东地区传播查拳的首要人物则是马裕甫。

古老的查拳与现代体育科学理论有密切的渊源关系，用现代科学的理论、方法去分析、解剖查拳的内在规律，充分认识查拳的作用，建立科学的练习方法，才能使查拳得以继承和发展。查拳发展至今日，已成为一项集技击、健身、艺术于一身的综合体育项目，其作用是多方面的，对练习者的影响也是多层次的。

（二）八极拳事迹

据范克平先生回忆，1971年老师罗玉曾经送给自己一本《北派真传黑手飞砂图说》，著者和演示者均为马裕甫，其演示动作竟然和韩化臣动作一模一样，而事先两位前辈并未说过此事。范克平先生说：“很奇怪，根据这一点来看，韩化臣和马裕甫应为同门，因为黑手飞砂之术作为武学绝技，传人都应是磕头入门嫡传弟子，可是韩化臣入中央国术馆时报的是八极门，马裕甫报的是查拳门。”范克平先生还说，黑手飞砂术一经公开，立即引起中央国术馆高层及军方的重视，但训育处处长张瑞堂为了慎重起见，只将该书在小范围传播，先在馆内学生训育处内部发行，后来经不住军方要求，又被作为首期军、警、宪国术培训班教材，馆内各派高手如朱振英、王子平、童仁富、王子庆、杨法武、刘百川、张本源、罗玉、于振声、顾汝章等人均练习过此功。该书扉页有罗玉当时用毛笔写得一小段文字：“民国十八年夏，中央国术馆一等教习马裕甫君献出《北派真传黑手飞砂图说》，朱振英（孙中山贴身侍卫）将此书赠给罗玉，八月五日夜晚，与朱振英交谈，方知马裕甫君与韩化臣君乃同一师门，而且王子庆、杨法武、刘百川、张本源、于振声、顾汝章诸君均做过此排手。”

这是一段典型的民间武术传说进而演绎的示例。从文化学角度来看，八极拳是北方民间普遍流传的拳套，且经马英图、韩化臣等人在中央国术馆期间进行整理重组后，在社会上的流传则更为整齐。而马英图与韩化臣同系八极拳传授，而马裕甫又是在国术馆期间随马英图习武。所以，马裕甫与韩化臣的八极拳相似是很正常的事情，其他文献中也描述他与韩化臣和马英图同为八极门人①。

某种意义上来讲，自中央国术馆马英图等人整理八极拳后，八极拳就成为中国近现代第一个规范化拳套。尽管当下全国各地传习八极拳类型繁多，大体上，从拳套整体理论与实践性来看，以韩式八极拳与马氏八极拳最为规范。其他广泛流传于北方各地的八极拳，多有经个人任意修改添加的现象存在。

四、马裕甫对武术的贡献

马裕甫作为一名武艺精湛、富有正义感和民族气节的著名武术家，继承了查拳的精粹并将之发扬，促进了查拳发展。马裕甫为专业学校毕业者，学识教授悉极优美，且办理教育多年。②在习武出师之后，主要从事武术教学工作，致力于武术的推广与传播。马裕甫武术技术高深，但缺乏武术理论性著作。尽管在武术理论上造诣不高，但高深的武术技能使其成为武术名家，在中国近代武术发展中具有重要作用。20世纪50年代，马裕甫定居广州传授查拳、摔跤技艺，培养武术人才如马志斌、马逢达、马家樑、马秀霞、穆三德、穆五德、杨汉光、蒋文忠、李尧山等人。马裕甫为查拳、中国式摔跤在珠江流域的传承作出重大贡献，更促进了回族武术家的对外交流。近代成名者修炼单一拳种者少，大多为吸取百家之长，马裕甫是集弹腿、查拳和摔跤为一身的武术名家。

通过搜集武术人物的资料，发现现阶段国术体系内的很多武术家并没有成为太多学者的研究对象，相反国术体系武术人物的研究只局限在一部分

---

① 松田隆智：《中国武术史》，四川科学技术出版社，1984年，第203页。

② 张巨龄：《绿苑钩沉：张巨龄回族史论选》，民族出版社2001年版，第328页。

人之中，且研究的内容都非常有限。相当多的人仅限于只知其名而不知其“事”，更多人的武术认知还停留在“博大精深、源远流长”的印象中，而对武术人物、事件说不出个所以然来。一些武术人物的学术性论文研究，还停留在现有史料的罗列及现象陈述的基础上，研究不但缺乏深度，也缺乏人物自身的特点。民国时期的“国术体系”对现代武术的发展仍具有重要意义，但是现阶段针对国术体系武术家的相关学术研究与众多的国术人物相比远远不够，要想充分认识“国术体系”，当时的武术家群体就是一个重要的突破口。正因有了这样的武术群体，国术才能更好、更快地发展，然而目前这个武术家群体却被大家所忽视。从武术发展的角度来看，研究这个群体是对武术发展史的进一步补充，同时也是完善武术理论体系的重要一步。

参考文献

［1］《国府举行国技游艺大会》，《申报》1928年3月5日。

［2］《甘宁青抗敌救国宣传团本月11日守途》，《中国回民救国协会通告》第7号，1938年3月20日。

［3］松田隆智：《中国武术史》，四川科学技术出版社1984年版，第203页。

［4］《民国时代南宁的体育活动》，《南宁文史资料》第三辑，南宁政协文史资料研究委员会1988年版，第111页。

［5］中国武术大辞典编辑委员会：《中国武术大辞典》，人民体育出版社1990年版，第399页。

［6］郝心莲、王国辉：《中华武林著名人物传》第一辑，百花洲文艺出版社1998年版，第163页。

［7］张巨龄：《绿苑钩沉：张巨龄回族史论选》，民族出版社2001年版，第328页。

［8］马志斌：《广州回回武术一代名师》，《广州市回族、伊斯兰教文史资料选辑》，广州市伊斯兰教协会文史资料研究室2002年版，第220页。

［9］中国伊斯兰教协会编：《成德达才：“纪念成达师范创建八十周年学术研讨会”》论文编汇，宗教文化出版社2006年，第204—205页。

［10］吴文瀚：《吴文瀚武术文存》，山西科学技术出版社2006年版，第174页。

［11］马明达、武香兰：《略谈广州回族武术》，《回族研究》2008年第1期。

［12］李会宁：《沧州罗疃八极拳的社会地位及影响》，2008年。
［13］孙文飏：《民国时期的中央国术馆》，《江苏地方志》2008年第4期。
［14］马廉祯：《弹腿源流与教门弹腿研探》，《回族研究》2011年第1期。
［15］马博忠：《西关英豪马金广》，《回族文学》2011年第2期。
［16］马安禄、翁乾麟：《南宁回族史稿》，宁夏人民出版社2011年版，第92页。

山东回族武术与武术家杨法武

史永琴

武术是中华民族优秀的文化瑰宝，是全国各族人民智慧的结晶。崇尚武艺是回族自古以来的文化习俗，回族人们在历史发展过程中逐步形成了不少独具特色的武术流派。这些流派不仅产生了诸多具有代表性的回族武术家，而且对中国武术的发展产生了深远影响，还为丰富和发展中华武术贡献了力量。晚清以来，回族武术家风生云起，人才辈出，在传统武术的继承和创新上，以及整个中国民族传统体育体系的现代化建构上积极参与，多有建树，影响深远。山东省是我国近代传统武术比较发达的地区，杨法武是山东地区极具代表性的武术家。

一、山东回族武术概况

一直以来，山东省在中国武术发展史上占有重要的地位。有学者指出，作为典型的回族散杂居省份，山东回族群体主要分布在鲁中、鲁西北、鲁西南以及鲁苏豫交界处，这种散杂而居的生存模式为多民族之间的交流创造了客观条件，也是山东回族武术发展的重要社会基础[1]。山东回族武术门派繁多，囊括了长兵、短兵、拳术以及散手。其中长期流传的有查拳、滑拳、腿拳、洪拳与弹腿，独具民族特色的器械有杆子鞭、索来枴、五虎群羊棍等。在山东回族中还流传有摔跤、毽子、石锁等竞技类运动项目。在诸多项目当中，山东回族武术以查拳、弹腿以及摔跤最具地方特色，拥有良好的群众基

① 杨晓纯：《散杂居回族经济与回汉民族关系研究——以山东省枣庄市台儿庄区为例》，中央民族大学出版社2011年版，第53页。

础和社会影响力。查拳萌发于冠县，在拳术的不断创新发展中形成了诸多流派，最具代表性的有张氏、杨氏、李氏查拳。查拳各派技术特点鲜明并有各自代表人物，虽然风格不同，但拳理、拳法是一致的。尤其是20世纪二三十年代，济南回族的“八大拳架”[①]也纳入了查拳系统，由此山东回族查拳逐步形成了以八大拳架为基础的查拳体系。在“踢、打、摔、拿”基本技法的基础上，强调以快制胜，尤其重视腿法和摔法的技击特色。近代以来，山东回族产生了诸多查拳名家，如杨鸿修、于振声、常振芳、张英振、张英健、马裕甫、杨法武、张孝才、杨松山、张登魁、李超群等人。

在拳种林立、套路众多的中国武术中，弹腿是流传最广、练习者众多的技术体系之一。弹腿结构简单，动作由易而难，再加上节奏分明，又适于群体训练和表演，所以一直是初学武术者所喜爱的入门之艺。近代以来，精武体育会、中国武术会、中央国术馆等武术社团曾大力推广武术，弹腿是最受欢迎的普及教材，同时也成为南北武术文化交流的重要例证。[②]有学者认为，弹腿是查拳门派中的一个组成部分，是练习查拳的入门功夫，一共十路。弹腿作为一种基础训练方式，是练习腿法的重要功法，它是“北腿”的精华，弹腿的练习中各种腿法多要求与腰平。习练弹腿有利于胯骨开展、沉腰、松腰、筋络伸长、增长弹性和韧性，是练功和技击的最佳选择。近代以来，查拳弹腿主要由回族拳家传播并推广到全国各地，因此查拳弹腿在近代中国的普及发展过程中，回族武术家的作用是显而易见的，尤其是山东的回族武术家。

摔跤是中国最古老的体育项目之一，山东回族摔跤运动以济南为盛。20世纪20年代，在济南西关回族中兴起了摔跤运动。时任济南镇守使的军阀马良积极倡导和推行武术与摔跤运动，开设摔跤社队，这便是武术和摔跤结合的重要体现。20世纪30年代，济南的摔跤运动已相当兴盛，仅回族摔跤社队就有十几处，培养了600多名学员。山东武术名家多次在全国摔跤大赛中夺魁，因此济南、北京、天津与保定被誉为四大跤城。摔跤是回族群众所喜爱的传统体育项目，清至民国以来可谓名家辈出。民国年间，摔跤与武术同属

① 八大拳包括六家式、二十四式、黄鹰架、老架拳、串拳、短打、埋伏拳和行拳。

② 马廉祯：《弹腿源流与教门弹腿研探》，《回族研究》2011年第1期。

“国术”体系，很多人是两者兼好而有所偏长，山东回族武术家更是如此。如获得最优等称誉的马裕甫，他也是擅长查拳、弹腿以及摔跤的典型代表，全国擅长查拳、弹腿以及摔跤的回族武术家大有人在。山东省许多练查拳和弹腿的，多喜欢摔跤，也因此出了不少摔跤名手。拳术谚语“拳里加跤，神鬼难逃”“学会打拿摔点，敢叫鬼神丧胆”等，便是对查拳、弹腿、摔跤三者结合得很好注解。[①]

随着社会尚武之风日盛，山东武术在20世纪二三十年代得到了长足发展，多层次的武术机构和武术团体迅速兴起。山东武术传习所、俊英体育社、摔跤场、各级国术社等众多武术社团的成立，打破了传统武术传承的封闭体制。各社团争相聘任各个武术流派的武术名家前来任教，这对山东武术各个武术流派之间的交流与传播起到了积极的促进作用。“武术传习所、国术馆中云集了全省乃至全国的武术高手，不分门派，各种拳械、流派任其传授，促进了武术的交流和发展，大大丰富了山东武术的内容”。[②]查拳本是山东地方的特色拳种，因简洁明快，易于学练，注重实战，而深受欢迎。民国年间，经过一批回族拳师的积极推广，查拳的流行范围不断扩大，爱好者遍及大江南北。有一段时间出现了凡有武术表演就必定有查拳的现象。杨法武也是一位擅长查拳、弹腿、摔跤于一身的著名回族武术家。

二、杨法武生平事迹

杨法武（约1901—1969年）[③]回族，山东济南人。杨法武幼年师从王兆

---

① 山东省济宁市市中区政协：《济宁回族》，《济宁市市中区政协文史资料》第十一辑，1998年，第91页。

② 山东省地方史志编纂委员会：《山东省志·体育志》，山东人民出版社1993年版，第21页。

③ 笔者查阅到的资料显示杨法武的生卒年存在争议，主要有1899、1901和1903年三个时间点。百度“中央国术馆”国术大师，介绍杨法武的生卒年约为1899—1980年。张茂华编著《八卦拳习练窍要》第185页写到杨法武（1899—1980年）。伊牧之主编的《济南回族武术》《浅谈济南回族武术史略张利》中写到“一九二八年十月，杨法武（27岁）”，《浅谈济南回族武术史略补遗》中写到“杨法武（1901—1969年）；摔跤一级教授，1928年第一届

亭、王兆林，为俊英体育社第一、二期学生。后师从著名查拳大师杨鸿修，是其得意门生，并与王子平、于振声、马裕甫等人同门学艺。1917年，杨法武入山东武术技术队，拜张凤岩门下。在技术队中杨法武、法仙洲、黄成玺、彭寿惠四名少年作为重点培养对象，被后人称为武坛“四大小孩”（即小武术家、摔跤家），后被称为北方跤坛“四大金刚”。技术队的学制为两年，毕业后杨法武成为技术队教员。1923年，杨法武参加在上海西门公共体育场举办的全国武术运动大会荣获最优等奖。[①]1928年7月22日，参加了在法租界举办的中华义勇团游艺大会，并表演了二十四式单刀。[②]1928年10月，年方27岁的杨法武[③]，参加了中央国术馆举办的第一届“全国国术国考”竞赛，荣获季军、最优等的荣誉[④]。因技艺超群被中央国术馆定为一级教员，留馆任教，与马裕甫、杨松山、窦来庚等武术家成为中央国术馆的实力派人物。从中央国术馆馆长张之江先生任命的摔跤科长马裕甫、摔跤教授杨法武来看，这两人在最优等中，摔跤成绩应该是最优秀的。[⑤]

1929年10月21日，在中央国术馆竞武场（该竞武场于1929年9月7日上午正式落成并启用）迎来了一场竞武擂台决斗，有近万名观众前来观看。南京国术馆的7名“一等教员”（即高级教官）童仁富、陆林、罗玉、马承智、王子庆、杨法武、朱国福与来自四川、福建的7名俗家弟子展开一对一的徒手搏击。[⑥]第一场是擅长查拳门武技的杨法武与擅长民间古传“铁砂手”和摔跤术的应擂方高风扬的比试。两人一上场就用“远打近靠贴身摔”的方式展开，实力相当，但最终杨法武胜出。1928年何福生考入中央国术馆第三期教授班

国考最优等奖获得者；归真于重庆。”。徐妍在搏击武术科学发表的《近代济南回族武术与摔跤发展历程略谈》中描述杨法武的生卒时间为1901—1969年。王德明、张有峰编的《形意拳启蒙教程五段教学法》第301页中，近代武术名家杨法武是1903—1969年。王广西著的《中国功夫》中对杨法武的介绍为生卒年不详。笔者根据各方面的资料进行分析，认为杨法武的生卒年为1901—1969年较为合理，但更为准确的生卒时间还需进一步的考证。

① 张利：《武林名将、抗日英雄窦来庚》，《武魂》2010年第11期。

② 《法租界中华义勇团游艺大会今晚节目》，《申报》1928年7月22日。

③ 伊牧之：《济南回族武术》，济南市伊斯兰教协会，2009。

④ 范克平：《旧时国立南京中央国术馆写真（6）》，《中华武术》2004年第12期。

⑤ 沈福康：《现代中国跤术的发展阶段》，《中华武术》2007年第4期。

⑥ 范克平：《旧时南京中央国术馆写真（8）》，《中华武术》2005年第2期。

学习，跟随王子平、杨法武学习摔跤，杨法武亲自传授摔跤技法。[1]何福生学习刻苦，悟性极高，深得杨法武喜欢，杨法武便把一身绝学都传给了何福生。[2]1929年，中央国术馆组织机构改革，杨法武任训练队副队长，兼教摔跤。[3]同年，杨法武任山东国术馆的武术教员，但任教时间不长。在馆期间，杨法武与李玉琳较艺，李玉琳以太极推手使其进退不得，杨法武遂拜服。[4]据唐豪回忆，杨法武曾说："太极推手另有一功，练摔跤的也应该学习推手，对懂劲有帮助，对枪把也可沾不少光，这是我的多年经验之谈"。20世纪60年代，曾经向清善扑营教师学摔跤的宋振浦也有同样的看法。[5]

1930年，中央国术馆为考察日本的剑道和柔道，委派时任中央国术馆编审处处长唐豪为团长，率团员杨松山、杨法武、朱国福等摔跤家、武术家赴日本东京神田区保町前田道场考察学习，并了解我国武术在日本的开展情况。[6]回国后唐豪向武术界作了报告，并在《国术统一月刊》上发表文章，号召我国武术应向实用方向发展。

1930年4月，中央国术馆馆长张之江先生因长期操劳过度，需赴日本就医，杨法武陪同。日本天皇接见张之江先生，并提出"以武会友"，双方约定时间，并协定以倒地为输赢的标准。中方由杨法武与日本柔道高手较量，日方精选了4名柔道高手，其中有打遍12国无敌手的柔道名家佐藤次郎。这次较艺，名义上是"友好切磋"，实际上是一场国与国之间的武术较量，事关张扬国威，洗雪"东亚病夫"的耻辱。为了取得胜利，张之江自接受挑战之日起，便给杨法武分析敌情，制定较技方案，让另一个武士陪他苦练不辍。

---

① 王广西主编：《中原文化大典民俗典武术》，中州古籍出版社2008年版，第348页。

② 王涛：《武术之旅—云南武术近代名家》，《中华武术》人民体育出版社，2010年第6期。

③ 崔乐泉：《中国体育通史》第四卷，人民体育出版社2008年版，第157页。

④ 童旭东：《中国武学之道》，中国文联出版社2012年版，第204—205页。

⑤ 顾留馨：《顾留馨太极拳研究》，山西科学技术出版社2008年版，第201页。

⑥ 唐豪：《神州武艺》，吉林文史出版社1986年版，第2页。

较技结果是杨法武用“沾衣十八跌”[①]接连战胜日方3名柔道名家[②]，为中华武术扬威。1930年时杨法武在日本天皇面前接连摔倒三名日本柔道高手，他是我们的民族英雄，是我们济南人的骄傲，是济南府每一个摔跤人崇拜的前辈。”[③]

1930年，恰逢远东运动会在日本举行，冯玉祥将军提出从17名“最优等”中选拔一些文武双全者去日本学习柔道和剑道，因而杨松山、杨法武、孙国福等人以普通平民身份去日本学习。他们先在东京讲道道馆学习柔道，然后又去户山步兵学校学习剑道，仅一年时间便娴熟掌握了柔道和剑道的技法精华。日本教练十分惊奇地称赞“你们中国人很聪明，将来定能超过日本”。[④]

曾任重庆宪校上校武术教官的杨法武，身体魁伟，力大无穷，教拳术、擒拿和摔跤，他不仅武艺精，且机智灵活。用家里的铁索拴着大树疙瘩作为日常练功的必备器材，课堂讲课带表演，学生们听着有劲，精神饱满。在南京全运会上与“钢铁大力士”[⑤]比摔跤，靠智力将对方摔倒在地，获得冠军。[⑥]抗战期间，杨法武随国立国术体育专科学校后撤至重庆，后一直定居于此直至离世。新中国成立初期，因武术建设需要，杨法武曾短暂执教四川武术队，培养出一批武术人才，并带队参加了1959年的第一届全运会。

---

① 沾衣十八跌是一门历史悠久的汉族武术，源于少林睡罗汉拳法的一套沾衣功。四两拨千斤是其精髓所在。沾衣跌的总诀：抽身换影，乘势借力，脱化移形，引进落空，避锋藏锐，闪转走化，以斜击正，以横破正，以巧制拙。在实战搏杀中，必须抓住稍纵即逝的空当、破绽，牵逼锁靠，消打并举，发劲跌敌。

② 《河北文史资料》第三十五辑提及是4名日本柔道高手，杨法武由于战胜了佐藤次郎便没有继续下去，因此实际上是一连战胜3名日本柔道专家。

③ 杨树、谭强：《洋片人生》，济南出版社2010年版，第237页。

④ 郝心莲、王国维：《中华武林著名人物传》第一辑第二卷，百花洲文艺出版社1998年版，第692页。

⑤ 当时某大钢铁厂装卸工人，常久搬钢铁块练的力大无穷，拿几百斤铁块，如甩石头蛋一样。

⑥ 中国人民政治协商会议临颍县委员会文史资料研究委员会：《临颍文史资料》，第5辑，1988年，第40—41页。

三、对山东回族武术发展的总结

武术是中华民族共同的精神财富，各民族对武术的起源、形成与发展都作出了贡献。山东回族武术内容丰富，门派众多，既有中华武术的传统项目，也有富于独特风格的本民族项目。回族对武术情有独钟，有以清真寺为中心开展武术活动的历史传统。清真寺为广大回民武术爱好者提供了传习武术的场所，实际上兼备了习武中心的功能，不少阿訇兼任武术教练，广州光塔寺现如今还在开展武术教学活动。回族的武术活动尤其引人瞩目，武术实际已成为回族文化的重要构成部分。山东回族历来就有习武传统，英杰辈出，为中华武术发展作出了重大贡献。近代以来，中央国术馆、精武体育会、上海武术会等武术社团曾大力推广武术，查拳是广受欢迎的普及教材，同时也是南北武术文化交流的重要例证。近代山东涌现了众多优秀的回族武术家，如马裕甫、杨法武、杨松山、张登魁等人，对山东武术乃至全国武术都作出了贡献。

近代山东回族武术具有以下特点：第一，山东回族武术有两大中心，一是鲁西冠县一带，以查拳著称于世，代表人物有杨鸿修、张英振、常振芳等人；二是济南地区，以八大拳架独具地方特色，较为著名的武术家有杨松山、张登魁、周子和等。第二，山东近代出现了一批卓越的武术家，有的是一些重要武术流派或拳系的主要建构者；有的则对武术的传播与交流起了重要作用，还有的在全国武坛上享有盛誉。第三，不少山东籍武术家在中央国术馆或各级国术馆任教或从军。武术人士从军并不少见，但这一现象在回族中更是不胜枚举，不少山东回族武术人士为抗日战争的胜利付出了巨大努力甚至生命的代价。第四，山东回族武术家具有注重训练、教学和实战运用的特质。在国术体系中，有不少山东回族武术家就是这一特质的践行者，对国术体系作出了很大的贡献。第一届国术国考17名最优等中有7位来自山东，占最优等的百分之四十有余。由此可知，山东省是当时受武术影响最大的省份之一。总体上看，山东的武术家群体体现了山东地域文化交流融合的特点，也表现出武术与民族宗教文化之间的契合，一些回族武学精英人才的产生，同地域、民族浓郁的尚武氛围和世代传承的训练经验密切相关。

四、对回族武术家杨法武的评价

杨法武是山东回族武术家群体的一个典范，他们以武术与摔跤相结合，且闻名于近代中国武坛。他是非常特殊的一个武术家群体的代表，他既接受过非常良好的传统武术与传统摔跤训练，又在中央国术馆的发展中接受过经改良的国术的洗礼与熏陶。他是在那样一个新旧文化交替，非常特殊的年代，旧的武术传统遭遇新时代社会结构变形所产生的压力影响之下，培养出来的一批新中国武术人中的一位。这是一个对中国近代武术发展乃至新中国武术发展都产生过深远影响的群体，但是非常可惜的是人们对这个群体的关注，至今为止，并不算广泛，更谈不上深刻。对形成这个群体的社会背景、文化背景，以及对他们自身的认知，价值观等方面的考察都非常欠缺。杨法武等这些人成为当代为武术界广泛知晓，却知之甚少的一个非常特殊的群体。从社会学与人类学的角度来深刻了解这些人，就是对中国近代武术发展史的补充，也是对整个中国近代武术文化生态的重要考量。

参考文献：

［1］《法租界中华义勇团游艺大会今晚节目》，《申报》1928年7月22日。

［2］唐豪：《神州武艺》，吉林文史出版社1986年版，第2页。

［3］中国人民政治协商会议临颍县委员会文史资料研究委员会：《临颍文史资料》，第5辑，1988年，第40—41页。

［4］山东省地方史志编纂委员会：《山东省志·体育志》，山东人民出版社1993年版，第21页。

［5］山东省济宁市市中区政协：《济宁回族》，《济宁市市中区政协文史资料》第十一辑，1998年，第91页。

［6］郝心莲、王国维：《中华武林著名人物传》第一辑第二卷，百花洲文艺出版社1998年版，第692页。

［7］范克平：《旧时国立南京中央国术馆写真（6）》，《中华武术》2004年第12期。

［8］范克平：《旧时南京中央国术馆写真（8）》，《中华武术》2005年第2期。

［9］沈福康：《现代中国跤术的发展阶段》，《中华武术》2007年第4期。

［10］王广西主编：《中原文化大典民俗典武术》，中州古籍出版社2008年版，第348页。

［11］崔乐泉：《中国体育通史》第四卷，人民体育出版社2008年版，第157页。

［12］顾留馨：《顾留馨太极拳研究》，山西科学技术出版社2008年版，第201页。

［13］伊牧之：《济南回族武术》，济南市伊斯兰教协会，2009年。

［14］张利：《武林名将、抗日英雄窦来庚》，《武魂》2010年第11期。

［15］杨树、谭强：《洋片人生》，济南出版社2010年版，第237页。

［16］王涛：《武术之旅—云南武术近代名家》，《中华武术》2010年第6期。

［17］杨晓纯《散杂居回族经济与回汉民族关系研究——以山东省枣庄市台儿庄区为例》，中央民族大学出版社2011年版，第53页。

［18］马廉祯：《弹腿源流与教门弹腿研探》，《回族研究》2011年第1期。

［19］童旭东：《中国武学之道》，中国文联出版社2012年版，第204—205页。

近代精武体育会创始人陈铁生

杨韦雷

陈铁生作为精武体育会创始人之一，积极宣传精武思想，编辑整理多种武术书籍，对当今学者探查精武会时期武术的发展具有重要意义。但在查阅诸多资料之中，很少有关于他个人生平及其武学思想的研究，即使有也比较零散。对陈铁生个人生平和思想的了解，有助于我们对精武会发展的深入研究。基于此，本文通过文献资料法和逻辑分析法，查找民国时期与陈铁生有关的文章以及由其笔述的著作，从中提取有价值的资料，力图梳清陈铁生在精武会的个人事迹。

图1　陈铁生

一、陈铁生生平

日前关于陈铁生的生辰年存在两种不同的观点，一是出生于1864年，一是1873年。持第一种说法的如容世诚在《粤乐“八大曲”初析：戏曲清唱、珠江河调、广东汉剧》一文中，引用陈铁生的《粤乐拉杂谈》时，对陈铁生的叙述为“陈铁生（陈铁笙，陈卓枚，1864—1940年）”。[①]在2007年第10期《古谱采真》中，陈铁笙撰述、赵连和授艺的《精武会必修拳法——十字战》一文叙陈铁生生于1864年。[②]关于第二种说法，郭裔先生《晚清民国时期

① 容世诚：《粤乐“八大曲”初析：戏曲清唱、珠江河调、广东汉剧》，《文化遗产》2016年第3期。

② 陈铁笙：《精武会必修拳法——十字战》，《精武》2007年第10期。

的广东武术》在“陈铁笙的武术著述与宣传”一节中，指出陈铁生1873年出生。[1]对于以上两种观点，后者可信度更高，因为陈铁生曾在自编的《精武本纪》之“体育相真”提及：“中华民国八年，上海精武体育会十年大纪念，新会陈铁生卓枚识，时年46岁。”[2]即中华民国八年时，陈铁生已经46岁，则陈铁生的生辰年是1873年。

陈铁生（又名陈绍枚）（1873—1940年），名元广，又名卓枚，字承灏，也作铁笙，广东新会人，新闻记者，早年曾加入南社。1916年加入精武体育会，与陈公哲、卢炜昌、姚蟾伯四人并称为“精武四杰”，出任过上海精武体育会编辑。陈铁生在精武体育会历任情况，民国五年、六年，任国文书记一职；民国七年，任会记及国文书记一职；并在技击部担任出版部总编辑，及文事部担任临池会主任。编著有《精武本纪》《达摩剑》《五虎枪》《精武体育会技击丛刊》等著作，除在武术方面之外，陈铁生在音乐方面也多有建树，尤其是粤乐。

二、陈铁生与粤乐

粤乐，我们一般把它称之为广东音乐。精武会多以粤人为主导，如“精武四杰”中，陈公哲（祖籍广东香山）、卢炜昌（广东香山）及陈铁生（广东新会）。其中对粤乐有较深研究的当属陈铁生，他认为武术和音乐是相通的，可以相互配合，因此，他极力提倡将武术与音乐结合起来。加上其对粤乐的了解，精武体育会武术演练时就多配合以粤乐、乐曲。陈铁生对粤乐的研究，今天我们可从其《粤乐拉杂谈》了解。

《粤乐拉杂谈》一文，[3]包含了陈铁生对粤乐独到的见解。第一，就“粤东音乐与京班截然两途”这一问题，陈铁生从粤调与京调的异同分析，认为

① 郭裔：《晚清民国时期的广东武术》，华南理工大学出版社2013年版，第155页。

② 陈铁生：《体育相真》，《精武本纪·技击》，中央精武体育会1919年版，第47页。

③ 陈铁生：《粤乐拉杂谈》，《精武本纪》，中央精武体育会1919年版，第116—118页。

粤调是从京调变化而出的。第二，从陈铁生的叙述中，可知粤乐有三种风格类型，分别是顽家、老横（即八音班）、班本（即戏班）。他认为顽家是上乘，而老横已过时，原因是其过板及补句太长，戏班则因手工关系，锣鼓与弦索常常不能吻合。第三，还有有关粤乐弦索名称及粤乐符号的介绍。最为重要的一点是，陈铁生以粤东音乐界泰斗，且拳术也最为有名的六爷班霍英为例，认为技击家多与音乐结不解之缘。据程美宝在《近代地方文化的跨地域性》一文中所说，陈铁生是1919年上海成立的“中华音乐会”的创始人，且很有可能就是为《广肇周报》长期提供粤曲曲谱的撰稿人。[①]陈铁生创编了《新乐府》，以及谱《举狮观图》，可见陈铁生在音乐方面的造诣以及贡献。

三、陈铁生与武术

（一）精武会事迹

要说对陈铁生一生影响最大的，莫过于他的精武会生涯。从“精武四杰”之一及他在精武体育会的任职情况，可看出他在精武体育会的显赫地位。当然显赫地位的背后，必包含了他对精武体育会的贡献，这得从他入会之初说起。据《精武本纪》中“体育相真”一文记载，陈铁生未加入精武体育会之前，不到四十岁便到了“几至杖而后能起”的地步。因此，带有治病健身的目的，民国五年，陈铁生应卢炜昌邀请入精武会撰技击丛刊。

陈铁生入精武会的时间是1916年，详细记载可从一份花名册中窥见，据《上海中国精武体育会会员记名》，陈铁生：第六一七号，民国五年六月入会。[②]入精武会之后，陈铁生任精武体育会编辑，致力于精武体育的向外推广和传播。当然陈铁生并不仅仅只是做宣传工作，他本人也学习技击术。正如之前所说，年不过四旬几至杖而后能起，刚开始他对学武并未抱多大希望，

① 程美宝：《近代地方文化的跨地域性——20世纪二三十年代粤剧、粤乐和粤曲在上海》，《近代史研究》2007年第2期。

② 《上海中国精武体育会会员记名》，《精武本纪》，中央精武体育会1919年版，第189页。

只不过是勉强随教员手舞足蹈。然而，经过不断的练习，他在枪与剑科目中便能与诸少年角逐，这使陈铁生对武术的追求更加坚定。

（二）《精武本纪》

在陈铁生编撰的著作中，影响最大的一部非《精武本纪》莫属，原因之一是享誉中外的孙文先生（孙中山）为该书作序，并为精武体育会题了“尚武精神”四字，这对当时精武体育会的传播起着重大作用。下面让我们来看看陈铁生笔下的精武主义。

《大精武主义》[1]作为概论篇，其中有大量的信息可供我们探讨。由此文可知，精武会注重的是对个体技击术的培养，并认为技击术是千年遗传之绝，习之以达健全之精神。其次，陈铁生认为技击术还有治病的功能，转弱为强，有助于国民团结，增强抵抗能力。平等是天经地义的，康健则是智识道德的前提，故康健平等乃人世间头等大事。若想达到此种境界，非技击不可。因此，精武会宗旨以技击为根本，以武德为辅。据其所述，精武会虽有学校的性质，但在学者年龄上略有区别，即学校有年龄限制，而精武会以实际经验为参考，并要适应时势的要求。陈铁生提倡课余应有行乐游戏，并有相应场所，虽有俱乐部性质，但精武会有严格的规则约束。精武会办理采取分部法，分为技击部、兵操部、文事部和游艺部。从精武会的部门分布来看，有点像现在我们所说的公司。

据陈铁生在文中所述可知，政治问题是精武会的禁忌，会约中有制止政谈一条。他认为政治只是一时的，而技击术是万事之根本。因此，没余暇去干预政治问题。当民国第一任临时总统孙文先生（孙中山）为精武体育会题赠后，很多人认为精武会顿增荣宠。而陈铁生并不这样看，他认为精武会并无政治臭味，孙先生足迹遍天下，且懂医学，并是医学博士。孙先生既然愿意为精武会题赠，说明他赞成技击，技击对人生理是百利而无一害的，这实际增加了另一科学之确切证明。可见，精武会是不谈政治的，但事实真如此吗？在当时内忧外患的环境下，个人尚不能自保，更别说像精武体育会这样的民间组织。更何况陈铁生在未进入精武会之前，便是南社成员，是很难与

① 陈铁生：《大精武主义》，《精武本纪》，中央精武体育会1919版，第1页。

政治完全分离开的。

1. 运动会纪

据《精武本纪》之《运动会纪》记载，精武会每年秋季举行技击毕业礼，技击为精武会的根本。[①]技击一科分初中高三级，满两年为初级毕业，发初等证书，黄星一颗。满四年为中级毕业，发中等证书，襟饰黄与蓝两星。满六年为高级毕业，发高等证书，襟饰红蓝黄。[②]第一届在民国元年十月二十七日于王家宅第二会址前操场，来宾有数千人。因来宾人数众多，之后的每一届都有所调整，且运动会节目也越来越丰富，秩序越来越规范，但主要内容不变，仍由会员或教员进行汇演。

在前几届运动会秩序表上，并未发现有关陈铁生的技击项目。首次出现是在第五届技击毕业礼上，民国六年十一月二十五日，在第一节运动次第表中，第三十项便是陈铁生与沈季修的"双刀串枪"。[③]第六届，在第二节（教员/会员）运动次第表中，第十九项陈铁生峨嵋枪。[④]民国八八年运动预记，在"单拳"表中，十字战，陈铁生；[⑤]"对拳"表中，陈铁生与赵连和"短打"；[⑥]"兵器"表中，峨嵋枪，陈铁生；[⑦]"兵器对手"表中，陈铁生与赵连和"单刀战大刀"。[⑧]不难理解，在前几届技击毕业礼中，之所以没有陈铁生的记载，这和他入会的时间有关系。第一届至第四届技击毕业礼都是在民国五年之前，而陈铁生刚好是民国五年入精武会。因此，自第六届开始，便有了他的身影。通过前后对比，可知陈铁生在兵器上最擅长使用峨嵋枪。他对枪也有一定研究，如由其笔述的《论枪》《八母十三枪》等文章，以及《五虎枪谱》等著作。

但从历届运动会的汇演中显示出一个问题，那就是几乎每一届运动会的

① 《运动会纪》，《精武本纪》，中央精武体育会1919年版，第21页。
② 《技击之三级毕业记名》，《精武本纪》，精武体育会1919年版，第35页。
③ 《运动会纪》，《精武本纪》，中央精武体育会1919年版，第29页。
④ 《运动会纪》，《精武本纪》，中央精武体育会1919年版，第32页。
⑤ 《运动会纪》，《精武本纪》，中央精武体育会1919年版，第33页。
⑥ 《运动会纪》，《精武本纪》，中央精武体育会1919年版，第34页。
⑦ 《运动会纪》，《精武本纪》，中央精武体育会1919年版，第34页。
⑧ 《运动会纪》，《精武本纪》，中央精武体育会1919年版，第35页。

汇演者都是相同的。即历届运动会几乎都是同一批人，很少有其他会员加入，这也反映了以技击术为根本的精武会，在传播上存在问题，简而言之并不是一帆风顺的。

陈铁生在《评判松江运动会纪》中说到一个很有趣的事情，他与赵连和赴松江评判县立各校运动会。此次运动会让人瞩目的当属女校，与男校相比，女校只有半年程度，且技击节目只有三种，然而都取得最优分数。因此，陈铁生下判词说："男校当首列，然使女校若有同等之节目者，正不知该锦标谁属也。"女校技击以爱国为首，此次松江运动会男女混合比赛，爱国女学生所教授之女生，几乎压倒男校。陈铁生因此感叹曰："我辈当以能夺技击锦标者为美女子。"①

2.《盾墨余沈》

陈铁生撰述的《盾墨余沈》，涉及有关武术方面的信息，从今天来看，也是很有价值的。首先他在"革命党之拳术家"中，提到了黄花岗七十二烈士中有拳术家，林尹民先生（福建闽侯人，号靖菴，字无我）。林先生任前锋弹尽时继之以拳，表现出拳术家的大无畏英雄气概。第二，在"技击"中，陈铁生指出精武会技击科，南宗北派兼收并蓄。但对初等修业者有所限制，以潭腿、工力拳、节拳、接潭腿、八卦刀、五虎枪、大战拳、套拳、群羊棍、单刀串枪十套为必要科。十套分别习之，会收到不同的效果。如工力拳与大战拳，习之能增力，节拳能长气等。从这里我们可以看出，陈铁生更倾向于武术的健身功能，防身治病，这与他的切身体会有很大关系。第三，据"八卦棍"记载可知，蔡国祥与蔡国喜两兄弟的功名，皆出于其萱堂之一枝八卦棍，这是从战阵上打出来的。另外，据"八母十三枪"中所述，"八母"即劄、打、拉、划、硼、挑、劈、铡。这是一套风格独特，技击明显的枪法，然而，今已失传。枪法为武术中最难者，神而明之，则枪法最为精。②

陈铁生在"定点"目中讲述了他的武学思想。武家言拳术贵得窜劲，铁生称之为定点。他认为窜劲的窜字，意思是力恰到好时，必有震动，而

① 陈铁生：《评判松江运动会纪》，《精武本纪》，中央精武体育会1919年版，第71页。

② 陈铁生：《盾墨余沈》，《精武本纪》，中央精武体育会1919年版，139—143页。

略有回势。他举炮弹出膛之例来说明，炮弹出膛时，炮身必有退回之势。故习武程度越深者，拳到定点必有回势。从实战角度来说，对敌时拳沾敌身始发劲，如果未及敌身便发劲，就是在虚耗力量。以独自练习而言，手臂将打直时方用劲。窜回震动，这就是我们俗称的拳风。陈铁生以上所述，窜劲实则就是我们今天所说的打拳要有弹性，松紧结合，到点发力，强调爆发力。

（三）《国技大观》

此外，由陈铁生、向恺然等编撰的《国技大观》中，也收录了有关陈铁生的文章，如《武库》《体育万能》《大精武主义》等。其中《体育万能》一篇，[①]有很多地方是值得仔细推敲的。该篇主要说的是拳术，他认为体育万能，则择术（运动术）必然要小心谨慎。良运动法需要有八要点，第一，既可作军人运动，也可作群众运动。第二，气血同长。第三，力量适中，不伤身体。第四，要有趣味性。第五，有自卫的功能。第六，男女老幼皆可同习。第七，不受场地时间限制。第八，器械类运动，器械易于携带。此八要点缺一不可，他认为技击才是真正有益于身心健康的运动，极力提倡在国民中普及技击术。从其叙述中可知，精武会以技击为根本，技击又以拳术为根本。拳术虽宗派众多，但可大致分为长拳短拳。长拳用柔，短拳用刚，刚柔之法，非一日之功。精武会技击一科，主要以潭腿为基础，是短拳中的精华所在，被称为精武会半部技击字典，可见其重要性。

关于“站桩”这一问题，陈铁生认为，不应该拘泥于落地生根之说。“站桩”若手不动，则将偏于一肢，进而气血不通，对身体有害。从术语上来说，无坚不破，唯快不破。若“落地生根”，则便失去灵活机动性，就很难快起来。因此，他认为落地生根之说是一种谬误。

四、结语

陈铁生自进入精武体育会之后，可谓呕心沥血，一心致力于精武事业的推广传播。但从诸多资料可知，与武术技术相比，陈铁生明显更倾向于理论

① 陈铁生：《体育万能》，《国技大观·名论类》，国技学会1923年版，第46—56页。

方面。尽管如此，他在武术方面的见解及由其笔述的书籍，即使从今天来看也是很有价值的。

民国时期，在西方文化及强大的军事实力冲击下，此时的中国正处于转型的困难时期。很多国民还未适应这种变化，在转型中显得无所适从。而陈铁生便是处于这样矛盾的社会背景中，面对外来文化的冲击，他在接受西方文化的同时也极力提倡发扬我国传统文化。因此，他大力推崇武术作为国民体育锻炼的必要项目，提倡新武化，带有很强的使命感。但武术的地位在当时正处于一个尴尬的位置，原因主要是受义和团运动影响，武术变得神秘莫测。因此，当时武术受到很多学者的抨击，其中包括新文化运动的领军人物陈独秀、鲁迅等，之后便有了陈铁生与鲁迅的笔战。陈铁生以自己为例，强调武术有强身治病的功能及其他外在因素，但正如柯文在《历史三调》中所说的关于鲁迅与陈铁生之间的争论："两人关注的层面完全不同。陈最关心的是中国武术的名誉，而鲁迅关心的是现在和将来中国文化的走向问题。"[①] 因此，与鲁迅的笔战便不了了之。后来也许陈铁生也看出了武术存在的问题，精武体育会后期，与武术有关的内容也越来越少。

从前面叙述可知，精武体育会的根本目的是推广技击术，并且非常注重其攻防对抗的实用性。但精武会在提倡其实用性的同时，也非常重视套路演练。虽然演练中有两个人相互拆招，但还是按照规定的动作演练，更倾向于表演化，其实质还是武术套路，如精武丛刊中"童子军实用棍谱""技击术军用实施法""合战"等。由此可见，陈铁生等人对实用与套路演练的界定是模糊的。从精武会提倡新武化来看，在精武会中明确提到新武化的是卢炜昌，我们可从其笔述的《新武化——我之拳术意见百则》[②]一文中来了解，但文章全是关于拳术的意见。因此，我认为精武体育会可能将新武化与拳术等同，即新武化就是靠拳术的普及来实现。但武化之路并不是简单的身体运动，也不是简单的拳术演练，简而言之这不是一件容易的事，而且在当时的社会背景下也是很难实现的。

---

① ［美］柯文（Paul A.Cohen）著、杜继东译：《历史三调：作为事件、经历和神话的义和团》，社会科学文献出版社2015年版，第254页。

② 卢炜昌：《新武化——我之拳术意见百则》，《中央杂志》1923年第24期。

五、述评

徐峙崧在《赠陈君铁生》中云："却羡此身经百炼，不须换骨也神仙。"[①]陈铁生从几至杖而后能起，到登台角逐，以及其在文学上和音乐上的功底，可见其在精武体育会是一位不可多得的人才。

陈铁生自出任精武体育会编辑，积极编著武术书籍，如《达摩剑》《合战》《潭腿》等，在当时掀起了一阵著书狂潮，方便了今后的研究。有学者探查得知，《广东近代武术文献目录》中收录了陈铁生的编著16种，其中10种是武术专著。[②]这些武术著作，即使到了今天也有一定价值。

时至今日，陈铁生还会被很多学者提及，主要源于其与鲁迅有关"土洋体育之争"的笔战。"土洋体育之争"发生于20世纪20—30年代，争论的核心是现代西方体育和以武术为代表的本土传统体育的争锋。[③]从陈铁生反驳的文章及其在精武技击丛刊发表的文章来看，他在强调武术演练有健身治病作用的同时，也夸大了武术的实用性。尽管如此，陈铁生的个人事迹还是值得我们去梳理的。

参考文献

[1] 陈铁生编：《精武本纪》，中央精武体育会1919年版。

[2] 向恺然、陈铁生等编：《国技大观》，国技学会1923年版。

[3] 卢炜昌：《新武化——我之拳术意见百则》，《中央杂志》1923年第24期。

[4] 郭裔：《晚清民国时期的广东武术》，华南理工大学出版社2013年版。

[5] [美] 柯文（Paul A.Cohen）著、杜继东译：《历史三调：作为事件、经历和神话的义和团》，社会科学文献出版社2015年版。

[6] 程美宝：《近代地方文化的跨地域性——20世纪二三十年代粤剧、粤乐和粤曲在上海》，《近代史研究》2007年第2期。

---

① 徐峙崧：《赠陈君铁生》，《精武本纪》，中央精武体育会1919年版，第157页。

② 仝秀兰、王小兵：《广东近代武术文献发展研究初探》，《中华武术》2013年第8期。

③ 马廉祯：《论现实视角下的近代"土洋体育之争"》，《体育科学》2011年第2期。

［7］陈铁生：《精武会必修拳法——十字战》，《精武》2007年第10期。

［8］马廉祯：《论现实视角下的近代“土洋体育之争”》，《体育科学》2011年第2期。

［9］仝秀兰、王小兵：《广东近代武术文献发展研究初探》，《中华武术》2013年第8期。

［10］容世诚：《粤乐“八大曲”初析：戏曲清唱、珠江河调、广东汉剧》，《文化遗产》2016年第3期。

晚期帝制中国佩刀设计、装饰中的内亚细亚及近东元素

菲利普·M. W. 汤姆[①]
徐　涵[②]

一、佩刀简介与分类

近五百年来，中国军队所使用的带柄兵器中，刀一直是最主要的装备。刀源自异域，其引入中国，起于国内与北方草原游牧民族后代之间的军事冲突。在此之后，随着中国与伊斯兰世界的不断接触，刀的造型也进一步发生变化。

中国的带柄兵器，可以依其铸刃的不同形式予以分类。一种名“剑”（jian）[③]，双刃，形状笔直。[④]另一种名“刀”（dao），这个词所指既广且泛，只要是单刃的，都可称之为刀，根据其不同用途，其刀身或直或弯，或长或短，或宽或窄。中国刀具样式各异，不过大都与欧洲不同时期流行的所谓“白刃”（armes-blanches）有异曲同工之处。每一种刀都有其专门的名称，本文主要关注其中一种，即所谓“佩刀”，与欧洲的佩刀（saber）相

① 作者简介：菲利普·M. W. 汤姆（Philip M. W. Tom），美国人，著名亚洲古兵器鉴赏家、收藏家、古兵器修复师，曾先后发表过若干中国古兵器研究方面的权威性论文，对中国古代刀剑有深入研究。

② 译者简介：徐涵，男，35岁，毕业于广东外语外贸大学，现为华南师范大学外文学院英语系教师，教授翻译理论与实践等课程。

③ 文中括号标注的汉语拼音，皆来自原文中所使用的拼音——译者注。

④ 作者注：此双刃类型的武器中文一般称之为“匕首”。

似。汉语中这个名词的意思是“佩戴于腰间的刀”，将刀装在刀鞘中，悬于佩刀人的腰带上，具体做法是用一皮带或者绳索，一端系于腰带扣上，另一端系住刀鞘背部的两点（图1）。佩刀的刀身一般长达65厘米，带有刀柄，用于单手握持。

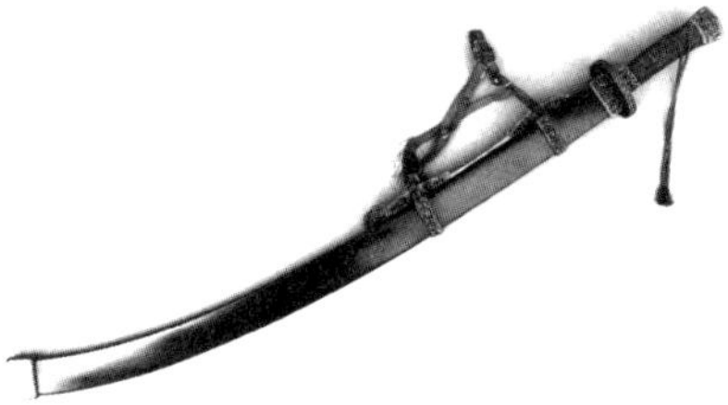

图1

佩刀（peidao）主要有五种，根据其刀身形状不同，名称也各有不同。其中三种，侧面看刀身从其强部（forte）至刀尖的宽度渐次变窄；另外两种，从刀身强部起略宽，而后变窄，直至刀尖。各类佩刀中，最早、最古老的一种，名曰“雁毛刀”（yanmaodao），其刀刃面大部分笔直，接近刀背尖位置逐渐弯曲，直至刀尖（图2上部）。自明末始，直到19世纪初，在各种藏品中都可以找到此类佩刀。中国早期朝代，有一种单刃武器，名为“直背刀”（zhibeidao）（详见下文）。后世所有佩刀中，雁毛刀与之最有渊源。雁毛刀既可像双刃兵器“剑”一样，精准捅刺，又具备单刃兵器的特点，可以大力劈砍。

图2

第二种佩刀，名曰“柳叶刀”（liuyedao）。这种刀的刀身大部分轻微弯曲至某种弧度，就劈砍来说，比雁毛刀更有效果。不过，因为其弯曲弧度更大，因此捅刺的效用有所缺失。柳叶刀最早出现是在明代，到清代（1644—1911年）时已成为军队中使用最广泛的佩刀。图2a中展示的是晚明时期的步军队列，可以看到队伍中央站着一位军官，手握雁毛刀，刀已出鞘，刀尖上挑，仔细看，会发现前排士兵手持的盾牌之后，露出柳叶刀的身影，相较之下，刀刃弯曲弧度更协调。

图2a

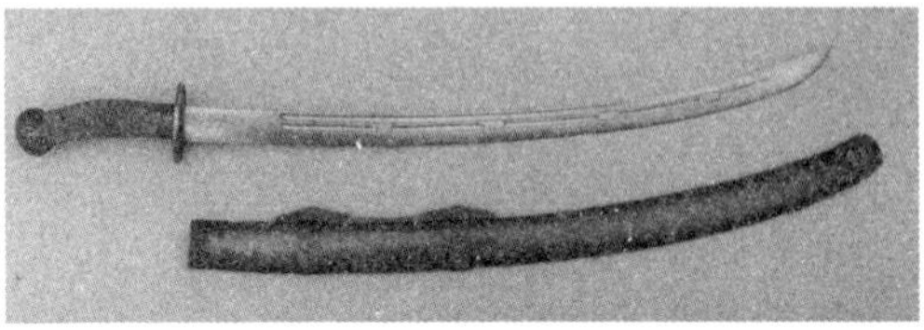
图3

第三种是“片刀”（piandao），其刀身弧度较前两者大得多（图3）。片刀与奥特曼帝国及波斯帝国的弯刀（shamshir）很相似，因为二者都用于近距离抽刀砍杀，很少用于捅刺。片刀在中国的使用并不普遍，基本上只是在清代前半期，现存的片刀也不多。

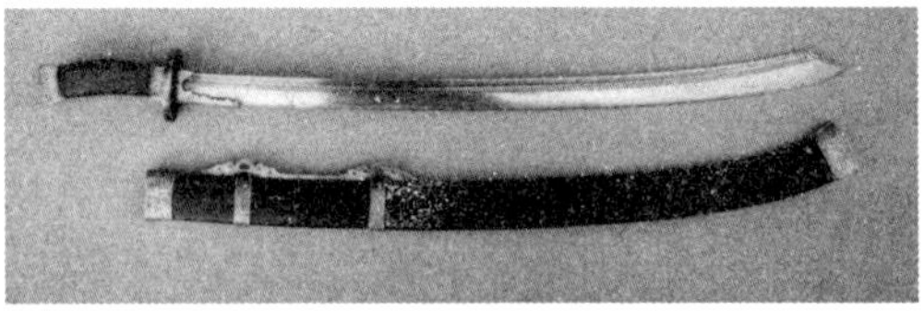
图4

第四种佩刀，谓之“雁翅刀”（yanchidao），与上文介绍的“雁毛刀”并不相同，不可混为一谈。这种佩刀弧度不大，有截角，某些刀的截角处配有装饰性的尖角，刀身渐宽，直至截角处（图4）。雁翅刀的形状，很可能由宋代的手刀（shoudao）演变而来。后者刀身短而宽，形似大刀，之所以称为“手刀”，也许是为了将之与军队所用的长柄兵器“长刀”区分开来。这种刀刃造型的来历，很可能与农业生产脱不开关系，而在五种佩刀中，雁翅刀差不多是唯一一种源自本土的兵器。图4a是雁翅刀的木刻画，来自宋代军队的文件。[①]

图4a

最后一种佩刀，名曰牛尾刀（niuweidao），其特点是刀身宽大，弯曲弧度也很大，刀身渐宽至刀尖（图2下部）。牛尾刀直到19世纪下半叶才有明确固定的形态，与之前的四种兵器不同，牛尾刀是作为民用刀具发展演变的。

二、佩刀在中国的发展历史

在中国文化中，“剑”（jian）这种兵刃始终是与侠客精神（chivalry）密

① Zeng Gongliang, Ding Du, Wujing Zongyao, ca. 1040-44, （facsimile reprint, Shanghai, 1959）, ch 13, p 17b.

切相连的。[1]剑，再加上古筝、毛笔，这些都是侠士君子功成名就时的随身物品。反观之，“刀”所代表的则是武士精神，人们将之与军人相联系。刀剑之中，剑的历史更为悠久，封建帝制中国的传统英雄气质，与剑密不可分。用剑之道，讲究技巧，看重精准，而非力道。刀剑之间的这种区别，恰似欧洲人对长剑（rapier）与单刃突刺重剑（pallasch）的区分，前者令人想到上层阶级，后者则令人想到骑兵，而骑兵正是军队之灵魂。

早在秦始皇统一中国（公元前221年）前几百年，中国人已经开始使用各式战刀。最早的刀是一种单刃剑，形似重剑（pallasch），称为“直背刀”（zhibeidao），刀身很长，无弯曲弧度。直背刀最初用青铜铸造，到公元前3世纪时，战斗所用的直背刀，已经全由钢铁铸就。[2]后来直背刀在战斗中作用渐大，剑的作用随之黯淡。之后几个世纪，直背刀都是军队的主要兵器，直到1368年元朝灭亡。此时刀把和刀鞘的造型发生改变，刀匠技艺也与时俱进，跟前朝不可同日而语，因此直背刀渐渐式微，不过那时铸造的刀身基本上还是保持笔直的造型。[3]早期传到朝鲜半岛，后来又传到日本的都是直背刀，甚至一直到20世纪，在西藏和不丹，还在使用这种兵器。

佩刀刀身较长，呈一定弧度。这种造型最早产生于中世纪，当时欧亚之

---

① Scott Rodell, Chinese Swordsmanship: The Yang Family Taiji Jian Tradition（Annandale, VA: 2003）, pp 1–3.以及Yun Zhang, The Art of Chinese Swordsmanship （New York: Weatherhill, 1998）, pp 17–19.

② *vide* Hong Yang, *Weapons in Ancient China* (New York/Beijing, 1992) for a comprehensive modern study of the development of bronze, and later iron and steel, blades in Chinese antiquity.

③ Changes in hilt and scabbard styles:

A. vide Stephen V. Grancsay, “Two Chinese Swords Dating About AD 600”, *Metropolitan Museum of Art Bulletin* 25 (September 1930), pp 194-96 for examples of the most archaic type, with annular pommel, and scabbard fitted with suspension-slide, plus a more advanced form with similar pommel but with Sassanid-influenced scabbard mounts with two-point attachment to the hanging-straps.

B. *vide* National Museum, Tokyo, *The Japanese Sword: Iron Craftsmanship and Warrior Spirit* (catalog, special exhibition 1997), pp. viii, 71-72, 77, no. 98 for a sumptuous Tang-Dynasty *zhibeidao* in almost pristine condition, with the later solid pommel and the Sassanid-style scabbard suspension.

交的干草原上，生活着一些游牧民族，其中有一些好战分子，骑马四处劫掠。长期战斗中，他们发现骑在马上向敌人冲杀时，弯曲的刀锋更有效果，因为其弧度正好与骑士挥臂的动作浑然一体。最早的佩刀弯曲弧度是很小的，之后几百年中，刀身的弧度越来越加大。从13世纪到15世纪，中亚地区的马上民族——主要是土耳其人——成为蒙古军队中一支规模不小的部队，也是近东地区很多马穆鲁克（mamluk）[①]骑兵队伍的核心。经过成吉思汗及其后代不断征战，单刃弯刀的概念遍及亚洲大陆大部分地区和东欧的一些地方。很多地方都曾出土典型的欧亚大陆刀，最出名的出土地有西伯利亚叶尼塞（Yenisey）地区[②]，高加索北方的干草原，以及匈牙利平原等。[③]这些单刃弯刀都是后世中国各类佩刀的远祖。

在元代流入中国的佩刀，以中亚的刀为原型基础，大部分都有护手，上有短粗的凸起或者锷叉，用以保护握刀者的手。这种保护装置后来演变为类似十字架的样子（图5），纵向带有短粗梭结，用来支撑护手，使其可以与刀柄其他部分紧紧联结，刀插入刀鞘以后，整个刀柄会位于正中，不会松动。此类刀柄的样子，可以从一幅中国古画中找到证据。这幅画名叫《鞑靼骑士图》（"A Tatar Huntsman on his Horse"），作者佚名，时

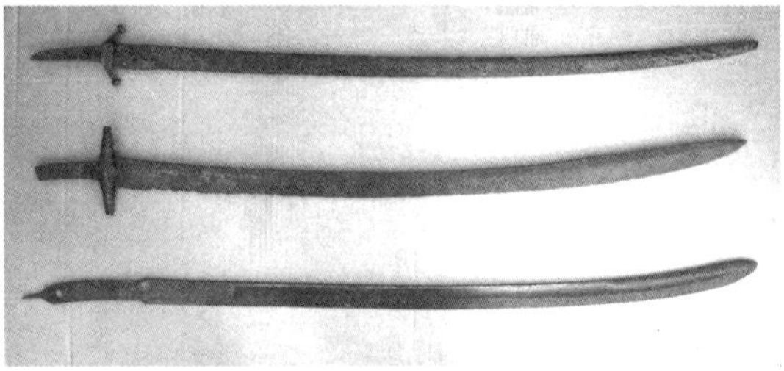

图5

① 马穆鲁克（Mamluk），等同于Mameluke，中世纪埃及出身为奴隶的骑兵——译者注。

② Yu. S. Khudyakov, *Vooruzheniye yeniseyskikh kyrgyzov, VI-XII vv* [Armament of the Yenisey Kirghiz, 6th-12th centuries], (Novosibirsk: Academy of Sciences of the USSR, Siberian Branch, 1980), p 49. For a rare inscribed example whose design closely resembles Chinese sabers of centuries later, *vide* Repsime Djanpoladian & Anatolij Kirpicnikov, “Mittelälterlicher Säbel mit einer armenischen Inschriften gefunden in subpolaren Ural”, *Gladius* 10 (1972), pp 15-23.

③ For a landmark study of this material, *vide* W. Arendt, “Türkische Säbel aus den VIII-IX. Jahrhunderten”, *Archaeologica Hungarica* 16 (1935). An outstanding specimen from this same culture-sphere is the subject of Anatolij Kirpicnikov, “Der sogenannte Säbel Karls des Grossen”, *Gladius* 10 (1972), pp 69-80.

代为15世纪，现藏于华盛顿特区佛瑞儿艺术展览馆（Freer Gallery of Art），编号F1911.266。后来，大部分波斯人和土耳其人的刀柄，都普遍采用了这种十字架形状的护手，匈牙利人和波兰人从16世纪起也开始使用。

15世纪与16世纪，双手握持的日本武士刀（katana）大量引入中国，[①]这些刀的护手呈圆盘状，日语叫“镡”（tsuba），中国人对其很感兴趣，很快开始采用，当然也做了一些修改。日式武士刀与中式刀很容易区分，它们某些功能不同，因此设计也不一样。日式刀剑，大都随附有小刀或小刺，因此护手上通常会有两个卡孔，而中式刀鞘上是不附加其他东西的，所以汉语里称为“盘护手”（pan hushou）的位置，也没有这两个卡孔。此外，中式刀的护手外围一般会有一个突起的珠状物或者法兰状物。到明代中期，早期的十字架形护手已完全被圆盘状护手取代。十字状的护手如今在中国很难找到，只是在明代万历皇帝（1573—1620年在位）的墓葬里发现几例而已。

不熟悉佩刀的人，容易将其与日本武士刀相混淆，因为两者都有圆盘状护手，手握处都缠有绷带。其实若论相似性，中国佩刀与蒙古和帖木儿（Timurid）军队所用的兵器更为接近。只要将雁毛刀和柳叶刀（图2上部与中部）与欧亚大陆刀（Eurasian saber）（图5上部）或塞尔柱刀（seljuk saber）相比，即可以清楚看出这一点。[②]从图2中可以看出，雁毛刀和柳叶刀有几处与中世纪时许多欧亚大陆刀相似。比如，刀尖处刀背的设计，在很多伊斯兰世界的武器中，尤其是奥特曼刀（kılıç）和莫卧儿刀（talwar）都有类似特点，称为“耶尔曼”（yelman）。牛尾刀的刀尖处变阔，通常认为这种造型因袭同样的设计理念。[③]此外，中式佩刀刀身根部的金属“吞口”（tunkou）（图7、图8），在很多亚

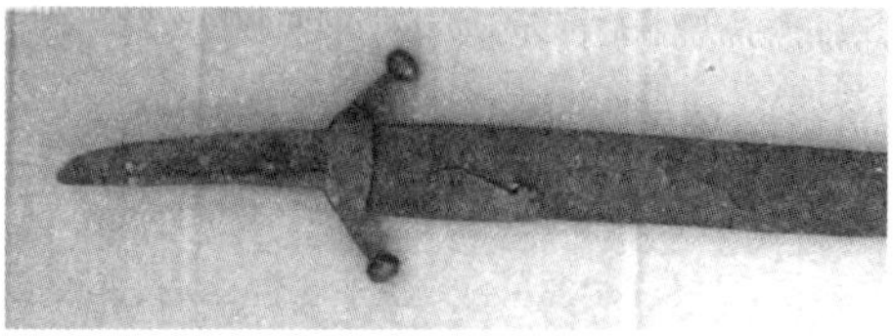

图6

① Randolph Caldwell, ed., *The Book of the Sword,* (Dallas, TX: Tôken Kenkyû Kai, 1972), p 32.

② Claus-Peter Haase *et al*, eds., *Oriental Splendour: Islamic Art from German Private Collections* (Hamburg: Museum für Kunst und Gewerbe -- catalog, special exhibition 1993), pp 186-87.

③ Arendt,, p 64.

洲内陆地区刀（图6）和塞尔柱刀上也能找到。而这种设计与日式武士刀身上为人熟知的“刀鎺”（habaki）是不同的，吞口的作用是支撑护手，使之稳固，也可以保证刀入鞘后不会脱鞘。至于后来近东地区的刀具上不再保留这种设计，主要原因是十字形护手的出现，这样一来上述设计就显得不必要了。中式佩刀护手上的棱结，其作用也是一样，而且在切割刀鞘的刀槽时，也可以容许更大的误差。另外，吞口还有一项功能，就是将刀鞘口封得更紧密，即可防尘，亦可防潮，这一设计理念也被奥特曼刀所采用，在其护手上有中空或凹陷处，与刀鞘顶端正合。在近东地区，吞口的功用后来逐渐退化，仅剩装饰作用，但即使在那之后，这种设计还存在了许久，这些地区保守与传统势力之强，由此可见一斑。①

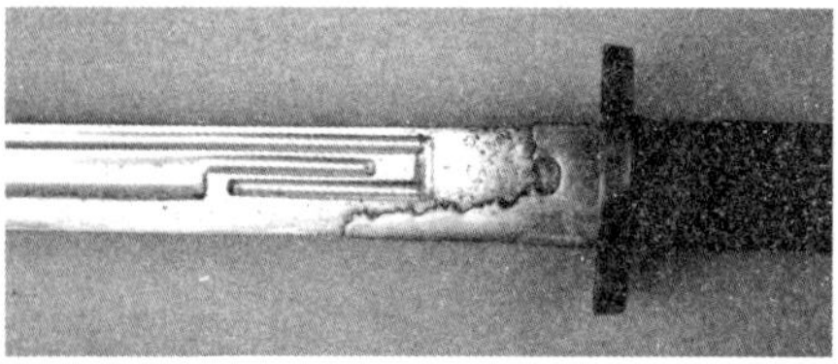

图7

图8

在刀鞘和刀柄的设计上，也有一些颇值得研究的地方。如果仔细观察中国的“方式佩刀”（fangshi peidao），会发现刀鞘上有一些微小的金属件，这与帖木儿艺术作品中展现的刀鞘有很大相似之处。②除此之外，很多佩刀刀柄的握手是向下弯曲的，这种设计，也可以在欧亚大陆游牧民族所用的刀、早期奥特曼刀、匈牙利刀以及波兰刀上看到。③

---

① Ünsal Yücel, *Islamic Swords and Swordsmiths* (Istanbul: IRCICA, 2001), p 90, plate 47. The blade shown (Topkapi, inv. 1/320) is attributed to the Mamlûk smith Mâmây al-Khâsski, 1496, via its inscription.

② Thomas W. Lentz & Glenn D. Lowry, eds., *Timur and the Princely Vision: Persian Art and Culture in the Fifteenth Century* (Washington DC: Arthur M. Sackler Gallery / Los Angeles: Los Angeles County Museum of Art – catalog, special exhibition 1989), cat. no. 37, p 119 and cat. no. 41, p 123.

③ Wojciech Zabłocki, *Cięcia Prawdziwą Szablą* (Warsaw: Wydanictwo Sport i Turystyka, 1988), pp 264-67; 296-97; 300-01.

将大部分佩刀的刀身进行比较，尤其是雁毛刀和柳叶刀，可以发现佩刀的弯曲弧度比16世纪晚期之后典型的近东地区刀要小得多。中国佩刀刀身的弯曲弧度范围，一般与中世纪欧亚大陆刀差别并不很大。中世纪以后的近东地区兵器，比如高加索地区的恰希克刀（shashka），其弯曲弧度相对较小，与中国佩刀类似，不过这些兵器只是少数。值得注意的是，近东地区各种文化接受了佩刀设计，并开始形成具有民族传统的设计和工艺后，弯曲弧度即大大增加。之后的刀身弧度越来越大，到了18世纪晚期，一度达到极致。奥特曼帝国、波斯帝国和莫卧儿帝国时的铸刀工艺，不太重视刀尖的捅刺作用，而几乎全靠抽砍。同样值得注意的是，在中国片刀就是因为弯曲弧度较大，所以并不很受欢迎。

以上这些区别，从另外一个角度可以解释，那就是中国文化与欧亚大陆文化中，械斗技巧与肉搏之间的差异比较。手持刀剑与人格斗，刀身略弯，即可砍，又可刺，这样使用者就可以根据与敌人之间的距离来灵活使用，距敌近，则用刀刃砍杀，距敌远，则用刀尖捅刺。相比而言，弯曲弧度大的刀，则主要靠抽刀砍杀，这要求对战双方距离较近。对于中国人来说，肉搏主要是拳脚功夫：远近相交，手足并用的一整套招式。中国人自古以来以农耕为主要文明形式，而传统的农活需要挖掘、击打和砍切等技术，有些农活需要紧贴地面进行，还有一些需要使用长把手器具，四处活动。这方面古代波斯人和土耳其人则不同，他们更乐于摔角。因为波斯和土耳其文化有浓厚的牧民传统，而放牧工作需要牧民在近距离内控制牲口，既不用工具，又要防止牲口乱跑。

三、佩刀的配件装饰与刀身装饰中体现的外来元素

明清时期，中国佩刀的配件和刀身上的装饰都受到西亚和印度美学元素的影响，下面就先谈谈这些元素引入中国的前提。在中国，很久之前就开始吸收异域风格来进行刀剑柄和鞘配件的装饰，佩刀的使用，还是在那之后几百年的事。不光如此，异域风格广泛应用在其他中式的实用艺术中，也成为一种常态。要说明这一点，可以对一些典型的装饰风格进行考察，比如常见

的漩涡形植物装饰，上缀叶形图案，或荷花、牡丹花形态图案，又或扇形的仿花饰品（即类似粽叶图案）。此类装饰形式一般比较固定，大同小异。在丰富而传神地表现诸如神祇、人物或动物时，这些装饰可以为之添彩，使其更为协调，对于碑文铭文等来说，也有装饰作用。除此之外，还可用于三维物体上，以突显其轮廓。图8是两把清代佩刀，从其刀柄上可以发现类似的装饰。

这种艺术风格乃是起源于古代地中海地区的建筑风格。亚历山大大帝四处征战，将希腊文化中的审美及物质文化元素带入中亚地区，这些元素继而在中亚地区产生巨大影响，遍及该地区众多不同文明，这方面最出名的例子便是古印度的贵霜人（Kushans）。公元前200年间，贵霜人从中亚地区一路迁徙，最后跨越兴都库什山脉（Hindu Kush），到公元1世纪，定居于旁泽普（Punjab）平原地区。贵霜古国后来笃信佛教，不过其雕塑与建筑有很强的希腊艺术风格。①

中国与中亚地区的文化接触，使得上文提及的叶子及花朵装饰为中国传统美学所吸收。双方这种接触，既有政治互动和军事冲突，也有宗教活动。在中国西汉时期（公元前202—公元9年），因为边疆问题，朝廷常有动作，塔里木盆地（今新疆维吾尔族自治区南部）军事活动及外交活动频仍。之后虽经王莽篡位，但到东汉时期（25—220年），皇帝重掌朝纲，朝廷对盆地的绿洲地区和城镇长期驻军。公元97年，汉将军班超率军到达里海，并从那里派遣远征队，这支远征队很可能一路直到黑海地区或者波斯湾。中国通过一系列军事外交活动，成功将通往近东的门户地区牢牢握在手中，从那之后，双方展开前所未有的商业交流，举世闻名的“丝绸之路”由此而生。正是在这些大背景下，中国人首先领略了地中海地区的文化艺术，而这些文化艺术在之后的三百年一直在中亚地区扩散。

东汉覆灭后，中国经历了一段分裂时期，战乱四起，后继的朝代寿命不长，随之而来的结果就是中国对中亚地区的影响也渐趋式微。不过，到了公元4世纪，佛教在中国蓬勃发展，成为中国人生活中重要的一部分，这样，另外一种文化交流又方兴未艾。公元3世纪到6世纪期间，中国国内形势动荡不

---

① Jessica Rawson, *Chinese Ornament: The Lotus and the Dragon* (London: British Museum Publications, Ltd., 1984) p 23.

稳，但其与西亚之间的交流从未间断，朝圣和传教的各类人士不惧高山，跨越沙漠，在两地之间穿梭往来。他们的无畏努力，使得希腊文化又多了一条途径，从而继续向古老的中华帝国传播。

来自地中海地区的叶子花朵装饰，很快流行于中国，佛教具象艺术（figurative art）的装饰品中，这种图案几乎无处不在。到了唐代（618—907年），该装饰的使用已经不限于宗教，而变得世俗化，各种传播媒介都开始使用此类装饰物。[1]随着时间的流逝，无论在东方还是西方，此类装饰图案都变得简单化，叶子形状纵向折叠，形成半棕叶的形状。这种变化的结果，形成一种极具活力的设计，可以在各类大小轮廓的表面使用。这种蔓藤式的纹路，不光在中国和欧洲，[2]在阿拉伯世界里也成为植物性装饰的主要形式之一。[3]树叶和半棕叶装饰被移植到中国后，很快经历了进一步转型，加入仿花的元素。这方面，莲花最受欢迎，因为在佛教图像研究体系中，莲花象征纯洁不朽。[4]不过这些装饰的莲花，与天然莲花的形态大相径庭，因为在制作时，装饰艺术家要在原本紧紧卷起的藤状结构上，硬生生加入花朵造型。中国本土艺术里，无论是美术，还是雕塑，对植物形态的表现都倾向于自然主义，因此，上述经过人为设计的莲花造型，实在迥异于本土艺术风格。

下面介绍刀身的装饰。通过对刀身装饰的研究，可以发现后中世纪的近东文化的一些传统因素是如何在晚期帝制中国流行起来的。正是在这方面，中国佩刀从设计和装饰上，都完全脱离周边国家和地区的影响，如日本、韩国、越南和中国西藏等。为讨论之便，我们可以将各种设计元素与图案分为以下四类：

镌刻的涡卷式装饰，其中含有纹章的动物图案。（图10、图10a）

刀身上刻有凹槽，内有滚珠（kunju）。（图10）

刀身表面钻有凹点或内陷。（图9、图11、图11a）

---

① *Ibid.*, pp 78-81 (figs. 58-61).

② *Ibid.*, p 35

③ Yannis Petsopoulos, *Tulips, Arabesques, and Turbans: Decorative Arts of the Ottoman Empire* (New York: Abbeville Press, 1982), pp 7-8.

④ C. A. S. Williams, *Outlines of Chinese Symbolism and Art Motives, Third Revised Edition* (New York: Dover, 1976), pp 256-57.

刀身上有凹槽，典型的凹槽呈扇形体，或在刀身强部位置，一段凹槽围着另一段。（图9、图12、图12a、图13、图13a）

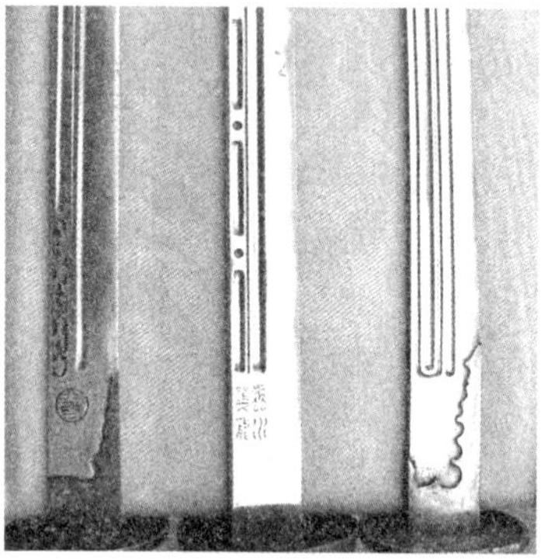

图9

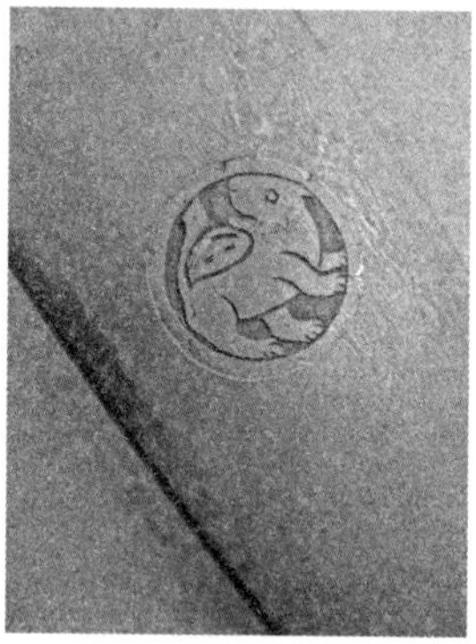

图10a

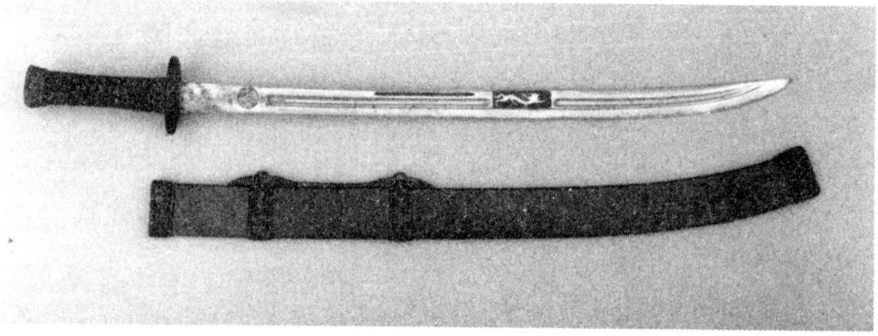

图10

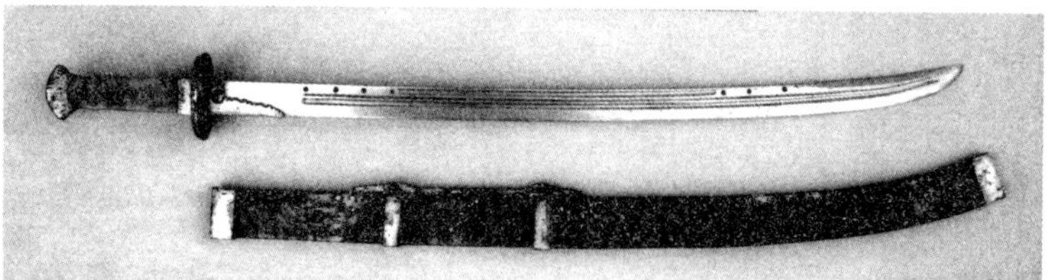

图11

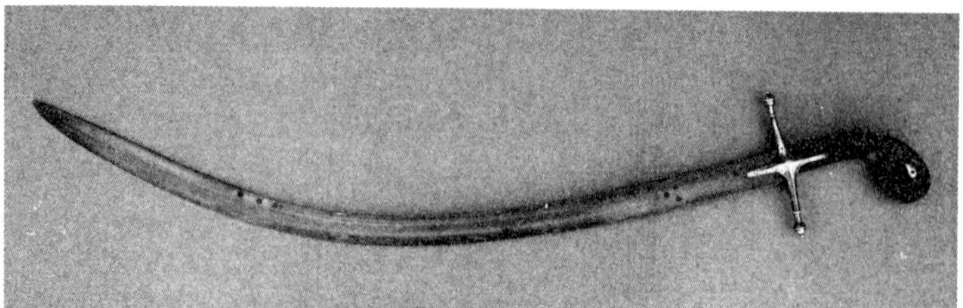

图11a

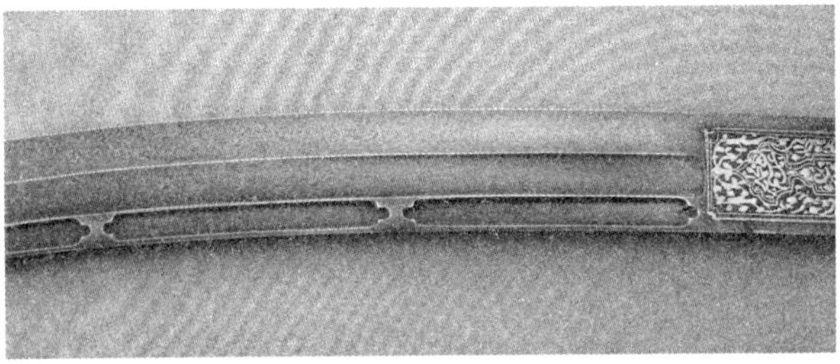

图12

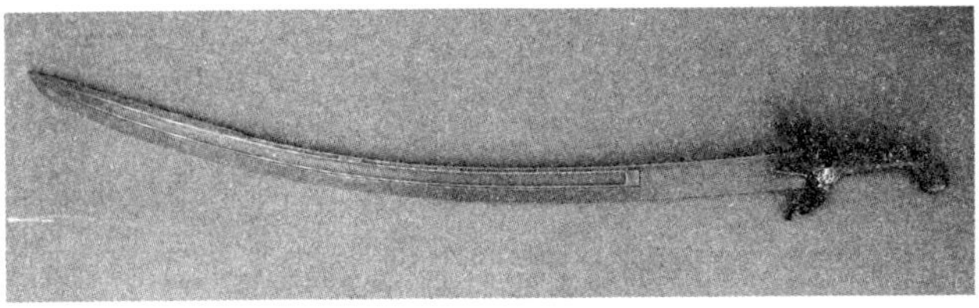

图12a

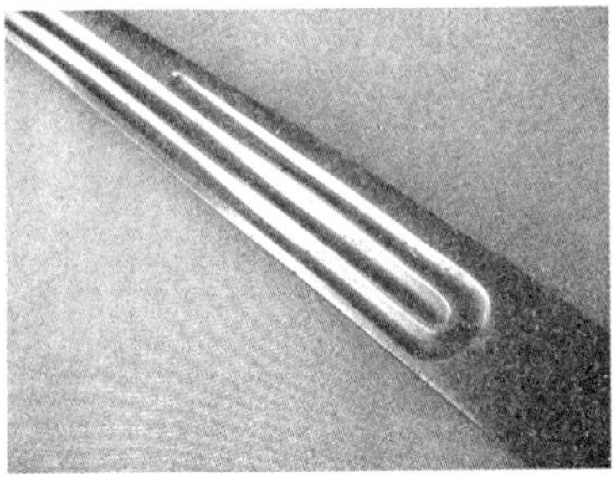

图13

图13a

从古至今，很多文化的装饰艺术中都乐于使用动物图案，尤其是在金属物件上。中世纪阿拉伯世界、奥特曼帝国时期，都使用很多中国传统的动物形象来装饰刀身[①]和刀剑配件[②]，比如龙、凤凰、麒麟（一种人们想象出来的动物，脱胎于雄鹿、公牛、马和狼的形象）等。这些动物形象嵌于莲花卷轴和祥云图案之中，整个形态明显受到中式饰品的影响。马穆鲁克人（Mamluks）的装饰风格则在此基础上另辟蹊径，在刀身强部位置镌刻狮子图

① Yücel, pp 38-39, plate 16, medieval Arab (?) straight double-edged sword attributed to Ja'afar al-Tayyâr (one of the Companions of the Prophet Muhammad), Topkapi inv. 21/143.

② Esin Atıl, *The Age of Sultan Süleyman the Magnificent* (New York: Harry N. Abrams, Inc., 1987), pp 152-53, fig. 86, detail of a *yatagan,* sixteenth century, Topkapi, inv. 2/3776.

案。最初的动物图案，周围伴以早期中式装饰中的仿花图案，[1]不过这种仿花图案不久就被对称的涡卷替代。[2]所有的装饰上，动物形象都以显著的浮雕形式出现，背景则下陷，以期更加突出动物。涡卷上镌刻狮子图案，近东地区很多刀具都采用这种装饰风格，一直到19世纪很长时间都是如此（图10a）。这种装饰代表尊贵和勇气（比如历史上第四位所谓“天命所授”的哈里发[3]，阿里·本·阿布·塔里布（Ali ben Abu Talib），就被称为“神之狮”（Lion of God），人们也用其作为字谜，谜底就是传奇刀匠阿萨杜拉的名字，后者是波斯帝国的传奇人物，人称“伊斯法罕的阿萨杜拉”（Assadullah of Isfahan）。图10展示的是一把中国佩刀，年代约为18世纪。该刀刀身上有两处镌刻涡卷，一处呈圆形，其中刻有一只老虎，另外一处方形，其中刻有一条龙。刀身上以龙为图案，这显然是来自中国本土文化，可是刻画龙的方式和手工风格，却是来自近东地区。

图10呈现的佩刀刀脊上，有一道深槽，仔细观察，会发现其中有两个金属球，在深槽内游动。在刀身两侧都可以看到该扇形深槽（左侧有两个，图片中看不出）。这些金属球名叫“kunju”，汉语即“滚珠”，字面意义是滚动的珍珠。这种装饰的原型来自波斯和印度的刀具。笔者曾研究过很多中国佩刀的例子，其中有个别佩刀的年代为17世纪，但其他大部分年代都较晚。而在伊斯兰世界，昂贵的奢侈性匕首和刀剑上，滚珠形式的装饰（在当地人称“受难者之泪”）历来就是一大标志。这种饰品的具体来源很难确定，不过留存于世的文物中，年代最早的一批可追溯至16世纪。[4]在刀身最厚的地方凿出凹槽，这其实破坏了刀身结构强度，而刀身非常需要这种强度，由此看

---

① Yücel, p 108, plate 67, Mamlûk saber attributed to swordsmith ‘Alî ibn Muhammed al-Misri, fifteenth century, Topkapi inv. 1/123.

② Alain Jacob, *Les armes blanches du monde islamique* (Paris: Jacques Grancher, 1985), p 106.

③ 天命所授的哈里发：原文为'The Rightly-Guided Caliphs'（阿拉伯语中称为Al-Khulafa-ur Rashidun），是伊斯兰教认为最接近先知意旨的四位哈里发——译者注。

④ A. Ivanov, “A Group of Iranian Daggers from the Fifteenth Century to the Beginning of the Seventeenth”, *Islamic Arms and Armour* , ed. Robert Elgood (London: Scolar Press, 1979), p 72, fig. 71.

来，这种滚珠球估计主要还是为了装饰而已。[1]

清朝初期至中期的很多佩刀上，有一种装饰方式很流行，就是在刀身表面上凿出一些盲孔或者凹点，有单个的，也有多个的。图2（中）的柳叶刀刀身强部血槽尾端，就有个凹点。这种类型的装饰，也许有佛教意象中所谓“如意宝”（ruyibao）（梵语称为“mani”）的寓意。图11里的佩刀，则有七个凹点排在一起。七点之数，代表大熊星座各星，也就是中国文化中所谓的“北斗七星”，乃道家天象之学中的重要概念。[2]还有一些佩刀，刀身上的凹点嵌入黄铜、棕铜或黄金。这种凹点装饰，于中国流行之前，已经在近东地区存在至少一百年了。如图11a中所展示的奥特曼刀，其刀身左侧正好也有七个凹点。不过，在这些地区和文化中，凹点的数量各有不同。有一把马穆鲁克刀，其刀身上的凹点很有代表性，该刀是送给波兰国王斯蒂凡·波多黎（Stefan Batory）的礼物，现存于华沙的波兰军事博物馆（Polish Army Museum），编号337。

刀身上设计出宽度各异，深度不一的凹槽或血槽，这既是装饰，也有其实用意义。它们使得刀身的质量不集中于某一处，使其受力更加平衡。这些细槽的另外一个作用，是使得刀身变得轻巧，更具有横向刚度，这一点很像建筑物框架里的“I”形横梁或纵梁。图2中的牛尾刀上，有宽窄不一的血槽，中国的各式佩刀上都有这种典型的设计。不过，本文更加关注的是那些扇形的图案（图3、图9），或一道窄槽以U型环绕另外一道的图案（图7、图13）。还有一点值得注意，不管中国佩刀上凹槽的形状、数目和位置如何，有一点是普遍的，就是凹槽一般延伸至护手前约5至6厘米处，刀身强部是扁平的（图2中、下，图3）。这一特征，在奥特曼刀和波斯刀的刀身上也可见到（图13a），而这一点与日本武士刀和欧洲刀的刀身凹槽则明显不同，日式

---

① An example of a Persian or Ottoman saber blade with “tears of the afflicted”, this one attributed to Kara Mustafa, taken as a trophy at Vienna, 1683, later broken at approximate midpoint and now housed in the Wawel collection, *vide* Czeslaw Jarnuszkiewicz, *Szabla wschodnia i jej typy narodowe* (London: Antykwariat R. Wernika, 1973), figs. 36, 36a.

② A considerable number of *jian* (double-edged sword) blades from the latter Qing Dynasty are found with a representation of the constellation in the form of seven holes, plugged with non-ferrous alloys, arrayed in alternating fashion along both sides of the medial ridge.

和欧式刀身凹槽一直延伸到刀肩紧靠护手处。

某些波斯刀和印度刀的刀身上，也可看到扇形凹槽和其尾端的U形形态（图12、12a）。伦敦的维多利亚——阿尔伯特博物馆（Victoria and Albert Museum）里，藏有一把17世纪敬献给沙阿·萨菲（Shah Safi）的波斯弯刀，这把刀就是很好的例子。[①]将其与图3中的中国片刀相比，可以发现两把刀上扇形且前后相连的凹槽，几乎如出一辙。追溯起来，扇形的血槽设计最早源于15世纪，当时马穆鲁克人的刀剑上，就有类似设计，只不过当时还不是凹槽，而是凿出的线，形态一致。[②]位于华沙的波兰军事博物馆，也藏有一把波斯弯刀，估计年代为17世纪，后配以中亚产刀鞘和饰带。该刀刀身有一道外血槽，于刀身强部弯曲，呈弯角状，与图7中的中国佩刀极其相似。[③]刀身凹槽的U形弯角，估计脱胎自中世纪亚欧刀套筒前端轮廓（或汉语所谓“吞口”），而后简单化、风格化了。

本文讨论的这些装饰特点，不光中国兵器上有，而且在东欧的兵器上也时不时可以见到，这一点颇有意思。比如，德莱斯顿（Dresden）的一所军械库（R ü stkammer）藏有一把短刀（编号Y–97），估计来自波兰，带有土耳其弯刀式样的刀柄（karabela）。这把刀的刀身上，就钻有四处凹点，间隔一致，沿刀脊排成一排，中间有扇形血槽。[④]这把刀上明显有耶尔曼式设计，证明其深受土耳其设计风格影响，甚至可能就是土耳其人造的。另外，波兰军事博物馆内藏有一把波兰军刀，哥萨克式（编号780），这把刀也有扇形血槽，其刀身轮廓与图3中所示的中国片刀颇为相似。[⑤]

以上介绍的刀身装饰，早在17世纪就已经流行，到18世纪已经风靡。这些装饰，只有一定档次的兵器上才有，携带这些兵器的人非富即贵，用这些兵器是为了显得贵气而且时尚。19世纪初期之后，清朝国势渐衰，刀剑的铸

---

① Jarnuszkiewicz,, plate 17.

② Yücel, p 107, plate 66, *Zulfiqar* sword attributed to swordsmith Murâd ibn Malik Süleyman; p 109, plate 68, saber attributed to smith Hajji Muhamad ibn Ibrâhim al-Misri.

③ Kolegium redakcyne Muzeum WP, *Zbiory Muzeum Wojska Polskiego w Warszawie,* (Warsaw: Wydawnictwo “Arkady”, 1994), p 92.

④ Zabłocki,, pp. 228-29.

⑤ *Ibid.,* pp 250-51.

造工艺水平也有所下降。因此，这一段时间铸造的刀剑，无论是生产工艺，还是艺术创新，大部分都明显降低。刀剑的装饰图案，整体上沦落为千篇一律，一成不变的设计，而且近东地区的很多装饰风格，也不再流行，只有扇形血槽的设计（通常中间伴有凹点或嵌入的金属片），一直到清末都还较普遍。

下面将讨论的问题是，在晚期帝制的中国为何流行这些外来的刀身设计图案？这里面有什么样的历史和文化因素？这得从明代说起，明代中国的上层阶级，对风雅之物趋之若鹜，达官贵人们追逐上品，品味精致，不光是搜集古董字画，这种热情还延伸到其他彰显身份和特权的物件，这就为后世刀具的奢华装饰打下了基础。除此之外，当时还有另外一种风气与之相伴，那就是对异域风情的痴迷，对外来珍稀材料制作的产品也同样痴迷，而这种痴迷近乎疯狂。明代文献中，谈及生活品味时，常有关于刀剑的论述，除了刀剑，还会谈其他一些日常用品，如家具、乐器等。有一些书籍中还载有伊斯兰国家的钢刀，将其归为上品，如14世纪时的《格古要论》[1]一书[2]。另据一些文献记载，内亚细亚地区的钢器经引进并重新铸造后，价格常高于银器。[3]从13世纪一直到15世纪都有各类记载，标明当时所谓的“镶珠宝刀”，与铁刀一样，都是从孟加拉引入中国的。[4]

自唐代起，中国与伊斯兰世界的商业往来一直进行，这种情况使得中国国内对近东地区物质文化的某些方面有所了解，也使当时中国人对其地区出产的奢侈品颇有需求。在中世纪时期，中国的金属器件就受西亚文化的影响。比如，在铜镜上以葡萄藤图案装饰，还有明显源自波斯的容器及刀鞘装饰等，都是证明。传说中的“丝绸之路”起于古帝都长安（今西安），终于

① 原文将其意译为“古董鉴赏标准”——译者注。

② Craig Clunas, *Superfluous Things: Material Culture and Social Status in Early Modern China* (Urbana and Chicago: University of Illinois Press, 1991), p 110.

③ Timothy Brook, *The Confusions of Pleasure: Commerce and Culture in Ming China* (Berkeley, Los Angeles, London: University of California Press, 1998), p 77.

④ Robert Elgood, *Hindu Arms and Ritual: Arms and Armour from India, 1400-1865* (Delft: Eburon Academic Publishers, 2004) , p 201.

安提俄克（Antioch）[1]，是中国与欧亚大陆贸易的主要通道。当然，除了丝绸之路还有其他一些路径，但是都没有前者那么重要。比如南海通道，商船通过这条海路，乘雨季季风渡过阿拉伯海与印度洋，穿越马六甲海峡一直到达南中国海。亚洲大陆上的商贸往来，一直持续发展，经过蒙古帝国所谓“鞑靼的和平（Pax tartarica）”时期。尽管蒙古人建立起来的元朝很快就寿终正寝，与中亚之间的商贸交流还是一直延续到明朝各个时期。中华帝国历史上的商贸中心都是一些大都市，以同时期欧洲城市的标准来看，这些都市大得出奇。这些城市人口复杂，语言多样，有阿拉伯人、波斯人、马来人、印度人等各国人士在这里从事贸易。

这种跨大洲、跨大洋的商贸往来，并不是单向的，中国的工业产品也通过这种方式流向其周围国家和地区。在近东地区，人们盛赞中国产品，如瓷器。中国的瓷器匠人烧制出的青花瓷堪称一绝，甚至还有专门售往阿拉伯地区的，瓷器上有阿拉伯语的铭文。[2]公元9世纪至12世纪，中国出口的铁器非常有名，这一点很多阿拉伯作家都曾在作品中述及，如ibn Khurdâdhbih和al-Idrîsî等人。ibn Khurdâdhbih还专门提到一处铁器产地，位于今越南的东京湾（Gulf of Tonkin），而越南一直到10世纪都是中国属地。[3]另一位作家Fakhr-i Muddabir也曾写道，13世纪印度“德里苏丹王朝（Delhi Sultanate）”时期，其首都就有很多中国刀剑贸易。除此之外，还有一些来自土耳其、俄罗斯甚至西欧的刀剑贸易。[4]

中国与其外部世界之间长期的朝贡制度，一直持续到19世纪很长一段时间，这种制度化的物资往来，也进一步加强了中华帝国与“伊斯兰家园（dâr-al-Islâm）[5]”之间物质文化的交流。古代中国自诩文明世界的中心，历朝历

---

① 安提俄克：古叙利亚首都，现土耳其南部城市——译者注。

② Anthony Welch, *Calligraphy in the Arts of the Muslim World* (Austin: University of Texas Press, 1979), pp 200-01, Ming blue-and-white porcelain dish with Arabic inscription, collection of Prince Sahruddin Aga Khan.

③ Abdel Rahman Zaky, “Medieval Arab Arms”, *Islamic Arms and Armour,* ed. Robert Elgood (London: Scolar Press, 1979), p 208.

④ Elgood, p 201.

⑤ 即伊斯兰世界——译者注。

代的统治者都认为周边国家应定期派出使节到访，以显示其对“九五至尊”之敬意。而对于这些外国使节来说，为了显示觐见之隆重，向天子呈现的贡礼就必须是本国最为稀有、最为珍贵之物。当然，朝圣使节也不会空手而归，中国朝廷对外邦使节的回礼也是极尽奢侈的。这种礼节性的物品交流，是为了保持中国与外部世界之间的和谐关系和友好往来。

到了明代，朝贡制度进一步发展，其中郑和下西洋对其有很大促进作用。15世纪初，出身宦官的郑和奉命出使西洋，开启一系列划时代的海上旅程。郑和率领巨型皇家船队，跨越南亚海域，据估计曾到达阿拉伯半岛，甚至一直到东非地区。远洋之后，船队带回了异域产品和动物，还时不时有异域人士随船来华。总之，到了18世纪晚期，中国朝贡制度辐射的范围已经超越喜马拉雅山脉，包括今阿富汗的大部分地区，西伯利亚南缘，以及曾名为“俄罗斯图库斯坦（Russian Turkestan）”的地区。

各种对华的朝贡之旅，其经济意义不可一概而论。中国地大物博，但相对来说牧场比较缺乏，因此进口类似骆驼、马匹和其他牲畜，其商业价值甚至战略意义都毫无异议。但是，其他一些产品对于普通民众来说意义不大，如宝石、珍木这些奢侈品，只有少数手工艺匠人从事加工工作可以从中获利。至于进口的刀剑和金属器具，对于整个中国经济的影响非常有限，毕竟当时的中国经济体量庞大，中国相较世界其他国家，经济发达，对进口的产品同样可以自己生产，甚至不同时期还可以反过来出口到周边国家。

所以，刀剑和其他一些来自外国的奢侈品，其文化意义更大于经济意义。因为其稀有且很漂亮，这些物件令人产生高贵之感，令人欲罢不能。这种潮流下，人们对这些物品的形式特征和装饰图案也就倍觉时尚，这样本土的匠人自然会将各种设计元素融入自家的产品，以吸引鉴赏家的眼光。明末清初时期，中国佩刀刀身的近东装饰非常流行，正是以上潮流的体现。

来自“伊斯兰家园”的各类传奇刀剑和匕首，之所以来到中国，除了前文述及的朝贡制度以外，还因为朝廷进行的一系列军事活动。清朝前半期，中国与内亚细亚及喜马拉雅地区军事冲突频发，战役不断。康熙皇帝（1662—1722年在位）在镇压前明余党叛乱之后，将军事力量转向蒙古准噶尔部可汗葛尔丹，因为葛尔丹部落好战斗狠，已经影响到中国北部边境的安全。经过多年苦战，朝廷大军最终于1696年击败葛尔丹。葛尔丹死后一年，中国朝廷得以平定今蒙古地区，并且将跨戈壁的商旅路线也控制住，而这些商旅路线最远已到达哈密地区。哈密（Hami）城，原名Qomul，距万里长城最西端约五百公里之遥。这里一直是中国通向中亚地区的门户之一，古代连接西域各地与东方帝国的商贸路线，很多都经过此地。

康熙皇帝虽取得对葛尔丹的胜利，但是整个准噶尔部落的威胁，并没有彻底消除。准噶尔人并不安分，事实上，他们后来结成一个新的部落联盟Ölöd，继续对抗清朝的版图扩张。雍正皇帝（1722—1736年在位）时期，对准噶尔部征战依旧，一直到1732年清军取得额尔德尼昭（Erdeni Tzu）大捷，之后双方议和。

雍正之后，乾隆皇帝经过一系列精彩绝伦的战役，终于将准噶尔部叛乱画上句号。本来在准噶尔内部，由于各部落领袖的内斗，势力已然受损。乾隆皇帝聪明地利用了这一点，联手该部落内一位有野心的首领阿睦尔撒纳（Amursana）展开军事行动，于1755年击败准噶尔叛军，之后清廷撤军。然而朝廷军队刚一撤离，阿睦尔撒纳随即变节，自立为王。于是清廷不得不于次年再次派兵，虽击败阿睦尔撒纳，却没有将之抓获。这次事件之后，清廷不得不在此地区设立长期要塞，以防再次出现叛乱。结果1756年，叛乱又起。这次又是阿睦尔撒纳率准噶尔人起事。乾隆无奈，第三次派兵征剿。1757年，朝廷再次取得胜利，阿睦尔撒纳逃亡西伯利亚，后病死于此。这一次，乾隆皇帝命令满族大将兆惠（Jaohui），在准噶尔地区施行种族清洗，将准噶尔部落几乎杀光殆尽。乾隆对准噶尔叛军的一系列军事行动，被几位耶稣会（Jesuit）神父记录下来。当时，这几位神父任职于清廷，是宫廷画家，他们将各次战役的情景，戏剧化地描绘成一套铜版画。[①]当时以欧洲的艺术手段，服务于东方君主，这些画作可谓典型，其中描绘的很多场景中，都可见到对战双方以长矛、佩刀等冷兵器展开肉搏。

---

① Herbert Butz (editor), *Bilder für die Halle des Purpurglanzes: chinesische Offiziersporträts und Schlachtenkupfer der Ära Qianlong* (Berlin: Museum für ostasiatische Kunst, 2003), pp 52-68.以及John Warner, “Castiglione and the Conquests of the Ch’ien Lung Emperor”, *Arts of Asia,* November/December 1975, pp 62-72.

18世纪50年代后期，塔里木盆地地区（准噶尔南部）的穆斯林也举兵反清，即大小和卓之乱。于是兆惠将军甫抽身准噶尔战事，又被乾隆派往塔里木，与阿桂（Agui）将军一起，镇压叛乱。1759年，清兵取得大捷，此后，准噶尔与塔里木两地最终归降，归属中华帝国，即后世所称的新疆（Xinjiang）地区，字面意思即“新的疆土”。这一地区一直由清朝军事控制，直到清亡。清廷在新疆各地驻有要塞，但是周围遍布内亚细亚民族，如蒙古人、哈萨克人、吉尔吉斯斯坦人、塔吉克人以及维吾尔人等。塔里木盆地地区主要人口为穆斯林，从民族上讲，与西域各民族联系密切，与中国西部地区其他同一宗教的人口也常有商贸往来。

清朝不光在中亚地区取得一系列军事胜利，也在喜马拉雅山脉取得两次重大胜利。清朝曾派遣总督（钦差大臣）去西藏地区，检视西藏政务。在该官员煽动之下，西藏当时的摄政王（Prince-Regent）被杀，这件事导致西藏1750年起兵反叛。乾隆派军很快将叛乱镇压，恢复当地秩序。18世纪80年代后期，尼泊尔的廓尔克人（Gurkhas）跨越边境，占领西藏几处地方。于是1791至1792年之交的寒冬，清廷与西藏的联合军队出征被占领地区，之后的春季就将廓尔克人击败。清兵不满足于此，进一步穷追敌寇，跨越喜马拉雅山脉，几乎一直打到加德满都（Kathmandu）。由此兵戈不再，尼泊尔国王不得不向清廷俯首纳贡。在北京紫禁城和承德（热河）皇家狩猎场，笔者都曾见到许多尼泊尔兵器和莫卧儿帝国时期的印度兵器，无疑这些都是屡次征战的战利品。

四、结语

人们通常认为，中国的伟大发明数不胜数，其重要性在全世界都不容置疑，这样的国家对于来自外界的影响，应该是视而不见、毫无反应的。[1]基于这种看法，中国发明了可携带的弓弩、火药、火箭，这些都是纯粹的技术

① Wilbrahim Egerton, *An Illustrated Handbook of Indian Arms; Classified and Descriptive Catalogue of the Arms Exhibited at the India Museum* (London: William H. Allen & Co., 1880 / reprint Bangkok, White Orchid, 1981), p 143.

输出，而没有从世界其他地方引进任何重要的发明，并且这种状况一直持续到欧洲殖民扩张，帝制中国结束。情况是否如此呢？中国佩刀的历史告诉我们，一种从异域引进的兵器，在中国古代大受欢迎，而且佩刀在中国的推广过程中，更是根据其功能特色演变出不同种类。这种演变过程，一直持续到中国的末代王朝。观察几个世纪以来中国佩刀的发展过程，可以发现哪些原型特征得以保留，而来自外国的设计风格又对中国佩刀产生了何种影响。很多兵器来自亚细亚大陆，甚至东欧，一直保存到今天，通过这些例子我们可以一探历史。有了这些证据，我们可以知道在过去几个世纪，人口的流动，技术的交流，以及来自异域的潮流在中国频繁发生。因此我们可以说，认为中华帝国在文化上故步自封的论调，实在是一种偏执成见。

参考文献

［1］W. Arendt, “Türkische Säbel aus den VIII-IX. Jahrhunderten”, *Archaeologica Hungarica* 16 (1935).

［2］Zeng Gongliang, Ding Du, *Wujing Zongyao,* ca. 1040-44, (facsimile reprint, Shanghai, 1959).

［3］Anatolij Kirpicnikov, “Der sogenannte Säbel Karls des Grossen”, *Gladius* 10 (1972).

［4］Randolph Caldwell, ed., *The Book of the Sword,* (Dallas, TX: Tôken Kenkyû Kai, 1972).

［5］Czeslaw Jarnuszkiewicz, *Szabla wschodnia i jej typy narodowe* (London: Antykwariat R. Wernika, 1973).

［6］John Warner, “Castiglione and the Conquests of the Ch’ien Lung Emperor”, *Arts of Asia,* November/December 1975.

［7］C. A. S. Williams, *Outlines of Chinese Symbolism and Art Motives, Third Revised Edition* (New York: Dover, 1976).

［8］A. Ivanov, “A Group of Iranian Daggers from the Fifteenth Century to the Beginning of the Seventeenth”, *Islamic Arms and Armour* , ed. Robert Elgood (London: Scolar Press, 1979).

［9］Anthony Welch, *Calligraphy in the Arts of the Muslim World* (Austin: University of Texas Press, 1979).

［10］Abdel Rahman Zaky, "Medieval Arab Arms", *Islamic Arms and Armour,* ed. Robert Elgood (London: Scolar Press, 1979).

［11］Yu. S. Khudyakov, *Vooruzheniye yeniseyskikh kyrgyzov* (Novosibirsk: Academy of Sciences of the USSR, Siberian Branch, 1980).

［12］Wilbrahim Egerton, *An Illustrated Handbook of Indian Arms; Classified and Descriptive Catalogue of the Arms Exhibited at the India Museum* (London: William H. Allen & Co., 1880 / reprint Bangkok, White Orchid, 1981).

［13］Yannis Petsopoulos, *Tulips, Arabesques, and Turbans: Decorative Arts of the Ottoman Empire* (New York: Abbeville Press, 1982).

［14］Jessica Rawson, *Chinese Ornament: The Lotus and the Dragon* (London: British Museum Publications, Ltd., 1984) .

［15］Alain Jacob, *Les armes blanches du monde islamique* (Paris: Jacques Grancher, 1985).

［16］Esin Atıl, *The Age of Sultan Süleyman the Magnificent* (New York: Harry N. Abrams, Inc., 1987).

［17］Wojciech Zabłocki, *Cięcia Prawdziwą Szablą* (Warsaw: Wydanictwo Sport i Turystyka, 1988).

［18］Thomas W. Lentz & Glenn D. Lowry, eds., *Timur and the Princely Vision: Persian Art and Culture in the Fifteenth Century* (Washington DC: Arthur M. Sackler Gallery / Los Angeles: Los Angeles County Museum of Art – catalog, special exhibition 1989).

［19］Craig Clunas, *Superfluous Things: Material Culture and Social Status in Early Modern China* (Urbana and Chicago: University of Illinois Press, 1991).

［20］Hong Yang, *Weapons in Ancient China* (New York/Beijing, 1992).

［21］Claus-Peter Haase *et al*, eds., *Oriental Splendour: Islamic Art from German Private Collections* (Hamburg: Museum für Kunst und Gewerbe—catalog, special exhibition 1993).

［22］Kolegium redakcyne Muzeum WP, *Zbiory Muzeum Wojska Polskiego w Warszawie,* (Warsaw: Wydawnictwo "Arkady", 1994).

［23］Yun Zhang, *The Art of Chinese Swordsmanship* (New York: Weatherhill, 1998).

［24］Timothy Brook, *The Confusions of Pleasure: Commerce and Culture in Ming China* (Berkeley, Los Angeles, London: University of California Press, 1998).

［25］Ünsal Yücel, *Islamic Swords and Swordsmiths* (Istanbul: IRCICA, 2001).

［26］Scott Rodell, *Chinese Swordsmanship: The Yang Family Taiji Jian Tradition* (Annandale, VA: 2003).

［27］Herbert Butz (editor), *Bilder für die Halle des Purpurglanzes: chinesische Offiziersporträts und Schlachtenkupfer der Ära Qianlong* (Berlin:Museum für ostasiatische Kunst, 2003).

［28］Robert Elgood, *Hindu Arms and Ritual: Arms and Armour from India, 1400-1865* (Delft: Eburon Academic Publishers, 2004) .